Grundrisse zum Alten Testament

5

Grundrisse zum Alten Testament

Das Alte Testament Deutsch · Ergänzungsreihe

Herausgegeben von Walter Beyerlin

Band 5

Vom Verstehen des Alten Testaments
Eine Hermeneutik

Göttingen · Vandenhoeck & Ruprecht · 1977

Vom Verstehen des Alten Testaments
Eine Hermeneutik

von

A. H. J. Gunneweg

Göttingen · Vandenhoeck & Ruprecht · 1977

Meinen Täuflingen und Patenkindern

Claus und Jochen Gasteyer,
Sixta Schmithals

sei dies Buch gewidmet

CIP-Kurztitelaufnahme der Deutschen Bibliothek

Gunneweg, Antonius H. J.
Vom Verstehen des Alten Testaments : e. Hermeneutik. – 1. Aufl. –
Göttingen : Vandenhoeck & Ruprecht, 1977.
(Grundrisse zum Alten Testament ; Bd. 5)
ISBN 3-525-51660-6

Gesamtherstellung: Hubert & Co., Göttingen.

Inhalt

I. Kapitel

Vorbemerkungen: Das Alte Testament als hermeneutisches Problem

Der Begriff der Hermeneutik ist schillernd. Er hat mit dem Verstehen, dem Verständnis, dem nicht oder wohl Verstandenen zu tun, ist aber selbst nicht so eindeutig definiert, daß Mißverständnisse ausgeschlossen wären. Dieser Umstand macht es erforderlich, vorab zu erklären, in welchem Sinne hier von Hermeneutik und hermeneutisch die Rede sein soll. Dieser Band will keine Hermeneutik im Sinne Friedrich Schleiermachers und Wilhelm Diltheys als Kunstlehre des Verstehens des Alten Testaments bieten. Für eine Einführung in die Methodik der Exegese kann hier verwiesen werden auf die im Literaturverzeichnis aufgeführten Arbeiten von Otto Kaiser u.a., Hermann Barth – Odil Hannes Steck, Georg Fohrer u.a., Wolfgang Richter und Klaus Koch. Auch eine Theologie des Alten Testaments ist nicht beabsichtigt; sie ist einem anderen Band in dieser Reihe vorbehalten. Ebensowenig soll eine vollständige Geschichte der Rezeption des Alten Testaments in der Kirche geschrieben werden, wie sie in dem großen, immer noch unentbehrlichen, aber leider in manchen Hinsichten überholten Werk von Ludwig Diestel und dem lediglich die Zeit seit der Reformation berücksichtigenden Buch von Emil G. Kraeling entfaltet wird. Für eine Geschichte der biblischen Theologie schließlich kann auf das einschlägige Werk von Hans-Joachim Kraus verwiesen werden. Die hier gestellte Aufgabe ist anderer Art: Es sollen die verschiedenen, auch widersprüchlichen Möglichkeiten, das Alte Testament als Teil des christlichen Kanons zu verstehen – oder auch es zu verwerfen –, dargestellt und kritisch gewürdigt werden.

Diese Aufgabe ist eine hermeneutische, weil sie sich um ein Gesamtverständnis des Alten Testaments und dessen Voraussetzungen bemüht. Sie ist eine theologische, weil jede Theologie des Alten Testaments und alle Theologie überhaupt implizit oder explizit von bestimmten Verstehensvoraussetzungen und einem bestimmten Gesamtverständnis des Kanons Alten und Neuen Testaments und des Verhältnisses der beiden Testamente zueinander ausgeht. Ja, es ist keine Übertreibung, wenn man das hermeneutische Problem des Alten Testaments nicht bloß als ein, sondern als *das* Problem christlicher Theologie betrachtet, von dessen Lösung so oder so alle anderen theologischen Fragen berührt werden. Ist Auslegung der Heiligen Schrift wesentliche Aufgabe der Theologie und gilt die Schrift als Grundlage christlichen Lebens, Fundament der Kirche und Medium von Offenbarung, so ist die Frage, ob und warum die Sammlung israelitisch-jüdischer Schriften, die im Bereich der christlichen Kirche als Altes Testament bezeichnet wird, Teil und gar der umfangreichste Bestandteil des Schriftenkanons sei und welche theologische Bedeutung ihm zukomme, von fundamentaler theologischer Relevanz. Sie betrifft ja den Umfang und damit zugleich auch qualitativ den Inhalt dessen, was als christlich zu gelten hat. Eine fundamentalere Frage läßt sich im Bereich der Theologie nicht stellen; ihre Beantwortung bestimmt selbst den Bereich, in welchem Theologie sich zu vollziehen hat!

Die hier gestellte hermeneutische und theologische Aufgabe ist freilich auch eine historische: Die verschiedenen und teilweise widersprüchlichen Möglichkeiten, das Alte Testament als Teil des Kanons zu verstehen oder auch ihm als nicht-christlich die Anerkennung zu verweigern, finden ihren Niederschlag nicht erst heute in unterschiedlichen theologischen Entwürfen, sondern sind selbst in einer langen Geschichte historisch gewachsen. Manche kehren im Laufe der Geschichte in mehr oder weniger stark verwandelter Gestalt und auf anderer Reflexionsstufe wieder. Andere verschärfen sich oder tauchen neu auf als Folge der von der Reformation und insbesondere der historisch-kritischen Wissenschaft verwandelten Geisteslage und Fragehinsichten. So kann eine Darstellung und Würdigung der verschiedenen Verstehensmöglichkeiten des Alten Testaments, wenn sie nicht völlig abstrakt-theologisch bleiben soll, nicht umhin, die Geschichte zu berücksichtigen. Dies nötigt freilich noch nicht zu einer rein chronologischen Darstellungsweise und zu einer Konzeption, welche derjenigen von L. Diestel oder E. G. Kraeling ähnlich wäre; beide wollen ja die verschiedenen hermeneutischen Ansätze und Entwürfe in chronologischer Reihenfolge schildern. Für die hier zu bewältigende Aufgabe empfiehlt sich viel eher eine problemorientierte Verfahrensweise, welche die diachronen und synchronen Aspekte, also die historischen Entwicklungen ebenso wie die sich der Sache nach gleichbleibenden Fragen und Antworten gleichermaßen zu berücksichtigen bestrebt ist. Dies empfiehlt sich einmal deshalb, weil in einer Einführung in die hermeneutische Problematik ohnehin keine Vollständigkeit der Problemschattierungen in ihrer langen Geschichte und der um Lösungen bemühten Personen in ihrer Vielfältigkeit angestrebt werden soll – dazu sei auf Diestel, Kraeling und Kraus verwiesen –, und zum anderen aus sachbezogenen Gründen, weil des öfteren unterschiedliche und einander widersprechende, ja bestreitende hermeneutische Ansätze – man denke nur an die polemische Ablehnung des Alten Testaments durch Marcion oder an den theologischen Pluralismus der Gegenwart! – gleichzeitig auftreten können. Auch der Umstand, daß manche Fragestellungen und Konzeptionen, wenn auch mit gewissen Modifikationen, sich in der Geschichte wiederholen, legt ein Verfahren, das mehr systematisch als chronologisch ist, nahe.

Das Wiederauftauchen gleicher oder doch vergleichbarer Probleme und Lösungen zeigt deutlich, daß das hermeneutische Problem des Alten Testaments mit seinen vielfältigen Aspekten nicht zuerst durch die Zufälligkeiten der Geschichte oder die Willkür der Theologen bedingt, sondern mit der Sache des Alten Testaments selbst vorgegeben ist. Die Vorgegebenheit selbst ist das Problem: Das Alte Testament ist eine Sammlung israelitischer und jüdischer Schriften. Diese Schriften sind die religiöse Nationalliteratur des israelitischen Volkes und das heilige Buch der jüdischen Gemeinde, der Synagoge. Sie sind zweifelsohne und fraglos nicht christlichen Ursprungs, sondern älter als das Christentum. Auch ihre Sammlung zu einem Kanon heiliger, unantastbarer – sakrosankter – und, wie gelehrt wurde, göttlich inspirierter Schriften ist nicht zuerst das Werk der christlichen Kirche gewesen. Sammlung und Abschluß des hebräischen Kanons waren das Werk der Synagoge um 100 n.Chr., und zwar einer Synagoge, welche stark von der pharisäischen Richtung jüdischer Theologie geprägt war. Auch noch die griechische Übersetzung zunächst der fünf Bücher Mose, der Tora, dann der übrigen Schriften des Alten Testaments, die in der christlichen Kirche allgemein verbindlich wurde, ist jüdischen und nicht christlichen Ursprungs; sie war ursprünglich für die griechisch sprechende jüdische Diaspora und keineswegs für die christliche Kirche bestimmt. Und auch die vom hebräischen Kanon abweichende griechische Ordnung der Schriften (Geschichtsbücher, Lehrbücher, Prophetenbücher gemäß den Zeitdimensionen Vergangenheit, Gegenwart, Zukunft), die für die Kirche maßgeblich wurde und welche die später – seit Hieronymus (um 350) bzw. seit Karlstadt und Luther – sogenannten Apokryphen (3.Esra, Makkabäerbücher, Tobit, Judith, Gebet Manasses, Zusätze zu Daniel, Zusätze zu Esther, Baruch, Brief Jeremias, Jesus Sirach, Weisheit Salomos) umfaßt, ist jüdischen und nicht christlichen Ursprungs. Die frühen Gemeinden waren hier vermutlich von örtlich verschiedenen jüdischen Schriftensammlungen abhängig.

Das Alte Testament ist also in jeder Hinsicht ein *Erbe* aus vorchristlicher Zeit. Eben hierin steckt das hermeneutische Problem: Ist das Erbe aus vorchristlicher Zeit deswegen selbst vor-christlich und darum nicht-christlich? Kann die Anerkennung als Teil des christlichen Kanons nicht-christliche Schriften nachträglich christianisieren und sozusagen taufen? Ferner: Die israelitisch-jüdische Schriftensammlung wird im christlichen Bereich das Alte Testament genannt, aber was besagt das Prädikat „alt"? Ist hiermit nur die zeitliche Dimension des Älteren, Früheren, Vorhergehenden in seinem Bezug zum Neuen als dem Späteren bezeichnet, oder meint „alt" hier eine geringere Qualität, gar das Veraltete?

Diese schon relativ früh aufbrechende Problematik mußte sich durch die Reformation und dann erst recht durch das Aufkommen der historisch-kritischen Wissenschaft und ihre konsequente Anwendung auf das biblische Schrifttum noch mehr verschärfen. Sollte die Schrift allein Quelle von Offenbarung und Grundlage der reformatorischen Kirche sein und nicht auch die Tradition und die Lehrautorität der Kirche, so mußte der rechten Auslegung der Schrift primäre theologische Bedeutung zukommen; und kehrte man erst zum wortgetreuen Sinn, dem sensus litteralis, zurück, wie es ja die Reformatoren wollten, so mußte ein wörtlich und nicht mehr allegorisch übertragen verstandenes Altes Testament seine lange Jahrhunderte hindurch verborgene Eigenständigkeit, aber auch *Fremdheit* erneut zeigen. Solche

Fremdheit zeigte sich erst recht und immer klarer dem unbestochenen Blick der von den dogmatischen Fesseln befreiten historischen Forschung. Das alte hermeneutische Problem des als Erbe vorgegebenen Alten Testaments stellte sich nun erst recht. Ist das alte Testament nicht zuerst *„Gesetz“*, wie es jüdischerseits und auch in der frühen Gemeinde genannt wurde? Ist es als Gesetz immer noch verbindlich oder für den Christen als Gesetz abgetan? Ist das israelitisch-jüdische Erbe nicht doch Dokument einer *Fremdreligion*? Wäre aus der historischen Tatsache, daß die christliche Gemeinde seit Paulus' Zeiten aus der Synagoge auszog und eine eigene Religionsgemeinschaft bildete, nicht die Konsequenz zu ziehen gewesen, wie auf die Synagoge so auch auf das synagogale Erbe zu verzichten? Und da solches am Anfang aus welchem Grunde auch immer nicht geschah, könnte es dann jetzt nicht an der Zeit und wohl endlich auch höchste Zeit sein, das inkonsequenterweise Versäumtes nachzuholen? Wenn jedoch solche Konsequenz nicht zu ziehen ist, sondern das Alte Testament trotz aller Erkenntnis seines vorchristlichen Ursprungs weiterhin als erster Teil des Kanons gültig bleiben soll, wie läßt sich diese Geltung dann nicht bloß historisch, durch Verweis auf die Tradition, sondern theologisch begründen?

Freilich öffnet sich auch die gegenteilige Möglichkeit, das Alte Testament zu verstehen und zu bewerten: die vermeintliche Fremdheit des Alten Testaments kann auch Ausdruck des „totaliter aliter“, der totalen Andersartigkeit des einen wahren Gottes sein, der zùerst als der Gott Israels und hernach auch in Jesus Christus sich offenbart hat. Der erste und umfangsreichste Teil der Bibel, einst die einzige Heilige Schrift der alten Kirche, wäre auch jetzt die *eigentliche Heilige Schrift* und das Neue Testament lediglich deren rechte Auslegung seit Christi Geburt, Tod und Auferstehung. Auch noch das Gesetz, sofern nicht speziell für israelitisch-jüdische Zeiten und Verhältnisse bestimmt, bliebe in Geltung, wenn auch nicht als menschlicher Weg zum göttlichen Heil, so doch als Gottes unveränderter Wille. Wehe dem, der am Feiertag arbeitet oder Knecht, Magd oder auch nur das Vieh arbeiten läßt!

Bei dieser Vorrangstellung und Hochschätzung des Alten Testaments muß aber das alttestamentliche Gesetz nicht unbedingt in den Vordergrund gerückt und eingeschärft werden. Es kann auch der in mancher Hinsicht unabgeschlossene Charakter dieser Schriftensammlung, das Unabgegoltensein seiner Verheißungen in den prophetischen und apokalyptischen Teilen herausgestellt werden. Das Alte Testament wird dann als das Buch einer *Geschichte* verstanden, die *von Verheißung zu Verheißung* drängt, an deren Ende die Erfüllung in Christus steht, die selbst aber auch wieder Verheißungscharakter hat: noch blieb der Auszug, der Exodus aus dem Lande der Knechtschaft unvollendet, das Land der Verheißung ist noch nicht erreicht!

Eine andere Möglichkeit, das Alte Testament christlich einzuordnen und seiner Qualität als des Alten in seiner Polarität zum Neuen gerecht zu werden, liegt darin, es nicht nur zeitlich, sondern mehr noch sachlich-inhaltlich als Vorstufe zum Neuen zu verstehen, sei es so, daß die alttestamentliche Weissagung oder Verheißung als im Neuen Testament erfüllt betrachtet wird, oder auch so, daß das, was sich in Geschehnissen, Personen oder Institutionen des Alten Testaments auf *typische* Weise präfigurativ, schattenhaft, als *Vorausschattung* ankündigt und anbahnt, im Neuen Testament als ins volle Licht getreten und – antitypisch – als erfüllt betrachtet wird. Man nennt diese Betrachtungsweise, die beide Testamente einander zuordnet und doch das Alte alt und das Neue neu zu lassen sich bemüht, die typologische. Droht aber nicht völlige Willkür, wenn Ereignisse, Personen und Institutionen des alten Israel, die selbst keineswegs bloße Vorausschattungen und Typen, die über sich hinausweisen, sein wollten, nachträglich von Christen typologisch interpretiert werden? Wird hier Auslegung nicht zur Hineinlegung?

Diesem Bedenken entgeht, wer das Alte Testament und auch das Neue Testament zunächst als schriftlichen Niederschlag von Lebensäußerungen und *Daseinshaltungen* zu verstehen versucht, die in einer polaren Gegensätzlichkeit stehen. Es ist die Polarität von in den Tod führendem *Gesetz* einerseits und Heil und Leben bringendem *Evangelium* andererseits. Der gesetzlichen Kultgemeinde in Jerusalem und in der Diaspora, die doch die Bindung an das jüdische Volk nicht preisgibt und sich gegen andere Völker abgrenzt, steht die christliche Gemeinde, die sich als das wahre, endzeitliche Gottesvolk versteht, gegenüber. In dieser Sicht ist das Alte Testament durch das Neue erledigt. Erledigt aber heißt nicht unbedingt abschaffungswürdig. Das Alte Testament behält im Gegenteil eine bleibende Gültigkeit als des Menschen und auch noch des Christen eigene falsche Möglichkeit, als Buch, das auch dem Christen wie in einem Spiegel sein *Scheitern* vorhält – Scheitern, dessen immer neue Überwindung durch die Gnade des Evangeliums herbeigeführt wird. Das Alte Testament wird so im prägnant theologischen Sinn als alt, nämlich als Urkunde des alten Menschen verstanden, der täglich neu vom Evangelium überführt und zurechtgebracht werden muß. Läßt eine solche Konzeption das Alte Testament im streng theologischen Sinne alt und das Neue neu sein, ohne das Alte als veraltet abtun zu müssen, so erhebt sich doch auch hier die weitere Frage, ob denn wirklich das ganze Alte Testament als Dokument des Gesetzes und des Scheiterns aufgefaßt werden kann oder ob einer genauer differenzierenden Sicht, die zwischen verschiedenen Schichten und Höhenlagen innerhalb des Alten Testaments unterscheidet, ein solches Gesamtverständnis als Verallgemeinerung erscheinen muß. Setzt doch das Neue Testament selbst, wenn nicht das ganze Alte Testament, so doch wesentliche Teile desselben als nach wie vor gültig voraus und kann ohne solche *Voraussetzung* gar nicht verstanden werden. Hierin ist es begründet, daß auch nach Christi Geburt, Tod und Auferstehung alttestamentliche Texte als das Evangelium auslegende, weil selbst vom Evangelium vorausgesetzte Verkündigung in der christlichen Kirche in Unterricht und Verkündigung verwendet werden.

Diese skizzenhafte Übersicht über die verschiedenen Möglichkeiten eines Verständnisses des Alten Testaments lehrt bereits bei aller Vorläufigkeit, daß hier nicht immer eines das andere restlos ausschließt, daß Anliegen zum Ausdruck kommen, die trotz Einseitigkeit ihre Berechtigung haben, und Fragen auftauchen, die sich infolge menschlich beschränkter Möglichkeiten zum Teil als nicht auflösbar erweisen. Es wäre zwar falsch, Unvereinbares versöhnen zu wollen – eine marcionitische Verwerfung und eine calvinistische Hochschätzung des Alten Testaments etwa schließen sich gewiß aus! –, aber dennoch können in wegen ihrer Einseitigkeit unmöglichen Möglichkeiten des Verständnisses richtige Einsichten verborgen sein, welche nicht unbeachtet bleiben dürfen. Die lange und breite Diskussion um das rechte Verständnis des Alten Testaments und seine Stellung im Kanon ist nicht – oder doch nicht nur – das Ergebnis theologischer Streitsucht, sondern weit mehr noch ein Reflex der einander widerstreitenden, auch bekämpfenden Positionen und Gegenpositionen religiöser und gelegentlich auch handfest weltlicher Art innerhalb der Altes Testament genannten tausendjährigen bunten Sammlung israelitischer und jüdischer Schriften selbst. Die ihnen allen zuerkannte jüdische und christliche Kanonizität ist nicht selten das einzige allen gemeinsame Merkmal. Diese Gemeinsamkeit kann leicht dazu verführen – und das war in der Vergangenheit auch tatsächlich öfter der Fall –, nach einem einzigen hermeneutischen Wunderschlüssel zu suchen, mit dem die Vielfalt des Überlieferten einheitlich und von einer sicheren Mitte her aufgeschlossen werden könnte. Mancher meinte wohl auch, jene Mitte und den passenden Schlüssel entdeckt zu haben, bis dann ein anderer mit neuem Schlüssel kam und das vermeintliche Zentrum, um das sich im Alten Testament alles drehen soll, anders bestimmte und aufzuschließen versuchte. Hier sollten begangene Einseitigkeiten eine Warnung sein. Zu denken gibt auch der Umstand, daß das Neue Testament – und d.h. die frühen christlichen Gemeinden – von Anfang an eine mehrschichtige Behandlung des Alten Testaments kennt, die erst in späterer Zeit den Versuchen zur einschichtig-einheitlichen Rezeption weichen mußte. Dem soll nunmehr nachgegangen werden.

II. Kapitel

Das Alte Testament als Erbe

1. Der Kanon der Väter

Von einer christlichen Rezeption oder Übernahme des Alten Testaments zu sprechen, wie es vielfach geschieht, ist eigentlich nicht korrekt und sachgemäß. Das ist schon deshalb nicht ganz richtig, weil zur Zeit Jesu und noch im ersten Jahrhundert n. Chr. das hebräische Alte Testament nicht endgültig abgeschlossen war. Erst um 100 n. Chr. stand der Bestand des jüdischen, hebräischen Kanons im großen und ganzen fest. Das Alte Testament in griechischer Übersetzung – die sogenannte Septuaginta – blieb noch länger eine unabgeschlossene und variable Größe, die sich außer durch die andere Anordnung der einzelnen Teile (Geschichtsbücher, poetisch-didaktische Bücher, Prophetenschriften) insbesondere dadurch unterscheidet, daß sie zusätzlich auch Apokryphen enthält. Dieser unabgeschlossene und vorerst offene griechische Kanon in variabler Gestalt wurde Heilige Schrift der christlichen Kirche. Deren Abschluß und Abgrenzung war dann nicht mehr jüdische Angelegenheit; das Judentum wandte sich von der von ihm selbst geschaffenen griechischen Übersetzung der Septuaginta ab und der „Veritas Hebraica", der hebräischen Wahrheit, oder aber neuen, wörtlichen Übersetzungen zu. Den Umfang des griechischen Kanons des Alten Testaments zu bestimmen, war damit Aufgabe der christlichen Kirche, ihre einheitliche Lösung ist bis heute ausgeblieben.

Hieronymus (um 400 n. Chr.), der Verfasser der Vulgata genannten lateinischen Übersetzung des Alten Testaments, konnte sein Anliegen, den jüdischen Kanon hebräischer Schriften allein zur kirchlichen Norm zu erheben, nicht durchsetzen. Später hat dann Luther diejenigen Bücher, die nicht im hebräischen Kanon, wohl aber in der Vulgata einen Platz bekommen hatten, als Apokryphen gelten lassen. Luther definiert sie als „Bücher, so der heiligen Schrift nicht gleich gehalten, und doch nützlich und gut zu lesen sind". Die lutherischen Kirchen haben über diese Frage eine verbindliche Entscheidung nicht getroffen. Im reformierten Bereich formuliert der Articulus 6 der Confessio Belgica (1559) den Unterschied von kanonisch und apokryph präziser: die Kirche darf die Apokryphen lesen und sich daraus belehren lassen, sofern sie mit den kanonischen Büchern übereinstimmen. Richtschnur und normierende Norm (norma normans) sind sie also nicht. In der offiziellen niederländischen Übersetzung („Statenvertaling") finden sie ihren Platz als Anhang zum Neuen Testament und mit einer vorangestellten Warnung, worin ausdrücklich erklärt wird, daß sie nicht zu den heiligen, göttlichen Schriften gehören. Die jüngeren Ausgaben verzichten konsequenterweise ganz auf sie. Die reformierte Kirche hat damit nur den jüdischen, hebräischen Kanon als kanonisch anerkannt. Eine verbindliche Kanonabgrenzung, welche die – apokryphen – Bücher Weisheit Salomos, Jesus Sirach, Tobit, Judith, 1. und 2. Makkabäer als deuterokanonisch dem gültigen Kanon zurechnet, vollzog die römische Kirche erst auf dem Tridentinischen Konzil 1546. Die Ostkirche ließ die Geltung u.a. der Apokryphen noch länger offen. Auf einer Synode in Jerusalem im Jahre 1672 wurden die Bücher Weisheit Salomos, Jesus Sirach, Tobit und Judith als kanonisch anerkannt.

Schon dieser kurze Rückblick in die Geschichte lehrt, daß von einer Rezeption oder Übernahme des Alten Testaments durch die Kirche eigentlich nicht die Rede sein kann. Die Kirche selbst hat den Kanon mit bestimmt; und auch noch die Offenlassung und Unentschiedenheit war eine Mitbestimmung. Statt von einer Übernahme des Alten Testaments durch die Kirche sollte besser von dem Alten Testament als *Erbe* die Rede sein. Dann kann deutlich werden, daß die alttestamentlichen Schriften einerseits nicht das literarische Erzeugnis des Christentums sind – sie sind vorchristlich –, andererseits aber nicht eine beliebige Sammlung fremdreligiöser Literatur, welche das sich bildende junge Christentum, aus welchem Grunde auch immer, von außen her übernahm. Diese Schriften waren das überkommene Erbe der israelitischen und jüdischen Väter, als deren erbberechtigte Söhne sich die frühen Christen verstanden. Sie waren ja selbst geborene Juden und, wie auch immer, Anhänger der in den Schriften der Väter bekundeten und verkündigten Religion.

In dieser Hinsicht unterscheiden sich die Christen nicht von anderen Gruppierungen oder Sekten, die aus dem Schoße des Judentums hervorgegangen sind. So betrachteten sich auch die Mitglieder der Gemeinschaft von Qumran, jener jüdischen Sekte, deren literarische Erzeugnisse in den Jahren nach dem Zweiten Weltkrieg in der Gegend des Toten Meeres entdeckt wurden, als legitime Erben der väterlichen Schriften, auch wenn sie ihre eigenen eigentümlichen Schriften dem Erbe als gleich- oder mehrwertig an die Seite stellten.

Das hermeneutische Problem besteht also nicht darin, ob die junge Kirche berechtigt oder auch gut beraten war, das Alte Testament zu übernehmen; sie besaß es immer schon und von allem Anfang an als ihre Heilige Schrift. Die Frage lautet vielmehr, ob es möglich und nötig war, das überkommene Erbe des Alten Testaments weiterhin beizubehalten, oder ob es nicht besser gewesen wäre, es denen zu überlassen, die es exklusiv für sich beanspruchten, nämlich den Juden. Diese Frage stellte sich zwar noch nicht gleich, war aber in der Sache des überkommenen Erbes angelegt.

Polemik kann für die schwachen Stellen des Gegners hellsichtig machen. So wundert es nicht, daß die Frage, ob die Christen sich mit Recht auf die ererbte Schrift berufen konnten, seitens der Judenschaft gestellt wurde. Die griechische Übersetzung der Septuaginta war das Werk von jüdischen Schriftgelehrten gewesen. Als diese Übersetzung nunmehr zum heiligen Buch der Christenheit wurde, konnte ein Streit nicht ausbleiben. Es war scheinbar nur eine Disputation um die rechte Auslegung einzelner Stellen. Am bekanntesten ist die Diskussion um das Verständnis von Jes. 7,14. Die von den Christen benutzte griechische Übersetzung liest hier das Wort „parthenos“, das Jungfrau bedeutet, der hebräische Text aber meint eine junge Frau.

Da nun Jes 7,14 überhaupt christlicherseits als Weissagung auf Christus gedeutet wurde, meinte die christliche Gemeinde, hier einen Schriftbeweis für die Jungfrauengeburt, also die Geburt Christi aus der Jungfrau Maria zu finden. Dies wurde jüdischerseits mit Verweis auf einen besseren Text und eine bessere Auslegung bestritten. Freilich konnten umgekehrt die Juden schwerlich in Frage stellen, daß die Übersetzung, auf die sich die Christen beriefen, doch von den Juden selbst geschaffen worden war. Kontroversen dieser Art haben schließlich dazu geführt, daß die Judenschaft die Septuaginta preisgab und als nicht der hebräischen Wahrheit entsprechend verdammte. Als hebräische Wahrheit wurde von der pharisäisch-rabbinischen Orthodoxie ausschließlich der hebräische Kanon anerkannt, der nur die Schriften der älteren, klassischen Zeit enthält. Der hebräische Kanon ist selbst ein Stück Polemik gegen alle hellenistischen und apokalyptischen Neuerungen, aber auch gegen die „Sekte" der Kirche mit ihrer Christusverkündigung. Bei diesem Streit ging es aber nur scheinbar um Einzelfragen der Auslegung. Ob den Kontrahenten bewußt oder nicht – hier standen letztlich die Gültigkeit des Alten Testaments für die Christen und deren Recht, sich darauf überhaupt berufen zu dürfen, auf dem Spiel.

Das anfängliche Bewußtsein, an Christus glaubende Juden und in solchem Glauben gerade das wahre Israel zu sein, ließ auf seiten der Christen freilich zunächst keinen Zweifel daran aufkommen, sich mit vollem Recht auf die ererbten Schriften berufen zu dürfen. Es ist auch sehr wahrscheinlich, daß, von allem anderen und auch von der zuerst noch verborgenen hermeneutischen Problematik abgesehen, die überall und immer zu beobachtende Beharrlichkeit in religiösen Dingen auch hier sich ausgewirkt hat. Das religiöse Erbe der Väter gibt man nicht ohne Not preis.

2. *Die Haltung Jesu*

Dies gilt auch für Jesus. Es sind genügend in ihrer Echtheit nicht zu bezweifelnde Jesusworte erhalten, welche zeigen, daß auch Jesus, nicht anders als die Schriftgelehrten, die Autorität des alttestamentlichen *Gesetzes* anerkannt hat. Wer ihn nach dem höchsten Gebot fragt, wird auf das Alte Testament und seine Forderungen verwiesen: „Das wichtigste Gebot ist dies: Höre, Israel, der Herr unser Gott ist der Herr allein, und du sollst den Herrn deinen Gott lieben von ganzem Herzen und von ganzer Seele und von ganzem Gemüt und mit ganzer Kraft. Das zweite lautet: Du sollst deinen Nächsten lieben, wie dich selbst" (Mk. 12,29–31). Diese Antwort Jesu zitiert 5. Mose 6,4f.; 3. Mose 19,18. Auf die Frage: „Was muß ich tun, um das ewige Leben zu ererben?" erwidert er: „Du kennst die Gebote" und zitiert dann aus dem Dekalog: „Du sollst nicht töten, nicht ehebrechen, nicht stehlen, nicht falsches Zeugnis ablegen, nicht täuschen; ehre Vater und Mutter" (Mk. 10,17–19).

Nicht nur gesetzliche Vorschriften, auch anderes kann von Jesus als biblische Begründung herangezogen werden. Für die Auferstehung von den Toten beruft er sich auf 2. Mose 3,2ff.: „Habt ihr nicht gelesen ..., wie Gott zu ihm (Mose) sagte: Ich bin der Gott Abrahams, Isaaks und Jakobs?" (Mk. 12, 25f.). Zur Verteidigung seines und seiner Jünger freieren Umgangs mit dem

Sabbat beruft er sich auf die Stelle 1. Sam. 21,7, die davon erzählt, wie David in seiner Notlage die sogenannten Schaubrote des Tempels verzehrte, die normalerweise niemand essen durfte außer den Priestern. Daß diese Stellen nicht hergeben, wofür sie zitiert werden, und gegen ihren ursprünglichen Sinn erklärt werden, ist später noch zu erörtern. Hier interessiert zunächst, daß Jesus überhaupt die Autorität der ihm überkommenen Schriften anerkennt und beibehält. Nicht hierin unterscheidet er sich von den zeitgenössischen Schriftgelehrten. Daß er Gesetzliches und Passagen aus historischen Büchern oder prophetischen Schriften als Beweisstellen heranziehen kann, zeigt nur, daß für ihn – nicht anders als für das zeitgenössische Judentum – die verschiedenen Teile der Schrift weitgehend eine unterschiedslose Einheit darstellten, und das heißt: in ihrem ursprünglichen Sinne nicht mehr voll verständlich waren. Der zitierte Verweis auf eine Stelle aus dem ersten Buch Samuel, um ein bestimmtes Verhalten zu rechtfertigen, läßt vermuten, daß für Jesus wie für das Judentum die Schrift primär als *Gesetz* in Frage kam und daß nicht nur die im eigentlichen Sinne gesetzlichen Partien als Gesetz verstanden wurden (vgl. hierzu auch Kap. IV).

Dieses für das zeitgenössische Judentum im allgemeinen typische Verständnis der Schrift als *Gesetz* und der Propheten als *Gesetzesausleger* zeigt nun aber, daß nicht erst für das Christentum, sondern auch schon für das Judentum das überkommene Erbe problematisch und ohne bestimmte Auslegung unverständlich geworden war. Die älteren Gesetze, die jetzt im Zeitalter der Römerherrschaft – wie schon früher unter anderer Fremdherrschaft, als Israel eine Kultgemeinde geworden war – den ursprünglichen Bezug auf Staat, Volksgemeinschaft und Sippe und deren konkrete politische und soziale Erfordernisse eingebüßt hatten, mußten wie ein Erbe anmuten, dessen Fremdheit und, trotz Fremdheit, getreue Verwaltung nur den Sinn hatten, das Volk als herausgehobenes, auserwähltes und als Fremdling zu erhalten. Und die Geschichte, sofern jetzt nicht als bloße Sammlung von Beispielen für das rechte und das falsche Verhalten unter dem Gesetz verstanden, mußte wie abgeschlossen erscheinen. Auch deren Niederschlag in der Schrift bedarf der Auslegung und ist ohne sie nicht mehr zugänglich. Die Wichtigkeit des bereits im Judentum aufgebrochenen hermeneutischen Problems und damit derer, die als die Ausleger – wirklich oder vermeintlich – für seine Aufschlüsselung zuständig waren, hat sogar den Stand der priesterlichen Kultdiener und den Tempeldienst überhaupt schon in vorchristlicher Zeit in den Hintergrund treten lassen zugunsten der Schriftgelehrten und ihrer Arbeit. Von dieser hermeneutischen Problematik her ist auch die Gestalt Jesu zu sehen. Auch sein Umgang mit dem Erbe ist Auslegung – und sei diese auch nach modernen Maßstäben gemessen Hineinlegung. Der Unterschied zu den zeitgenössischen Schriftgelehrten liegt woanders. Für sie war die formale Autorität der Schrift, also *daß* das Gesetz befiehlt und verbietet, als Wille Gottes bindend, und sei dieser Wille dem Menschen auch völlig unbegreiflich. So lautet ein Rabbinenspruch: „Weder macht der Tote unrein, noch das Wasser rein. Aber der Heilige hat gesagt: Ein Gesetz habe ich festgestellt, einen Entscheid getroffen; du bist nicht befugt, meinen Entscheid zu übertreten, der geschrieben ist; dies ist die Losung meines Gesetzes" (zitiert nach R. Bultmann, Jesus, S. 60f.).

Während es jüdischer Hermeneutik weniger auf Verstehen als auf Gehorsam auch ohne Einsicht ankommt, weil das Göttliche von ihr als das Unbegreifliche aufgefaßt wird, ist für Jesus die auch von ihm anerkannte Autorität der Schrift begründet in, aber auch abgeleitet von dem Willen Gottes. Darum ist, anders als für die zeitgenössischen Schriftgelehrten, der Inhalt nicht nebensächlich. Es gilt vielmehr, nach dem rechten Inhalt bzw. Verständnis des göttlichen Willens zu fragen. Ist für jüdische Auslegung das Gesetz in all seinen verschiedenen und auch widersprüchlichen Teilen gleichermaßen in Kraft, und geht es in der Auslegung nicht zuletzt auch um Harmonisierung des Widersprüchlichen, so kann Jesus deutlich zwischen Gebot und Gebot und zwischen Wichtigem und Unwichtigem, aber auch zwischen Wesentlichem, Primärem und Nachträglichem, Hinzugekommenem unterscheiden. Der Wille Gottes ist nicht ohne die Schrift, aber nicht auf diese, sondern auf jenen kommt es an.

Ein bekanntes Beispiel für solche Schriftauslegung ist Jesu Interpretation des im Gesetz vorgesehenen Scheidungsrechtes: Läßt das Gesetz (5.Mose 24,1) die Ehescheidung zu, steht aber ebenfalls geschrieben (1.Mose 1,27): „Als Mann und Frau hat Gott sie geschaffen; darum wird ein Mann Vater und Mutter verlassen, und die beiden werden ein Fleisch sein", so lautet die jesuanische Folgerung aus dem Vergleich beider Schriftstellen: „Was denn Gott zusammengefügt hat, soll der Mensch nicht scheiden". Anders formuliert: Gottes wahrer Wille will die Unscheidbarkeit der Ehe; die Ehescheidung ist nur eine Notmaßnahme „um der Herzenshärtigkeit" des Menschen willen, die nicht der eigentlichen Absicht Gottes entspricht (Mk. 10,2–9).

Damit ist, trotz Berufung auf die Schrift, die formale Autorität zugunsten des aus der Schrift zu erkennenden Willens Gottes preisgegeben. Die *Unterscheidung von Geist und Buchstaben* bahnt sich hier schon an.

Daß hier, bereits bei Jesus, die Möglichkeit eines *grundsätzlichen Konfliktes* mit dem alttestamentlichen Erbe gegeben ist, leuchtet ein. Ist für jüdische Schriftgelehrte Auslegung des Inhalts weniger wichtig als die formale Autorität des Geschriebenen, so gilt jetzt praktisch das Gegenteil. Kommt es darauf an, den Willen Gottes inhaltlich zu vernehmen und zu tun, und zielt Gottes Wille auf den ganzen Menschen, seinen Gehorsam und seine Hingabe, so können nicht nur einzelne Bestimmungen des geschriebenen Gesetzes als bloß um der Herzenshärtigkeit willen relativiert, sondern auch als dem Willen Gottes zuwiderlaufend ganz verworfen werden. Jesu Satz, daß nichts, was von außen in den Menschen hineinkommt, ihn verunreinigen könnte, sondern was aus dem Menschen herauskommt, ihn verunreinigt (Mk. 7,14ff.), hebt die Reinheitsgesetze und alles, was im jüdischen Ritual damit zusammenhängt, aus den Angeln. Die von Jesus anerkannte Autorität des Alten Testaments hindert ihn nicht daran, diese Schriftensammlung nur in Auswahl positiv heranzuziehen. Die *christliche Benutzung des Alten Testaments* in bestimmter Auswahl bahnt sich bei ihm schon an.

Auswahl bedeutet auch Ablehnung, ja auch antithetische Gegenüberstellung von Altem und Neuem. Dies spricht sich vor allem in den sogenannten Antithesen der Bergpredigt aus (Mt. 5,21ff.). Schon daß Matthäus Jesus diese Worte von einem Berg her verkündigen läßt, bedeutet eine Antithese zum mosaischen Gesetz, das ja vom Berge Sinai her erlassen wurde. Nunmehr heißt es: „Ihr habt gehört, daß zu den Alten gesagt wurde ... Ich aber sage euch ..." Was Jesus jetzt „den Heutigen" zu sagen hat, steht in einem Gegensatz zu dem, was „den Alten", den Vorfahren, denen das Alte galt, gesagt worden war. Es entschränkt, verschärft, radikalisiert das „den Alten" Gebotene. Verbietet das mosaische Gesetz, das den Alten gegeben wurde, Mord und Totschlag, Ehebruch und Meineid, so verkündet Jesus den Heutigen, daß Gottes Wille auch schon den Zorn, das boshafte Schimpfwort, böse Begehrlichkeit und Lügenhaftigkeit ausschließe. Gottes Wille ist nicht mit juristischen Formeln des Gesetzes faßbar, welche den Menschen einen Spielraum des Bösen offenließen, sondern fordert die ganze Hingabe des Menschen. In diesem „Ich aber sage euch ..." kündigt sich schon bei Jesus auch die *Gegensätzlichkeit von Altem und Neuem* an. Angesichts des Neuen, das mit Jesus anbricht, bekommt das überkommene Erbe den Charakter des Alten im Sinne des Vergangenen, im Sinne des Vergänglichen, Vorläufigen und auch Überholten.

Freilich nicht alles, was den Alten gesagt wurde, ist in diesem Sinne schon alt. Die starke Betonung des Schöpferseins Gottes und seines Herrseins durch Jesus ist auch ohne ausdrückliche Zitate aus den ererbten Schriften israelitisch-jüdisches Erbe. Gottes väterliche Fürsorge für Blumen, Tiere und erst recht für die Menschen (Mt. 6,25–34) ist Auslegung alttestamentlichen Gedankengutes. Neu an solcher Auslegung ist freilich, daß die gegenwärtige Fürsorge und die heutige Nähe des gütig sorgenden Gottes einer Generation verkündigt wird, für die, wie es im Judentum der Fall war, Gott in unnahbare Ferne und wie aus der Geschichte in einen jenseitigen Himmel weggezogen schien. *Diese neue Auslegung bringt also aktualisierend das Alte neu zu seiner Geltung und Wahrheit.*

Jesus ist jedoch nicht zuerst und zumeist Schriftausleger wie die Pharisäer oder die Lehrer der Qumransekte, sondern er nimmt für sich in Anspruch („Ich aber sage euch ..."), Gottes Willen unmittelbar und nicht nur aus dem Gesetz erkennen zu können und erkannt zu haben. Dieser Gotteswille ist gewiß Forderung und Anspruch, welche das geschriebene Gesetz noch radikalisieren, aber mehr noch Zuspruch, der Vergebung und Neuwerdung und Rettung im bald kommenden Gottesreich in Aussicht stellt. Damit tritt das als Gesetz verstandene Alte Testament zugunsten des Evangeliums, der frohen Botschaft vom nahen Heil Gottes in den Hintergrund. Aber wie bei der Betonung des gegenwärtigen Schöpfertums und Herrseins Gottes konnten damit zugleich auch Verheißung, Zusage und Zuspruch der rettenden Nähe Gottes und seines Heiles, wie sie das Alte Testament gewiß auch kennt – etwa die Abrahamsverheißungen (1.Mose 12,1ff.) oder die göttliche Namensoffenbarung: „Ich werde je und je für euch da sein, der ich da sein werde" (2.Mose 3,14) –, neu in Kraft treten. Von einem im zeitgenössischen Judentum alles überwuchernden Verständnis der Schrift als Gesetz und von dem vorherrschenden Lebensgefühl, als sei die heilvolle Geschichte Gottes mit seinem Volke längst abgeschlossene und ferne Vergangenheit, zum Schweigen gebracht, kommen solche Worte nunmehr neu und auch ohne ausdrückliches

Zitat zur Sprache; sie sind jetzt vom Gesetz, das „nebeneingekommen" (Röm. 5,20; Gal. 3,19) war, befreit. *Auch daß vom Neuen her das Alte Testament in seiner verschollenen Wahrheit nun erst recht in Kraft gesetzt wird,* kündigt sich in Jesu Verkündigung bereits an.

Es ist vor allem zu beachten, daß das alttestamentliche Erbe hier weder einseitig bejaht, noch verworfen, noch ganz und gar umgedeutet und neu verstanden wird. Ein einheitlicher hermeneutischer Schlüssel wird nicht angesetzt, und daß ein solcher fehlt, ist kein Mangel, sondern entspricht sachlich der Vielfalt des ererbten Gutes. Auch daß eine hermeneutische Besinnung auf Verschiedenartigkeit des Umgangs mit dem überkommenen Erbe und dessen innere Problematik jetzt noch nicht einsetzte, ist begreiflich.

3. *Das Alte Testament in den nachösterlichen Gemeinden*

Es war vorerst auch in der nachösterlichen Gemeinde nicht anders. Auch für sie ist das Alte Testament ein zunächst selbstverständliches Erbe. Wie an Tempel und Tempelkult, an Tempelsteuer und Rechtsprechung der Synagoge hat das Judenchristentum am väterlichen Gesetz festzuhalten (vgl. Apg. 6,46; Mt. 5,23f.; 17,24–27; Mk. 13,9; Mt. 10,17). Es versteht sich als das wahre Israel; und es kann auch tatsächlich, von außen betrachtet, religionsgeschichtlich als eine eschatologische Sekte des Judentums bezeichnet werden, die von der Hauptströmung des Judentums durch das Bewußtsein, das endzeitliche Israel zu sein, und durch den Glauben an die Heilsbedeutung des gekreuzigten und auferstandenen Jesus Christus unterschieden und dann auch förmlich getrennt war.

Die Hoheitstitel, die die Urgemeinde Jesus beilegt: Messias – Christus –, Menschensohn, Sohn Gottes, Knecht Gottes, sind zweifelsohne israelitisch-jüdischen Ursprungs. Sosehr sie durch ihre Anwendung auf den gekreuzigten und auferstandenen Jesus von innen her umgewandelt werden – nicht nur: Jesus ist der Messias usw., sondern ebenso auch: der wahre Messias ist der gekreuzigte und auferstandene Jesus! –, so ordnen sie doch das in Jesus Christus erschienene Neue in das Alte ein: das Erbe der Väter stellt die *Sprache*, die neue Offenbarung sagbar und verkündbar zu machen.

Sofern das Judenchristentum der Urgemeinde in Palästina sich vom Judentum nicht löste, bedeutete diese Treue zur religiösen und ethnischen Herkunft nicht nur, daß es selbst am Gesetz, also am Alten Testament als Erbe der Väter festhielt, sondern auch, daß Nichtjuden, die der judenchristlichen Gemeinde beitreten wollten, sich dem Gesetz unterstellen und zur Bekundung dieses Willens sich beschneiden lassen mußten. Christ konnte hier nur werden, wer auch Jude zu werden bereit war. Galt das Alte Testament als Gesetz für Christ-gewordene Heiden, so erst recht für die, die von Geburt Juden waren. Das Wirkliche ist, anders als es der Philosoph Hegel gelehrt hat, nicht immer auch vernünftig. Denn vernünftig-konsequent war diese Haltung keineswegs, hatte doch schon Jesus eine sehr viel differenziertere Haltung dem väterlichen Erbe gegenüber gezeigt. Obschon Jesu Worte gegen Gesetzlichkeit und pharisäisches Lohndenken, auch gegen den kultischen Ritualismus unvergessen blieben und überliefert wurden, fand wohl eine Rückentwicklung zum gesetzlichen Denken statt. Hier wurde dann Jesus das Wort zugeschrieben, er sei nicht gekommen, das Gesetz aufzulösen, sondern es zu erfüllen; und bis zum Ende der Tage solle kein Jota und kein Tüttelchen am Gesetz vergehen (Mt. 5,17f.). Christentum als neue, aber nicht immer bessere *Gesetzlichkeit* auf der Basis eines unumschränkt für gültig erachteten und als Gesetz verstandenen Alten Testaments ist schon in der Urgemeinde und schon im Neuen Testament vorgezeichnet. Freilich gehörte nicht dieser Ausprägung und Richtung des christlichen Glaubens die nächste Zukunft. Sie verlor nach dem Untergang Jerusalems (70 n.Chr.) ihre Bedeutung und sank zur Sekte der Ebioniten herab. Bemerkenswert ist allerdings, daß auch diese sektiererisch gesetzliche Gestalt des Christentums nicht ein unverändertes Altes Testament beibehielt, sondern die „gereinigten“ fünf Bücher Mose ohne allen Opferkult und Priesterwesen und mit Verwerfung der nur von Weibern geborenen Propheten (Diestel, S.27f.).

Weit wichtiger für die sich herausbildende Kirche und deren Aufnahme und Verständnis des väterlichen Erbes war die hellenistische Richtung, die auf der Diaspora entstammende Kreise zurückgeht. Ihre größere Freiheit dem Gesetz gegenüber verringerte sich durch den Übertritt zum Christentum gewiß nicht. Der Verbleib im Verband des Judentums und auf dem Boden des väterlichen Erbes hinderte die judenchristliche Gemeinde in Jerusalem daran, Mission unter Heiden zu betreiben. Diese ging von hellenistischen Judenchristen aus, und in den sich nunmehr bildenden heidenchristlichen Gemeinden waren die Anerkennung des Gesetzes und die Übernahme der Beschneidung nicht mehr erforderlich (vgl. Apg. 8,4ff.; 11,19ff.; 15; Gal. 2,1–10). Das sogenannte Apostelkonzil (Gal. 2,1–10; Apg.15) hat das gesetzesfreie Heidenchristentum ausdrücklich anerkannt und damit faktisch schon früher Gegebenes bestätigt. Die hier verhandelte Frage hat nur scheinbar bloß kirchenrechtlichen Charakter. Theologisch ging es ja darum, ob das Christentum dem Wesen nach jüdisch sei oder bleiben könne, ob das überkommene Gesetz und das väterliche Erbe überhaupt hier noch ganz und unverändert in Geltung bleiben könne, ja, ob das in Christus erschienene und dargebotene Heil allein und für sich genüge oder an die Bedingung der Gesetzeserfüllung gebunden bleiben müsse. Dabei war es der Sache nach gleichgültig, ob das ganze Gesetz oder nur Teile desselben – etwa die Beschneidung – gültige Vorbedingung bleiben sollten.

Es war Paulus, der dieses Problem in aller theologischen Klarheit erkannt und gelöst hat. Für ihn ist das Gesetz zwar gewiß von Gott erlassen, damit es erfüllt werde, wird aber vom Menschen als Mittel, mit eigenen Werken die eigene Gerechtigkeit zu erlangen und solcherweise gott-los die eigene Existenz zu verwirklichen, statt aus der allein Leben gewährenden Gnade Gottes zu leben, pervertiert (Gal. 2,15–21; 3,21–25; Röm. 3,19–28; 7 u.ö.). Paulus' Theologie und auch seine theologische Polemik und sein Streit betreffen diese kardinale Frage: ob der Mensch letztlich sein eigenes Heil schafft, ob der Mensch sich selbst erlöst, sich selbst macht oder recht („gerecht“) erst lebt, wenn er aus der Gnade Gottes lebt. Diese damals wie zu allen Zeiten und so auch heute zentrale Frage war der Gegenstand des ersten theologischen

Streites in der jungen Kirche. Er war eine Auseinandersetzung um das *Gesetz* und um das *als Gesetz verstandene Alte Testament.*

War für Paulus der Streit theologisch zugunsten der alleinigen Gnade (sola gratia) entschieden, so zeigt das sogenannte Aposteldekret (Apg. 15,20. 28–29; 21,25), das den Heidenchristen den Genuß von Götzenopferfleisch, von Fleisch von nicht nach den jüdischen Ritualvorschriften geschlachteten Tieren, von Speisen, die mit Blut zubereitet sind, sowie die „Unzucht", d.h. Heiraten in bestimmten Verwandtschaftsgraden gemäß den immer schon auch für Heiden gültigen Bestimmungen von 3. Mose 17,8. 10ff. 13; 18,6ff. verbietet, daß nicht überall ebenso gesetzesfrei gedacht wurde. Dieses Dekret erkennt also ein gesetzesfreies Heidenchristentum nur an, sofern es dem mosaischen Gesetz konform ist! Das Dekret, das eine Kompromißlösung darstellt und vermutlich das Zusammenleben und insbesondere die Tischgemeinschaft von Judenchristen und Heidenchristen ermöglichen wollte, steht also in der Mitte zwischen einem strengen Judenchristentum, das selbst auf dem Boden des ererbten Gesetzes verbleibt und für welches Jude werden muß, wer sich zu Christus bekehrt, und dem gesetzesfreien paulinischen Christentum.

4. *Der Bruch mit der jüdischen Vergangenheit*

Dennoch bedeutet Freiheit vom jüdischen Gesetz, ebensowenig wie die grundsätzliche theologische Polemik des Paulus gegen das Gesetz, keineswegs die Abschaffung des alttestamentlichen Erbes. Wohl aber mußte nunmehr einmal im praktischen Vollzug der christlichen Mission unter den Heiden und andermal noch deutlicher in der theologischen Besinnung auf das Gesetz bzw. auf das jüdisch-traditionell als Gesetz verstandene Alte Testament dieses in seiner hermeneutischen Problematik bewußt werden. Der Streit um die Gültigkeit des Gesetzes für Heidenchristen barg die Frage nach der Gültigkeit des Gesetzes für Christen überhaupt in sich, und diese mußte sich wiederum zum Problem der Geltung des Alten Testaments überhaupt im Bereich der christlichen Kirche ausweiten. Auch mußte die Freiheit vom Gesetz, sei es nun vom ganzen oder von seinen rituellen Bestandteilen, den Blick neu dafür schärfen, daß das von den Vätern überkommene Erbe, das nunmehr auch zur heiligen Schrift der Heidenchristen wurde, nicht nur Gesetze enthält, sondern auch Geschichten und Erzählungen, Belehrungen und Gebete, Weissagungen und Verheißungen. Inwiefern gelten diese noch und gelten sie der neuen, christlichen Gemeinde? In der Freiheit dem Gesetz gegenüber, schon bei Jesus, dann vor allem in der Theologie und Verkündigung des Paulus, endlich überhaupt im Heidenchristentum, das alsbald, zumal nach der Zerstörung Jerusalems (70 n. Chr.), das Judenchristentum weit an Bedeutung zu überflügeln begann, kommen mit schwerwiegenden praktischen Folgen die Unterschiede zum Judentum und, was die Judenchristen anbelangt, der Abstand von der eigenen religiösen Herkunft symptomatisch zum Ausdruck. Zwischen Vätern und Söhnen, zwischen dem Erbe und denen, die es verwalten, ja ausschließlich für sich in Anspruch nehmen, hat sich ein Bruch vollzogen. Jetzt lautet die Frage nicht nur, mit welchem Recht diejenigen auf das Erbe der Väter Anspruch erheben, die sich an die Forderungen des ererbten Gesetzes nicht mehr halten, sondern mehr noch: kann überhaupt das Alte, mag es immer Erbe der Väter und Bibel Jesu sein, noch wesentliche Bedeutung haben, da doch durch Kreuz und Auferstehung Jesu Christi die Endzeit hereingebrochen ist und die neue Gemeinde durch dieses Ereignis allein begründet wurde (1.Kor. 3,11) und da doch damit „alles neu geworden" ist (2.Kor. 5,17)?

Bekanntlich hat sich die christliche Gemeinde als das wahre Israel Gottes (Gal. 6,16) im Gegensatz zu dem empirischen Volk, das nur Israel nach dem Fleisch ist (1.Kor. 10,18), und als die wahren Söhne Abrahams (Röm. 4,12–15; 9,6–8; Gal. 4,22–28) verstanden. Ist die Kirche aus an Christus glaubenden Juden und Heiden nach eigenem Selbstverständnis das wahre, endzeitliche Israel, so ist das väterliche Erbe in Wahrheit der Christenheit Eigenstes, und alle in ihm enthaltenen Verheißungen und Zusagen, aber auch Warnungen und Ermahnungen gelten der Gemeinde der Endzeit. Mit dieser hermeneutischen Vereinnahmung ist das Erbe bejaht und angenommen, aber das hermeneutische Problem noch nicht gelöst. Das gilt für die alte Kirche ebenso wie für die gegenwärtige theologische Rechtfertigung der christlichen Beibehaltung des Alten Testaments. Der Verweis auf das Erbe als solches und der Titel des neuen, wahren Israels reichen hier nicht aus. Denn das neue oder wahre Israel war und ist *nicht die historische Fortsetzung* des alten Israels; ebensowenig war und ist es eine Sekte innerhalb des israelitisch-jüdischen Religionsverbandes, als welche es anfangs für eine rein äußerliche Betrachtungsweise erscheinen mochte. Keine historische Entwicklung führt von Israel zum Judentum *und von dort* kontinuierlich zum Christentum, so vieles auch, historisch gesehen, Israel und das Judentum einerseits und das Christentum andererseits verbinden mag, – so vieles, daß ein angemessenes Verständnis des Christentums ohne diese historischen Zusammenhänge nicht möglich ist. Hier geht es aber nicht nur um historisches Verstehen, sondern um die Erfassung und Bestimmung des Wesens. Das Bekenntnis zu dem gestorbenen und auferstandenen Jesus als dem Messias-Christus und Herrn nimmt auch nicht nur das Gekommensein des Messias im Gegensatz zum Judentum, das auf den Messias noch wartet, vorweg; der Unterschied besteht nicht zuerst sozusagen in der Datierung des Messias, so wichtig diese gewiß ist. Vielmehr bekennt sich der Glaube an den gestorbenen und auferstandenen Jesus Christus damit zu dem eschatologischen, d.h. endzeitlichen und endgültigen Handeln Gottes, das in absolut-qualitativem Sinne allem Bisherigen ein Ende setzt, es vergangen sein läßt (2.Kor. 5,17), vom Tode zum Leben führt (Röm. 5,12–21; 6,3–11; Gal. 2,20; 1.Kor. 15,21f.; 2.Kor. 4,10; 13,4; Kol. 3,3f.) und das neue Israel als die im absolut-qualitativen Sinne neue, endzeitliche Gemeinde konstituiert, die am endzeitlichen Heil im Glauben schon jetzt teilhat. Ist aber das neue Israel durch Gottes endzeitliches Handeln in Jesus Christus vom alten Israel unterschieden und geschieden, ja geradezu aus ihm und aus aller Welt „herausgerufen", so mußte und muß die Frage lauten, ob nicht dies neue Israel mit dem alten nur noch den Namen gemeinsam hat. Wie kann dann das an das alte, historische Israel gerichtete

Alte Testament, das einen Stämmeverband Israel, ein Staatsvolk, schließlich eine volksgebundene Kult- und Gesetzesgemeinde voraussetzt, noch Bedeutung haben für das neue Israel, das Gott in Christus endzeitlich „herausgerufen“ hat? Der christliche Glaube ist ja, trotz aller ererbten Schriftgläubigkeit, nicht zuerst Glaube an die Schrift, erwächst nicht aus der Schrift, auch nicht aus einer christlich neu ausgelegten Schrift, sondern ist Glaube an Christus, der sich im Zeugnis christlicher Verkündigung selbst verkündigt.

Die Gesetzesproblematik stellt sich damit als bloße Teilfrage heraus. Sie mußte sich aus naheliegenden historischen Gründen zuerst ergeben, aber das eigentliche Problem war mit der Freiheit vom Gesetz nicht gelöst. Es war und ist nicht nur ein *hermeneutisches*, wie nämlich das überkommene Erbe als ein historisch bedingtes und geschichtliches über die Distanz der Zeiten hinweg verständlich gemacht, also interpretiert und verstanden werden könne. Diese Frage stellt sich angesichts jeder Literatur und überhaupt aller menschlichen Lebensäußerungen. Das Problem ist vielmehr auch und vor allem ein im strengen Sinne *theologisches,* wie es sich nur hier und nicht auch in Hinsicht auf die neutestamentlichen Schriften stellt: wie das im qualitativen Sinne alte Erbe für die christliche Gemeinde als eine endzeitliche und als im strengen Sinne neues Israel Gültigkeit haben könne. Diese Frage wurde in der Urgemeinde, aber auch in der stark reflektierenden Theologie etwa des Paulus noch nicht mit dieser Genauigkeit und Härte gestellt. Sie war aber da, wie der faktische Umgang mit dem überkommenen Erbe – und nun nicht nur mit dem Gesetz – zeigt.

5. *Verheißung, Weissagung, Typos*

Das zeigt sich schon gleich in der den synoptischen Evangelien vorausliegenden und von ihnen aufgenommenen Sammlung von Herrenworten, die man als Q (Logienquelle) zu bezeichnen sich angewöhnt hat (vgl. Werner Georg Kümmel, Einleitung, S. 37ff.). Hier wird deutlich, daß der Herr die erste, unbedingte Autorität ist. Er ist mehr als Jona und mehr als Salomo (Mt. 12,41; Lk. 11,31f.); das Heil aller Menschen entscheidet sich am Bekenntnis zu ihm (Mt. 17,21. 24–27; 10,32f.). Jesus ist die eigentliche Autorität und sein Erscheinen selbst das Heilsereignis; die Schrift, „die Propheten und das Gesetz haben bis auf Johannes geweissagt“ (vgl. Lk. 16,16). Hier begegnet auch bereits der andere Gedanke, der das überkommene Erbe der Schrift nicht zuerst als Gesetz, sondern als *Weissagung* und als *Vorankündigung* und *Verheißung* in Betracht zieht. Es ist ein Gedanke – und ein hermeneutischer Schlüssel –, der bis in die Gegenwart von Wichtigkeit geblieben ist. Schon das älteste urchristliche Glaubensbekenntnis (Kerygma), wie es, selbst vorpaulinisch, von Paulus weitergegeben wird, beruft sich darauf, schriftgemäß zu sein: „daß Christus gestorben ist für unsere Sünden nach den Schriften, und daß er begraben wurde, und daß er auferweckt ist am dritten Tage nach den Schriften, und daß er Kephas erschien, dann den Zwölf“ (1. Kor.

15,1–5). Wichtiger als die Frage, welche Schriftstellen hier konkret gemeint seien – offenbar wird auf Jes. 53,4–6; Hos. 6,2 angespielt –, ist die Feststellung, daß die „Schriften“ überhaupt als Weissagung und Beweis für die Schriftgemäßheit des Christusgeschehens zitiert werden. Das zentrale Geschehen von Kreuz und Auferstehung wird dann schon früh mit Hilfe von Psalm 22 (Spott, Kopfschütteln, Verteilung der Kleider, Eli-Ruf) erzählt und verumständet und als schriftgemäß erwiesen.

Auch für den für Heidenchristen schreibenden *Markus* kommt das alttestamentliche Erbe nicht zuerst als Gesetz in Betracht. In diesem „Buch der geheimen Epiphanien“ (Martin Dibelius, Die Formgeschichte des Evangeliums, S.232) ist Jesus der endzeitliche Menschensohn, Sohn Davids und Sohn Gottes, der eine neue Lehre verkündet und mit göttlicher Vollmacht die Dämonen austreibt (Mk. 1,27). In Streitgesprächen mit Pharisäern und Schriftgelehrten wird deren gesetzlich-zeremonielles Verständnis des Gesetzes verurteilt (Mk. 2,6–9; 2,23–28; 3,1–6; 7,1–13; 10,1–12). Obwohl diese Polemik faktisch nicht nur die jüdische Interpretation, sondern das Gesetz selbst aus den Angeln hebt, ist der, dem solche Diskussionsworte zugeschrieben werden, der von der Schrift Geweissagte (Mk. 1,2f.; 7,6f.; 12,10f. 36f.; 14,27). Insbesondere die Passionsgeschichte wird „schriftgemäß“ gestaltet (15,24. 34. 36). Insgesamt macht das Markusevangelium den Eindruck, in Hinsicht auf seinen Umgang mit dem alttestamentlichen Erbe von einer vorgegebenen, noch nicht theologisch abgeklärten heidenchristlichen Tradition abhängig zu sein. Das Gesetz, zumal das Zeremonialgesetz, ist abgetan; gültig bleibt aber die überkommene Schrift als Weissagung, die in Christus Erfüllung fand. Meinen aber die zitierten Stellen (Mal. 3,1 vgl. Mk. 1,2; Jes. 29,13 vgl. Mk. 7,6f.; Ps. 118,22f. vgl. Mk. 12,10f.; Ps. 110,1 vgl. Mk. 12,36f.; Sach. 13,7 vgl. Mk. 14,27) wirklich selbst ihrem eigenen Sinne nach, was sie weissagen und belegen sollen? Auf diese Frage ist noch zurückzukommen.

Daß die Schrift das Christusgeschehen verheißt und weissagt, ist auch des Apostels *Paulus* Überzeugung. Dabei geht es nicht so sehr um eine Vorankündigung einzelner Geschehnisse und Widerfahrnisse als vielmehr darum, daß die Schrift überhaupt das Heil, das Gott den Heiden in Christus bereitet, vorausgesehen hat (Gal. 3,6). Zwar gründet auch des Paulus Christusglaube in der Begegnung mit dem lebendigen Jesus Christus und er hat das Evangelium nicht „gelernt“ (Gal. 1,12), dennoch ist und bleibt für ihn das väterliche Erbe heilige Schrift im strengen Sinne. Nicht nur das Gesetz, das darin enthalten ist, ist von Gott gegeben, „heilig, recht und gut“ (Röm. 7,12), sondern die ganze Schrift ist göttlich. Ja, ihre Heiligkeit, Göttlichkeit und Wahrheit offenbaren sich nach Paulus im Glauben an Christus und von diesem Glauben her überhaupt erst recht. Die eigentliche Wahrheit der Schrift ist ohne Christus verhüllt, den Juden bleibt sie wie durch einen Schleier (Decke) verborgen (2.Kor. 3,14). Ohne Christus gilt der „Buchstabe“, welcher tötet, jetzt aber der Geist, der lebendig macht (2.Kor. 3,6; vgl. Röm. 2, 29; 7,6) und dabei ist dann mit dem Buchstaben nicht bloß die Erstarrung im Formalen und in Formeln gemeint, sondern die tötende Kraft, die das Gesetz ohne Christus entfaltet, und die rechte Auslegung ist weit mehr als eine exegetische Technik, nämlich die Erschließung göttlicher Wahrheit im Lichte Jesu Christi (2. Kor. 3,7–18). Die wahre Wahrheit der Schrift ist das Heil in Christus, die Gerechtigkeit allein durch den Glauben. So glaubt *vor* allem Gesetz Abraham Gottes Zusage, und das wurde ihm als Gerechtigkeit angerechnet, zugesprochen (Röm. 4,3; Gal. 3,6; beide Stellen mit Bezug auf 1. Mose 15,6). Hier wird die Schrift von Paulus also durchaus sinngemäß zitiert, die neue Glaubenserkenntnis nicht künstlich in die Texte hineingelesen. Neu gegenüber der jüdischen Exegese ist jedoch das hermeneutische Prinzip, das diese Stellen ins Zentrum rückt und ihnen einen Rang vor allem Gesetz gibt, das gar erst 430 Jahre danach erlassen wurde (Gal. 3,17)!

Ist und bleibt die Schrift in Kraft, so bietet sie auch die *Sprache* dar, das Evangelium von Christus in seinen verschiedenen Aspekten zu verkünden. Diese Sprache ist selbst Weissagung auf Christus und auf die Endzeit. Zitate und Anspielungen durchziehen Paulus' Briefe. Alle Weissagungen und Verheißungen, die das Alte Testament enthält, finden ihre Erfüllung im Christusereignis (2. Kor. 1,20), ja, auch abgesehen von Weissagungen und Verheißungen im engeren Sinne, „was immer zuvor geschrieben wurde, das ist uns zur Lehre geschrieben" (Röm. 15,4). Alles in der Schrift hat nur eine Richtung und ein Ziel: die Endzeit, die in Christus angebrochen ist. Geht nach Ps. 19,5 „ihr (der Himmel) Schall über die ganze Erde und ihre Worte bis an die Enden der Welt", so findet Paulus hier seine eigene Heidenmission vorausgesagt (Röm. 10,18), und der Verkünder der Christusbotschaft darf sich von dieser Arbeit auf Kosten der Gemeinde ernähren, weil nach 5. Mose 25,4 dem dreschenden Ochsen das Maul nicht zugebunden werden soll! Der Durchzug durch das Schilfmeer, die Wüstenwanderung Israels, als Jahwe in einer Wolke mitzog (2. Mose 13,21 f.), das Manna (2. Mose 16,4 ff.) und das Wasser aus dem Felsen (4. Mose 20,7–11) sind Vorabbildungen (Typen) von Taufe und Abendmahl (1. Kor. 10,1–6). Überhaupt ist jenes damalige Geschehen, von dem das Alte Testament berichtet, für Paulus „typisch" (1. Kor. 10,11), Typos dessen, was in der Endzeit sich ereignet. Hier sind es also nicht Worte oder Sprüche, die als Weissagung oder Verheißung interpretiert werden, sondern Geschehnisse, Personen, Institutionen werden zu Vorausschattungen des Künftigen, das jetzt eingetroffen ist. So ist nach Paulus der erste Adam, von dem alles Unheil über die Menschheit ausging, der Typos des künftigen, kommenden und nun gekommenen neuen Adam, nämlich Christi, von dem alles Heil ausgeht (Röm. 5,14).

Daß typologische Entsprechungen gemeint sind, muß jedoch nicht immer ausdrücklich mitgeteilt werden. 1. Kor. 5,7 wird Christus als Osterlamm, das für uns geopfert wurde, bezeichnet, und damit ist gewiß eine typologische Entsprechung von Passalamm und Kreuzestod gemeint, wie ja auch Joh. 19,14 die Todesstunde Jesu der Stunde entspricht, da die Passalämmer geschlachtet zu werden pflegen (vgl. Joh. 19, 36; vgl. für das NT u. a. auch Kol. 2,17 und 1. Petr. 3,21, wo auch der Begriff Antityp auftritt: die Taufe ist Antitypos zu dem Typos der Arche Noahs; Joh. 3,14 f.:

wie Mose eine Schlange erhöht hat, so wird der Menschensohn erhöht; Joh. 6,31ff.: Jesus ist das wahre, eschatologische Brot im Verhältnis zum Typos Manna; Hebr. 3, 7–4,13: typologische Entsprechung von Israels Wüstenwanderung und der Existenz der christlichen Gemeinde).

Die Typologie mit ihrer Zuordnung von Typos und Antitypos geht dabei immer vom Antitypischen aus: im Lichte des erschienenen und verwirklichten Antitypos lassen sich überhaupt erst die Typen als die Vorausschattungen in ihrem wahren Verweischarakter entdecken. Das Neue wird zum hermeneutischen Schlüssel des Alten. Die Auslegung nach Typos und Antitypos setzt aber auch eine Unterscheidung der Zeiten und von Alt und Neu, vom Alten und Neuen Testament, wenn auch noch nicht im Sinne zweier Kanonteile, voraus (2.Kor. 3,6.14). Hier bahnt sich aber die Möglichkeit an, den alten Kanon beizubehalten und um einen neuen Teil zu erweitern.

Wie das Verständnis als Weissagung, so hat auch diese Methode der Auslegung – die Typologese – von Paulus an bis in die Gegenwart Bedeutung gehabt.

Beruht die Typologie auf einer angenommenen Entsprechung, wobei der Antitypos den Typos als bloße Vorausschattung übertrifft und „in den Schatten" des Vorläufigen stellt, so beruht das Verständnis als Weissagung und als Verheißung auf dem Schema Ankündigung-Erfüllung. Von der Erfüllung in Christus her werden alttestamentliche Stellen als Weissagung oder Verheißung ausgelegt. Ging es Paulus bei dieser Auslegungsweise nur darum, aufzuzeigen, daß das neue Heil in Christus schon im Alten Testament als das eigentliche Thema angekündigt worden war, und waren auch schon für die vorpaulinische Gemeinde Tod und Auferstehung Jesu Christi gemäß den Schriften geschehen, so hat das *Matthäus-Evangelium* den Weissagungsbeweis voll entfaltet und theologisch durchdacht. Bis in scheinbar unwichtige Einzelheiten hinein haben die heiligen Schriften Jesu Christi Werk und Geschick geweissagt. Hier wird auch ausdrücklich zitiert: „Das ist aber alles geschehen, damit erfüllt würde, was der Herr durch den Propheten geredet hat ..." (etwa Mt. 1,22). Alle Einzelerfüllungen und Einzelbelege aus der Schrift bekunden aber nur, daß das ganze irdische Leben Jesu, sein Tod, seine Auferstehung, das von ihm erwirkte Heil Erfüllung der im Alten Testament ergangenen Weissagung und Verheißung ist. Und trotz der Antithesen der Bergpredigt, dem Gegensatz und Widerspruch gegen das, was den Alten gesagt war, ist Jesus gekommen, nicht um das Gesetz aufzulösen, sondern um die vollkommene Erfüllung zu bringen und zu fordern, die in einem neuen Leben in Hingabe an Gott und in der Liebe zum Nächsten sich verwirklicht (Mt. 5,17ff.; 5,48; 7,12; 22,40).

Als Belege, welche zum Zwecke von Weissagungsbeweisen zitiert werden, zieht Matthäus nicht nur solche Stellen heran, die ihrem ursprünglichen Sinne nach Weissagungen waren (Jes. 7,14; Mt. 1,23 als Beleg für die Jungfrauengeburt; diese Stelle redet zwar im hebräischen Text nicht von einer Jungfrau, kündigt wohl aber eine zeichenhafte, wunderbare Geburt an). Viel öfter jedoch werden Passagen zitiert, die entweder ursprünglich keine Weissagung meinten oder sonst einen gänzlich anderen

Sinn hatten: laut Mt. 8,17 soll Jes. 53,4 Jesu Wunderheilungen weissagen; Jer. 31,15: „Rahel weint um ihre Kinder" bezog sich auf die Gefangenschaft der Exulanten, wird aber von Mt. 2,17f. auf den Kindermord von Bethlehem bezogen; 21,5: Sach. 9, 9 soll den Einzug Jesu in Jerusalem ansagen; der sog. Parallelismus membrorum von Sach. 9,9, der das Reittier als Esel und als Füllen beschreibt, aber selbstverständlich ein einziges Tier meint, soll die Weissagung enthalten, daß Jesus auf zwei Tieren in Jerusalem eingezogen ist; die Selbstaufforderung von Ps. 78,2 wird 13,35 als Weissagung der Parabelrede gedeutet; 27,9f.: Sach. 11,12 soll von den dreißig Silberlingen weissagen, die der Verräter Judas als Lohn bekam; die Stelle hatte aber ursprünglich einen anderen Bezug und findet sich auch nicht im Buch des Propheten Jeremia, wie fälschlicherweise angegeben wird. Dies sind nur einige Beispiele.

Hatte die Urgemeinde allein schon durch die israelitisch-jüdischen Hoheitstitel, die sie Jesus verlieh – Messias, Christus, Menschensohn, Sohn Gottes, „Knecht Gottes" –, aber auch durch die Übertragung des Gottesprädikats Kyrios (= Herr in christlichen Septuaginta-Handschriften, wo Kyrios Wiedergabe des Gottesnamens Jahwe ist) auf Christus, das Christusgeschehen als Erfüllung alttestamentlicher Erwartung verkündet, so sind die das ganze Matthäusevangelium durchziehenden Reflexionszitate (besser: „Erfüllungszitate", vgl. W.G.Kümmel, Einleitung, S.81) Ausdruck des nunmehr systematisch durchgeführten Versuches, das Christusgeschehen als ganzes in all seinen Einzelheiten als Erfüllung alttestamentlicher Prophetie und der Schrift überhaupt darzustellen. Es ist der Versuch, sich das überkommene Erbe neu anzueignen und es zu bewältigen, ihm seine Gültigkeit zu belassen, ja, es neu in Kraft zu setzen und gerade dadurch und damit die Schriftgemäßheit, und das kann hier nur heißen: göttliche Wahrheit des Christuszeugnisses zu „beweisen". Welcher Auseinandersetzung diese theologische Beweisführung dienen soll – mit dem Judentum um die Schriftgemäßheit christlichen Glaubens? mit dem überkommenen Erbe als solchem um das rechte christliche Verständnis? (vgl. W.G.Kümmel, a.a.O., S.84ff.; hier weitere Lit.) –, ist umstritten. Es ist aber deutlich, daß die hier skizzierte Verwendung alttestamentlicher Texte, die nicht auf das Matthäusevangelium beschränkt ist, nicht mehr die Texte in ihrem eigenen ursprünglichen Sinn zur Geltung bringt, sondern sie sagen läßt, was man hören will und was man schon ohne sie im voraus weiß. Dieser offenbar theologisch groß angelegte Versuch, das alttestamentliche Erbe zu bewältigen, befindet sich in der Gefahr, es gerade so gänzlich zu verlieren, weil es die Botschaft nicht mehr ausrichten darf, die es selbst zu sagen hat. Wird man der neuen Interpretation des Gesetzes immerhin zubilligen müssen, daß sie bestrebt ist, die Fülle von Bestimmungen auf das Wesentliche zurückzuführen und den wahren Gotteswillen zu vernehmen und damit die alte Wahrheit des Gesetzes neu ans Licht zu bringen; kann man auch noch bei der typologischen Exegese die Absicht würdigen, das Alte in seiner Beziehung und seiner Analogie zum Neuen, auch es in seinem Verweischarakter und in seiner über den vordergründigen Wortsinn hinausreichenden Bedeutsamkeit im Lichte des Christusgeschehens herauszustellen, so ist die Auslegung im Sinne des Weissagungs- und überhaupt des Schriftbeweises vielfach kein Auslegen, sondern ein Hineinlegen ohne Berücksichtigung des ursprünglichen Sinnes und Zusammenhanges. An dieser Feststellung ändert auch der mildernde Umstand nichts, daß der Wortlaut der zitierten Texte noch nicht kanonisiert und heilig war, wie es erst später rabbinische und auch christliche Schriftlehre wollte, und daß ähnliche Auslegungsmethoden auch außerhalb des Bereiches der christlichen Kirche im Judentum und Heidentum angewandt wurden. Wohl zeigt die Auslegung des Alten Testaments im Matthäusevangelium, obwohl es hervorhebt, daß Jesus nicht gekommen sei, das Gesetz aufzulösen, daß sich hermeneutisch das Gewicht vom Gesetz weg auf Verheißung und Weissagung hin verlagert hat. Sogar für dies Evangelium gilt der Satz von L. Diestel (S. 13): „Der tief eingreifende Unterschied zwischen der jüdischen Schriftbenutzung und der neuen christlichen lag also zunächst darin, daß der rechte Schwerpunkt nicht mehr auf das Gesetz fiel, sondern auf die Prophetie".

Diese Gewichtsverlagerung läßt sich auch im lukanischen Doppelwerk gut beobachten. Gleich im ersten Vers ist programmatisch davon die Rede, daß von einer zeitlich sich erstreckenden Geschichte gehandelt werden soll, von einem Heilsgeschehen, das sich in einer Abfolge von historischen Tatsachen (pragmata) ereignet hat. Kannte schon die paulinische Typologie den Unterschied der Zeiten – alt und neu –, dies aber im qualitativen Sinne einer Polarität, ja schroffen Gegensätzlichkeit von Tod und Leben (2. Kor. 3,4–16), so geht es Lukas um eine zeitliche Linie, um ein Früher und Später, die Zeit der Wirksamkeit Jesu, die Zeit der unter den Heiden missionierenden Kirche. Für die heidenchristliche Mission ist das alttestamentliche Gesetz, anders als bei Paulus, im Matthäusevangelium und überhaupt überall dort, wo äußere und innere Auseinandersetzungen mit dem Judentum unvermeidbar waren, kein akutes Problem mehr. Es gehört für Lukas nicht nur faktisch, sondern auch theologisch, nämlich heilsgeschichtlich einer vergangenen Epoche an. Diese liegt vor der „Mitte der Zeit" (Hans Conzelmann), als welche Lukas die irdische Tätigkeit Jesu versteht. Das theologische Problem des Gesetzes, wie es von Paulus erkannt war und das nicht zeitgebunden ist, wenngleich es je und je geschichtlich akut wird, ist hier nicht mehr verstanden. In der neuen kirchlichen Ordnung, wie sie nach dem Untergang Jerusalems, des Tempels und des Opferkultes gewachsen ist, hat das Gesetz, mag immer es früher seinen guten Sinn gehabt haben, seine Bedeutung verloren. Das Problem des Gesetzes hat sich sozusagen von selbst erledigt. Das bedeutet für die Juden freilich Gericht und Strafe, weil sie das ihnen gegebene Gesetz selbst nicht gehalten und die Propheten und auch Jesus getötet haben (so in der Rede des Stephanus Apg. 7,35ff.). Ist damit die Frage des Gesetzes für Lukas beantwortet, so kommt das Alte Testament desto mehr als Weissagung in den Blick. Wie der „Mitte der Zeit" des Wirkens Jesu die Zeit der missionierenden Gemeinde folgt und aus ihr hervorgeht, so geht ihr auch die Zeit Israels voraus, deren Urkunde vorausweist auf Christus und seine Gemeinde. Dabei geht es Lukas, anders als dem Matthäusevangelium, weniger um das Detail als vielmehr um das große entscheidende Heilsgeschehen.

Anders als die Juden, die ihre Propheten und Jesus töteten, haben die gerechten Israeliten wie z.B. die frommen Eltern des Johannes, Zacharias und Elisabeth (Lk. 1,6) oder Simeon das Heil in Christus voller Sehnsucht erwartet (vgl. Lk. 1,70–75; vgl. 24,21; Apg. 1,6). Die Erfüllung übertrifft die Erwartung, die zunächst noch traditionell national beschränkt war, bei weitem: Christus bringt das Heil allen Völkern (Apg. 2,30–32). Daß die Juden der Erfüllung nicht teilhaftig werden, ist ihre eigene Schuld; ihr Herz ist gemäß Jesajas Weissagung (Jes. 6,9f.) verstockt, darum wird nunmehr den Heiden das Heil Gottes gesandt, wie die Apostelgeschichte abschließend erklärt (Apg. 28,27f.). Die Verstockung der Juden geschieht in Erfüllung der Schrift, wie die Schrift überhaupt in der Wirksamkeit und im Geschick Jesu Christi und der daraus entspringenden Kirche und ihrer Predigt erfüllt wird. Die Erfüllung der Schrift im Anbruch des Heils und der Verkündigung des Evangeliums wird gleich in Jesu Antrittspredigt (Lk. 4,16–21) proklamiert. Zugleich lehrt die Reaktion der Juden auf diese Predigt, daß sie in ihrer Nichtanerkennung und ihrem Unglauben von Gott verworfen sind. Und auch ihre Verwerfung ist schriftgemäß. Wie Gott diesen Lauf der Geschichte vorherbestimmt hat (Lk. 22,22; 24,26. 44), so hat er auch die Propheten das künftige Geschehen zuvor schauen lassen (Lk. 24,25–27. 32. 44–48; Apg. 1,16; 2,31; 3,18; 7,52; 13,24). Die Wahrheit der christlichen Botschaft geht aus der Schrift hervor und kann aus der Schrift erwiesen werden (Apg. 17,11; 18,28). Es ist der Auferstandene selbst, der den Jüngern die Schrift „aufschließt“ (Lk. 24,32).

Wenn auch gewiß Christi und seiner Jünger Wirken aus der Kraft des Geistes geschieht, der für die Heilszeit verheißen war (Lk. 4,18. 21; 24,49; Apg. 2, insbes. 2,14–21), und mehr ist als nur Auslegung der Schrift, so erlangt diese doch als Zeugnis von Gottes Heilsplan und Geschichtslenkung erhöhte Bedeutung. Der Schrift als Weissagung und weissagender Auslegung und auch Bestätigung kann die christliche Verkündigung in ihrem lukanischen Verständnis nicht entbehren. In dem Maße, wie die zeitliche Entfernung vom Christusgeschehen größer wird und auch die urgemeindliche Naherwartung zu erlöschen beginnt, *wird die sich erstreckende Zeit zum hermeneutischen Problem*. Das überkommene alttestamentliche Erbe wird, als Gesetz abgetan, zu einem Vorher, dessen Bedeutung in seinem Charakter als Vorhersage liegt. Es enthält die Vorhersage und damit auch das Zeugnis der göttlichen Vorherbestimmung von – einzelnen – Geschehnissen (pragmata, Dinge; Lk. 1,1), die mittlerweile auch vergangen sind, aber ihre Fortsetzung in einer Apostelgeschichte bekommen. Das Zeugnis der Schrift wird zur Vorhersage göttlich gelenkter Geschehnisse, die ohne die Schrift in ihrer Bedeutung nicht erkannt werden könnten. Auch dieser hermeneutische Ansatz ist späterhin vielfach aufgegriffen und zur *heilsgeschichtlichen Konzeption*, in welche sich das Alte Testament als Buch der Vorgeschichte einordnet, ausgebaut worden; er kann auf weiten Strecken geradezu als Dogma kirchlicher Normaltheologie gelten.

Daß auf die durch die zeitliche Erstreckung entstehenden Probleme theologisch auch ganz anders reagiert werden kann, lehrt das Johannesevangelium, das ja zeitlich der Historie Jesu nicht näher steht als Lukas. Nicht eine frühe Christentumsgeschichte soll zur Darstellung gebracht, sondern die gegenwärtige Bedeutung Christi der Gegenwart verkündigt werden, „damit ihr glaubt, daß Jesus der Christus, der Sohn Gottes ist, und ihr als Glaubende in seinem Namen Leben habt" (Joh. 2,30f.). Der Christus des johanneischen Glaubens steht von vornherein in einem solchen Gegensatz zu den Juden, daß man wohl angenommen hat, antijüdische Polemik und die Abwehr jüdischer Angriffe gegen das Christentum seien die eigentliche Intention dieses Evangeliums. Aber wie dem auch sei, deutlich ist auf jeden Fall wie der Gegensatz zu den Juden, die geradezu die antichristliche gottlose Welt personifizieren, so auch die Distanz vom jüdischen Gesetz.

Daß Jesus es durch Heilungen am Sabbat übertritt (Joh. 5,9; 9,14), wird zwar noch erwähnt, führt aber nicht mehr zu einer Diskussion über das Gesetz, sondern über Person und Vollmacht Jesu (Joh. 9,14ff.) oder zum Beschluß, Jesus zu töten (Joh. 5,9. 16). Ob Jesus durch sein Verhalten das Gesetz außer Kraft setzen oder etwa im Sinne von Mt. 5, 17 es in Wahrheit erfüllen will, wird nicht gesagt. Nach Joh. 7,19 halten die Juden selbst das Gesetz nicht, ohne daß etwa im paulinischen Sinne daraus streng theologische Konsequenzen für den Sinn des Gesetzes gezogen würden. Faktisch aber macht die Ausschließlichkeit des in Christus offenbarten Heils (Joh. 14,6: „Ich bin der Weg, die Wahrheit und das Leben. Niemand kommt zum Vater denn durch mich.") jegliche andere Heilsordnung rückgängig, und es kann nur ein „neues Gebot" gelten (Joh. 13,34), das Gebot der Liebe.

Dennoch ist auch im Johannesevangelium mit dem Gesetz nicht die Schrift als solche abgetan. Wie in der älteren Tradtion weissagt das Alte Testament insbesondere Leiden und Sterben Christi (Joh. 12,13–15; 19,24; 19,28f. 19,36f.), was auch ausdrücklich vermerkt zu werden pflegt („daß die Schrift erfüllt würde ..."). Weil die Schrift das Christusgeschehen weissagt, kann von ihr gesagt werden, daß sie das ewige Leben enthalte; dann muß man allerdings ihren wahren Sinn, das Christuszeugnis, vernehmen und im Glauben annehmen (Joh. 5,39.46f.). Wie bei Lukas erst der auferstandene Herr den wahren Sinn der Schrift erschließt (Lk. 24,25ff. 32. 45–47), so wird auch hier die bis dahin verdunkelte Wahrheit erst nach Ostern ans Licht gebracht (Joh. 2,22; 12,16). Schon die Frommen des alten Israel haben den – präexistenten – Jesus gesehen, Abraham sah ihn mit Freude, Jesaja weissagte von ihm (Joh. 8,56; 12,41), was die mit Blindheit geschlagenen Juden nicht verstehen können (Joh. 8,57: wie kann Jesus, noch nicht fünfzig Jahre alt, Abraham gesehen haben?).

Stimmt das Johannesevangelium in diesem Schriftgebrauch der Hauptsache nach mit den älteren Evangelien und der noch älteren Tradition überein, so kennt es auch noch einen anderen hermeneutischen Schlüssel. Nach Joh. 1,29. 36 ist Jesus das Lamm Gottes, das der Welt Sünde trägt. Das ist eine Anspielung auf Jes. 53,7, wo der Gottesknecht mit einem Lamm, das zur Schlachtbank geführt wird, verglichen wird. Die Deuterojesajastelle wird hier nicht eigentlich im Sinne des üblichen Schriftbeweises als Weissagung verstanden; vielmehr soll die *Bedeutung des Christusgeschehens mit Hilfe eines alttestamentlichen Textes zur Sprache gebracht und der Text in seiner Wahrheit aufgezeigt werden.* Nicht ein vorher Angesagtes ereignet sich im nachhinein – wie etwa bei Lukas –, sondern die Wahrheit des vorgegebenen

Textes wird in Christus wirklich und offenbar: „Siehe, das ist Gottes Lamm“. Typologisch ist, wie gesagt (s. o. S. 25 f.), die Verwendung von 4. Mose 21,8 f. in Joh. 3,14 f.: wie eine Schlange zur Heilung der Damaligen aufgerichtet wurde, so wird der Menschensohn zum Heil aller, die an ihn glauben, erhöht: daß Kreuz und Erhöhung eine paradoxale Einheit sind, wird mit Hilfe eines Textes, der von einer Schlange sprach – von einem tötenden und doch heilenden Wesen! – zur Sprache gebracht. Auch hier geht es nicht eigentlich um Weissagung und nicht einmal um eine typologische Entsprechung, sondern um Auslegung des Christusgeschehens mit Hilfe der vorgeprägten Sprache der Heiligen Schrift. Im Johannesevangelium, das selbst einige traditionell gewordene Schriftbeweise bringt, ist dennoch anscheinend auch die theologische Fragwürdigkeit eines solchen Beweisverfahrens erkannt worden. Von der hermeneutischen Problematik im engeren Sinne – ob und inwiefern Texte gegen ihren ursprünglichen Sinn Verwendung finden dürfen – abgesehen, tendiert ja der Schriftbeweis auf eine Absicherung des Glaubens. Ist aber ein bewiesener Glaube noch Glaube? Es kommt hinzu, daß gerade das Wesentliche im Christusgeschehen, der eigentliche Inhalt der Botschaft, nämlich die Heilsbedeutung von Kreuz und Auferstehung, nicht aus der Schrift bewiesen werden kann. Daß der Schrift- und Weissagungsbeweis der Urgemeinde hier ansetzte und sich hier zuerst entfaltete, ist begreiflich, denn hier lag und liegt der eigentliche Anstoß, das eigentliche Skandalon. Das Skandalon eines gekreuzigten Messias erwies sich als stärker denn alle hier letztlich versagenden Schriftbeweise. So unternimmt es Johannes, gerade dies Skandalon mit Hilfe der Schrift aufzuzeigen.

Kommt nach der Schrift der Messias aus der Davidsstadt Bethlehem (Joh. 7,42. 52), so Jesus hingegen aus Nazareth in Galiläa. „Was kann aus Nazareth Gutes kommen?“ lautet darum die Frage, und die Antwort: „Komm und siehe!“ (Joh. 1,45 f.), und dennoch ist Jesus der von Mose und den Propheten Geweissagte (Joh. 1,45). Das aber wiederum erkennt nur „der rechte Israelit, in welchem kein Falsch ist“ (Joh. 1,47). Hingegen mißverstehen die falschen Schriftgelehrten ihre Schrift, auch wenn sie sie – ähnlich wie auch die Worte Jesu mißverstanden werden – im vordergründig wörtlichen Sinne richtig begreifen: sie stammen gewiß von Abraham ab, und doch sind sie Söhne des Teufels (Joh. 8,39–44).

Wie die paradoxale Erhöhung des Menschensohnes am Kreuz nur im Glauben erkennbar ist, so kann auch die paradoxale Wahrheit der Schrift nur von Christus her und im Licht seiner Offenbarung erkannt werden. Hier spiegelt sich aber nicht mehr die Auseinandersetzung mit den Juden über die Auslegung des Gesetzes, sondern dies ist unmittelbare Verkündigung für Christen, damit sie glauben, auch ohne zu sehen und auch ohne Sicherung durch Schriftbeweise. Wie in den Anfängen der christlichen Urgemeinde ist hier Christus selbst wieder Ursprung und Grund des Glaubens; demgegenüber tritt die Schrift – anders als bei Lukas – sehr erheblich zurück. Die Johannesbriefe bringen kein einziges alttestamentliches Zitat mehr. Da Johannes keinen heilsgeschichtlichen Ablauf kennt, läßt sich die Schrift auch nicht in einem Vorher einordnen, und daß sie überhaupt noch in Geltung steht, was Johannes nicht in Frage stellt, ist von dieser Konzeption her strenggenommen inkonsequent. Die Beharrlichkeit religiöser Tradition und das Eigengewicht des überkommenen Erbes waren stärker als die theologische Reflexion, und das ist nicht immer ein Nachteil.

6. *Die Allegorese*

Das Alte Testament als Verheißung des Christusgeschehens, als Weissagung des Lebens und Sterbens Jesu, gar als Vorhersage biographischer und sonstiger Einzelheiten, das Alte Testament als Gesetz, das als Zuchtmeister zu Christus führt, als vorher ergangenes Zeugnis, das eine Heilsgeschichte bezeugt und erkennbar macht, als Schrift, deren paradoxale Wahrheit im Lichte der Christusoffenbarung erkannt wird – dies sind die sehr unterschiedlichen Versuche, das Problem, vor das das alttestamentliche Erbe die frühe Christenheit stellte, zu meistern. Es sind zunächst noch mehr oder weniger spontane Versuche, deren Konsequenzen noch nicht systematisch ausgezogen werden konnten. Von der Wahrheit der Christusoffenbarung und von der Gültigkeit der Schrift gleichermaßen überzeugt, meint man, die Schrift müsse – es kann nicht anders sein – von Christus Zeugnis ablegen. Ihr neuer Sinn ist ihr wahrer alter Sinn! Die Differenz zwischen diesem „wahren" Sinn und der wörtlichen Bedeutung wird anfangs noch nicht bewußt. Ein Problembewußtsein ist aber dort erwacht, wo bewußte Auslegung den wahren Sinn an den Tag legen muß. Auslegung, und sei sie auch Hineinlegung, geschieht erst dann, wenn der unmittelbare Wortsinn nicht mehr verstanden wird – oder als nicht mehr brauchbar erscheint. Anders als in der modernen historisch-kritischen Exegese, der es gerade um die alte ursprüngliche Bedeutung und deren mögliche Relevanz für die Gegenwart zu tun ist, geht es in solcher Schriftauslegung nicht um den ursprünglichen historischen Sinn, sondern immer um die Gegenwartsbedeutung der Schrift, deren Autorität schlechterdings vorausgesetzt wird. Hat die Schrift Autorität, so muß sie auch Bedeutung für die Gegenwart haben. Auslegung hat sie an den Tag zu bringen.

Daß bei solcher Auslegung Texte aus dem ursprünglichen Zusammenhang gelöst werden dürfen, ist ebenso jüdisches Erbe wie andere methodische Griffe, z.B. der Analogieschluß (Mk. 2,21–24: was David erlaubt war, muß in analoger Weise auch den Jüngern gestattet sein), die etymologische Deutung (Mt. 2,23: weil Jesus in Nazareth wohnte, wurde er Nazoräer genannt; diese Bezeichnung und der Ortsname haben aber nichts miteinander zu tun), der Schluß a minori ad maius, der Schluß von dem geringeren auf den größeren Wert (2.Kor. 3,10f.: hatte das Amt des Gesetzes Herrlichkeit, so erst recht und noch mehr das Amt, das die Rechtfertigung des Sünders predigt).

Von einer ausgebildeten Auslegungsmethode, die auf ganz bestimmten hermeneutischen Voraussetzungen beruht, kann man bei der Typologese sprechen, wie sie von Paulus und von da an angewandt wurde (s.o. S. 25ff.). Das gilt noch mehr von der Allegorese. Diese im biblischen Bereich zuerst zur nachträglichen Ausdeutung und Anwendung von Gleichnissen Jesu

(Mk. 4,13–20; Mt. 13,36–43. 49f.) angewandte Methode geht von der Voraussetzung aus, daß der also ausgelegte *Text selbst* noch einen *anderen* als den unmittelbar wörtlichen *Sinn* hat. Tatsächlich existiert eine Allegorie genannte Redeweise, die durch Aneinanderreihung von Metaphern in allen Einzelzügen bildhaften und insofern einen anderen als den unmittelbar wörtlichen Sinn hat; sie will selbst allegorisch interpretiert werden (vgl. schon im AT z.B. Ez. 16; 17; 19; 23; 31; 34; Ps. 23; 80,9–20). Die Allegorese behandelt aber auch andere Texte so, als wären sie Allegorien. Meinen der Weissagungsbeweis oder auch noch die Typologie den eindeutigen, wenn auch vielleicht zunächst noch verborgenen oder vielleicht auch tieferen Sinn der zitierten Texte zu erfassen, so geht die Allegorese von deren Doppel- und überhaupt Mehrdeutigkeit aus und behauptet, daß der unmittelbare Sinn nur die äußere Hülle der wahren Bedeutung ist. Ja, die einzelnen Wörter haben einen anderen als den unmittelbaren Sinn. So ist der Säemann, der ausgeht zu säen, in Wahrheit der, der das Wort Gottes verkündigt usw. (Mk. 4,14 usw.).

Diese Methode ist nicht israelitisch-jüdischen und – anders als die Typologie – auch nicht christlichen, sondern hellenistischen Ursprungs. Als die Mythen, insbesondere die Göttererzählungen des nach wie vor gleichwohl hochverehrten Homer anstößig oder auch in ihrem ursprünglichen Sinn unverständlich wurden, versuchte die allegorische Deutung, den Anstoß zu beseitigen und so die „wahre" Bedeutung zu retten. Diese Auslegungsweise fand Eingang auch im hellenistischen Judentum, aber auch in der palästinensischen Schriftgelehrsamkeit. Mit Hilfe der Allegorese vermochte bereits der Alexandriner und jüdische Philosoph Aristobul – Zeitgenosse von Jesus Sirach, um die Mitte des 2. Jahrhunderts – die religiöse Überlieferung des Alten Testaments als die wahre Philosophie zu interpretieren und der gebildeten Welt die Juden als Volk von Philosophen vorzustellen. Und des Paulus Zeitgenosse, der jüdische Religionsphilosoph Philo von Alexandria kommentierte mit Hilfe der allegorischen Methode das erste Buch Mose und die mosaische Gesetzgebung.

Ermöglichte es diese Methode, die alte Geltung eines überkommenen Erbes – für Philo war die Schrift göttlich inspiriert! – mit den neuen Ansichten und Bedürfnissen zu versöhnen, indem man das Neue als den wahren alten Sinn zu verstehen versuchte, so mußte es für den Christen naheliegen, diesen hermeneutischen Schlüssel nunmehr auch an ein christlich zu verstehendes Altes Testament anzulegen.

Das tut bereits Paulus, wenn er 1. Kor. 5,6–8 den Sauerteig als Bild für Unreinheit versteht, Gal. 3,6 den Samen als Einzahl (1. Mose 22,18) auf Christus deutet, den Felsen, aus dem Wasser hervorging (2. Mose 17,6), als geistlichen Fels, der mitgeht, interpretiert (1. Kor. 10,4), oder aus dem Verbot, dem dreschenden Ochsen das Maul zuzubinden, entnimmt, daß der Prediger sich von seiner Tätigkeit ernähren darf (1. Kor. 9,8–10). Gal. 4,21–31 (vgl. 4,24) sagt der Apostel sogar ausdrücklich, daß der alttestamentliche Text, der von ihm zitiert wird (1. Mose 16), allegorisch verstanden werden muß: die Söhne Saras und der Magd Hagar, Isaak und Ismael, meinen die an Christus Glaubenden, die das Heil ererben, und die, die nicht glauben und verstoßen werden.

Bleibt die paulinische Allegorese punktuell orientiert und betrifft, außer in Gal. 4,21–31, nur erst bestimmte Einzelzüge, so wird im Hebräerbrief diese Methode voller entfaltet. Weil nach Auffassung des Verfassers des Hebräerbriefes das israelitisch-jüdische Gesetz, weil es schwach und nutzlos war, aufgehoben worden ist (Hebr. 7,18), gilt es nicht mehr in seinem wörtlichen Verständnis, sondern in seinem erst von Christus her zu erschließenden neuen, eben allegorischen Sinn. Als „Schatten der künftigen Güter" hatte es diesen wahren Sinn bisher noch verborgen (Hebr. 10,1). Dies gibt dem Verfasser das Recht, nun insbesondere den alttestamentlichen Kultus allegorisch zu deuten. Der Kultus Israels sollte der Sühne und der Heilung dienen, konnte aber dieses sein Ziel nie voll erreichen. So bekommt er seinen eigentlichen Sinn erst von der wahren Erfüllung in Christus, dem wahren Hohenpriester, her (Hebr. 4,14–16; 7,1–10), der nicht das Blut von Tieren, sondern sein eigenes Blut ein für allemal vergossen hat (Hebr. 9,1–15). Typologische Entgegensetzungen (Hebr. 7,9–10: Melchisedek – Christus; 8,2–5: Stiftshütte – himmlisches Zelt; 9,23–28: überhaupt Irdisches – Himmlisches) und Allegoresen (Hebr. 3,6; 7,2f.; 10,20; 11,13–16; 12,22; 13,11–13) gehen hier Hand in Hand. Typologese und Allegorese dienen dabei längst nicht mehr der Diskussion mit jüdischen oder judaisierenden Gegnern, sondern der theologischen Aneignung des Alten Testaments als Buch der Kirche, dessen rechte Deutung der theologischen Entfaltung des christlichen Glaubens gleichkommt.

Eine fast gewaltsame Aneignung und Vereinnahmung des israelitisch-jüdischen Erbes vollzieht sich dann im Barnabasbrief. Diese wahrscheinlich um 100 n.Chr. anzusetzende Schrift setzt die Trennung der christlichen Gemeinde von der Synagoge bereits voraus und warnt mit scharfen Polemiken vor einem Rückfall ins Judentum. Hatte der Hebräerbrief den ursprünglichen Literalsinn als für die vorchristliche Epoche zutreffend gelten lassen, so leugnet der Barnabasbrief eine solche Bedeutung überhaupt: vielmehr hätten die Juden ihre eigene Schrift immer schon mißverstanden, Die Schrift ist kein jüdisches, sondern ein christliches Buch. Allegorisch gedeutet, bezeugt es allein den christlichen Glauben und die christliche Sittenlehre. So bedeutet die Beschneidung die Herzensbeschneidung (Barn. 9), unreine Tiere sind schlechte Menschen, mit denen man nicht in Berührung kommen sollte (Barn. 10). Alle christlichen Hauptwahrheiten werden hier schon geweissagt: Christi Präexistenz, sein Leiden, Kreuz und seine Wiederkunft (Barn. 5–8; vgl. 9,8; 8,3; 7,9).

Neben solcher christlich-theologischen Vereinnahmung steht die mehr naive Aneignung im ersten Clemensbrief, der Ende des 1. Jahrhunderts von Rom an die Gemeinde in Korinth geschrieben wurde. Das Problem des israelitisch-jüdischen Gesetzes als Erbe und – Paulus! – theologischer Anstoß erster Ordnung ist hier erledigt, das Zeremonialgesetz ist selbstverständlich nicht mehr gültig, die Ordnung des Alten Testaments eine Analogie zur neuen Ordnung der christlichen Gemeinde, der Glaube gilt als Tugend, für welche das Alte Testament mancherlei schöne Beispiele zu bieten hat. Hier ist das Alte Testament so christlich geworden, daß Allegorese nicht mehr erforderlich ist, es sei denn, um einzelnen Details einen erbaulich-christlichen Sinn zu geben, wie z.B. dem roten Seil der Hure Rabab (Jos. 2,18), das das Blut Christi bedeuten soll.

Kunstvolle und gekünstelte Auslegung mit ihrer Typologese und Allegorese einerseits und naive christliche Aneignung andererseits ebnen die Probleme immer mehr ein; das israelitisch-jüdische Erbe wird ein „christliches“ Altes Testament. Wo der Glaube zu einer Tugend wird, da schärft auch der Widerstreit von Glaubensgerechtigkeit durch Christus und den Werken des Gesetzes den Blick nicht mehr für den Widerspruch zwischen dem Alten, das vergangen, und dem Neuen, das endzeitlich angebrochen ist. Das Gesetz, als ewig gültiges Sittengesetz interpretiert – so der Apologet Justinus (um 150) –, ist von Christus, dem neuen Gesetzgeber, nicht abgeschafft, sondern bestätigt; das Zeremonialgesetz hingegen galt nur den Juden; ansonsten ist die allegorisch zu deutende Schrift Weissagung auf Christus. Dieses gleichsam unproblematische Verständnis, wie es bereits Justin vertrat, hat weithin und sogar bis in die Gegenwart hinein die normalkirchlichen Anschauungen geprägt.

7. *Das „Alte Testament“*

Das Verständnis des Alten und seines Verhältnisses zum Neuen mußte notwendigerweise auch in der schließlichen Festlegung des christlichen Schriftenkanons und seiner Teile zum Ausdruck kommen. War zuerst die ererbte Schrift das einzige heilige Buch gewesen, so entwickelte sich, wie hier nicht im einzelnen darzustellen ist (vgl. W.G.Kümmel, Einleitung, S.420–451; H.Frh.von Campenhausen, Die Entstehung, S.303–311), neben der bisherigen Schrift eine neue Schriftenreihe genuin christlichen Ursprungs. Schon vor dem endgültigen Abschluß dieser Schriftensammlung als eines christlichen Kanons von 27 Schriften – im Westen durch die Synode von Hippo Regius (393) und von Karthago (397) – mußte sich die Frage stellen, wie die Sammlung als solche zu bezeichnen sei. Die terminologische Frage ist eine eminent theologische, in der Bezeichnung artikuliert sich das Verständnis der neuen Schriftensammlung in ihrem Verhältnis zur alten Schrift, „dem Gesetz und den Propheten“, wie der Terminus einst gelautet hatte.

Schon Paulus hatte das in Christus erschienene endzeitliche Heil als „neu“ in seinem Verhältnis zu allem Bisherigen bezeichnet (2.Kor. 3,6.14; 5,17; Gal.6,15). Er konnte dabei an den spezifischen Gebrauch der Vokabeln „neu“ in der Apokalyptik, aber auch schon in der späteren Prophetie anknüpfen. Hier schon bezeichnete das Wort das ganz Andere, die große, absolute Erneuerung in der Endzeit, etwa den neuen Himmel und die neue Erde (Jes. 65,17; Apk. 21,1; 2.Petr. 3,13), und insbesondere auch den „neuen Bund“ (Jer. 31,31–34). Auch die Abendmahlstradition kennt die Vorstellung von einem Bund (Mk. 14,24; Mt. 26,28) bzw. einem neuen Bund (1.Kor. 11,25; Lk. 22,20) und bezieht sich damit auf die Verheißung von

Jer. 31 zurück. Übersetzt man die hebräischen und griechischen Vokabeln statt mit „Bund" oder „Testament" mit „Verfügung" oder „Stiftung", wird eher deutlich, daß niemals etwa ein einseitiger Vertrag gemeint ist, sondern eine von Gott gestiftete *Heilsordnung*. Stehen sich so alte und neue, endzeitliche Heilsordnung gegenüber, so liegt es nahe, diese Vorstellung auf die *Urkunden*, welche diese Ordnungen bezeugen, zu übertragen. Das tut bereits Paulus, wenn er 2.Kor. 3,14 vom *Lesen* des Alten Bundes schreibt. Hier begegnet zum erstenmal der Terminus, auf den die Bezeichnung „Altes Testament" für die früher Gesetz und Propheten (und Schriften) genannte Sammlung letztlich zurückgeht. Freilich steht dem Alten Testament jetzt noch kein Neues Testament als Schriftensammlung gegenüber. Auch weiterhin bezeichnet der Terminus die neue Heilsordnung. Noch Irenäus (um 180) hat in seiner Bekämpfung der Gnosis und ihrer Ablehnung des „Judengottes" und seiner Schrift die Einheit von Schöpfer und Erlöser ebenso wie die Unterschiede von Alt und Neu betont; er meint, einen pädagogischen Heilsweg Gottes mit den Menschen erkennen zu können, der von Bund zu Bund – Adam, Noah, Mose, Christus – fortschreitet. Von einer solchen heilsgeschichtlichen Einordnung von Altem und Neuem Bund ist es kein sehr weiter, wohl aber ein entscheidender Schritt, die für die beiden göttlichen Heilsstiftungen konstitutiven Urkunden ebenso zu bezeichnen und damit theologisch einzuordnen und aufeinander zu beziehen. So nennt dann Melito von Sardes, Zeitgenosse des Irenäus und wie dieser aus Kleinasien stammend, die alttestamentlichen Bücher sowohl traditionellerweise „Gesetz und Propheten" als auch „Bücher des Alten Bundes" (*tes palaias diathekes biblia*, vgl. Eusebs Kirchengeschichte IV 26,13f. und H.Frhr. von Campenhausen, S.306). Von Büchern des Neuen Bundes ist hier noch nicht die Rede, doch scheint Melitos Terminologie sie faktisch bereits vorauszusetzen. Erst Clemens von Alexandria (um 200) verwendet das Wort „diatheke" nicht nur für den alten und neuen Bundesschluß, die alte und neue Heilsordnung, sondern auch für die beiden Teile eines Schriftenkanons. Der Begriff meint, wie noch bei Origenes († 254), beides: den Bundesschluß, die göttliche Heilssetzung, und auch die zugehörigen, solches bezeugenden Urkunden. Terminus technicus ausschließlich für die Kanonteile wurde erst die Übersetzung „testamentum" (= Testament). Dieses Wort verliert hier seinen ursprünglichen, konkreten Sinn als letztwillige Verfügung, besagt auch nichts Spezifisches über den Inhalt der also bezeichneten Sammlungen, und nur das „alt" und „neu", „vetus" und „novum", deutet eine theologisch nicht auflösbare Zuordnung an: das Alte ist alt nur im Verhältnis zum Neuen, das Neue neu nur in seinem Bezug zum Alten. Anders als die „diatheke" (= göttliche Heilsstiftung) läßt die Bezeichnung „Altes" und „Neues Testament" die Frage nach dem Sinn und der Berechtigung dieser Zuordnung offen. Das alte Erbe ist fest an das Neue gebunden, das Neue vom Alten nicht mehr trennbar, aber das hermeneutische Problem dieser Verbindung, durch Typologie, Heilsgeschichte und am meisten durch Allegorese mehr verhüllt als gelöst, bleibt aufgegeben.

8. Die Einheit von Alt und Neu

Freilich war das Erbe für die alte Kirche nicht zuerst ein – theologisches und existentielles – Problem. Die überkommene Schrift bezeugt ja von allem Anfang an unmißverständlich, daß der eine Gott, der in Christus endzeitlich zum Heil begegnet, die Welt und den Menschen erschaffen hat und als Schöpfer der Herr der Welt und des Menschen bleibt; daß er auch noch im Nahesein in Jesus Christus der Unnahbare und ganz Andere ist, dessen Gegenübersein durch keine mystische Versenkung und Heilsseligkeit aufgehoben werden kann; daß er der ganz Andere ist, personhaft, willenhaft, kontingent auch gegenüber allem Logischen und Logos-Denken der Philosophen und der Popularphilosophie. In seiner bleibenden Bezogenheit auf das Alte ist das Neue Testament nicht Mitteilung einer neuentdeckten oder neu offenbarten allgemeingültigen Wahrheit. Es ist auch nicht Stiftungsdokument einer neuen Religion, sondern Bezeugung des neuen endzeitlichen Handelns des einen Gottes, der durch Gesetz und Propheten, Richter, Könige und Gottesmänner immer schon gehandelt hat in einer Geschichte, an deren Ende die endzeitliche Gemeinde Jesu Christi existiert, die als wahres Volk Gottes sich von allen alten und neugegründeten Religionsgemeinschaften qualitativ total unterschieden weiß. Das Erbe des Alten Testaments bewahrte das junge Christentum davor, als Mysterienreligion in geschichtsloser Mystik und im Mythos zu versinken oder als zeitlose Philosophie in „ewiger" Christuswahrheit zu erstarren. Es hielt auch – als prophetisches Erbe – das Bewußtsein wach, daß die Liebe zu Gott nicht in der Versenkung in Gott, sondern im Halten der Gebote, in der Liebe zum Nächsten und überhaupt in der Alltäglichkeit irdischen Lebens sich verwirklicht; daß dem Menschen von Gott gesagt wird, „was gut ist und was der Herr von dir fordert" (Mi. 6,8), daß also die Freiheit des Christenmenschen nicht Willkür und Zügellosigkeit meint, sondern Indienstnahme durch Gott.

Aber das Alte Testament hatte nicht nur eine bewahrende und abgrenzende Funktion. Es legte von allem Anfang an – positiv – das Christusgeschehen und den Glauben an Christus aus. Wenn schon die Urgemeinde das entscheidende Heilsereignis von Tod und Auferstehung Jesu Christi als „nach der Schrift" geschehen verkündigt, so bedeutet dies mehr und noch anderes als nur einen Schriftbeweis im vordergründigen und primitiven Sinne. Auch die Gestaltung etwa der Passionsgeschichte mit Hilfe alttestamentlicher Zitate dient ja nicht zuerst der Polemik und dem bloßen Beweis als Absicherung gegen wen auch immer. Vielmehr werden die Sprache des Alten Testaments, ihre vorgeprägten Bilder, Symbole, ihre Klage und ihr Jubel, ihre Hoheitstitel, mit neuem, endzeitlichem Gehalt gefüllt und „erfüllt", zur Predigtsprache, in der das neue Evangelium als Botschaft des einen Gottes, der Schöpfer und Erlöser ist, sagbar wird. Die urgemeindliche Predigt war weitgehend Predigt mit Hilfe alttestamentlicher Texte und doch mehr und anderes als nur Auslegung von Texten, wie es die jüdischen Schriftgelehrten taten; sie war Wort, das von Christus herkommt, ihre Worte jedoch entnahm sie dem Text. So gewiß aber Worte und Sprache mehr sind als bloßes Gewand oder hohles Gefäß, mehr als neutrale und auswechselbare Bezeichnung für beliebigen Inhalt, so gewiß war der Zusammenhang von Altem und Neuem Testament – verstanden sowohl als alte und neue Heilsstiftung und Heilsordnung als auch im Sinne der beiden Kanonteile – von Anfang an substantieller, als es Weissagungsbeweis, Typologese und Allegorese erkennen lassen – und wohl auch selbst erkannten: das Wort vom Kreuz und von der Auferstehung ist von den Wörtern nicht ablösbar, in denen es ergeht; jene Wörter aber hatten ihre eigene Vorgeschichte in den Erfahrungen Israels mit seinem Gott und ihre Wirkungsgeschichte – die Gegenwartsbedeutung – in der christlichen Kirche. Auf die Bedeutsamkeit dieses Aspekts muß später noch einmal ausführlicher eingegangen werden (s. u. Kap. VII. 2.3, S. 187ff.).

Das substantielle Ineinanderübergreifen von Alt und Neu und dann auch von alter und neuer Schrift, diese Einheit der Schrift in ihren beiden unterschiedenen Teilen hat eine in der Abschaffung des Alten Testaments bestehende Radikallösung des theologischen und hermeneutischen Problems verhindert. Die Gnosis mit ihrem Dualismus und ihrer Entgegensetzung von Schöpfergott und Erlösergott, von böser materieller Welt und dem geistigen Selbst, das in der finsteren Welt wie im Gefängnis festgehalten wird, stellte den Gott der Juden dem Schöpfergott gleich, von dem der Erlösergott, der sich in Christus offenbarte, streng zu unterscheiden ist. Auch noch in ihrer gemäßigten Ausprägung – etwa im Brief des Ptolemaios an die Flora (um 150), einer Erörterung über die Bedeutung des alttestamentlichen Gesetzes, welche das Sittengesetz der Zehn Gebote als von Jesus nicht aufgelöst anerkennt und gelten läßt – führt die Gnosis das Gesetz auf einen Gott minderer Ordnung zurück, der seinen Rang zwischen dem Erlösergott und dem Teufel hat. Aber trotz mannigfacher Beeinflussung des Christentums durch die Gnosis hat sich diese in der Kirche nicht durchzusetzen vermocht. Schon in Paulus fand sie einen theologisch hellsichtigen Bekämpfer.

Vollends hat dann Marcion (um 150) den Gott des alten Testaments, den Schöpfer-Gott (Demiurg) und „Judengott“, der nur gerecht ist und vergilt, dem aber alle Güte abgeht und dessen Schöpfung so unvollkommen ist wie er selbst, dem Gott des Erbarmens, der sich in Christus offenbart, schroff entgegengesetzt und entsprechend das Alte Testament, dessen allegorisierende Deutung abgelehnt wird, verworfen. Bezeichnend ist jedoch, daß Marcions gleichsam konsequenter Paulinismus auch zu Eingriffen in den genuin christlichen Überlieferungsbestand führen mußte. Marcion vermochte für seine Kirche nur das angeblich paulinische Lukasevangelium und zehn Paulusbriefe anzuerkennen. Aber auch diese Schriften, die als exklusiv wahre Urkunde der Botschaft Jesu und des Apostels Paulus kanonisiert wurden, mußte er einer Redaktion unterziehen, um sie von vermeintlichen judaistischen Fälschungen zu reinigen. Marcions Kanon war als antithetisches Gegenstück zur israelitisch-jüdischen Schriftensammlung, die ja bis dahin allein als heiliges Buch der Kirche galt, gedacht. Zu sehr aber war das israelitisch-jüdische Erbe bereits „christlich“ geworden, als daß die Fremdheit eines marcionitisch gereinigten Christentums nicht hätte empfunden und auch erkannt werden müssen. Marcion „war ein Religionsstifter; als solchen hat ihn schon sein Zeitgenosse und erster literarischer Gegner Justin der Apologet erkannt", schreibt Adolf von Harnack im ersten Satz seines Marcion-Buches (Marcion: Das Evangelium vom fremden Gott, 1921, S. 1). Und fremd war Marcions Gott nicht nur im Verhältnis zur argen Welt, sondern auch zu dem Gott Jesu, ja auch des Paulus und überhaupt der Kirche gegenüber. Marcions Schriftenkanon konnte sich darum nicht durchsetzen.

Er löste vielmehr in der Kirche, die bis dahin außer der ererbten jüdischen heiligen Schrift noch keinen eigenen Kanon hatte, die Frage nach dem echten und rechten Kanon aus. Diese Frage wurde nach mancherlei Hin und Her und Auseinandersetzungen über Einzelheiten letztlich in der Sache doch einmütig beantwortet: die Antwort liegt im kirchlichen Kanon Alten und Neuen Testaments vor.

9. *Die dogmatische Verdrängung des Problems*

Als exegetische Methode wurde die Allegorese weithin maßgeblich. Origenes († 254), wohl der bedeutendste Exeget dieser Zeit, führte seine Exegesen mit Hilfe sorgfältiger Textkritik und anhand von Nachschlagewerken philologisch-wissenschaftlich durch, aber nicht der wörtliche Sinn – wie es von Marcion gefordert worden war –, sondern der höhere, geistliche Sinn soll herausgearbeitet werden. Diesen aber legt nur die Allegorese frei. Sein Argument, das er gegen Gegner, welche solcher Exegese pure Willkür vorwerfen, ins Feld führt, ist allerdings schlagend: ohne Allegorese zwinge das Alte Testament zum Opfer von Kälbern und Lämmern! Freilich werden hier die Richtigkeit der Methode und die Haltbarkeit ihrer Ergebnisse nicht mit billigen Schlagworten, sondern philosophisch-ontologisch begründet: Dem mehrfachen Sinn der göttlich inspirierten Schriften (buchstäblich, moralisch, geistlich) entspricht die Trichotomie der Wirklichkeit (Leib, Seele, Geist), dem wiederum entspricht eine dreifache Auslegung (historisch-grammatisch, psychisch, allegorisch). Origenes' Hermeneutik will also ontologisch fundiert sein!

Im Kampf gegen die Gnosis und gegen sonstige Häresie werden Recht und Notwendigkeit allegorischer Schriftinterpretation nach alexandrinischem Muster fast zum Dogma.

Die sogenannte Antiochenische Theologie, vertreten insbesondere durch Diodor von Tarsus († 392), Theodor von Mopsuestia († 418) und den hervorragenden Prediger Johannes Chrysostomos († 407), hatte allerdings einen anderen, sich schon bei Paulus abzeichnenden hermeneutischen Ansatz: auf der Basis des philologisch erfaßten Wortsinnes soll der Text typologisch-heilsgeschichtlich aufgeschlüsselt und aktualisiert werden. Die spätere dogmatische Verketzerung der Schulhäupter dieser Theologie ließ aber auch deren Hermeneutik im Osten nicht mehr fruchtbar werden. Überhaupt büßte hier nunmehr die Schriftauslegung immer mehr an Bedeutung ein; sie wird Auslegung von Tradition, Auslegung von Auslegung.

Der Westen war zunächst eher praktisch-theologisch und kirchlich als hermeneutisch und theoretisch interessiert. So betont Tertullian (um 200) die Bedeutsamkeit des Wortsinnes und stellt praktikable exegetische Kunstregeln auf: Beachtung der grammatischen und historischen Zusammenhänge; dunkle Stellen sollen aus klaren erhellt werden. Von ihm wird aber auch die Regulierung der Exegese durch die Glaubensregel, die „regula fidei" oder „Kanon der Wahrheit", gefordert und gefördert. Das trinitarische Taufbekenntnis wird als unumstößliche „apostolische" Wahrheit zur normierenden Norm erhoben, die keiner Diskussion mehr unterliegt. Einem festen Kanon von kirchlich anerkannten Schriften entsprechen die eindeutige Glaubensregel und das die rechte Lehre tradierende, garantierende und überwachende „apostolische" Bischofs- und Lehramt mit seiner Geistesgabe der Wahrheit (charisma veritatis). Die kirchliche Vorrangstellung der Dogmatik, die dogmatische Fesselung der Schriftauslegung und deren Herabsinken zur bloßen Hilfsdisziplin, damit aber auch die sinkende Bedeutung der Schrift selbst bahnen sich hier an. Die Allegorese, die sich unter Einfluß von Philo und Origenes auch im Westen durchzusetzen begann, trug durch ihre Hervorhebung des „anderen" Sinnes auch wesentlich dazu bei, daß die eigentlichen exegetischen und hermeneutischen Probleme immer mehr kirchlich-dogmatisch zugedeckt wurden.

So setzt im Westen vor allem Ambrosius, Erzbischof von Mailand († 397) die alexandrinische Tradition allegorischer Schriftauslegung mit seiner Lehre vom dreifachen Schriftsinn (historisch-buchstäblich, mystisch, moralisch) fort. Sogar Hieronymus († 420), der große lateinische Bibelübersetzer und Schöpfer der Vulgata (der „allgemein Verbreiteten") – seit dem Tridentinum 1546 Bibel der römisch-katholischen Kirche –, der mehr die antiochenische Linie der grammatischen Exegese, der Beachtung der historischen Unterschiede und so auch der Unterschiede von Altem und Neuem Testament vertritt, ist letztlich ebenfalls der Überzeugung, daß ein Beharren beim bloßen Wortsinn Häresie erzeugt und daß es darum darauf ankommt, die tiefere Bedeutung der Texte zu erfassen.

Von Ambrosius übernimmt auch Augustin die allegorische Methode trotz „antiochenischer" Beachtung des Literalsinnes. Es gilt beides, der wörtliche und der geistliche Sinn; und auch diese Hermeneutik wird – ähnlich wie bei Origenes – philosophisch-ontologisch begründet: der mehrfache Sinn entspricht der Verschiedenheit von „signum" und „res", von Zeichen und Sache. Die Sachen selbst sind Zeichen für und transparent auf die „wahren" Sachen; entsprechend haben auch die Wörter der Sprache wörtlichen und übertragenen Sinn. Ob aber im konkreten Falle wörtlich oder figürlich zu verstehen sei, richtet sich nach der Glaubensregel (regula fidei). Auch diese Konzeption schließt also faktisch eine eigenständige Hermeneutik aus. Die Lehre vom vierfachen Schriftsinn, wie sie zuerst von Johannes Cassianus (um 400) aufgestellt wurde, ist nur die schulmäßige Ausformulierung der alten allegorischen Unterscheidung von Wortsinn und – „anderem" – geistlichem Sinn. Der geistliche Sinn, der sensus spiritualis, wird nunmehr je nach Anwendungsbereich als allegorisch, (was zu glauben sei), tropologisch oder moralisch (wie zu handeln sei) und anagogisch (wohin zu streben sei) entfaltet. Zum Auswendiglernen und zur Einprägung dieser exegetischen Grundregel dient der Hexameter: Littera gesta docet, quod credas Allegoria; Moralis quid agas, quo tendas Anagogia.

Lag auch das eigentliche Gewicht auf dem dreifachen geistlichen oder mystischen Sinn, der auch in Entsprechung zur Dreiheit Glaube, Liebe, Hoffnung oder als Abbild der göttlichen Dreieinigkeit verstanden wurde, so bewahrten doch der immerhin auch festgehaltene Wortsinn und die exegetische Regel, welche geistliche Deutungen nur zuläßt, wenn wörtlich verstandene Stellen sie bestätigen, vor totaler Willkür und damit vor dem totalen faktischen Verlust der Schrift Alten und Neuen Testaments und der auch gegenüber kirchlichem Amt, Glaubensregel und Tradition eigenständigen biblischen Botschaft. Freilich, das hermeneutische Problem des Verhältnisses der beiden Kanonteile und der christlichen Geltung des Alten Testaments bleibt eine jetzt erst recht unerledigte, ja kaum noch erkannte Aufgabe, und mit L. Diestel kann man sagen: „So ist die innere Harmonie der Schrift bedingt durch die nivellierende Herrschaft des Dogmas und der Allegorie“ (S. 188). Und dieser Satz läßt sich noch erweitern: Dogma und Allegorie sind, wie es Paulus mit Bezug auf die jüdische Interpretation sagte, wie eine Decke, welche die wahre Bedeutung der Schrift verhüllt und eine kirchliche und theologische Harmonie vortäuscht, wo in Wahrheit theologische und existentielle Fragen von größtem Gewicht einer Antwort harren.

III. Kapitel

Das Alte Testament im Licht der Reformation und im Feuer historischer Kritik

1. *Die sakramentale Vergegenwärtigung*

Von seinem frühesten Anfang an ist das Christentum eine im hervorgehobenen und prägnanten Sinne geschichtliche Größe. Eine geschichtliche Größe ist es nicht nur in der Hinsicht, daß es historisch bedingt, historisch aus einem Ursprung hervorgegangen und gewachsen und von seiner Herkunft nicht lösbar ist. Solches ließe sich von anderen Phänomenen ebenso behaupten. Auch daß das Christentum seine Geschichte hat und auf die Geschichte überhaupt eingewirkt hat, ist noch nicht sein Spezifikum; christentumsgeschichtlich wird sein Wesen deshalb nicht faßbar. Dieses besteht vielmehr in einer fundamentalen Bindung an seinen historischen Ursprung, der als *endzeitliches und endgültiges Heilsereignis in der Geschichte* verkündigt und geglaubt wird. Christliche Verkündigung predigt das Christusgeschehen, Kreuz und Auferstehung Christi unter Pontius Pilatus als Heilsgeschehen, das, obwohl datierbar und vergangen, doch gegenwärtig, heute angehend und heilsam ist. Damit mußte, als die Erstreckung der Zeit die Gegenwart vom Heilsgeschehen immer ferner abrückte, die Frage nach der Vergegenwärtigung des Heils – ob mit soviel Worten gestellt oder nicht – sich aufdrängen.

Eine frühe Antwort bietet schon die lukanische Theologie mit ihrer Gliederung der Zeiten als gottgelenkter Heilsgeschichte. Eine andere Antwort enthalten die Glaubensregel und das Glaubensbekenntnis, dessen mehr-als-geschichtliches, trinitarisches Schema dennoch auch Geschichtliches reflektiert: vom Vater, dem Schöpfer, über die Geschichte des Sohnes unter Pontius Pilatus hin zum Heiligen Geist, der schon durch die Propheten geredet hatte, zur apostolischen Kirche und schließlich zu den letzten Dingen und zum ewigen Leben. Wiederum ein anderer Versuch, die Paradoxie von Geschichte und endzeitlichem und endgültigem Heilsgeschehen festzuhalten und sagbar zu machen, ist das christologische Dogma der zwei Naturen, der göttlichen und der menschlichen Natur Jesu Christi. Diese Interpretationen, wiewohl dem Anliegen nach Versuche, die Paradoxie des geschichtlichen und zugleich endzeitlichen, eschatologischen Ursprungs zu wahren, tendieren aber dennoch dahin, das Endzeitliche, Eschatologische, das Heilsgeschehen aus der Geschichte auszusondern und damit die Paradoxie preiszugeben.

Die Lehre vom doppelten Schriftsinn – Wortsinn und geistlichem Sinn – ist die Entsprechung zur Lehre der zwei Naturen Christi, und die andere, ursprünglich im hellenistischen Judentum beheimatete Lehre von der Verbalinspiration, welche besagt, daß die Schrift wörtlich von Gott oder dem Heiligen Geist inspiriert sei, hebt den Kanon ebenso aus dem Bereich der übrigen Wirklichkeit heraus wie das Heilsgeschehen, das hier bezeugt wird. Wird aber die Auslegung der also als heilig verstandenen Schrift durch Glaubensregel und Dogma reguliert, und hat, umgekehrt, die Bibel sich in Glaubensregel und Dogma gültig und endgültig entfaltet, so ist nicht die je weitere, aktualisierende und applizierende Auslegung die erste theologische Aufgabe. Dann lebt die Kirche nicht mehr in ständiger Angewiesenheit auf Schriftauslegung, vom je und je neu verkündigten Wort, in dem sich Christus und sein Heil vergegenwärtigt. Dann treten vielmehr, da die Kirche als je gegenwärtige nicht von einem vergangenen Heil und nicht von bloßer Erinnerung daran leben kann, andere Weisen der Heilsvergegenwärtigung an die Stelle von Auslegung und Verkündigung. Mit Gerhard Ebeling (Die Bedeutung der historisch-kritischen Methode, S. 18ff.) kann man von einer „historisierend-imitierenden" Vergegenwärtigung sprechen, wenn in Sekten und dann auch in der Großkirche und besonders im Mönchtum künstlich Situationen geschaffen und Lebensweisen organisiert werden, die dem biblischen Ideal ähnlich sein sollen. An die Stelle der Nachfolge tritt die Nachahmung Christi und seiner ersten Jünger. Oder das Heil wird mittels Kontemplation oder Meditation oder mystischer Versenkung vergegenwärtigt. Der Reliquienkult hat ebenfalls hermeneutische Funktion: in den Reliquien bleibt das Heil sichtbar und tastbar gegenwärtig. Auch die Wallfahrt zu heiligen Orten und ganz besonders natürlich der Besuch des heiligen Landes können in diesem Sinne verstanden werden. Da freilich klösterliche Kontemplation und mystische Versenkung nicht jedermanns Sache sein können, gewannen für die große Masse der Gläubigen Gottesdienst, Sakrament und Kirchenraum desto größere Bedeutung. Im Gottesdienst, vollzogen im Rhythmus des Kirchenjahres, das die Heilsgeschichte nachvollzieht, in einer Kirche, die mit ihren Heiligenbildern, Altären und transsubstantiierten Hostien ein Himmel auf Erden ist, wird das Heil gegenwärtig. Die sakramentale Vergegenwärtigung des Christusgeschehens, das Sakrament selbst wird zum Herzstück christlichen Lebens, und die Kirche wird zur Heilsveranstaltung, die in der ununterbrochenen Folge (Sukzession) der Bischöfe das Heilsgeschehen in die Gegenwart hinein fortsetzt.

Diese Lösung des hermeneutischen Problems hatte weitreichende Folgen für das Verständnis der Schrift. Ihre Gültigkeit und Göttlichkeit werden nicht in Frage gestellt, aber nicht zuerst *sie* dient durch Auslegung und Verkündigung der Vermittlung des Heils. Das Heil wird nur im Sakrament gegenwärtig, nur durch das Sakrament gespendet. Die Schrift hingegen hat nur hinführende Funktion, indem sie über die offenbarten Wahrheiten belehrt. Sie wird zum göttlichen Lehrbuch kirchlich-dogmatischer Heilswahrheiten und Heilstatsachen. Gemessen am sakramental gespendeten Heil hat sie auch nur *gesetzliche* Bedeutung, sofern das christliche Leben und die Organisation der Kirche den göttlichen Gesetzen, die in der Schrift offenbart worden sind, unterworfen sein sollen. Die Schrift wird so zum göttlichen Gesetzbuch (dazu vgl. Kap. IV, 2, S. 92 ff.). Diese Qualität als Lehre und Gesetz kommt der Schrift prinzipiell in ihren beiden Teilen gleichermaßen zu. Die sakramentale Lösung des Problems der Heilsvergegenwärtigung drängte die hermeneutische Frage nach der Schrift, dem Verhältnis ihrer beiden Teile und der Bedeutung des Alten Testaments an den Rand und brachte sie als gleichsam gelöst zum Verstummen.

2. *Die Wiederentdeckung der Schrift*

Wie noch zu zeigen sein wird, war die Entstehung eines historischen Bewußtseins, somit einer Bewußtwerdung der Unterschiede der Zeiten, der historischen Distanz und der Geschichtlichkeit aller menschlichen Existenz die große Wende im Verständnis der Schrift. Daß diese Wende auch überragende *theologische* Bedeutung bekam, ja die Theologie in ihren Grundfesten erschütterte und bis heute ungelöste fundamentaltheologische Fragen aufriß, ist bedingt dadurch, daß die *Reformation zuvor die Schrift vom Rande ins Zentrum von Kirche und Theologie gerückt* hatte. Die Reformatoren selbst waren keine Historiker und – trotz kritischer Ansätze zumal bei Luther – keine historisch-kritischen Bibelwissenschaftler. Die reformatorische Wiederentdeckung der Schrift aber ließ auch die lange verborgenen Fragen der rechten Auslegung und das hermeneutische Problem des Verhältnisses der Testamente wieder aufbrechen. Rückte die Schrift in den Mittelpunkt, so mußte dem hermeneutischen Problem zentrale Bedeutung zukommen. Wurde Exegese als wesentliche theologische Disziplin verstanden, so konnten exegetische Ergebnisse auf die Dauer nicht von bloß historischer Bedeutung sein. Die Verlagerung der Gewichte vom Sakrament und Sakramentalen auf die Schrift und schriftgemäße Verkündigung war mehr als nur eine Akzentverschiebung. Die reformatorische Berufung auf die Schrift – die Schrift allein (sola scriptura) – ist auch mehr als lediglich eine Kampflehre, deren Bedeutung erlischt, wenn Friede geschlossen ist. Und obwohl die Reformation die wissenschaftlichen, philologischen Errungenschaften des Humanismus – man denke nur an den griechischen Text des Neuen Testaments, der von Erasmus von Rotterdam ediert wurde, oder an die „Versuche über die hebräische Sprache" (Rudimenta linguae Hebraicae) des Hebraisten Johannes Reuchlin – aufgriff und der Schriftauslegung dienstbar machte, ging es ihr dennoch nicht um eine Rückkehr zu den Quellen als solchen aus humanistischem, historischem und wissenschaftlichem Interesse. Vielmehr bahnte sich in Auseinandersetzung mit dem überkommenen theologischen Denksystem, der es tragenden und absichernden Kirchenorganistation und den hermeneutischen Voraussetzungen, auf denen es beruhte, mit zunehmender Deutlichkeit die umwälzende reformatorische Erkenntnis an, die schließlich das ganze Kirchen- und Lehrgebäude in seiner bisherigen Gestalt zum Einsturz zu bringen drohte. Sie besteht in der Entdeckung – nach reformatorischem Selbstverständnis in der Wiederentdeckung – der urchristlichen Wahrheit, daß der Glaube aus der Verkündigung und dem Hören auf Verkündigung kommt und daß solche Predigt in der Kraft des Wortes Christi geschieht (Röm. 10,17).

Der Glaube aber ist die Annahme der *Botschaft*, die das Heil Christi bringt, darum Annahme des *Heils* selbst. Das Heil, und zwar das eschatologische, also endzeitliche, endgültige Heil, das Christus brachte und bringt, *und* die Verkündigung dieses Heils werden als untrennbar erkannt. Angesichts der wesenhaften Gebundenheit des Heils an die Heilspredigt müssen alle anderen und gerade die bis dahin als wesentlich geltenden Weisen der Heilsvergegenwärtigung und der Gnadenspendung in den Hintergrund gedrängt, der Predigt untergeordnet oder gar als Irrwege und Irrlehren verworfen werden. Daß Christus allein das Heil allein aus Gnade bringt (solus Christus, sola gratia), und daß der Glaube allein das Heil empfängt und selbst reiner Empfang ist (sola fide) sind nur verschiedene Aspekte derselben Erkenntnis, die sich als Korrelate entsprechen.

Die radikale Ausschließlichkeit, die in diesem mehrfachen „allein" sich ausspricht, muß notwendigerweise auch das Verständnis der Schrift berühren. Das Wort von Christus ist zwar nicht identisch mit der Schrift, aber auch nicht ohne sie vernehmbar. Ziel der Auslegung ist es, sie wieder allein zu Worte kommen und ihre eigene Botschaft allein sagen zu lassen. „Allein" heißt hier ohne fremde Autorität, die über ihre Sache bereits im voraus entschieden hätte; diese Sache, nämlich die Botschaft von Christus und seinem Heil – und damit *das Heil selbst* –, wird nicht außerhalb ihrer und schon gar nicht ohne sie in kirchlicher Tradition, im Sakrament und im Amt verwaltet und dargereicht, sondern liegt *in ihr selbst*.

Wie das Heil nicht von dem es verkündigenden Wort so ist das Wort nicht von der Schrift zu trennen. Dennoch sind für Luther Wort Gottes und Schrift gewiß nicht identisch. Das sola scriptura meint nicht wie die gleichlautende Formel älterer papstkritischer Reformbewegungen (u.a. John Wiclif, geb. um 1328; die sog. „Waldenser", so bezeichnet nach Petrus Waldes, um 1200; Johann Hus, hingerichtet 1415, und die Hussiten) die Schrift als alleingültiges göttliches Gesetz (lex divina; lex Christi), auch nicht einen zwischen Wesentlichem und Unwesentlichem nicht mehr unterscheidenden, den Buchstaben sklavisch verehrenden und die unmittelbare Gültigkeit des Schriftganzen behauptenden Biblizismus. Sola scriptura verweist vielmehr auf den geschichtlichen Ursprungsort und die geschichtliche Ursprungszeit des Christuszeugnisses, auf die Quelle, aus der allein dies Zeugnis hervorgeht. Als Zeugnis des Ursprungs ist die Schrift ihr „eigener Ausleger" (sui ipsius interpres), sie ist in ihrer eigentlichen Botschaft klar (claritas), auch wenn einzelne Stellen dunkel sein mögen; sie allein ist Richter, Norm und Richtschnur (iudex, norma et regula – so in der Konkordienformel von 1577).

Dieses reformatorische Schriftprinzip, das die Schrift zur normierenden Norm (norma normans) schlechthin erklärt, betrifft nun nicht etwa nur das Neue Testament, sondern den ganzen Kanon Alten und Neuen Testaments, wie die Konkordienformel ausdrücklich sagt: es besteht ein Unterschied zwischen den heiligen Schriften Alten und Neuen Testaments einerseits und allen Schriften anderer Herkunft andererseits (discrimen inter Sacras Veteris et Novi Testamenti litteras et omnia aliorum scripta). Auch das Alte Testament wird also, freilich zusammen mit dem Neuen Testament, zur Norm und Richtschnur der christlichen Kirche. Damit mußte die alte Frage nach Möglichkeit und Grenze solcher Geltung erneut gestellt werden.

3. *Luther und das Alte Testament*

Auch Luther stand anfangs noch auf dem Boden der traditionellen kirchlichen Lehre vom vierfachen Schriftsinn und war von Recht und Notwendigkeit der Allegorese überzeugt. Seine alsbaldige Abwendung von der scholastischen Methode, sein gänzlich neues Verständnis der Aufgabe der Theologie und des Wesens der Kirche als der Gemeinde, die aus dem verkündigten Wort lebt, führten nicht nur dahin, daß der Wortsinn (sensus litteralis) immer stärkere Beachtung fand. Luther hat auch späterhin noch die allegorische Methode reichlich angewandt. Seine Reformation brachte aber mehr als nur eine Änderung der exegetischen Methode. Sie leitete vielmehr die Befreiung der Schrift aus der babylonischen Gefangenschaft unter der Vorherrschaft von Kirchenlehre, Lehramt, Tradition und allegorischer Harmonisierung ein. Auch die Reaktion der späteren Orthodoxie – und auch jeglicher Neuorthodoxie – hat diese Entwicklung allenfalls nur bremsen und verdecken, aber nicht aufhalten können. Ist die Schrift normierende Norm, so wird die Auslegung zur vornehmsten theologischen Aufgabe, Auslegung aber legt aus und bringt an den Tag, was zuvor unverstanden, mißverstanden, verborgen gewesen war. Dies gilt für die beiden Testamente gleichermaßen. Hält man sich im Vollzug der Auslegung tatsächlich an solche Grundsätze, so können die Unterschiede zwischen den beiden Testamenten, aber auch noch innerhalb derselben nicht verborgen bleiben. Auch das Argument der Gegner der Reformation, daß lange nicht alles in der Schrift, welche doch – sola scriptura – Richtschnur für die rechte Glaubenslehre sein sollte, mit dem Paulinismus Luthers übereinstimme, machte auf solche Differenzen aufmerksam und nötigte zu Differenzierungen zwischen Stellen mit größerer und geringerer Autorität, zwischen Wort Gottes, das nur anderen Menschen früher galt, und solchem, das heute existentiell angeht.

Die wichtigste Unterscheidung ist die zwischen dem Evangelium als mündlicher Botschaft und der Schrift, die nur dienende Funktion hat, nicht aber selbst das Wort des Heils, das Heil bringende Evangelium ist. Trotz und wegen des Prinzips sola scriptura als des entscheidenden hermeneutischen Grundsatzes von der sich selbst auslegenden Schrift ist das Wort Christi, das Wort von Christus, das „Christum treibet", die Norm der Schrift, das Kriterium des „Kanons im Kanon" und der hermeneutische Schlüssel zum rechten Verständnis der Schrift.

Vermochte und wagte es Luther, mit diesem Maßstab das Neue Testament zu messen und Kritik am Judasbrief, zweiten Petrusbrief, Hebräerbrief, der Apokalypse des Johannes und insbesondere am Jakobusbrief, dessen Beurteilung als „stroherne Epistel" berühmt wurde, zu üben, so konnte erst recht das Alte Testament nicht mehr unkritisch und undifferenziert als heilig, göttlich und gültig gelten. Daß freilich überhaupt die Christen ein Recht haben, sich auf das Alte Testament als ersten Teil ihrer heiligen Schrift zu berufen, und nicht die Juden, steht für Luther fest. Gewiß ist das alttestamentliche Gesetz zunächst den Juden (dem Volk Israel) gegeben und gewiß galten die Verheißungen Gottes zuerst seinem erwählten Volke. Seit die Juden aber Christus verwarfen und kreuzigten und gar die Weissagungen vom leidenden Gottesknecht von Jes. 53 auf sich selbst als unter den Heiden leidendes Volk zu beziehen sich erdreisten, sind sie von Gott verworfen und haben sie nicht einmal mehr einen Anspruch darauf, ihrem eigenen Gesetz gemäß zu leben, das außerhalb des gelobten Landes seine Gesetzeskraft verloren hat. Sie sollen den Gesetzen der Völker, unter die sie zur Strafe zerstreut sind, gehorchen, wie sie ja selbst als „Kaiserjuden" Pilatus gegenüber den Kaiser anerkannt hatten. Vor der großen Wende des jüdischen „Kreuziget ihn!" freilich war Israel das Gottesvolk, das aus der Welt aller Heidenvölker heraus erwählt worden war und eine einzigartige Geschichte unter Gottes Wort und durch Gottes Führungen erfahren hatte. Hat Gott auch jetzt die Juden zu Zeugen seines Zornes gemacht, so zeugt doch nach wie vor das Alte Testament von Gottes Verheißungen und seinem gnädigen Lenken der Geschichte, die darum und nicht etwa weil darin Heilige gehandelt hätten, als heilige Geschichte bezeichnet zu werden verdient. Und von ihr spricht nach wie vor das Alte Testament. Es ist darüber hinaus eine unerschöpfliche Sammlung von Beispielen, wie Menschen unter Gott leben, lieben, hassen, leiden, kämpfen, sündigen und Erbarmen finden. Der Umstand, daß das biblische Weltbild – Himmel, Erde, Unterwelt – noch weitgehend dem eigenen entsprach und die in der Schrift vorausgesetzten politischen, sozialen und ökonomischen Verhältnisse von denen des ausgehenden europäischen Mittelalters nicht allzu sehr verschieden waren, erleichterte diese reformatorische Wiederentdeckung und diesen scheinbar unmittelbaren Zugang zum wörtlichen Sinn der Schrift. Auch die Überzeugung, daß die menschliche Natur sich durch die Jahrhunderte hindurch doch wesentlich gleich bleibe, und der Mensch zu verschiedenen Zeiten und unter sich wandelnden Umständen doch in ähnliche Situationen gerät und vor vergleichbare Fragen, Sorgen, Nöte gestellt werde, ermöglichte es, alttestamentliche Texte analog zu verstehen und als für die Gegenwart ebenso gültig, lehrreich und heilsam anzuwenden. Die von existentiellem Betroffensein durch das Glauben weckende Wort ausgehende Theologie Luthers erfährt so die Möglichkeit, auch ohne theoretisch-hermeneutische Besinnung und ohne ein durchreflektiert angewandtes hermeneutisches und exegetisches Instrumentarium den existentiellen Sinn und die Gleichzeitigkeit der alten Texte zu erfassen.

Wie die heilige Geschichte, die das Alte Testament berichtet, nicht als Geschichte von Heiligen verstanden wird, so gelingt es dieser den Wortsinn suchenden und den Text als Aussage über Menschen für Menschen verstehenden neuen Exegese auch, die mancherlei Anstößigkeiten und Grausamkeiten, deren sich die alttestamentlichen Menschen schuldig machen, menschlich verständlich zu machen, statt sie wegzuerklären oder moralisch zu entschuldigen, wenngleich Luther gelegentlich auch die

Meinung vertreten konnte, Gott habe Böses zugelassen oder gar durch den Heiligen Geist eingegeben, um dadurch seine höheren, guten Ziele zu erreichen. Daß solche Interpretation, welche das Böse zu nennen wagt, die Textintention durchaus treffen kann, sei ausdrücklich vermerkt. Es kann z.B. kaum einem Zweifel unterliegen, daß in der jahwistischen Quelle des ersten Buches Mose Abraham, Jakob und andere Gestalten in ihrem Umkreis keineswegs als moralische Vorbilder und doch als Glaubensbeispiele und Menschen einer Gottesgeschichte vorgeführt werden.

Luthers existentieller Ansatz erschließt ihm auch und insbesondere den Psalter und ermöglicht es ihm, sich Klage und Jubel, Anfechtung und Tröstung der Psalmen zu eigen zu machen, sich in diesen Gebeten „unterzubringen" und die eigene, christliche Existenz von ihnen auslegen zu lassen. Die spätere Erkenntnis der modernen Psalmenforschung, daß das Ich der Psalmen kein historisch-individuelles, sondern ein religiös-typisches ist und daß die Psalmen nicht einmalige historische, sondern typische Situationen voraussetzen, bestätigte nachträglich die grundsätzliche Angemessenheit dieses Umgangs mit dem Psalter.

Freilich ist das Alte Testament für Luther nicht nur Beispielsammlung, nicht nur Gebetbuch für Christen. Der Exeget Luther weiß zu differenzieren. So kann er in der Auseinandersetzung mit Gegnern, welche zu seiner Widerlegung die Schrift, auf die er sich – sola scriptura – doch beruft, gegen ihn auszuspielen versuchen, betonen, daß nicht allen Schriftstellen gleiche Autorität zukomme und daß ein Unterschied sei zwischen dem Wort Gottes, das einst anderen galt, und dem, das heute ergeht. Solche Unterscheidungen sind im Neuen Testament notwendig und erst recht innerhalb des Alten Testaments. Hier gilt es zunächst zu erkennen, daß das *Gesetz* Moses den Juden (Israel) und nur ihnen gegeben wurde. Es ist ein national gebundenes und auf eine Nation beschränktes Gesetz, „der Juden Sachsenspiegel", und geht den Christen nichts an, mag es immer von Gott durch den Mittler Mose am Sinai erlassen worden sein. Dieses Urteil betrifft auch nicht nur das Zeremonialgesetz im engeren Sinne, sondern das ganze Gesetzeswerk, wie es in den fünf Büchern Mose, dem Pentateuch, enthalten ist. Die Beachtung des wörtlichen Sinnes lehrt auch, daß mancherlei Bestimmungen einfach Volksbräuche waren, die von Mose nachträglich zum Gesetz erhoben wurden. Freilich enthält seine Gesetzgebung auch Stücke, die nicht national gebunden sind. Das sind diejenigen Teile, die dem allen Menschen geltenden Gottesgesetz entsprechen, das jedem ins Herz geschrieben ist. Diese gelten darum auch für Christen. Sie finden innerhalb des Alten Testaments ihren deutlichsten Ausdruck in den Zehn Geboten, dem Dekalog. Aber auch dieser umfaßt noch Bestimmungen, die zur jüdischen Zeremonialgesetzgebung gehören, nämlich das Bilderverbot, und das Sabbatgebot; solche Anordnungen sind für den Christen nicht mehr gültig.

Luthers theologisches Verständnis des Gesetzes überhaupt und seine Beurteilung des Alten Testaments bedingen sich gegenseitig: Ist nur noch das ins Gewissen geschriebene Gesetz als Gottes eigener Wille in Kraft, so gilt dennoch und gerade hier, daß Christus des Gesetzes Ende ist. Jenen Satz des Paulus (Röm. 10,4) hat Luther mit vollem Recht nicht nur auf das israelitisch-jüdische Volksgesetz und nicht nur auf das Zeremonialgesetz – diese haben, als nur für Israel bestimmt, ohnehin für den Christen keinerlei Bedeutung mehr –, sondern auf das Gesetz schlechthin bezogen und dessen Aufhebung gut paulinisch dialektisch verstanden. Wie Paulus schreiben kann: „Heben wir denn das Gesetz durch den Glauben auf? Nein, sondern wir richten das Gesetz auf" (Röm. 3,31), so lehrt auch Luther, daß das Gesetz kein menschenmöglicher Weg zum Leben, zum Heil und zur Rechtfertigung ist und daß der Mensch nicht aus sich heraus mit eigenen Werken des Gesetzes sich selbst rechtfertigen kann, daß solche Selbstrechtfertigung mit Hilfe des Gesetzes gerade seine eigentliche Sünde ist. Wohl aber ist das ins Herz geschriebene Gottesgesetz, wie es in den Zehn Geboten enthalten ist und dessen eigentlicher Sinn im Doppelgebot der Gottes- und Nächstenliebe zum Ausdruck kommt, nach wie vor Gottes heiliger, fordernder Wille. Christus ist das Ende des Gesetzes, weil er allein das Gesetz erfüllt hat. Seiner Erfüllung werden die, die an ihn glauben, teilhaftig.

Dem so verstandenen Gesetz, das Gottes fordernden Willen kundtut und, weil es vom Menschen nicht erfüllt wird, ihm zeigt, was er tun müßte und doch nicht tut, was er sein müßte und doch nicht ist, und so Gottes Zorn offenbart und in den Tod führt, steht das Evangelium als Verheißung und Zusage des Lebens gegenüber. Die *Unterscheidung von Gesetz und Evangelium* wird zum wichtigsten *hermeneutischen Schlüssel* für die – sola scriptura – sich selbst auslegende *Schrift* und für die *Bestimmung des Verhältnisses der beiden Testamente.* Sie wirkt bei Luther fast wie eine Wünschelrute für das Aufspüren der rechten Bedeutung der einzelnen Schriftaussagen.

Die Unterscheidung von Gesetz und Evangelium entspricht derjenigen von Altem und Neuem Testament. Dabei ist freilich zu beachten, daß „Testament" hier noch oder wieder in seinem ursprünglichen Sinne als göttliche Heilsordnung und Verfügung Gottes verstanden wird (vgl. oben Kap. II, S. 35 ff.). Die beiden also verstandenen Testamente oder Bünde sind nun aber nicht ohne weiteres deckungsgleich mit den Altes bzw. Neues Testament genannten Kanonteilen. Wie der Alte Bund nicht mit der Schriftensammlung des Alten Testaments zusammenfällt, so ist auch das Evangelium nicht mit dem Neuen Testament identisch.

Das Evangelium ist überhaupt nicht zuerst Schrift, sondern mündliches Wort, mündliche Zusage, Botschaft, lebendige Stimme (viva vox evangelii). Diese Betonung der wesentlichen Mündlichkeit des Evangeliums will zweifellos dem Mißverständnis wehren, als handle es sich um eine – schriftlich ein für allemal fixierte – Lehre statt um eine Botschaft von einem Tun Gottes in Christus in der Unwiederholbarkeit der Geschichte; oder als sei das Evangelium selbst ein – schriftliches – Gesetz, eben ein neues, christliches Gesetz. Schriftlich ist das Gesetz sowohl als Zeremonial- und Nationalgesetz („der Juden Sachsenspiegel") als auch als Zehn Gebote, die auf Tafeln geschrieben stehen. Schrift ist das Alte Testament – jetzt als erster Kanonteil verstanden – als Weissagung auf Christus. Die Schriftlichkeit dient hier der Bewahrung und der Sicherung der Vorherbezeugung.

Wort des Evangeliums und Schrift, Evangelium und Neues Testament, Gesetz und Altes Testament sind also für Luther nicht identisch, sondern das

Alte Testament umfaßt Gesetz *und* Evangelium. Aber auch noch das Neue Testament ist nach dem Kriterium Gesetz und Evangelium zu lesen, und nicht alles und jedes darin Geschriebene ist reines Evangelium. Von daher nahm Luther sich auch das Recht, über den Judasbrief, den zweiten Petrusbrief, den Hebräerbrief und die Offenbarung des Johannes, ja sogar über die Synoptiker gelegentlich kritische Urteile zu fällen. Die dialektische Unterscheidung von Gesetz und Evangelium ist *prinzipiell* und *fundamental*, diejenige zwischen Altem und Neuem Testament als Kanonteilen ist es *nicht*. Der Unterschied der Testamente ist einmal nur graduell: das Alte Testament enthält mehr Gesetz, das Neue Testament mehr Evangelium. Er ist andermal zeitlichen Charakters: das Evangelium ergeht im Alten Testament nach der Meinung Luthers als Verheißung und Weissagung, im Neuen Testament hingegen wird die Erfüllung verkündigt.

Mit seiner grundlegenden Unterscheidung von Gesetz und Evangelium hat Luther nicht nur das Herzstück der Botschaft des Paulus in verwandelter Situation neu und fruchtbar zur Geltung gebracht. Er hat damit auch zum paulinischen Umgang mit dem Alten Testament zurückgelenkt: das im Alten Testament enthaltene Gesetz des Alten Bundes, sofern es mehr ist als nur ein Sachsenspiegel der Juden, ist abgetan und radikal aufgerichtet in einem. Die im Alten Testament aber ebenso bezeugten Zusagen, Gnadenerweise, Verheißungen und Weissagungen werden als in Christus erfüllt neu zur Sprache gebracht. Da nun aber die *theologische* Unterscheidung von Gesetz und Evangelium *anthropologisch-existential* den zwei fundamental entgegengesetzten Möglichkeiten menschlichen Daseinsverständnisses – Selbsterlösung oder Erlösung, Selbstverwirklichung oder Leben als geschenktes, der Mensch dem Menschen das höchste Wesen oder der Mensch wahrhaft Mensch erst unter Gott – entspricht, bietet diese Unterscheidung zugleich den hermeneutischen Schlüssel dar sowohl für die neutestamentlichen als auch für die alttestamentlichen Texte. *Hermeneutischer* Schlüssel – wie wird der Mensch im konkreten Text verstanden? – und *theologisches* Kriterium – Gesetz und Evangelium – *fallen* für Luther *zusammen*.

Dieser hermeneutische und zugleich theologische Ansatz ermöglichte es, die Einheit der Schrift und die Unterschiede ihrer Schichten, die nicht ohne weiteres mit ihren Kanonteilen zusammenfallen, neu zu erfassen. Er ermöglichte auch eine im einzelnen differenzierende Exegese, die ohne Haarspalterei an der anthropologisch und theologisch fundamentalsten Differenz orientiert bleibt. Luthers hermeneutischer und theologischer Schlüssel – Gesetz und Evangelium – erschloß ihm die Möglichkeit, Evangelium auch im Alten Testament zu finden, hier Beispiele für den Glauben, für Existenz aus Gott, aber auch ohne und gegen Gott zu entdecken, mit deren Hilfe auch gegenwärtige, christliche Existenz ausgelegt werden kann, ohne daß dem Wortsinn der Texte Gewalt angetan werden müßte. Es kann keine Frage sein, daß hier *im Ansatz* eine Lösung der hermeneutischen Problematik sich anbahnte, die auch heute noch nicht überholt sein muß, wenngleich die historisch-kritische

Forschung und die allgemein-hermeneutische Diskussion gewiß über Luthers Position hinweggeschritten sind.

Luthers existentieller Zugang zu alttestamentlichen Texten und die Anwendung seines mit der dialektischen Entgegensetzung von Gesetz und Evangelium gegebenen hermeneutischen Schlüssels beruhten freilich auf der Überzeugung, daß das Alte Testament – mit Ausnahme von der „Juden Sachsenspiegel“ – als Gesetz und als Evangelium unmittelbar den Christen gelte, ja, daß nur die Christen, im Gegensatz zu den Juden mit ihren sündhaften Mißverständnissen und Lügen, das Alte Testament als christliches Buch überhaupt recht verstehen können. Diese Überzeugung ist, gemessen am ursprünglichen Sinn der Texte, ein Vorurteil, das sich nur unter häufigem Verzicht auf den Wortsinn exegetisch durchführen läßt. Aus dem sensus litteralis wird dann der vermeintliche sensus litteralis propheticus, und die allegorische Methode ist so nicht wirklich überwunden.

Auch in anderer Hinsicht wird der fruchtbare hermeneutische Ansatz nicht ganz konsequent und nicht ohne traditionelles Beiwerk durchgehalten. Er verbindet sich mit dem geschichtstheologischen Urteil, daß Evangelium vor Christus nur Verheißung und Weissagung auf Christus sein kann. Die Gebundenheit der Heilsverkündigung, also des Evangeliums, an Christus implizierte für Luther eine zeitlich-lineare Festlegung des Evangeliums auf die Geschichte seit Christus, der gegenüber die Vorgeschichte nur die Zeit der Weissagung und Verheißung sein kann. Das existential-theologische Kriterium Gesetz und Evangelium verquickt sich mit dem zeitlich-linear gedachten Schema Weissagung und Erfüllung. Das aber gestattet es ihm, das Alte Testament nicht nur *christozentrisch* zu lesen – also von einem Glauben her, der primär Glaube an Christus ist und sich an das, wesentlich durch das Neue Testament vermittelte Wort von Christus hält, welches überhaupt allererst das hermeneutische und theologische Kriterium Gesetz und Evangelium zum Maßstab schlechthin erhebt –, sondern auch es *christologisch* auszudeuten. Das heißt also: nicht nur die messianischen Weissagungen im engeren Sinn in den Prophetenbüchern, auch „Mose“ und seine Bücher sind, wie die Psalmen, in ihrem tiefsten Sinn erfaßt, eine Weissagung nicht nur auf das Evangelium und insofern selbst schon Evangelium, sondern auch Vorhersage Christi und seines Lebens und Sterbens. Hierin unterscheidet sich Luther also nicht von der alten Kirche seit neutestamentlichen Zeiten, und seit bereits für Justin Jesaja und die Psalmen das Geschick Jesu Christi in Einzelheiten geweissagt hatten und alle Gotteserscheinungen, von denen das Alte Testament zu berichten weiß, Erscheinungen des Logos-Christus gewesen waren.

Von bleibender Bedeutung und fortwirkender Kraft war vielmehr seine dialektische Unterscheidung von Gesetz und Evangelium. Losgelöst vom überkommenen Dogma vom Verheißungs- und Weissagungscharakter des Alten Testaments kann diese Unterscheidung als klares hermeneutisches Prinzip und Kriterium Anwendung finden, ohne wie ein neues, der Schrift vorgeordnetes Dogma oder als neue Glaubensregel über die rechte Auslegung im voraus zu entscheiden. Die Dialektik von Gesetz und Evangelium wurde vielmehr aus der Schrift selbst erhoben, und eine sich an ihr orientierende Auslegung macht darum nur Ernst mit dem reformatorischen Satz, daß die Schrift sich selbst auslege. Da der fundamentalen theologischen Unterscheidung die ebenso fundamentale Polarität von zwei entgegengesetzten Möglichkeiten menschlichen Daseinsverständnisses korrespondiert, ermöglicht ihre Anwendung als eines hermeneutischen Prinzips in der Konsequenz eine wissenschaftliche und vom Dogma befreite Exegese, die beim Text als einem Gewebe menschlicher Worte und menschlicher Lebensäußerungen einsetzt, ohne in solcher anthropologischen Orientierung das Theologische verfehlen zu müssen. Diese Konsequenz vermochten erst Spätere nach Luther zu ziehen. Sie wäre ohne die von ihm ausgehenden Impulse nicht denkbar gewesen; sie hätte ohne die reformatorische Vorrangstellung von Schrift und Exegese kaum die theologische und geistesgeschichtliche Bedeutung erlangt, die ihr tatsächlich zukommt.

Man kann in der Tat die „freie Untersuchung des Canon" wie sie von Johann Salomo Semler rund zweieinhalb Jahrhunderte nach Luthers Reformation proklamiert wurde, als legitime Erbin reformatorischer Ansätze und Denkanstöße betrachten. Nicht ohne Grund hat man Semler den Luther des 18. Jahrhunderts genannt. Zwar läßt sich keine gerade Linie von Luther zu Semler und der späteren historisch-kritischen Wissenschaft vom Alten und Neuen Testament zeichnen. Zu viele Impulse anderer Herkunft haben hier miteingewirkt: Aufklärung, philosophischer Idealismus, Romantik, profanhistorische und archäologische Entdeckungen bis hin zur analytischen Literaturwissenschaft. Wohl aber nahm und nimmt die historisch-kritische Wissenschaft in ihrer Anwendung auf das biblische Schrifttum unter verwandelten Bedingungen und mit neuen Mitteln ein reformatorisches Grundanliegen wieder auf. Sie tat und tut das, indem sie durch die Infragestellung und Destruktion vermeintlicher Sicherheiten und Sicherungen den Weg zur Begegnung mit der Schrift freizulegen sich bemüht und damit auf ihre Weise das sola scriptura auch gegen die protestantischen Autoritäten und Traditionen in Dogma und Amt zur Geltung bringt. Die Analogie zur reformatorischen Rechtfertigungslehre: allein durch den Glauben an Christus, allein auf sein Wort hin – ist in der Tat unverkennbar (vgl. Gerhard Ebeling, Die Bedeutung der historisch-kritischen Methode, S. 43 ff.).

4. *Dogmatisches System und kirchliche Restauration*

Daß die historisch-kritische Wissenschaft und ihre Ergebnisse freilich zunächst eine negative Wirkung hatten und der kirchlichen Lehre und dem Glaubensleben den Boden zu entziehen schienen und für eine breite Öffentlichkeit zuerst und zumeist unter diesem negativen Aspekt in Erscheinung traten und gar bis in die Gegenwart als Angriff auf das Christentum verdächtigt werden, widerspricht ihrer reformatorischen Legitimation keineswegs, sondern hat andere Gründe. Diese liegen in einer sich schon zu Luthers Lebzeiten abzeichnenden rückläufigen Bewegung. Es soll hier nicht untersucht werden, ob jene Reaktion und kirchliche Restauration historisch vermeidbar gewesen wären oder sachlich notwendig waren. Tatsache ist auf jeden Fall, daß die aus der Reformation hervorgegangenen Kirchen ihre eigene Dogmatik und eine neue Scholastik ausbildeten. Dogmatik tendiert zum System, in einem System jedoch läßt sich die existentiell bezogene Unterscheidung von Gesetz und Evangelium schwer unterbringen. Auch die eigentümliche Überschneidung von Altem Bund und Gesetz und Neuem Bund und Evangelium einerseits mit den beiden Kanonteilen andererseits anstatt einer Deckungsgleichheit Altes Testament, Alter Bund, Gesetz und Neues Testament, Neuer Bund, Evangelium, läßt sich schwer in ein dogmatisch klares System bringen. Auch das Schriftprinzip sola scriptura in seinem ursprünglichen Verständnis als hermeneutisches Prinzip, das sagt, daß die Schrift sich selbst auslegt, läßt sich leichter anders fassen als Behauptung der Identität von Schrift und Wort Gottes. So wird aus der Klarheit der Sache der Schrift, nämlich des Evangeliums in seiner Polarität zum Gesetz, die vermeintliche Eindeutigkeit inspirierter Schriftbuchstaben. Diese Schriftlehre – das Dogma von der Verbalinspiration – ebnet aber alle Differenzen und Nuancen, die an den Tag getreten waren oder hervorzutreten eben erst angefangen hatten, wieder ein. Ist die Heilige Schrift verbal inspiriert, wird auch der Unterschied von Altem und Neuem Testament verschleiert.

So lehren Melanchthons Loci communes (1521), die erste Systematisierung reformatorischer Ansätze, in der letzten Ausgabe von 1561, daß in beiden Testamenten dieselbe Stimme der Propheten und Apostel über alle wesentlichen Heilswahrheiten – Sünde, Erlösung durch Christus, ewiges Leben und die rechte Gottesverehrung – laut werde. Die Behauptung einer Identität beider Testamente, die mit einer und derselben Stimme (eadem vox) reden, wird dann doch wieder dahingehend abgeschwächt, daß im Alten Bund die Verheißung des Evangeliums erst angefangen habe. Auch hier wird also die beide Testamente umfassende Polarität von Gesetz und Evangelium mit dem anderen Motiv einer von Verheißung zu Erfüllung verlaufenden Heilsgeschichte verbunden.

Im Ansatz weniger als in der Akzentuierung eigentümlich von Luther und den Seinen verschieden ist *Calvins* Verständnis der Schrift von großer Bedeutung für die spätere theologische Entwicklung insbesondere in der Schweiz und den nicht-deutschsprachigen reformatorischen Kirchen geworden. Mann der zweiten Generation, hervorragend gebildeter Exeget, Dogmatiker und an kirchlicher Ordnung um der Heilsordnung willen orientierter Kirchenmann und Prediger in einem, ist er nicht nur „Kirchenvater" der reformierten (nach dem Wort Gottes und der Ordnung des Evangeliums erneuerten) Kirche, sondern unter Anknüpfung an vorreformatorische Dogmenbildung, insbesondere die Satisfaktionstheologie Anselms von Canterbury (das dem Menschen fehlende Verdienst wurde stellvertretend von Christus erworben), der große Systematisierer der Reformation geworden. Die Schrift als ganze ist für ihn, ohne daß er dies besonders betonte, inspiriert. Sie ist es in dem Sinne, daß sie Instrument des Heiligen Geistes ist, aber nicht so, wie es die spätere orthodoxe Lehre von der Verbalinspiration behauptete, daß nämlich Wort Gottes und Schriftwort identisch seien. Ihre also verstandene Inspiriertheit setzt ihre Einheit prinzipiell voraus. Dies bedeutet für Calvin freilich nicht, daß aus den inspirierten Buchstaben das Heil gleichsam ablesbar wäre. Inspiration der Schrift ist keine Heilssicherung. Das Heil empfängt nur der Glaube, der durch das Zeugnis des Heiligen Geistes (testimonium Spiritus Sancti internum), das für den Menschen gänzlich unverfügbar bleibt, die Wahrheit und die Bedeutsamkeit der Schrift vernimmt. Ebensowenig schließt die Vorrangstellung der Schrift die historische und philologische Kritik an der Schrift aus. Fordert der Dogmatiker Calvin die Einheit der inspirierten Schrift, die das schriftliche Zeugnis vom einen Wort Gottes, das Jesus Christus heißt, ist, so bleiben dem Exegeten Calvin die Unterschiede und Nuancen keineswegs verborgen. Sie sind für ihn dadurch bedingt, daß das eine Wort Gottes auf verschiedene Weise ergeht, aber auf das eine und selbige Heil zielt. Sind bei *Luther* Gesetz und Evangelium in einem *polaren Verhältnis* gesehen, das Gottes Willen in zwei Richtungen und gar in zwei Worte auseinanderzuspalten scheint, so wahrt Calvins Verständnis eher die *Einheit beider* als zweier Aspekte desselben Gotteswortes: auch das Gesetz zielt auf des Menschen Heil, indem es dem Unheil der Sünde wehrt und den Menschen seines Sünderseins überführt.

Diese von Luther nicht grundsätzlich verschiedene Auffassung setzt die Akzente also doch anders: aus der reinen *Dialektik* von Gesetz und Evangelium wird hier eine *Heilsordnung*, die vom Gesetz, das dem Verderben wehrt und des Bösen überführt, über das Evangelium zur Heiligung unter dem Gesetz führt. Das Gesetz führt nur unter Absehung von Christus in den Tod, und die Freiheit vom Gesetz beruht darauf und besteht darin, daß Christus stellvertretend das Gesetz erfüllt hat; damit hat das Gesetz seine tötende Macht, *nicht aber seine Gesetzeskraft* verloren.

Die so verstandene Einheit von Gesetz und Evangelium findet ihren Ausdruck im Begriff „Bund". Dieses Wort ist Wiedergabe des lateinischen „foedus" = „Vertrag", das wiederum die nicht ganz adäquate Übersetzung des hebräischen „berit" ist. Bedeutet das alttestamentliche „berit" in seiner Anwendung auf Gott niemals einen zweiseitigen Vertrag, sondern verpflichtende Verbundenheit, so meint Bund in seiner dogmatischen Neuprägung sowohl die Zusage und die Zuwendung Gottes als auch seinen Anspruch und sein Gesetz. Der also verstandene Bund wurde zumal in der reformierten Dogmatik ein wichtiger Lehrsatz, ein Theologumenon, mit dessen Hilfe insbesondere auch das Verhältnis der Testamente als Geschichte von Bundesschließungen – Adam, Noah, Abraham, Christus – bestimmt werden konnte.

Auch hier konnte die reformierte Dogmatik an Altkirchliches anknüpfen: schon Irenäus hatte in seiner antignostischen Polemik die Einheit der Testamente betont und diese in der Selbigkeit Gottes, der in mehreren Bundesschlüssen handelte, angesetzt. Bereits 1534 erschien aus der Feder Heinrich Bullingers, des Nachfolgers Zwinglis in Zürich, eine Monographie mit dem Titel: De testamento seu foedere Dei unico et aeterno (Über das Testament oder den einzigen und ewigen Bund mit Gott), die den Bundesbegriff zum Angelpunkt biblischer Theologie machte. Von da an bleibt „Bund", als Theologumenon insbesondere von Caspar Olevian und dann von Coccejus (s.u. S.59f.) voll entfaltet, die biblische Klammer, welche in der reformierten Dogmatik Altes und Neues Testament verbindet und den biblischen Charakter solcher Dogmatik sichern soll.

Die mit dem Bundesbegriff zum Ausdruck gebrachte Zusammengehörigkeit von Gesetz und Evangelium entspricht der wesentlichen und wesensmäßigen Einheit der Schrift in ihren beiden Testamenten, und die Einheit der Schrift als

Zeugnis des einen Heilswillens Gottes bezeugt und belegt die *innere Einheit von Gesetz und Evangelium*.

Das Nebeneinander der Testamente schärft auch ein Vorher und Nachher und damit die Einmaligkeit und Geschichtlichkeit des Christusgeschehens ein. Beide aber sind Zeugnis von Christus, das Alte schattenhaft, in Erwartung und Verheißung, das Neue als Urkunde der Erfüllung. Aber auch dieser Unterschied ist nur ein gradueller, weil auch die Christen nach Christus wie die alttestamentlichen Frommen vor ihm nicht im Schauen, sondern im Glauben und in der Erwartung der Wiederkunft Christi leben. So waren schon die Frommen des Alten Bundes, Adam, Noah, Abraham, Isaak, Jakob und die Propheten und Gottesmänner, obwohl sie vor Christus lebten, doch vom einigen Sohn Gottes erleuchtet, daß sie die Wahrheit und das Heil Gottes erkannten. Die also betonte Einheit der Bibel läßt es nicht mehr zu, gewisse Teile als der Juden Sachsenspiegel zu relativieren, wie es Luther einst tat, oder gar zu verwerfen. Auch noch das Zeremonialgesetz ist im Gnadenbund verankert; es war die Grundlage und Form der Religion im Alten Bunde und seines Kultus, der als Schattenbild auf Christus vorauswies. Auch das Opfergesetz ist durch Christi Opfer erfüllt, auf das hin es immer schon seinen wahren Sinn hatte. Viel intensiver und extensiver noch als bei Luther führt der – christlich-theologisch unzweifelhaft richtige – christozentrische Ansatz: Gott hat sich endzeitlich und endgültig ein für allemal in Jesus Christus offenbart und das Heil gebracht, zu einer unmittelbar christologischen Auslegung alttestamentlicher Texte, die den Texten zu entnehmen meint, was die dogmatische Vorentscheidung bereits weiß. Damit ist einerseits der eigene Aussagereichtum des Alten Testaments wenigstens teilweise zum Schweigen gebracht: reden alttestamentliche Texte selbst nicht christologisch oder als Christusweissagung, werden sie aber so aufgefaßt und interpretiert bzw. umgedeutet, dann können sie ihre eigene Sache natürlich nicht mehr sagen. Andererseits kann sich das Eigengewicht des also unmittelbar christlich verstandenen Alten Testaments auf andere Weise in erheblichem Maße bemerkbar machen: es wird nicht nur das Christusgeschehen mit Hilfe alttestamentlicher Vorstellungen und Begriffe interpretiert. Das tat bereits die Urgemeinde, als sie Jesus den Messias, den Christus, den Sohn Gottes, den Davidssohn, den Menschensohn nannte. Die dem Alten Testament entnommenen Interpretamente beginnen jetzt vielmehr das *Neue dem Alten anzugleichen* und es entsteht die Gefahr, daß die eschatologische, endzeitliche und endgültige Neuheit des Christusgeschehens und seine von allem Alten, das als vergangen proklamiert war, befreiende Mächtigkeit nicht mehr voll zur Geltung gebracht werden kann. Das Alte Testament beginnt in solcher scheinbaren Gleichordnung über das Neue zu herrschen, der neue Bund wird zur Wiederherstellung des alten, den die Sünde Israels gebrochen hatte. Und die bereits im Alten Testament ausgesprochene Erkenntnis, daß der neue Bund „nicht, wie der alte Bund war" (Jer. 31,32), sein wird, scheint wie vergessen. Auch wenn man dem Reformator Calvin nicht neue Gesetzlichkeit vorwerfen soll, so sind hier doch auch Impulse angelegt worden, welche in den sich auf ihn berufenden Kirchengemeinschaften zu einer Vergesetzlichung des christlichen Lebens geführt haben, die nur der zu leugnen imstande ist, der die Folgen nicht leibhaftig vor Augen hat.

5. Das Inspirationsdogma und die Vorherrschaft der Dogmatik

Daß auch die neue Dogmatik das hermeneutische Problem des Alten Testaments durch Gleichschaltung verschleiert, statt es freizulegen und gar zu lösen, ist deutlich. Wohl führten sie und überhaupt die nachreformatorische Dogmengeschichte indirekt dazu, daß die Probleme mit desto größerer Vehemenz aufbrechen mußten und die neuen und erneuerten Fragestellungen, welche das errichtete dogmatische Gebäude zum Einsturz zu bringen begannen, die Kirche und den christlichen Glauben überhaupt in Frage zu stellen schienen.

Die altprotestantische Orthodoxie hat auf ihre Weise, die geschichtlich wohl nicht zu vermeiden war, sich bemüht, das Erbe der Reformation zu sichern. Brachte aber die Reformation gerade die *Entsicherung* des Menschen und die Aufdeckung der falschen und vermeintlichen Sicherungen von Dogma, Sakrament und Amt, so mußte der Versuch einer *Sicherung* von vornherein problematisch sein. Zu den wichtigsten Lehrstücken der Orthodoxie gehört das bis ins Extrem durchgeführte Inspirationsdogma. Daß die Schrift inspiriert sei, ist freilich schon ältere Anschauung.

Im Bereich des biblischen Schrifttums spricht 2. Tim. 3,16 vom Alten Testament als einer Schrift, die „theopneustos“ sei, was in der lateinischen Übersetzung mit dem Begriff Inspiration wiedergegeben wird (scriptura divinitus inspirata). Hier ist dem Zusammenhang nach wohl an die besondere, herausgehobene Heilsbedeutung der vom Gottesgeist durchwehten und von Gott selbst gegebenen Schrift gedacht, die sich dadurch von rein menschlichen Schriften unterscheidet. Daß die Schrift als solche ob dieser Qualität schlechterdings übermenschlich, göttlich und bis in den Buchstabenbestand hinein unantastbar sei, ist damit gewiß nicht vorausgesetzt. Das Alte Testament kennt allerdings die Vorstellung, daß Gott selbst seine Gebote diktiert oder gar selbst auf die Gesetzestafeln geschrieben hat (2.Mose 34,27f.; 24,12; 31,18; 32,16). Daran konnte die jüdische Lehre anknüpfen, daß Gott dem Mose das Gesetz unmittelbar und wörtlich diktiert habe, und daß auch die Propheten und Schriften, also die beiden anderen Kanonteile, entsprechend inspiriert seien. Das hellenistische Judentum hat dann eine Inspirationstheorie entwickelt, nach welcher die einzelnen heiligen Bücher auf inspirierte Propheten zurückgehen, die in einem Zustand göttlicher Ekstase die Gottesoffenbarungen niederschrieben. Aus menschlichen Autoren werden so bloße Instrumente ohne eigenen Willen und ohne individuelle Eigenart. Trotz Beeinflussung durch Hellenismus und hellenistisches Judentum konnte sich diese strenge Fassung der Inspirationstheorie nicht in der alten Kirche durchsetzen. Zwar galt seit Irenäus (um 180), Origenes († 254), Augustin († 430) u.a. die Schrift als inspiriert, aber doch nicht in dem Sinne, daß die biblischen Schriftsteller in ekstatischer Manie unter Auslöschung ihres eigenen Bewußtseins von Gott als willenlose Werkzeuge benutzt worden wären. Inspiration wird vielmehr als Erleuchtung und Steigerung des menschlichen Geistesvermögens gedacht.

Erst nachdem in der Reformation mit aller Konsequenz die Autorität der Schrift – sola scriptura – gegen die Tradition, das Lehramt und den Sakramentalismus als Kampfwaffe ins Feld geführt worden war, konnte diese Entfaltung des Schriftprinzips in Auseinandersetzung mit der römischen Kirche und mit sich auf den Geist berufenden Schwärmern, aber auch zur Wahrung und geistig-intellektuellen Bewältigung des reformatorischen Schriftverständnisses wieder aktuell werden. Diese Entfaltung ist das Werk der protestantischen Orthodoxie gewesen. Hatten die Reformatoren trotz aller Betonung der Vorrangstellung der Schrift Alten und Neuen Testaments und des untrennbaren Zusammenhangs von Schrift und Wort Gottes doch niemals Wort und Schrift ineins gesetzt, und hatte gar Luther vom Wort her, das als Gesetz und Evangelium ergeht, ein Kriterium zur Kritik auch an der Schrift gehabt, das es ihn wagen ließ, von einer strohernen Epistel zu reden, so wurde – wesentliches Merkmal orthodoxer Schriftlehre – nunmehr die Dialektik von Wort Gottes und Schrift zugunsten einer lehrmäßigen Identifizierung preisgegeben.

Das führte gleichsam zur Verdoppelung des Offenbarungsvorganges: zur Offenbarung, welche die Schrift bezeugt, gesellt sich das übernatürliche Geschehen der inspirierten Schriftwerdung. Inspiration wird als göttlicher Impuls zum Schreiben und als Eingebung des genauen Wortlautes verstanden. Die übernatürliche Herkunft der Schrift begründet ihre Wahrheit und Klarheit bis in die Buchstaben hinein. War reformatorisch die Klarheit ursprünglich als Eindeutigkeit der Sache, nämlich des Evangeliums gedacht gewesen, so wurde daraus jetzt eine Klarheit im grammatikalischen Sinne, die freilich das Geheimnis des von den Worten Gemeinten nicht ausschloß. Dieser Verschiebung von der Sache hin zum Wort und zum Buchstaben entspricht eine Verwandlung im Verständnis der Sache selbst: aus dem im Wort der Schrift existentiell angehenden Evangelium wird eine doctrina, eine Lehre und Belehrung über Heilswahrheiten und Heilsmysterien, welche der Glaube zu akzeptieren hat. In extremster Ausformung behauptete diese Lehre die also verstandene Inspiration aller Buchstaben der kanonischen Schrift und auch noch der hebräischen Vokalzeichen (so bei dem lutherischen Koburger Superintendenten Johann Gerhard oder bei den beiden reformierten Johann Buxtorf sen. und jun. in Basel). Wenngleich das – durchaus reformatorische – Anliegen der Inspirationslehre die Wahrung des sola scriptura in Auseinandersetzung mit der römisch-katholischen Lehrautorität war, so hat sie doch in Wahrheit das reformatorische Erbe nur sehr mangelhaft neu formuliert und systematisiert und gewiß auch – unbeabsichtigt – verfälscht. Aus dem Medium und Instrument des Evangeliums wird der mirakulös offenbarte und zu Papier gebrachte Buchstabe, ein „papierener Papst“. Aus der Wahrheit des Evangeliums wird die Deutlichkeit der Schrift und ihrer Sätze. Aus dem hermeneutischen Prinzip, daß das in der Schrift enthaltene und von ihr bezeugte Evangelium sich selbst auslege – sola scriptura –, wird eine Lehre von der Schrift und über das Mirakel ihrer Herkunft und Entstehung, die nun selbst der Schrift als neue Lehrtradition vorgeordnet ist und die Sache der Schrift als Lehre – doctrina, schon bei Calvin – über Heilswahrheiten und Mysterien definiert und rational domestiziert. Die der Schrift vorgeordnete Lehre von der Schrift fungiert nun selbst formal und material als neue Glaubensregel und legt der Exegese neue Fesseln an. Da die Sache der Schrift Mysterium ist, entscheidet – anders und doch wieder ähnlich wie im römisch-katholischen Bereich – die reformatorische Lehrtradition über das rechte Verständnis, und die Exegese wird auf eine Hilfsfunktion beschränkt, die sich mit dem Rang der Heiligen Schrift als der vermeintlich alles normierenden Norm nicht verträgt.

Die Identifizierung von Evangelium, inspirierter Schrift und unfehlbarer Lehre ebnet schließlich alle Differenzen, Nuancen, Höhenlagen und Tiefpunkte und so auch den Unterschied von Altem und Neuem Testament ein und läßt alles und jedes in der Schrift Geschriebene und von ihr Vorausgesetzte als göttliche Lehre erscheinen: das aristotelisch-ptolemäische Weltbild mit seiner Geozentrik (Stillstand der Sonne wegen Jos. 10,12!); Engel, Teufel, Dämonen, Mirakel; Erschaffung der Welt in sechs Tagen; den biblischen Rahmen der Weltgeschichte mitsamt den Jahreszahlen usw. Die Geschlossenheit des orthodoxen Lehrsystems ist imponierend, aber es muß jedem, der zu einer einzigen „biblischen Wahrheit" Zweifel anmeldet, als ganzen Ketzer verdammen, weil er durch solche Zweifel die Lehrwahrheit der Bibel überhaupt in Frage stellt und damit das Fundament des Lehrsystems untergräbt. Wie empfindlich und grausam auch die nach Gottes Wort reformierte Kirche auf solche Infragestellung reagieren konnte, zeigt die Bekämpfung der sogenannten Sozinianer und die Hinrichtung Michael Servets (1553, vgl. u. S. 126). Grundsätzliche Infragestellung aber mußte eine Revolution auslösen.

6. *Die Anfänge der Geschichtstheologie*

Auch negative Idealtypen verwirklichen sich nur selten. Es ist nicht zu bezweifeln, daß auch im Zeitalter der Orthodoxie, wie in der vorreformatorischen Kirche, Evangelium verkündigt und geglaubt wurde und daß darin die Schrift Alten und Neuen Testaments durch die harte rationalistische Schale ihrer vermeintlichen verbalen Inspiriertheit hindurch sich selbst auslegte und in Theologie und Kirche, nicht zuletzt auch in der Kirchenmusik – man denke an J.S.Bachs an biblischen Texten orientierte Kantaten und Oratorien – hervorragende Ausleger fand.

Aber auch sonst brach sich das von der Reformation Wiederentdeckte und von der protestantischen Orthodoxie ja nicht geleugnete Eigengewicht der Schrift auch gegen und durch die dogmatische Verkrustung hindurch wieder neu Bahn. Das geschah nicht nur dergestalt, daß man erkannte, daß das dogmatische System der biblischen Begründung und des biblischen Beweises bedurfte. Die Bibel wird als eine Sammlung von das Dogma beweisenden Lehrsätzen (dicta probantia) benutzt, und es entsteht eine neue theologische Disziplin, die es sich zur Aufgabe macht, die dicta probantia zusammenzustellen und nach Maßgabe der Dogmatik zu ordnen.

So erschienen 1560–1565 bereits zwei Zusammenstellungen biblischer Belege von Johann Wigand und Matthäus Judex, dessen alttestamentlicher Teil den Namen trägt: „Syntagma seu corpus doctrinae veri et omnipotentis Dei ex veteri Testamento tantum, methodica ratione ... dispositum" (Vollständige Sammlung [der Stellen] der

Lehre über den wahren und allmächtigen Gott allein aus dem Alten Testament, auf methodische Weise ... geordnet) (Diestel, S. 290). Der orthodoxen Lehre und ihrem Verständnis des Alten Testaments entsprechend, werden alle christlichen Glaubenswahrheiten schon aus dem Alten Testament „bewiesen". Immerhin zeigt sich auch hier noch das reformatorische Primat der Heiligen Schrift.

Aber mehr noch als in solchem biblischen Beweisverfahren begannen das biblische Primat und die eigenständige Kraft des biblischen Schrifttums an anderer Stelle das dogmatische Lehrgebäude zu sprengen.

Hier ist als bedeutendster Vorläufer Johannes Coccejus (1603–1689, geboren in Bremen, zuletzt in Leiden wirksam) zu nennen. Seine Konzeption will nicht mehr bloß eine biblische Begründung vorgegebener Dogmatik, deren Richtigkeit nachträglich zu beweisen ist, sondern eine unmittelbar an der Bibel orientierte Theologie sein. Dem statischen Lehrsystem wird eine geschichtliche Abfolge entgegengesetzt. Auch wenn diese Abfolge von Coccejus selbst auch wieder als Lehre und System verstanden wurde, so war damit faktisch doch die in der Bibel Alten und Neuen Testaments wesentliche geschichtliche Bezogenheit wiederentdeckt worden. In Fortsetzung von spezifisch reformierten Ansätzen schon bei Zwingli, Calvin, Bullinger, Olevian u.a. (s.o. S. 54f.) und unter Aufnahme genuin biblischer Kategorien verwendet Coccejus den Begriff des Bundes als Klammer und Ordnungsprinzip zur Periodisierung eines heilsgeschichtlichen Ablaufs, der von Bundesschließung zu Bundesschließung fortschreitet. Damit werden auch das Alte Testament und das Neue Testament in ihrem Verhältnis *geschichtstheologisch* bestimmt. Das hat ihrer dogmatischen Gleichschaltung kräftig entgegengewirkt, wenngleich Coccejus mit der Theologie seiner Zeit davon überzeugt war, daß Christus auch im Alten Testament direkt bezeugt werde.

Auf dieser Überzeugung beruht auch seine Konzeption, welche nicht ein einfaches Vor- und Nacheinander von Gesetz im Alten und Evangelium im Neuen Testament lehrt, sondern mit anderen Mitteln und von anderen Voraussetzungen ausgehend, deren dialektisches Verhältnis neu herausstellt. Der erste Bund als der Bund der Werke und als der natürliche Bund, wiewohl dem Menschen ins Herz geschrieben, wurde von Mose kodifiziert. Aber schon das Protevangelium mit seiner Verheißung endlicher Erlösung von 1. Mose 3,15 sagt im dialektischen Gegenschlag hierzu den Weg fortschreitender Gottesgeschichte an. Sie führt von dem durch die Sünde Adams aufgehobenen Werkbund über die Stiftung eines Gnadenbundes bis zur Erscheinung Jesu Christi, in dessen Blut der neue Bund gestiftet wird, über die Zeit der Kirche und der Heiligung und schließlich bis hin zur Auferstehung von den Toten. Diese Geschichte – ein zugleich himmlisch-göttlicher und irdisch-menschlicher Prozeß – ist eine solche der fortschreitenden Aufhebung (Abrogation) der für den Menschen tödlichen Folgen des von ihm gebrochenen Werkbundes; daran, daß diese Folgen bis heute wirksam werden, zeigt sich, daß der Werkbund zwar ungültig, aber nicht unwirksam geworden ist. Gesetz und Evangelium, Werke und Gnadengerechtigkeit, und damit Altes Testament und Neues Testament lösen sich nicht geradlinig ab, sondern verhalten sich im Fortschreiten der Zeit und trotz fortschreitender Klarheit der Offenbarung dialektisch zueinander.

Daß freilich auch diese biblisch orientierte Theologie nicht ohne typologische Exegese, die das System in die Texte hineinliest, auskommt, verwundert nicht und das unterscheidet Coccejus nicht von seinen Zeitgenossen. Aber seine Erkenntnis der dialektischen und zeitlich-geschichtlichen Unterschiedenheit der beiden Testamente und damit der Geschichtlichkeit der Offenbarung, welche die dogmatische Statik durchbrach und von der Orthodoxie als Neuerung kritisiert wurde, war bahnbrechend.

Auf deutschem Boden vertrat Johann Albrecht Bengel (1687–1752) ähnliche Gedanken. Wie für Coccejus ist auch für ihn die Bibel Alten und Neuen Testaments ein von Gott her so gewolltes, zusammenhängendes Ganzes, das zuerst und letztlich Christus zum Ziel und Inhalt hat. Auch für Bengel ist die Offenbarung nicht statisch-lehrmäßig, sondern als eine geschichtliche gemäß der gottgelenkten Geschichte – dem „ordo temporum" – zu verstehen. Und auch hier gibt die Rückwendung zur Bibel und zur biblischen Geschichte einen kräftigen Impuls zur philologischen und historischen Exegese, auch wenn diese durch die vorweg angenommene gesamtbiblische Harmonie harmonistisch durchkreuzt wird. Bei Bengel kommt auch noch ein anderer wichtiger Impuls zum Tragen: der *Pietismus*, der sich an bloßer Richtigkeit und kalter Doktrin nicht mehr genügen läßt und in der Bibel nicht mehr zuerst rechte Lehre, sondern Erbauung sucht. Erbauung muß dabei nicht von vornherein als Erbaulichkeit im Sinne oberflächlicher Frömmelei mißverstanden werden, sondern meint das Gegründetwerden christlicher Existenz und christlicher Gemeinde auf dem Glauben an Christus, der sich auf das durch die Schrift vermittelte Wort richtet. Dies Wort zu hören, ist Ziel der Exegese, und darum lautet die – fast existential-theologisch klingende – hermeneutische Anweisung, die bis heute Motto des griechischen Nestle-Textes des Neuen Testaments ist: „Te totum applica ad textum: rem totam applica ad te" (Wende dich ganz dem Text zu: dessen Sache wende ganz auf dich an).

7. *Die philologische und historische Wissenschaft*

Coccejus war trotz bibelorientierter Theologie gewiß zuerst Dogmatiker gewesen. Er kann darum nicht als Vater der biblischen Theologie als einer besonderen Disziplin bezeichnet werden. Seine die Geschichte nachzeichnende Föderal(= Bundes)theologie war auch selbst wieder ein dogmatisch geschlossenes System. Es sollte aber doch dem Anspruch nach auf der Bibel selbst unmittelbar beruhen. Die Bibel erschließt sich aber nicht ohne Auslegung, Exegese wiederum ist nicht ohne sprachliche, philologische, textkritische und historische Kenntnisse möglich. Über solche hat Coccejus in reichem Maße verfügt, vor allem aber: diese Art des Theologisierens regt zum Erwerb von historischen und philologischen Kenntnissen an.

Kenntnisse dieser Art hatten auch manche von Coccejus' Zeitgenossen. Philologie und Historie aber, angewandt auf biblische Texte, können, auch wenn der Wille zum theologischen System fehlt und keine Kritik am kirchlichen Dogma beabsichtigt ist, auf längere Sicht dogmatische Systematik durchlöchern und das Lehrgebäude wie ein Kartenhaus aus unbewiesenen Behauptungen einstürzen lassen.

Nicht erst Attacken – etwa seitens des Sozinianismus (dazu s.u. S. 126) – und dann der Generalangriff des Rationalismus (s.u. S. 126ff.) mußten der kirchlichen Lehre und der Bedeutung des Alten Testaments gefährlich werden. Wenn bereits nüchterne Textkritik, wie sie von dem Katholiken Johannes Morinus (1591–1651) – sei es auch nur, um den „protestantischen" hebräischen Text nicht anerkennen zu müssen – durchgeführt wurde, Unterschiede in der textlichen Überlieferung der Heiligen Schrift, Abweichungen zwischen verschiedenen Handschriften von Urtext und auch Übersetzung sehen lehrt, wie verhält sich dann das Dogma von der verbalinspirierten Schrift zur feststellbaren Wirklichkeit? Diese Frage stellen heißt, sie beantworten, auch wenn die Antwort nur zögernd kam, manche in große Verlegenheit brachte, in ernste Anfechtung stürzte oder auch verschwiegen wurde. Philologische und historische Gelehrsamkeit war freilich noch nie Sache einer großen Öffentlichkeit. Aber so einleuchtende Erkenntnisse, die vor aller Auslegung schon durch den schlichten Vergleich verschiedener Textgestalten vermittelbar sind, können dennoch auf die Dauer nicht das Geheimwissen weniger bleiben.

Es bleibt ein Ruhmesblatt reformatorischer Theologie, daß sie trotz aller kirchlichen und innertheologischen Widerstände dieses kritische Wissen nicht unterdrückt, sondern nach Kräften gemehrt und die kritische Bibelwissenschaft zu ihrer eigenen Sache gemacht hat, statt sie den Philologen, Historikern und Archäologen allein zu überlassen.

Die Philologie, die historisch-kritische Wissenschaft, die Archäologie, die allgemeine Religionswissenschaft, aber auch Philosophie und hermeneutische Reflexion haben, auch und gerade von Theologen und innerhalb der Theologie angewandt und getragen vom neuen, aufklärerischen Geist einer neuen Zeit mit ihrem neuen Bild von Mensch und – Copernikus! – Welt, das einst die Kirche tragende dogmatische Gebäude bis in die Fundamente zum Einsturz gebracht. Die Geschichte dieser Destruktion sowohl als auch einer *nur so möglichen Neuentdeckung der Schrift* kann und soll hier nicht in aller Breite dargestellt werden; dafür sei auf die Geschichte der historisch-kritischen Erforschung des Alten Testaments von H.-J. Kraus und für den parallelen neutestamentlichen Bereich auf W. G. Kümmel, Das Neue Testament, Geschichte der Erforschung seiner Probleme, verwiesen. Hier sollen nur die Hauptlinien und die wichtigsten Konturen dieser wissenschaftsgeschichtlichen Vorgänge nachgezeichnet werden, sofern dies für das rechte Verständnis des heutigen hermeneutischen Problems des Alten Testaments erforderlich ist.

Das Dogma von der Verbalinspiration hatte in seiner extremen Ausprägung auch noch die Inspiriertheit der Buchstaben und Vokalzeichen des hebräischen Textes gelehrt. So ist es begreiflich, daß eine heftige Debatte entstehen mußte, als der französische Professor für Hebraistik Louis Cappel (Ludovicus Cappellus, 1585–1658) den Nachweis erbrachte, daß die Vokalzeichen erst in nachchristlicher Zeit von jüdischen Gelehrten zu den Texten hinzugesetzt worden waren und also keineswegs christlichen Ursprungs sind. Produkte nachchristlicher, jüdischer Schriftgelehrsamkeit aber können doch wohl nicht vom Heiligen Geist inspiriert worden sein, so lautet die einzig mögliche Folgerung. Daß dieses scheinbar rein philologische Thema brisant war, weil es am Inspirationsdogma rüttelte, geht schon daraus hervor, daß Cappellus seine Schrift mit dem Titel „Arcanum punctationis revelatum“ (Das enthüllte Geheimnis der Punktation), in der er die wahre Herkunft der Punktation nachwies, anonym herausgab. Die polemischen Bestreiter dieser heute nicht mehr angezweifelten richtigen Erkenntnis – darunter die hebräischgelehrten Buxtorfs (s.o. S.57) – mußten schließlich die unscharf gewordenen Schwerter in die Scheide stecken, um nicht selbst durch das Schwert umzukommen.

Aber auch Arbeiten ohne unmittelbare Sprengkraft begannen ihre Wirkungen auszuüben. Der Niederländer Hugo de Groot (Hugo Grotius, 1583–1645), Jurist, Philologe, Theologe, Diplomat und Staatsmann, hatte 1641ff. seine „Annotationes ad vetus et novum testamentum“ (Anmerkungen zum Alten und Neuen Testament) geschrieben. Das Werk wollte der eigenen Lektüre der biblischen Texte durch erklärende Anmerkungen dienen und nicht das Fundament zu einer biblischen Theologie im Stile von Coccejus oder Bengel legen. Der historische Wert dieser Annotationes liegt darin, daß sie überhaupt die Freiheit von dogmatischen und sonstigen Vorgegebenheiten wagen und den Text zum Gegenstand einer wissenschaftlich kühlen Betrachtungsweise machen. Auch noch die dogmatisch postulierte unbedingte Autorität des Neuen Testaments und damit der neutestamentlichen Verwendung alttestamentlicher Zitate kann in Zweifel gezogen werden, wenn die klare historische und philologische Ansicht dazu Anlaß gibt. Das vom Text selbst Gemeinte ist der einzig wahre und haltbare Sinn. Wenn Grotius diesen nicht polemisch gegen die hergebrachten kirchlichen, dogmatischen und christologischen Deutungen ausspielte, so war das vielleicht inkonsequent oder wohl eher weise Konzession eines Menschen, dem am Frieden – nicht nur im Mare Librum, im freien Meer – mehr lag als an polemischer Zerstörung.

Weiter reicht und tiefer noch greift das kritische Werk des katholischen Priesters Richard Simon (1638–1712): „Histoire critique du Vieux Testament“, das ihn den Ausschluß aus seinem Orden kostete. Hier wird nicht mehr nur Textkritik geübt, sondern die Grundlage zur Literarkritik und zur Analyse der fünf Bücher Mose, des Pentateuch, gelegt. Simon entwirft eine von den traditionellen und orthodoxen Anschauungen sich erheblich entfernende Theorie (eine „kritische Geschichte“) über die Entstehung des Alten Testaments: Mose könne, so führt er aus, nicht selbst der Verfasser der sogenannten Mose-Bücher sein, sondern er habe öffentliche Schreiber mit der Abfassung und Redigierung von Annalen und Gesetzen betraut. Daraus hätten Spätere geschöpft und erst nach den Wirren der Exilszeit sei die heutige Gestalt zustande gekommen. Die spätere Urkundenhypothese, welche besagt, daß der Pentateuch durch eine Verflechtung mehrerer durchgehender Erzählungsfäden – Urkunden– seine Endgestalt bekam, ist hier ebenso wie die Fragmentenhypothese, nach welcher der Pentateuch eine Zusammenstellung früher selbständiger, nicht zusammenhängender Überlieferungen – Fragmente – ist, im Kern vorweggenommen. Gewiß sind vom heutigen Standpunkt aus Simons Methode und Ergebnisse so nicht mehr haltbar, aber auch er verrichtete wichtige Pionierarbeit auf einem Gebiet, auf das sich nur wenige damals vorwagten.

Als Ketzer verfolgt und in Brüssel gefangen, dann auf Grund seines Widerrufs wieder auf freien Fuß gesetzt, mußte auch der französische protestantische Theologe Isaak de la Peyrère erfahren, daß die Vorherrschaft des Dogmas überaus handfeste Handlanger hatte. Er lehrte eine von R. Simon abweichende Theorie über die Pentateuchentstehung, die aber nicht weniger von den traditionellen Lehrvorstellungen abwich. Er leugnet mit alten und neuen Argumenten die mosaische Verfasserschaft und rechnet vielmehr mit Schriftstellern, deren Werk schon vormosaisch sein muß und von Mose herangezogen wurde. Aufsehen erregte seine These, daß schon vor Adam Menschen gelebt haben müssen (Präadamiten – so in seinem Werk: Praeadamitae sive exercitatio super versibus duodecimo, decimotertio et decimoquarto capitis quinti epistolae D. Pauli ad Romanos. Quibus inducuntur Primi homines ante Adamum conditi [Die Praeadamiten oder Versuch über die Verse Röm. 5,12–14, in denen die vor Adam geschaffenen Ersten Menschen eingeführt werden], 1655). Fast zur selben Zeit hatte in England Thomas Hobbes seinen „Leviathan“ (1651) geschrieben, darin seine politische Philosophie entworfen und ebenfalls an die Grundfesten des Bibeldogmas gerührt durch seine Auffassung, daß allenfalls ein großer Teil des 5. Buches, des Deuteronomiums, Mose zum Verfasser haben könne und auch die Bücher Josua und Daniel nicht oder nicht ganz von den Personen verfaßt wurden, deren Namen sie tragen.

Ein von Genf nach Holland emigrierter Theologe, Johann Le Clerc (Clericus, 1657–1736), Anhänger der freieren reformierten Richtung der Remonstranten (Arminianer), will im textkritischen Bereich und bei der Rekonstruktion des ursprünglichen Wortlautes und Sinnes nur rein wissenschaftliche Maßstäbe ohne Rücksicht auf die traditionelle Doktrin gelten lassen; die Wissenschaft aber stellt vielfach Widersprüche, Versehen, Unzulänglichkeiten der Schrift fest, die ihre menschliche Herkunft – unbeschadet der prinzipiellen Möglichkeit göttlicher Offenbarung – deutlich belegen.

Ebenfalls in den Niederlanden bestritt der jüdische Philosoph Baruch Spinoza (1632–1697) die Inspiriertheit der Schrift überhaupt und mit Bezug auf den Pentateuch die Verfasserschaft des Mose insbesondere, was er in seinem Tractatus theologicopoliticus (1670) detailliert anhand der Texte nachweist. Spinoza läßt es bei dieser literarischen und historischen Kritik nicht bewenden, sondern seine *philosophische* Kritik betrifft auch den Gehalt der alttestamentlichen Religion selbst. Diese wird als national-egoistischer und nur auf irdische Güter beschränkter Erwählungsglaube interpretiert und abgewertet. Sein Buch ist ein wichtiges Zeugnis für das Erwachen einer rationalistisch-wissenschaftlichen Geistigkeit. Es konnte, bezeichnend für die Zeit, nur anonym und angeblich in Hamburg statt in Amsterdam erscheinen. Hier bahnt sich eine Entwicklung an, die über das Alte Testament, das kaum aus seinen dogmatischen Fesseln befreit war, eine neue babylonische Gefangenschaft, nunmehr die einer abstrakten Ratio und einer rationalistischen Moral herbeiführt.

Rationalistische Maßstäbe wurden nicht nur von außerhalb der Theologie her angelegt, sie fanden Anerkennung auch bei Theologen. Ideen des Deismus, der, mehr eine Geisteshaltung als eine theologische oder philosophische Lehre, Gottgläubigkeit, Freiheit des Denkens und Moral zu verbinden suchte, griffen von England her auf den Kontinent über. In Deutschland schrieb Hermann Samuel Reimarus (1767–68) seine durch Gotthold Ephraim Lessing bekannt gewordene „Apologie oder Schutzschrift für die vernünftigen Verehrer Gottes", worin die sogenannte vernünftige Religion zum Grund- und Prüfstein aller behaupteten Offenbarung erhoben wird.

Wenige Jahre später verfaßte Johann Salomo Semler seine berühmte „Abhandlung von freier Untersuchung des Canon" (1771–1775). Nicht um die christliche Religion zu zerstören, vielmehr um die Übereinstimmung ihres wesentlichen Gehaltes mit der Vernunft zu beweisen, soll die Grundlage der christlichen Religion, also der Bibel, im vollen Umfang der freien Untersuchung zugänglich gemacht werden. Eine solche kritische Untersuchung zeigt, daß die Bibel ein geschichtlich gewordenes, menschliches Buch ist, das freilich von der Offenbarung Gottes Zeugnis ablegen will. Die alte, reformatorische Unterscheidung von Wort Gottes und Schrift kommt damit aufs neue und von neuen Voraussetzungen aus zur Geltung. Von eminenter, zukunftsträchtiger Wichtigkeit wurde Semlers klare Einsicht in die Distanz und Unterschiedenheit der Zeiten: die biblischen Autoren können nur von den sie bestimmenden eigenen Bedingtheiten her verstanden werden; diese Bedingtheiten waren nach Land, Sitte, Volk und geschichtlichen Umständen andere als die heutigen. Diese Einsicht schließt die Möglichkeit eines *unmittelbar* gegenwärtigen Verstehens und einer *unmittelbaren* Anwendung auf die andere und neue Gegenwart aus. Damit ist das hermeneutische Problem nicht nur des Alten Testaments, sondern der Bibel insgesamt und darüber hinaus alles vergangenen Schrifttums überhaupt deutlich ausgesprochen: „Es ist also falsch, daß die Heilige Schrift stets und zunächst die Erbauung des Menschen bewerkstelligte und dazu auch gebraucht werden müsse unmittelbar; es muß durchaus die richtige historische Erkenntnis entstehen, und nachher erst die heilsame abgewartet werden" (zitiert n. W. G. Kümmel, Das Neue Testament, S. 78). Damit ist gesagt, daß ein unmittelbarer „dogmatischer", die Geltung hier und jetzt unmittelbar postulierender Zugang zur Schrift infolge der erkannten historischen Distanz verschlossen bleibt. Theologie muß historisch verfahren, weil ihr Gegenstand, die Schrift, selbst ein primär und unmittelbar als historisches in Betracht kommendes Dokument ist. Sie muß es auch deswegen, weil die Offenbarung selbst, welche die Schrift bezeugt, ja einen geschichtlichen Empfänger hat und darum selbst ein geschichtlicher Vorgang ist.

Aber nicht nur rationale Kritik und ein erwachendes historisches Bewußtsein rüttelten am traditionellen Lehrgebäude. Bereits 1675 hatte Philipp Jakob Spener (1635–1705) in seinen „Pia Desideria oder Herzliches Verlangen nach gottgefälliger Besserung der wahren Evangelischen Kirchen" das „herzliche Verlangen" geäußert, die Dogmatik und die kirchliche Lehre und Praxis, die zwar den rechten Glauben nicht verlassen, wohl aber durch viel Spitzfindigkeiten und sonst Unnützes, das nicht zur rechten Frömmigkeit dient, überdeckt hat, möchte durch rechte und schlichte biblische Theologie aufgebessert werden. Damit fordert Spener nicht eine neue theologische, „biblische Theologie" genannte Disziplin. Vielmehr soll die ganze Theologie von protestantischer Scholastik befreit und zu den biblischen und reformatorischen Grundlagen und Grundsätzen zurückgeführt werden. Aber bereits die Reformation Luthers war durch ihren Rekurs auf die Schrift und durch ihr Schriftprinzip sola scriptura mehr als nur eine Reform, nämlich, was ihr selbst erst allmählich bewußt und von ihr in letzter hermeneutischer Konsequenz auch niemals ganz durchschaut wurde, ein Umsturz der seit der alten Kirche gewachsenen Grundlagen von Lehre, Sakrament und Amt. So ahnte auch das „herzliche Verlangen" nach biblischer Theologie zunächst selbst noch nicht, welche Sprengkraft mit der Durchführung eines solchen Programms freigelegt werden könnte. Das konnte nur verkennen, wer die Übereinstimmung der geforderten biblischen Theologie und der bestehenden Dogmatik naiv voraussetzte.

Die aufklärerische Zeit war solcher Naivität nicht hold. „Biblische Theologie", einst Bezeichnung einer Hilfsdisziplin der Dogmatik, welche die biblischen Beweisstellen für das Lehrsystem sammelt und ordnet, dann programmatische Forderung, die ganze Theologie nach pietistischen Desideria biblisch zu reformieren, wird nunmehr zur eigenständigen Wissenschaft im Gegenüber zur Dogmatik.

Diese letzte Konsequenz zog Anton Friedrich Büsching mit seinen „Gedanken von der Beschaffenheit und dem Vorzug der biblisch-dogmatischen Theologie vor der alten und neuen scholastischen" (1758), wie schon der Titel dieses Werkes besagt, noch nicht. Es soll vielmehr die dogmatische „scholastische" Theologie durch eine aus der Bibel und aus ihr allein schöpfende Theologie ersetzt oder überboten werden. Die neue biblische Theologie ist selbst Dogmatik. Freilich ist hier erkannt, daß das „scholastische" Lehrsystem und die Bibel in gar mancher Hinsicht nicht übereinstimmen und daß die Dogmatik die biblische Wahrheit überwuchert hat.

Die einzig mögliche Folgerung aus solcher Erkenntnis, aber auch aus den von Semler formulierten historischen und hermeneutischen Prinzipien, die von nun an eine unmittelbare dogmatische Auswertung der Schrift als einer Sammlung von beweisenden Lehrsätzen (dicta probantia) ausschloß, hat dann Johann Philipp Gabler (1757–1826) in seiner „Oratio de justo discrimine theologiae biblicae et dogmaticae regundisque recte utriusque finibus" (Rede über die richtige Unterscheidung der biblischen und der dogmatischen Theologie und über die rechte Bestimmung der Bereiche beider) gezogen. Dieses Programm erschien 1787, also wenige Jahre vor Ausbruch der Französischen Revolution. Wenn auch gewiß nicht revolutionär – Emanuel Hirsch rechnet Gabler in seiner Geschichte der neueren evangelischen Theologie zu den „Rationalisten vom halben Wege" (V, S.57) –, ist diese Schrift doch ein wichtiger Schritt auf dem Wege zu einer neuen theologischen Disziplin und damit zu einem neuen Verständnis von theologischer Wissenschaft überhaupt. Der eigentliche Fortschritt besteht darin, daß biblische Theologie hier als eine *historische Wissenschaft* definiert wird. Ihre Aufgabe ist es, herauszuarbeiten, was die biblischen Schriftsteller selbst gemeint haben. Sie tut das durch genaue, historische Unterscheidung der Zeiten – des ordo temporum – und der Individualität der Schriftsteller und der Entwicklungsstufen des geistigen und religiösen Lebens. Daß überhaupt die Schriftstellerpersönlichkeiten in ihrer Individualität, daß historische Situationen in ihrer Einmaligkeit und daß Stufen geistiger Entwicklung innerhalb des biblischen Schrifttums erkannt und anerkannt werden, schließt, entgegen dem Dogma der Verbalinspiration, die Anerkennung ihrer Geschichtlichkeit und Menschlichkeit ein. Dabei geht es Gabler (vgl. die von W.G.Kümmel, Das Neue Testament, S.122ff. zusammengestellten Zitate) nicht um polemische Zersetzung der Bibelautorität, sondern die sorgfältige historische Kritik und der Vergleich mit historischen Urkunden anderer Völker sollen vielmehr dem recht verstandenen Ansehen der Schrift zugute kommen. Zum Unterschied von der also definierten historischen Biblischen Theologie hat die dogmatische Theologie den Charakter einer christlichen Philosophie (philosophia christiana): sie ist nicht historisch, sondern aktuell gegenwartsbezogen und spezifiziert sich je nach Konfessionalität. Eigentümlich rationalistisch ist dabei Gablers Ansicht, daß die Biblische Theologie als historische Wissenschaft sich überall und immer gleichbleiben kann, da sie ja, wie er meint, die Aufgabe hat, historisch Abgeschlossenes und darum unabänderlich Gewordenes darzustellen und in diesem geschichtlich Bedingten und insofern Relativen die Vorstellungen und Begriffe herauszustellen, die für alle Orte und Zeiten allgemeingültig sind. So wird die Geschichtlichkeit der historisch zu erforschenden Schrift doch wieder nur teilweise erkannt: einiges ist zeitbedingt und vergänglich, aber in dieser Schale verbirgt sich anderes, das allgemeingültig und immer wahr ist. Da es auf letzteres allein ankommt, und die Dogmatik dies von der historischen Theologie aus der Schrift erarbeitete und ausgesonderte Allgemeingültige für die Gegenwart aufzubereiten hat, bleibt die Biblische Theologie doch wieder nur Magd der Dogmatik. Vor allem aber: nicht nur die Geschichtlichkeit der ganzen Schrift ist verkannt, sondern die Meinung, daß historische Wissenschaft Geschichtliches als ein für allemal Abgeschlossenes ebenso ein für allemal unabänderlich darzustellen und zu verstehen vermöge, hat die Dimension des Geschichtlichen, die auch noch den wissenschaftlichen Historiker mit seinem Standpunkt und in seiner eigenen Bedingtheit im Kraftfeld der von ihm bearbeiteten und ausgelegten Tradition umschließt, noch nicht in ihrer ganzen Tiefe ausgelotet. Der Rationalismus war auch für Gabler die Schranke, die er nicht zu überschreiten vermocht hat. Deshalb bleibt bei ihm die rechte Unterscheidung von historischer und dogmatischer Theologie, die er – de justo discrimine! – doch gefordert hatte, nebulös – wie sie es leider, zwei Jahrhunderte später, für manche Theologen noch immer ist . . .

Dennoch stellt Gablers Werk einen entscheidenden Fortschritt dar. Er ist nicht nur methodologischer Art. Seine Einsicht in die historische Bedingtheit, Relativität und Unterschiedlichkeit biblischer Inhalte betraf insbesondere das Alte Testament. Nicht mehr zuerst die *biblische* Geschichte als Heilsgeschichte und *göttliche* Ökonomie der Zeiten und der Bundesschlüsse, wie sie die Föderaltheologie verstanden hatte, soll nachgezeichnet, sondern eine *menschliche* und zeitlich bedingte Entwicklungsgeschichte nach Perioden gegliedert zur Darstellung gebracht werden. In den einzelnen Perioden zeigt sich eine Stufenfolge vom Niedrigeren zum Höheren. Mit dem schottischen Philosophen

David Hume, der eine natürliche Geschichte der Religion (The Natural History of Religion, 1757) verfaßt hatte, ist Gabler der Überzeugung, daß diese Entwicklung ein Fortschreiten zum Höheren ist – ein Gedanke, der von nun an immer wieder die biblische Theologie geleitet hat. Aus Heilsgeschichte Gottes und aus Weissagung und Erfüllung wird nunmehr eine *menschliche Fortschrittsgeschichte*, mag diese auch der göttlichen Lenkung und Erziehung nicht entbehren. Diese Stufenfolge muß freilich nicht schlechthin Verwerfung und Ablehnung der älteren Stufen bedeuten. Mit Hilfe eines neugefaßten Mythosbegriffes – Mythos als Ausdrucksform der Menschheit in ihrem kindlichen Entwicklungsstadium – hatte schon Gablers Lehrer Johann Gottfried Eichhorn (1752–1827) die wunderhaften und befremdlichen Züge im Alten Testament verständlich zu machen versucht. Gabler wandte diese Methode dann auch auf das Neue Testament an. Die stufenweise Entwicklung vom kindlich-mythischen Denken hin zur höchsten Stufe der christlichen Religion ist, so betrachtet, wichtiger als die Unterscheidung der beiden Testamente. Die Trennungslinie vom einen zum anderen ist nur ein Moment in diesem ganzen Entwicklungsverlauf. In beiden Teilen des Kanons sind ja letztlich die für alle Zeiten gültigen Wahrheiten allein von Wichtigkeit. Hingegen ist für diese Betrachtungsweise etwa die mosaische Kultgesetzgebung ebenso abgetan wie bestimmte zeitbedingte Mahnungen des Apostels Paulus, z.B., daß Frauen das Haupt zu verhüllen haben (1.Kor. 11,22ff.). So ebnet die eigentümliche Verquickung von Rationalismus und historischer Einsicht, welche die historischen Differenzen entdeckt, die Unterschiedenheit der Testamente doch wieder ein.

Aber ein wichtiger Schritt zur historischen Differenzierung war getan und das Programm Gablers fand alsbald eine Verwirklichung in einer historisch durchgeführten biblischen Theologie. Sie stammt aus der Feder des wie Gabler in Altorf wirkenden Orientalisten und Theologen Georg Lorenz Bauer (1755–1806). Bezeichnend ist, daß schon hier die Biblische Theologie in eine solche des Alten und eine des Neuen Testaments auseinanderfällt. 1796 erschien seine „Theologie des Alten Testaments oder Abriß der religiösen Begriffe der alten Hebräer. Von den ältesten Zeiten bis auf den Anfang der christlichen Epoche". Dem folgte 1800–1802 eine Biblische Theologie des Neuen Testaments. Es waren nicht nur äußere Gründe, welche diese Trennung und Aufteilung verursachten. Die Einsicht in die „Stufen" der Enwicklung, überhaupt in die Unterschiedenheit der Zeiten, machte solche Aufteilung und dann auch Spezialisierung notwendig. Nicht die wissenschaftliche Spezialisierung ist Ursache der Differenzierung der Disziplinen, sondern die einmal erkannten historischen Differenzen machten die Spezialisierung unvermeidlich, wenn methodisch sauber und in der Anwendung eines immer feineren Instrumentariums historisch gearbeitet werden sollte. Der Titel des alttestamentlichen Teils dieser Bauerschen Theologie ist einer historischen Exegese wert! Es handelt sich um eine Theologie „oder" eine historisch-chronologische Darstellung. In diesem „oder" verrät sich das Dilemma, wie Theologie *historisch und doch theologisch* sein könne, oder wie historische chronologische Darstellung und theologische Systematik sich vertragen. Es ist ein Dilemma, das bis zum heutigen Tage in der Diskussion um die rechte Gestalt und den rechten Inhalt einer biblischen Theologie noch keineswegs eindeutig und einmütig behoben ist. Zu beachten ist auch, daß es Bauer zufolge um einen Abriß der „religiösen Begriffe“ gehen wird. Hier setzt sich die rationalistische und alte dogmatische Lehrtradition schon im Titel des Werkes noch einmal gegen die neue historische Methode durch, wie das dann auch in der Durchführung des Werkes deutlich der Fall ist. Ansonsten wird das Verhältnis von Altem und Neuem Testament entwicklungsgeschichtlich bestimmt, das Christentum gilt als eine aus dem Judentum hervorgegangene Religion. Freilich waltete in dieser Entwicklung nicht nur Kontinuität, die höhere Stufe der christlichen Religion setzt auch alttestamentliche Vorstellungen, wie die des politischen Messias etwa, außer Kraft.

Damit war die Zukunft bereits vorgezeichnet. In der Zeit nach Semler und Gabler und den ersten Versuchen zur Realisierung des neuen historisch-theologischen Programms ist die Entwicklung so verlaufen, daß sich die biblische Theologie wie überhaupt die historische, sich nun immer stärker spezialisierende Arbeit am Alten (und entsprechend auch am Neuen) Testament, ständig mehr gegenüber der Dogmatik verselbständigte. Diese neue Selbständigkeit und Freiheit, wenn auch noch durch rationalistische und aufklärerische Philosophie auf bestimmte Vorurteile festgelegt und insofern eingeengt, bedeutet aber nicht nur eine wachsende Distanz gegenüber der herkömmlichen Kirchenlehre, sondern auch eine um der Objektivität der historischen Forschung willen, wie man meinte, notwendige Distanzierung von allzu vordergründigen und aktuellen Fragestellungen, aber darüber hinaus auch eine weitgehende Dispensierung von der Frage nach der gegenwärtigen, theologischen, geistlichen und existentiellen Bedeutsamkeit der biblischen Historie und der historisch und kritisch gewonnenen Ergebnisse. Diese Verselbständigung der historischen Disziplin gegenüber der Dogmatik hatte gewiß auch polemischen Charakter und richtete sich gegen die kirchliche Tradition und deren Vorherrschaft. Der Impetus war emanzipatorisch. Historische Ergebnisse, die zur herkömmlichen Kirchenlehre im Widerspruch stehen, waren bevorzugt und erregten besondere Entdeckerfreuden und gelegentlich auch Schadenfreude über die Schwierigkeiten, welche solche Ergebnisse der Dogmatik bereiten.

Wenn die Dogmen als Fixpunkte versinken und ewige Wahrheiten sich als historisch bedingt herausstellen, wie sich dann im Strom der Geschichte orientieren? Nachdem das Dogma keinen Orientierungsrahmen mehr hergab, konnten so eine vermeintliche Kongenialität des Verstehens und das liebevolle Eingehen auf die individuellen Besonderheiten der Historie zum Schlüssel des Verstehens werden. An die Stelle des kirchlichen Dogmas treten philosophisch-idealistische und romantische Denkvoraussetzungen, die nur selten klar bedacht und in Rechnung gestellt werden. So schreibt Johann Gottfried Herder (1744–1803) unter dem bezeichnenden Buchtitel „Vom Geist der ebräischen Poesie“ und vertieft sich kongenial in die Dichtung des

Psalters, die rationalistischen Schranken hinter sich lassend, die spätere methodisch exaktere Psalmenforschung eines Hermann Gunkel u.a. anregend und teils vorwegnehmend, freilich auch romantisches Gedanken- und Erlebnisgut als hermeneutische Voraussetzungen einführend. So droht das Hören auf die Schrift durch den ästhetisch genossenen Wohllaut ihrer Begleitmusik übertönt zu werden. Die Hervorhebung des Geschichtlichen, Menschlichen, Poetischen, Urwüchsigen im Alten Testament mildert die Eigenständigkeit und die Fremdartigkeit der alttestamentlichen *Botschaft* und drängt sie zurück, statt zu einer echten Begegnung mit ihr anzuleiten.

Ähnlich hat Wilhelm Martin Leberecht de Wette (1780–1849), mit Schleiermacher einer der ersten Professoren der neuen Berliner Universität, später in Basel tätig, unter Anknüpfung an die romantische Religionsphilosophie von Jakob Friedrich Fries, das Gefühl als religiöses Apriori verstanden und, trotz aller historischen Bibelkritik kirchlich orientiert, Theologie als Wissenschaft und auch den christlichen Glauben aus rationalistischer Borniertheit zu befreien versucht. Das Fremdartige, das logisch und historisch Unhaltbare in der biblischen Geschichte, die Wunder, die als kindlich-naive Dichtungen verstandenen Mythen sind ob dieses ihres Charakters nicht schlechterdings erledigt, sondern sie werden für das religiöse Gefühl zu Sinnbildern, in denen das Göttliche selbst sich spiegelt. Ein ästhetischer Symbolismus wird zum Verstehensschlüssel, der nicht nur öffnet und den Blick auf bisher nicht geahnte Tiefendimensionen freigibt, sondern der auch manchen Zugang zu einem adäquaten Verstehen des ursprünglich Gemeinten und Intendierten verschließt.

Daß überhaupt das „religiöse Apriori" und das „religiöse Gefühl" romantisch-idealistischer Prägung den Zugang zu einem echt geschichtlichen Verstehen verschließen können, lehrt Friedrich Daniel Ernst Schleiermachers (1768–1834) grundsätzliche Ablehnung des Alten Testaments, von der an anderer Stelle (S.103,129ff.) noch die Rede sein muß. Seine christozentrische Theologie mit ihrer Orientierung an der Erlösung trägt die Tendenz in sich, das geschichtliche Christusereignis, zu dessen Geschichtlichkeit der Boden Palästinas, die kontingente Zeit unter Pontius Pilatus und die Geschichte Israels mitsamt dem im Alten Testament enthaltenen Erbe gehören, zugunsten eines geschichtslosen Christus- und Erlösungsprinzips aufzulösen. Die Preisgabe des Alten Testaments ist zugleich Ursache und Folge seines Ansatzes.

Diese bewußte Ablehnung des Alten Testaments hat sich – wie schon zur Zeit des Marcion – nicht durchgesetzt. Für die Geltung des Alten Testaments war auf lange Sicht die rein historische Betrachtungsweise sehr viel gefährlicher: sie ließ gelten und verfremdete zugleich.

Die Bezeichnung, welche sich die Biblische Theologie gemäß ihrem neuen Selbstverständnis später beilegte, ist für diese Entwicklung kennzeichnend. Biblische Theologie, einst Sammlung von biblischen Belegen im Dienste der Dogmatik, dann pietistischer Aufruf zur Reform der Theologie, die zur schlichten Bibelwahrheit zurückkehren sollte, dann neu definiert als eine neue historische Disziplin, nennt sie sich jetzt, aus ihrem historischen Charakter auch diese äußere – und äußerste – Konsequenz ziehend: Geschichte der israelitischen Religion, so 1893 Rudolf Smend mit seinem „Lehrbuch der alttestamentlichen Religionsgeschichte". Damit ist das zwiespältige „oder" im Buchtitel der Theologie von G. Lorenz Bauer preisgegeben. Der neue Name meinte zweifelsohne einen neuen Inhalt. Dieser Inhalt hieß Geschichte, verstanden als Ablauf und Entwicklung von Stadium zu Stadium und von Stufe zu Stufe. Der Zweiteilung in eine alttestamentliche und eine neutestamentliche Theologie folgte mit Konsequenz eine Aufteilung in eine Vielzahl von Theologien – ja, Religionen – innerhalb des Alten Testaments und entsprechend auch des Neuen Testaments: Religion der Patriarchen, Religion der Mosezeit, der großen Propheten, des nachexilischen Judentums, der Weisheit. War zuerst die Einheit des biblischen Gesamtkanons zerbrochen, so lösten sich nunmehr auch die Kanonteile in den Strom der Geschichte hinein auf. Hatte noch Gabler in Vorstellungen, Begriffen, die für alle Zeiten gelten, einen bleibenden Halt zu finden gemeint, so stellte sich dieser nunmehr als trügerischer Schein heraus. Von der Geschichte gilt, daß „alles strömt". Als Orientierung in diesem Strom, worin alles zu verschwimmen droht, dienten auf weite Strecken die Hegelsche Philosophie und der Entwicklungsgedanke. Die Geschichtsphilosophie Georg Friedrich Wilhelm Hegels (1770–1831) mit ihrer stufenweise fortschreitenden Dialektik von These, Antithese und Synthese versuchte insbesondere Johann Karl Wilhelm Vatke (1806–1882) auf das Alte Testament anzuwenden. Sein Buch „Die biblische Theologie, wissenschaftlich dargestellt. Die Religion des Alten Testaments nach den kanonischen Büchern entwickelt" (1835) unterscheidet in der Religionsentwicklung Israels, der philosophischen Vorlage gemäß, drei Stufen: die vorprophetische, die prophetische und nachprophetische; diese reflektieren einen dialektisch und logisch fortschreitenden Prozeß, in dem jede Einzelheit ihren vernünftigen Sinn hat. Damit wird zugleich, von der biblischen Theologie ausgehend, der Versuch unternommen, Historie und Systematik in der Theologie in Harmonie zu bringen: der geschichtliche Prozeß ist Reflex des absoluten Geistes in seiner Bewegung; der äußere Geschichtsverlauf ist Träger, Vergegenwärtigung und Erscheinungsform des Allgemeinen. Vatkes Konzeption ist gewiß imposant, aber sie steht und fällt nicht nur mit der Hegelschen Philosophie, worauf sie beruht. Auch die historische Forschung selbst schritt über sie hinweg und zeigte alsbald, daß die bunte Fülle des Geschichtlichen und Kontingenten so nicht auf den Begriff und in ein logisches System gebracht werden kann. *Damit mußte die Geschichte selbst zu einem Problem werden.*

8. Die Infragestellung der „biblischen Geschichte"

Auch das Neue Testament stellt vor die Frage nach der rechten Interpretation seiner auch hier zeitbedingten Botschaft und insbesondere seines Mythos in seiner weltbildlichen Bedingtheit. Für den alttestamentlichen Bereich gesellt sich jedoch dazu noch die Frage nach der theologischen Bedeutung des Geschichtsverlaufs, die im für sich genommenen Neuen Testament so nicht oder doch nur am Rande und auf jeden Fall nicht im Zentrum auftaucht. Das Alte Testament hingegen erzählt einen von Adam bis in die nachexilische Restauration reichenden Geschichtsverlauf. Das Problem erschwerend kommt hinzu, daß das vom Alten Testament selbst entworfene Geschichtsbild auf weiten Strecken dem historisch-kritisch erarbeiteten, wirklichen Verlauf der Geschichte nicht entspricht. Die Übereinstimmung von biblischer Geschichte und Geschichte Israels zerfiel in ziemlich rasch aufeinanderfolgenden Schüben. Von Zweifeln an der Tradition, daß Mose Verfasser des Pentateuchs sei, war schon früher die Rede. Zweifel und Versuche, das traditionelle Bild von der Entstehung des ersten alttestamentlichen Kanonteils irgendwie zu konservieren, hatten sich gelegentlich zusammengetan. Das überkommene Bild war aber nicht zu retten. De Wettes kritische Dissertation, daß das Deuteronomium, das fünfte Buch Mose, von den vorhergehenden vier Büchern des Pentateuchs zu unterscheiden und das Werk eines anderen, jüngeren Autors sei (Dissertatio critica-exegetica, qua Deuteronomium a prioribus Pentateuchi libris diversum, alius cuiusdam recentioris auctoris opus esse monstratur, 1805) hatte den, von vielen auch heute noch akzeptierten, Nachweis zu erbringen versucht, daß das Deuteronomium keineswegs von Mose stamme, sondern mit dem in der Regierungszeit des judäischen Königs Josia (um 620) aufgefundenen und eingeführten Gesetz identisch sei. Damit war ein fast genau datierbarer Fixpunkt für die zeitliche Ansetzung der verschiedenen Pentateuchschichten gefunden worden. Richtig schreibt Eißfeldt (Einleitung, S. 227), daß damit der archimedische Punkt der Pentateuchkritik bestimmt worden war, „an den sie sich halten konnte, um die synagogal-kirchliche Tradition aus den Angeln zu heben und eine andere Ansetzung des Pentateuchs und seiner Teile an ihre Stelle zu setzen.“

An diesem archimedischen Punkt ist tatsächlich allenfalls nur noch soviel zu ändern, daß man seine noch spätere Ansetzung, wie gegenwärtig gelegentlich mit guten Gründen befürwortet wird, erwägen kann; ansonsten ist der gefundene Punkt eben tatsächlich „archimedisch“. Ist das Deuteronomium spät anzusetzen, so wird nicht nur die mosaische Verfasserschaft dieses Pentateuchteiles in Frage gezogen – das und anderes mehr war ja schon früher geschehen –, sondern all diejenigen Teile oder Schichten des Pentateuchs, die, am Deuteronomium gemessen, jünger sind, müssen nun in der Zeit nach 620 angesetzt werden. Tatsächlich gab de Wettes Dissertatio critica den Anstoß zu einer förmlichen Revolution der Ansichten und Vorstellungen nicht nur über die Entstehung des Pentateuchs (der Tora!), sondern über den Verlauf der Geschichte und Religionsgeschichte Israels überhaupt.

In einem glänzenden und geschichtlich einmaligen Zusammenspiel und Erkenntnisaustausch über die Grenzen von Nationen und Konfessionen hinweg haben die Alttestamentler Eduard Reuß (1804–1891) in Straßburg, Karl Heinrich Graf (1815–1869), Reußens Schüler aus dem elsässischen Mühlhausen (ohne Lehrstuhl), Abraham Kuenen (1828–1891), Professor in Leiden, und schließlich Julius Wellhausen (1844–1918), Professor an verschiedenen deutschen Universitäten (Göttingen, Greifswald, Halle, Marburg) die nach ihnen so genannte Graf-Kuenen-Wellhausensche Hypothese entwickelt.

Nach dieser – auch heute im Prinzip noch allgemein anerkannten und in der Tat wohl fundierten Hypothese setzt sich der Pentateuch aus mehreren verschieden alten

Urkunden, nämlich dem Jahwisten (J), dem Elohisten (E) – diese Sigel bzw. Bezeichnungen nach den in diesen Urkunden verwendeten, unterschiedlichen Gottesnamen Jahwe und Elohim – und der Priesterschrift (P) zusammen. Während man J und E in der älteren Königszeit anzusetzen pflegt (10.–9. Jahrhundert), ist D – das Deuteronomium – mit de Wette am Ende des 7. Jahrhunderts zu datieren. Da nun offenbar die Priesterschrift das Deuteronomium, also den seit de Wette feststehenden Fixpunkt um 620, schon voraussetzt, muß P noch später, und dann also offenbar in exilisch-nachexilischer Zeit datiert werden. Zu P ist aber insbesondere die „mosaische" Zeremonialgesetzgebung der mittleren Pentateuchbücher zu rechnen.

Diese Hypothese revolutionierte alle bisherigen Ansichten und insbesondere auch das Gesamtverständnis des Alten Testaments: das *Gesetz* und die Gesetzlichkeit, die Kultgemeinde und ihre Riten stehen nicht am Anfang, sondern am *Ende* der israelitisch-jüdischen Geschichte. Die Geschichte haben dann Abraham Kuenen (De godsdienst van Israël, 1869–70) und Julius Wellhausen (Israelitische und jüdische Geschichte, 1894; Prolegomena zur Geschichte Israels, in mehreren Auflagen als Überarbeitung der Geschichte Israels, 1878) geschrieben. Sie war eine großartige und bis heute eindrucksvolle Synthese der analytischen, literarkritischen Ergebnisse. Das neue Geschichtsbild berührt nicht zuletzt auch das Verständnis des alttestamentlichen *Gesetzes* (dazu s. Kap. IV, 4 S. 107f.).

So aufsehenerregend die wie Entdeckungen wirkenden neuen Erkenntnisse damals auch waren, das neue Geschichtsbild der Wissenschaft kannte immer noch einen Geschichtsverlauf von Abraham und seinen Nachkommen über Mose, Exodus, Wüstenwanderung und Landnahme bis zur Staatenbildung unter Saul und David. Das historisch-kritische Geschichtsbild war eine Reduktion des biblischen Bildes, das vom Legendarischen, Mirakulösen, orientalisch Übertreibenden gereinigt und dahingehend korrigiert war, daß die mosaische Gesetzgebung der mittleren Pentateuchbücher nunmehr als Produkt der Spätzeit und der jüdischen Erstarrung verstanden werden konnte. Auch die Einsicht in den literarisch sekundären Charakter der Sinaiperikope ließ doch noch den großen Rahmen des Geschichtsablaufs unberührt. Meinte Wellhausen gar, mit diesen Analysen und der daraus resultierenden Gesamtschau von Israels Geschichte und Religion seien die Hauptprobleme der alttestamentlichen Wissenschaft gelöst, so stellte sich schon ziemlich bald heraus, daß neue Fragehinsichten und daraus erwachsende neue Methoden auch neue Probleme aufwerfen und neue Lösungen – auch weitergehende Auflösungen des bis dahin anerkannten Geschichtsbildes – hervorbringen. Solche neuen Einsichten wurden freilich nicht von der sich nach Wellhausen immer mehr verfeinernden und subtiler werdenden Literarkritik, welche die Quellen weiter zu zergliedern und in Unterquellen usw. aufzuteilen versuchte, gezeitigt. Vielmehr richtete sich der Blick einer neuen Forschergeneration in der sogenannten Religionsgeschichtlichen Schule (Albert Eichhorn, 1856–1926); Hermann Gunkel, 1862–1932; Hugo Greßmann, 1877–1927; Wilhelm Bousset, 1865–1920; Ernst Troeltsch, 1865–1923 u.a.) auf die in den schriftlichen Urkunden enthaltenen Überlieferungsstoffe als solche, und die neue

Frage bezog sich auf Herkunft, Geschichte und Funktion – „Sitz im Leben“ – solcher Überlieferungen, ehe sie in die literarischen Urkunden aufgenommen, ehe sie – so die Psalmen – Stück einer Sammlung, nämlich des Psalters, ehe sie – so die prophetischen Bücher – schriftlich fixiert und zu einem Prophetenbuch zusammengestellt wurden. Diese neue Methode – die gattungs- und überlieferungsgeschichtliche – will die ältere Literarkritik nicht ersetzen, sondern baut auf ihr auf und setzt deren Ergebnisse voraus und führt nun allerdings weit über sie hinaus. Sind die von der Literarkritik herausgearbeiteten Quellen – hypothetisch – datierbar und lokalisierbar, und sind diese Urkunden als solche unbezweifelbar israelitischen Ursprungs, so zeigen die darin fixierten Überlieferungen vielfache Ähnlichkeiten mit außerbiblischen Traditionen und mancherlei Abhängigkeiten von außerisraelitischen Vorbildern. In vielen Teilen scheint das Alte Testament seine Originalität zu verlieren; sein Weltbild, seine Mythen – Schöpfung und Sintflut etwa – seine Gebetsliteratur scheinen gemeinorientalisch und Ausdruck der allgemeinen Religiosität und Weltanschauung des Alten Orients zu sein. In der überschwenglichen Entdeckerfreude konnte es leicht zu überzogenen Ansichten kommen: alles und jedes im Alten Testament soll vom babylonischen Geist geprägt und abhängig sein, nur eine späte und unoriginelle Ausprägung eines einheitlichen, allumfassenden babylonischen Weltbildes, wie die „Panbabylonisten“ Hugo Winckler, Alfred Jeremias und Peter Jensen meinten und wie Friedrich Delitzsch in polemischer Weise unters Volk zu bringen versuchte (vgl. auch u. S. 130f.).

Aber nicht zuerst diese Polemik des sogenannten Babel-Bibel-Streites und jene Übertreibungen führten den wissenschaftlichen Erkenntnisprozeß weiter und verschärften das hermeneutische und theologische Problem des Alten Testaments. Gerade auch die maßvolle und seriöse Wissenschaft, wie sie von der Religionsgeschichtlichen Schule betrieben wurde, fügte die biblische Religion in die allgemeine Religionsgeschichte ein, auch wenn die individuellen Eigenarten und Besonderheiten nicht übersehen wurden. Und nicht nur das: die in den schriftlichen Quellen, Urkunden, Büchern des Alten Testaments fixierten Überlieferungen werden aus dieser Fixierung gelöst und zeigen sich nun in ihrem geschichtlichen Wandel und in ihren ständigen Verwandlungen, bis sie ihre endliche und endgültige literarische Gestalt finden. Die gattungs- und überlieferungsgeschichtliche Methode ist das Instrument, diese Verwandlungsgeschichte zu ergründen und nachzuzeichnen. Welche *Bedeutung* aber kommt *dieser Geschichte ständiger Transformationen* als solcher zu? Hat die Geschichte selbst theologische Relevanz? Diese Frage mußte nunmehr akut werden. Sie verschärfte sich noch, als das Resultat der konsequent auf den Pentateuch angewandten überlieferungsgeschichtlichen Methode das einst literarkritisch gereinigte und reduzierte Bild von Israels Frühgeschichte, also der kanonischen Heilsgeschichte, das ja noch weitgehend dem kanonischen Bild entsprach, sich immer deutlicher als historisch unhaltbar erwies. Hier brachten die einschlägigen Arbeiten von Gerhard von Rad (Das formgeschichtliche Problem des Hexateuchs, 1938) und von Martin Noth (Überlieferungsgeschichte des Pentateuch, 1948) den Umbruch. Nach den noch über von Rad hinausgehenden Untersuchungen M. Noths setzt sich der Pentateuch aus ehemals selbständigen und ursprünglichen Überlieferungskomplexen zusammen.

Als solche besonderen Themen je eigener Herkunft gelten die Patriarchenerzählungen, das Exodusthema, die Wüstenwanderung, die Landnahme in Kanaan, die Offenbarung am Sinai. Dabei setzt sich das Thema Wüstenwanderung selbst wieder aus ehemals selbständigen kleineren Überlieferungen über Lokalitäten und Eigentümlichkeiten der Wüste (Quellsagen, Sagen über Manna usw.) zusammen. Diese Themen waren einst Überlieferungen je besonderer Gruppen oder Sippen, welche dann die Vorfahren des nachmaligen Israels geworden sind, und sind erst später zusammengewachsen und israelitisiert worden.

Damit *zerbricht der Rahmen* der Pentateucherzählung, denn die Reihenfolge der Themen ist gegenüber der Eigenständigkeit der Überlieferungen und den unterschiedlichen ursprünglichen Überlieferungsträgern sekundär und nicht unmittelbar historisch auswertbar. Anders formuliert: die Landnahme kann auch *vor* dem Auszug aus Ägypten, der Auszug auch *vor* den Sinaiereignissen stattgefunden haben. Ja, die Frage nach der Abfolge der Ereignisse ist schlechterdings nicht mehr beantwortbar, da es sich um sagenhafte Reflexe von Erfahrungen und Erlebnissen und auch Bekenntnissen *je verschiedener* Gruppen handelt. Auch eine etwas konservativere Sicht, welche etwa Exodusthema und Sinaiüberlieferung für eine ursprüngliche Einheit halten möchte, vermag doch die fundamentale *Destruktion* des Pentateuchrahmens und damit des Ablaufs *der kanonischen Geschichte* nicht mehr rückgängig zu machen.

Wie Julius Wellhausen einst die analytischen Ergebnisse der Literarkritik in einer großen Synthese zusammenfaßte, so schrieb auch Martin Noth seine Geschichte Israels (1950), in der die Pentateuchthemen als „Traditionen des sakralen Zwölfstämmebundes“ behandelt werden. Die Geschichte Israels aber spielt sich in Kanaan und erst nach der Landnahme ab.

Das Nothsche Buch hat als klassisches Werk und Reflex der Forschungslage seinen Ruhm auch dadurch erhöht, daß es äußerste Zurückhaltung bei der Frage nach der *theologischen Bedeutung* jener überlieferungsgeschichtlichen Einsichten und ihrer historischen Verarbeitung zu einer Darstellung der Frühgeschichte Israels übt. Diese Frage kann aber nicht auf immer unterdrückt werden. Kommt, wie man glaubt, der wie auch immer verstandenen Geschichte eine wie auch immer zu verstehende theologische Bedeutsamkeit zu, so muß die Frage jetzt lauten, ob solche Relevanz dem alttestamentlichen *Geschichtsbild*, dem *wirklichen*, von der Wissenschaft rekonstruierten *Verlauf* der Geschichte oder dem *Überlieferungsgeschehen* als solchem oder auch allen Aspekten dieser Geschichte eignet.

9. *Versuche einer neuen „Theologie“ des Alten Testaments*

Wilhelm Vatke hatte es noch einmal unternommen, historische Theologie und Dogmatik in Einklang zu bringen und damit das im Verhältnis von Geschichte und gegenwärtiger Geltung liegende hermeneutische Problem zu lösen. Der Versuch war von seinem und Hegels Standpunkt und Denkvoraussetzungen aus gelungen. Aber auch diese kunstvolle Harmonie von Historie und christlicher Philosophie zerbrach alsbald, als die fortschreitende historische Forschung immer deutlicher eine Fülle und einen Reichtum an Erscheinungen, Ereignissen, Zusammenhängen, Querverbindungen und Unberechenbarkeiten an den Tag förderte, die von keiner philosophischen oder theologischen Systematik mehr zu bändigen war. Die lange schon vor der Religionsgeschichtlichen Schule immer mehr zur *Religionsgeschichte* werdende historische Theologie, und zumal die alttestamentliche Theologie, geriet damit in immer größere Distanz zur Dogmatik, ja, ihre *theologische* Qualität wurde überhaupt fragwürdig. Religionsgeschichtliches Interesse fand nicht zuerst das, was trotz Distanz der Zeiten Vergangenheit und Gegenwart verbindet, sondern das ganz Andere, Ursprüngliche, Urwüchsige, Naturwüchsige, Naive und Primitive. Erarbeitet und untersucht wurden Phänomene, die das Leben der gegenwärtigen Kirche, ja die Gegenwart überhaupt kaum noch zu berühren schienen. Damit schien das Alte Testament selbst, nunmehr rein historisch verstanden und nur noch historisch verstehbar, seine Bedeutung für Theologie und Kirche, sofern diese nicht bei einer alt-dogmatischen Deutungsweise verharren, verloren zu haben. Einst war die historische Theologie angetreten, mit Hilfe der Autorität der Schrift, das dogmatische System zu kritisieren und schließlich in Frage zu stellen. Im Vollzug der historischen Arbeit schien sie nunmehr auch die Autorität der Schrift selbst in Abrede gestellt zu haben. Und hatte sich einst die Historie von der Dogmatik emanzipiert, so schien die Dogmatik, sofern sie nicht beim überlieferten dogmatischen Schriftverhältnis verharrte, das Recht und wohl auch die Pflicht zu haben, sich von der Historie, der „historischen“ Bibel und damit von den bisherigen Grundlagen der Kirche zu emanzipieren. Eine bis in die Gegenwart wirkende verhängnisvolle Entwicklung bahnt sich hier bereits an: die Emanzipation vom Alten Testament, aber dann auch von der neutestamentlichen Christusbotschaft wird für breite Teile der theologischen Theoriebildung und Praxis kennzeichnend. An die Stelle der vor- und aufgegebenen *biblischen Autorität* kann fortan eine nicht nur methodische, sondern auch *inhaltliche* Orientierung an zeitgenössischer Popularphilosophie, Humanwissenschaften und Marxismus treten.

Dieses in der heutigen Situation von Theologie und Kirche nach der gegenläufigen Bewegung der Theologie des Wortes Gottes erst voll sichtbar und praktisch sich auswirkende Dilemma ist viel älter und hat tiefere Wurzeln. Sie liegen verborgen in dem im Vollzug historischer Forschung selbst aufbrechenden hermeneutischen Problem des Verhältnisses von Historie und Theologie, historisch-kritischer Methode und Dogmatik, historischer Abständigkeit und geschichtlich-gegenwärtiger Gültigkeit, und damit letztlich der dialektischen Einheit von Geschichte und endgültig (eschatologisch) geschehenem und geschehendem Heil, also von Geschichte und Eschatologie. Die Statik des Dogmas hatte jene Dialektik weitgehend verdeckt und die historische Wissenschaft legte zunächst nur das Auseinanderklaffen von Vergangenheit und

Gegenwart bloß und rückte vor allem das Alte Testament in eine ferne Fremde. Erst die im Gefolge der historischen Arbeit neu einsetzende hermeneutische Besinnung auf das Phänomen des Geschichtlichen, aber auch auf den Vorgang des Auslegens und die Bedingungen der Möglichkeit des Verstehens überhaupt kann dazu in die Lage versetzen, die dem Wesen des Christlichen eigene Dialektik von Geschichte und Gegenwart neu zu verstehen, zur Sprache zu bringen und für die Kirche fruchtbar zu machen.

Auf diesem Hintergrunde sind die Bestrebungen zu sehen, die seither, nicht ohne engen Zusammenhang mit der Dialektischen Theologie von Karl Barth, Rudolf Bultmann und anderen mit ihrem „Zurück zur Sache" der schriftmäßigen Christusverkündigung angestrengt wurden, aus der bloßen Historie neu zur Theologie vorzustoßen.

So heißt es aus der Feder des Alttestamentlers Carl Steuernagel in der Festschrift für Karl Marti, der einst selbst eine Theologie des Alten Testaments in eine Geschichte der israelitisch-jüdischen Religion umgewandelt hatte (BZAW 41, 1925, S. 266): „Wenn es damals notwendig war, die biblische Theologie aus den Fesseln der Dogmatik zu befreien, so gilt es heute . . ., die alttestamentliche Theologie aus den Fesseln der alttestamentlichen Religionsgeschichte zu befreien, in denen sie völlig zu verkümmern Gefahr läuft".

Es war allerdings leichter, sein Unbehagen an der Situation zu bekunden und ein Programm zu formulieren, als es zu verwirklichen. Das lehren die Diskussion der zwanziger und dreißiger Jahre dieses Jahrhunderts und das bis heute unbefriedigende und umstrittene Resultat der Bemühungen um eine mehr als bloß historische Theologie des Alten Testaments. Dies lag – und liegt – vor allem daran, daß das hermeneutische Problem des Alten Testaments und seines Verhältnisses zum Neuen Testament wohl in der Dogmatik, im Zusammenhang mit der Lehre von der Schrift, dogmatisch behandelt zu werden pflegt, aber in der alttestamentlichen Wissenschaft selbst, anders als in der neutestamentlichen Disziplin und trotz Bemühungen um „Probleme alttestamentlicher Hermeneutik" (so der Titel des von Claus Westermann herausgegebenen Sammelbandes, 1960), eine gründliche hermeneutische Besinnung unter Berücksichtigung der allgemein-hermeneutischen Diskussion um das Verstehensproblem überhaupt und unter Aufnahme der dort erzielten Ergebnisse kaum stattgefunden hat. Die Schwierigkeit ist aber auch eine inneralttestamentliche. Das Alte Testament als eine ein Jahrtausend umfassende Sammlung sehr heterogener Überlieferungen religiösen, nationalen, weisheitlichen Inhaltes mit vielfachen Parallelen und Querverbindungen zu und Abhängigkeiten von außerbiblischen religiösen und anderen Traditionen, als welche die historische Wissenschaft das Alte Testament sehen gelehrt hat, läßt sich nicht ohne Gewalt und Krampf auf *eine* Formel festlegen oder von einer wie auch immer zu bestimmenden, alles tragenden Mitte her verstehen.

Die seither konzipierten Theologien des Alten Testaments, die sich wieder bewußt Theologie nennen, sind fast alle als Versuche zu werten, Theologisches auszusagen, ohne die Geschichte zu verlieren, also wie schon Vatke, aber ohne dessen philosophische Voraussetzungen, Geschichtlichkeit und Geltung, Damaliges und Heutiges zueinander in Beziehung zu setzen. Ein wichtiger Fortschritt war, daß dieses Problem überhaupt wieder in den Blick kam, nachdem es im emsigen und erfolgreichen Vollzug der historischen Arbeit längere Zeit in den Hintergrund getreten war.

In einem vielbeachteten Aufsatz von 1926 hat Otto Eißfeldt es auf den Begriff zu bringen versucht (Israelitisch-jüdische Religionsgeschichte und alttestamentliche Theologie, a.a.O., S. 105–114). Nach Eißfeldt geht es letztlich um die Spannung von Absolutem und Relativem. Die historische und die theologische Betrachtungsweise gehören zwei verschiedenen Ebenen an. Einmal ist der Mensch aktiv und methodisch auf Erkenntnis aus, andermal, in der Theologie, verhält er sich passiv und wird von einem Höheren ergriffen. „So ist die Notwendigkeit der beiden Betrachtungsweisen mit unserem geistigen Sein gegeben, und wir haben nur die Wahl, entweder einen Kompromiß zwischen ihnen zu schließen, oder jede in ihrer Eigenart und ihrem Eigenrecht anzuerkennen und zu pflegen" (S. 109). Von der Frage einmal abgesehen, ob hier nicht – nach und trotz Semler – Theologie und Religion ungebührend ineinsgesetzt worden sind, dieser Aufsatz ist typisch für die Problemlage: das Auseinanderklaffen von Geschichte und normativer, die Gültigkeit und Verbindlichkeit herausstellender Theologie wird klar erkannt, die Not dieses Auseinanderklaffens wird gespürt, der Wille zur wissenschaftlichen Redlichkeit ist ungebrochen, die Verantwortung für die geschichtliche und kirchliche Bezogenheit der Theologie und so auch der historisch verfahrenden Theologie ist mitnichten preisgegeben. So soll kompromißlos beides gelten, aber das Problem der Vermittlung beider Fragehinsichten ist so nicht gelöst. Der Gedankengang endet gleichsam noch im vor-hermeneutischen Stadium und die Frage, ob denn überhaupt eine voraussetzungslose historische Arbeit und eine wirklich ganz und gar kühl distanzierte Exegese möglich seien, wird nicht einmal gestellt. Umgekehrt erscheint der Glaube und die vom Glaubenden ausgehende Theologie (im prägnanten Sinne) als ein von der Wissenschaft und ihren Ergebnissen gänzlich unabhängiger Willkürakt, der in eine andere Sphäre menschlichen Seins gehört, so als gäbe es keinerlei Verbindung von Glauben und Verstehen und als müßte der Glaube Unverstandenes glauben, um rechter Glaube zu sein.

Diese Konsequenz zog Eißfeldt nicht, sie war von ihm auch gewiß nicht beabsichtigt, aber sie läßt sich ziehen, wie das Beispiel des konservativen Otto Procksch, selbst Verfasser einer Theologie des Alten Testaments (1949/50 posthum) lehrt. Für ihn ist der Glaube das Erkenntnisorgan für die Welt der Bibel, für das Gotteswunder und die Offenbarung Gottes. Auch hier ist also das hermeneutische Problem, die Frage des Verstehens, übersprungen und damit faktisch zugleich die Bedeutung der historisch-kritischen Exegese überhaupt in Frage gestellt, da ihr von vornherein die rechte Erkenntnis der Sache, welche die Schrift bezeugt, verborgen bleibt.

Nach der breiten Diskussion über das Ob und Wie einer Theologie des Alten Testaments, die mehr sein soll als bloße Religionsgeschichte (dazu vgl.

den Sammelband, der von C. Westermann herausgegeben wurde: Probleme alttestamentlicher Hermeneutik, 1960), erschienen dann seit den dreißiger Jahren mehrere Theologien des Alten Testaments. Sie sollen hier nicht alle besprochen und rezensiert werden; dazu sei verwiesen auf die Übersichten bei E. Würthwein und W. H. Schmidt. Hier kommt es nur darauf an, wie sich das hermeneutische Problem eines Gesamtverständnisses des Alten Testaments in der angewandten Methode und in der Disposition dieser Theologien reflektiert.

Lehrreich ist schon gleich der Titel von Ernst Sellins Werk: Alttestamentliche Theologie auf religionsgeschichtlicher Grundlage, Teil I. Israelitisch-jüdische Religionsgeschichte, Teil II. Theologie des Alten Testamentes (1933). Beide Teile sollen in einer höheren Einheit zusammengehören. Während Teil I die Geschichte von Israels Religion bis zu Jesus Christus nachzeichnet, will Teil II Theologie im Sinne christlicher Theologie bieten und den Glauben und die Lehren des alttestamentlichen Kanons darstellen, insofern (!) das Neue Testament solches als gültig voraussetzt. So richtig die Einschränkung des „insofern" für eine Theologie mit christlichem Anspruch ist, so bleibt es auch hier wieder auffällig, daß eine Zweiteilung in eine *Geschichte* und eine *Systematik* vorgenommen wird. Sie entspricht dem „oder" schon bei G. Lorenz Bauer (s. o. S. 67f.). Ebenso verdient es Beachtung, daß der im eigentlichen Sinne *theologisch* sein wollende Teil *systematisch* und gemäß dem herkömmlichen dogmatischen Schema, Theologie, Anthropologie, Soteriologie bzw. Lehre von Gott, Lehre vom Menschen und von der Sünde, Lehre von Gericht und Heil aufgebaut ist. Man kann nicht nur fragen, ob solches Schema dem Alten Testament nicht doch etwas zu gewaltsam und schematisch übergestülpt ist. Die Bedenken sind grundsätzlicherer Art: gerät in der Statik des Systems, das um der „Theologie" willen für erforderlich gehalten wird, die Geschichte nicht zu sehr in Vergessenheit? Vor allem aber: ist eine *systematische* Darstellung des wesentlichen Inhaltes des Alten Testaments an sich schon *theologischer* als eine chronologische? Obwohl die Erkenntnis Sellins, daß alttestamentliche Theologie im prägnanten Sinne christliche Theologie nur sein kann, wenn von neutestamentlichen Kriterien ausgegangen und daran gemessen wird, einen echten und unaufgebbaren Fortschritt bedeutet, ist auch hier das Problem von Geschichte und normativer Geltung, das in der Zweiheit und Unterschiedenheit von Religionsgeschichte und Theologie zum Ausdruck kommt, nicht voll erfaßt und keineswegs gelöst.

Unter Anknüpfung an reformierte Tradition und Ansätze der älteren Föderaltheologie (s. o. S. 54f., 59f.) entwarf 1933ff. Walther Eichrodt eine anders disponierte Theologie des Alten Testaments, die in drei Bänden und mehreren Auflagen erschienen ist. Hier stehen nicht mehr Geschichte und Systematik nebeneinander, sondern von einem, wie Eichrodt meinte, für das ganze Alte Testament selbst zentralen Ansatz aus soll die Glaubenswelt Israels in ihrer strukturellen Einheit und in ihrem Zusammenhang mit dem Neuen Testament dargestellt werden. Dieser Zentralbegriff ist für ihn der „Bund", der sich als Bundesverhältnis Gott-Volk, Gott-Welt und Gott-Mensch entfaltet. Es soll auch hier keine Rezension dieser Theologie als solcher vorgenommen, sondern nur deren hermeneutische Position herausgestellt werden. Die Auflösung des Dilemmas von Geschichte und Theologie wird hier nicht mit einem Sowohl-als-auch oder im Stile von G. Lorenz Bauer mit einem „oder", sondern zugunsten einer Systematik angestrebt. Um aber einer fremden und verfremdenden, nicht sachgerechten Dogmatik zu entgehen, wählt Eichrodt eine inneralttestamentliche Kategorie – die des Bundes –, um mit ihrer Hilfe die Fülle des geschichtlichen

Stoffes zu systematisieren. Von der Frage, ob dem Bundesgedanken wirklich inneralttestamentlich eine so zentrale Bedeutung zukomme, sei an dieser Stelle abgesehen; man kann allerdings erhebliche Zweifel anmelden (vgl. etwa L. Perlitt, Bundestheologie im Alten Testament, 1969, und s. u. S. 108 ff.). Dies ist hier aber nicht einmal das Entscheidende. Wichtiger ist die andere Frage, einmal ob überhaupt das Alte Testament eine Mitte hat, von der her die gesamte Fülle der Überlieferungen sich aufschließen läßt. Wer die schlichte historische und exegetische Erkenntnis ernst nimmt, daß das Alte Testament eine ein Jahrtausend umfassende heterogene Literatursammlung darstellt, wird von vornherein erhebliche Zweifel nicht unterdrücken können und diese Zweifel alsbald bestätigt finden, wenn er nur feststellen kann, daß es auch Eichrodt mit seinem Bundesbegriff nicht gelang, das Ganze in den Griff zu bekommen. Theologisch wohl am wichtigsten ist jedoch die weitere Frage, ob denn überhaupt das *Alte* Testament für eine *christliche* Theologie eine „Mitte“ haben *kann*, wo doch in der *christlichen* Theologie Christus die Mitte und der Grund ist, außer welchem niemand einen anderen Grund legen kann (1. Kor. 3, 11). Christi Name aber wird erst im Neuen Testament genannt und sein Tod und seine Auferstehung werden erst hier als endzeitliches Heilsereignis verkündigt. Hermeneutisch und theologisch schließlich ist wiederum zu fragen, warum eine systematische Darstellung der historischen Dokumentensammlung, die Altes Testament genannt wird, höhere *theologische* Bedeutung haben soll als eine mehr chronologische Anordnung. Sollte das Alte Testament trotz aller Ungleichartigkeit der Überlieferungen dennoch eine wie auch immer zu bestimmende eigene Mitte oder sich durchhaltende Grundstrukturen haben, so ließen sich diese auch ohne Systematik in einer geschichtlichen Betrachtungsweise mit einigem Geschick herausstellen. Offenbar führt der Wille zur Theologie zu einer Abwendung von der historischen hin zu einer systematischen Darstellungsweise und man meint – für sein Teil – eine Lösung des inhaltlichen Sachproblems von Geschichte und gegenwärtiger Geltung gefunden zu haben, wenn man nur die Darstellungsweise ändert. Letztlich aber wird die Entscheidung darüber, ob und inwiefern und warum alttestamentliche Aussagen christliche Gültigkeit beanspruchen können, der Dogmatik überlassen, und damit das Problem gleichsam innerhalb der Fakultät verschoben und einer anderen Disziplin zugeschoben, als ob diese bei schlechterem historischem Informationsstand bessere Möglichkeiten einer Problemlösung, die ja eine Begründung der gegenwärtigen Gültigkeit von historisch erarbeiteten Aussagen alter Texte sein müßte, anzubieten hätte. Diese Erwartung wurde gewiß noch immer enttäuscht.

Dasselbe läßt sich auch von Ludwig Köhlers Theologie des Alten Testaments (1936) sagen, wo es laut einleitenden Bemerkungen darum zu tun sein soll, diejenigen Anschauungen, Gedanken und Begriffe, die theologisch erheblich sind oder sein können, herauszustellen. Wichtig und richtig ist, daß Köhler – wie Sellin – das Kriterium für das, was im Alten Testament „erheblich“ sein kann, dem Neuen Testament entnehmen will. Ansonsten orientiert sich die systematische Darstellung wieder an der dogmatischen Disposition Theologie, Anthropologie, Soteriologie (Gericht und Heil).

Systematisch angelegt ist ebenfalls – um hier nur die wichtigsten Werke zu erwähnen – die Theologie von Th. Chr. Vriezen, Hoofdlijnen der theologie van het Oude Testament, 1949 (^{4}1974), seit 1956 in mehreren Auflagen auch in deutscher Übersetzung mit dem Titel: Theologie des Alten Testaments in Grundzügen, wenn auch ein Abriß der *Religionsgeschichte* Israels nicht fehlt. Im weitaus größeren *systematischen* Teil wird, vom Gedanken des Gemeinschaftsverhältnisses zwischen Gott und Mensch, also, ähnlich wie bei Eichrodt, vom Bund ausgehend, das Alte Testament prinzipiell als

Teil des christlichen Kanons und als Text für christliche Predigt behandelt. Recht und Pflicht zu solcher Betrachtungsweise erwachsen für Vriezen daraus, daß die *Kirche* von allem Anfang an den *Offenbarungscharakter* des Alten Testaments *anerkannt* und verteidigt hat. Durch diesen Verweis auf die Tradition der Kirche ist das hermeneutische und theologische Problem der Geltung des Alten Testaments vorab entschieden, aber nicht gelöst. Der historischen Kritik bleibt aber auch so die große Aufgabe, zwischen Wichtigem und Peripherem unterscheiden zu lehren und so die wesentliche Wahrheit desto heller aufscheinen zu lassen.

Verstehen die genannten Werke Theologie des Alten Testaments vornehmlich oder gar ausschließlich als Systematik im Sinne einer systematischen Darstellungsform und rechnen sie fast alle mit irgendeiner Mitte als Ordnungsprinzip – Bund, Gemeinschaftsverhältnis (Eichrodt, Vriezen), Herrsein Gottes (Köhler), Herrschaft und Gemeinschaft (Fohrer, Theologische Grundstrukturen), Offenbarung des Jahwenamens als Gottes Sich-Selber-Sagen (Zimmerli, Grundriß der alttestamentlichen Theologie) –, so besteht die besondere Bedeutung der Theologie Gerhard von Rads darin, daß sie den Versuch wagt, Geschichte als Theologie und Theologie als Geschichte zu schreiben. Seine theologische Geschichte, die zugleich Geschichtstheologie ist, will ein Nacherzählen sein, freilich nicht Nacherzählung historisch-kritisch ermittelter Fakten, sondern der alttestamentlichen Geschichtszeugnisse selbst. Die oben beobachtete problematische Diskrepanz von wirklicher Geschichte bzw. historisch-kritischem Geschichtsbild und biblischer Geschichte bzw. alttestamentlichem Geschichtsbild wird zugunsten des letzteren entschieden. Hatte die von von Rad selbst gehandhabte überlieferungsgeschichtliche Methode die vorliterarischen Überlieferungskomplexe auf ihrem Wege und in ihren Wandlungen in der Geschichte freigelegt, so schlägt diese Methode, indem sie die Überlieferungen als Zeugnisse des Glaubens und der Glaubensinhalte (credenda) verstehen lehrt, um in eine Theologie der Überlieferungen (so der Untertitel des von Radschen Werkes). Theologie ist die Nacherzählung der Überlieferungen unter besonderer Berücksichtigung ihres Charakters als Glaubenszeugnisse Israels, während der wirkliche Verlauf der Geschichte und auch der Religionsgeschichte die Domäne der bloß historischen Arbeit bleibt. So werden verschiedene Probleme, wie sie im Laufe der Forschungs- und Theologiegeschichte aufgebrochen waren, zusammengeschaut und verschiedenartige Ansätze zur Lösung zu einer imposanten neuen Harmonie kombiniert und verbunden: von Rad kehrt erstens zu einer Theologie des Alten Testaments als einer *historischen* Disziplin und damit zu dem ursprünglichen und notwendigen Ansatz dieses Wissenschaftszweiges zurück. Damit wird der ein für allemal erkannte Geschichtsverlauf mit seinen Bedingungen und Bedingtheiten, seiner Kontingenz und seinem Zusammenhang wieder historisch ernst genommen und gegen forcierte Systematik und gegen den Systemzwang einer postulierten Mitte abgesichert. Von Rad versucht zweitens die Geschichte selbst *theologisch* ernst zu nehmen, indem er die Geschichte der Überlieferungen als eine solche der Glaubenszeugnisse hervorkehrt. Drittens kommt bei ihm auch das ältere Schema Weissagung-Erfüllung und Typos-Antitypos erneut zur Geltung und bringt in den Geschichtsablauf der Bezeugungen Linie und Ziel. Schließlich wird die Christlichkeit der so verstandenen Geschichtszeugnisse dadurch begründet, daß die nach dem Schema Weissagung-Erfüllung, Typos-Antitypos verlaufende Geschichte heilsgeschichtlich auf die Erfüllung in Christus zugeht und von Christus her theologisch qualifiziert wird.

Auch diese gewiß sehr bedeutende und im einzelnen noch lange nicht ausgeschöpfte Konzeption, die manchen gar als der endlich gefundene Stein der Weisen vorkam, soll hier nur auf ihre hermeneutischen Grund-Ansätze und deren Tragfähigkeit befragt werden. Solche Befragung ist ungemein lehrreich für den gegenwärtigen Stand des hermeneutischen Problems des Alten Testaments.

Es ist erstens zu fragen, ob die Herausarbeitung und Betonung der Verkündigungsintention des vom Alten Testament selbst gebotenen Geschichtsbildes und dessen Nacherzählung mehr als alle anderen methodischen Schritte und Verfahrensweisen *Theologie* im strengen Sinne sind. Diese Frage stellen, heißt sie beantworten: Hat das – selbst auch historische – Bild, das im Alten Testament von der Geschichte entworfen wird, Glaubenscharakter und Verkündigungsintention, so ist die Herausarbeitung dieses Charakters und dieser Intention selbst auch, nicht anders und nicht mehr als etwa Textkritik, *historische* Arbeit. Von Rads Versuch, durch Verwandlung der Überlieferungsgeschichte in eine Nacherzählung des kerygmatischen Geschichtsbildes die Religionsgeschichte in Theologie zu verwandeln und aus der Totalität des bloß Historischen auszubrechen und zur Geschichtstheologie vorzudringen, endet selbst wieder in der Historie. Sodann bleibt, zweitens, der Versuch problematisch, durch die postulierte Ausrichtung der alttestamentlichen Zeugnisgeschichte auf das Kommen Jesu Christi die Christlichkeit bzw. die christliche Bedeutung der alttestamentlichen Zeugnisse zu begründen. Solche Ausrichtung läßt sich historisch keineswegs verifizieren oder auch nur wahrscheinlich machen. Gegen diesen Aspekt der Konzeption sprechen alle Argumente, die gegen das Weissagung-Erfüllung-Schema und gegen die Typologese geltend gemacht werden können (dazu vgl. u. S. 175ff.). Drittens liegt es in der verschiedene Ansätze harmonisierenden Gesamtschau dieser Theologie begründet, daß trotz aller Betonung des Verkündigungscharakters des alttestamentlichen Geschichtsbildes nie deutlich wird, ob diesem Geschichtsbild eigene kerygmatische Kraft innewohnt, ob es selbst in sich Heil zusagende und bringende Botschaft ist, Anrede und Zuspruch, oder nur erst Ansage eines Gottes*handelns* und eines *Heilsgeschehens*, das die Ansage im nachhinein bestätigt und in dem Sinne erfüllt, daß es das an sich bloße und leere Wort füllt. Das Verhältnis von Ereignis und Wort bleibt, damit die Harmonie gewahrt werde, unklar, wobei allerdings die Tendenz zu einer Heilsgeschichte von Heilsereignissen und Heilssetzungen überwiegt: das Zeugnis wird zur „Nacherzählung“. Die Sorge, die Geschichtlichkeit der Offenbarung zu verfehlen, führt auch hier dazu, dem Geschichtsablauf eine theologische Qualität beizulegen. Diese läßt sich wiederum nur behaupten, wenn der Ablauf auf das Christuszeugnis zuläuft, und das, schließlich, soll typologisch und nach dem Schema Weissagung-Erfüllung aufgewiesen werden. Damit kehrt die neueste, geschlossene Konzeption einer Theologie des Alten Testaments zu Kategorien und Interpretationsschemata zurück, deren Handhabung die nüchterne, historische Forschung längst endgültig in Frage gestellt zu haben meinte. Durch den schönen Schein der Harmonie hindurch wird das hermeneutische Problem des Alten Testaments erneut sichtbar. Sowohl eine futurisch-apokalyptische Theologie der Hoffnung als auch eine am Ablauf der Geschichte orientierte Theologie der Geschichte, aber auch noch eine von der kerygmatischen Intention alttestamentlicher Texte ausgehende und auf Verkündigung zielende Theologie können sich darauf berufen, von von Rad wichtige Impulse empfangen zu haben.

10. *Zusammenfassung und Ausblick*

Überblickt man die Geschichte des historischen und hermeneutischen Problems des Alten Testaments und der verschiedenen Ansätze zu seiner Lösung seit Aufkommen der historischen Wissenschaft, so läßt sich abschließend folgende skizzenhafte Zusammenfassung geben. Historisches Bewußtsein und historische Wissenschaft ließen den großen Abstand von Altem Testament und Gegenwart, auch von Altem Testament und Neuem Testament deutlich werden. Das Alte Testament wurde, ob positiv oder negativ bewertet, zu einem fremden Buch. Zu einem historischen Dokument geworden, konnte es nur noch historisch untersucht und verstanden werden. Theologie, die sich mit dieser Schriftensammlung befaßt, muß darum selbst historisch verfahren (Semler, Gabler). Eine gegenwärtige und christliche Bedeutung des Alten Testaments, falls sie nicht glattweg polemisch geleugnet oder die Bedeutungslosigkeit für die christliche Kirche nicht taktvoll verschwiegen wird, kann nur von der Dogmatik – wie auch immer – geglaubt und gelehrt werden (so etwa noch Eichrodt). Das Unbehagen an der Diskrepanz von historischer Forschung und dogmatischer Theologie, aber auch und noch mehr am faktischen Verlust des Alten Testaments trotz seines formalen Verbleibs im Kanon läßt dann im Gegenschlag gegen die Vorherrschaft der bloßen Historie aus der Geschichte der israelitisch-jüdischen Religion erneut eine Theologie des Alten Testaments werden. Diese konzipiert sich zumeist als Kombination von historischer und systematischer Darstellung, in der Meinung, durch letztere neue theologische Würde verdienen und dem Alten Testament erneut christliche Bedeutung verleihen zu können. Oder (von Rad) es wird der Versuch unternommen, die *Herkunft* der eigenen Disziplin als einer *historischen* als nicht mehr rückgängig zu machende, selbst auch geschichtliche Notwendigkeit ernst zu nehmen und die *Geschichte* von Israels Religion *als Theologie* des Alten Testaments zu betreiben. Die Schwierigkeiten dieser Versuche wurden oben dargelegt. Dennoch ist der *Ansatz* als solcher in seiner Berechtigung nicht in Zweifel zu ziehen. Er läßt sich aber nur nach einer *hermeneutischen* Besinnung, welche die Aporien, denen die von Radsche Theologie erlag, sichtbar und vermeidbar macht, durchführen.

In solcher Besinnung sollte *zuerst* und vorab der Unterschied von Erkenntnis und Glaube und so auch von historischer und dogmatischer Theologie als Wissenschaft einerseits und Glaube andererseits zum Bewußtsein kommen und – nach Semler! – nicht wieder vergessen werden. Die von Eißfeldt richtig intendierte Unterscheidung (s.o. S.77) zweier Ebenen der Betrachtung sollte nicht wieder in den Fehler zurückfallen, die Historie der Erkenntnis, die Theologie aber dem Glauben zuzuordnen. Auch Theologie, gleichviel ob historisch oder – wie auch immer – dogmatisch verfahrend, kann die Wahrheit der Schrift Alten und Neuen Testaments sowenig beweisen wie die Existenz Gottes selbst. Vor diesem Versuch und dieser Versuchung sollte sich die Theologie um Gottes und um der Welt, auch der Welt des Alten und Neuen Testaments willen hüten. Aber auch den anderen Fehler soll sie zu vermeiden bestrebt sein und nicht Glaube und Erkenntnis, Glaube und Verstehen als Gegensätze auseinanderrücken. Christlicher Glaube *versteht,* was er glaubt, und kann deshalb auch mit verständlichen Worten Rechenschaft ablegen, die auch noch der Nichtgläubige verstehen kann. Glaube ist nicht Erkenntnisorgan (Procksch), sondern Annahme und existentielle Übernahme des Verstandenen. Wer glaubt, versteht nichts *mehr*, auch nichts von der Schrift, und nicht der Glaube macht den Exegeten, sondern Verstand, Geschick, Erfahrung, Methode und vor allem sehr viel Fleiß. Historische Wissenschaft kann auch den Heiligen Geist nicht ersetzen und darum nicht selbst zum Glauben, sondern bestenfalls und tatsächlich in vielen Fällen zum Verstehen anleiten, damit Menschen wissen, was sie tun, wenn sie glauben oder auch nicht glauben. Diese Erwägungen lassen umgekehrt historische und dogmatische Theologie wieder etwas näher zusammenrücken: historische oder systematische Anordnung, bei den neueren Versuchen einer alttestamentlichen Theologie heftig umstritten, schließen sich nicht aus, eins ist nicht weniger oder mehr theologisch als das andere. Die theologische Qualität verleiht vielmehr der theologische Gegenstand der Untersuchung. Dieser ist die *theo*-logisierende Schrift, und deren rechtes, gegenwärtiges Verständnis die exegetisch-historische Zielsetzung. Gegenstand ist nicht Gott selbst, sondern Menschen und ihre Gotteserfahrungen, ihre Daseinshaltung angesichts der Gottesfrage, ihr Selbst-, Welt- und Gottesverständnis, wie es in den Texten der Schrift sich ausspricht.

Eine hermeneutische Besinnung bringt *zweitens* die eigene, heutige Geschichtlichkeit zum Bewußtsein. Es war ein alter Irrtum und ein Mangel der historischen Wissenschaft, auch der Bibelwissenschaft, seit ihrer Entstehung in der Aufklärung, wenn sie so verfuhr, als gäbe es eine wertfreie und voraussetzungslose Beschäftigung mit der Geschichte, und als könne etwa auch Religionsgeschichte „objektiv" betrieben werden. Bengels „*Te totum applica ad textum: rem totam applica ad te*" (s.o. S.60) ist keine bloß pietistisch-erbauliche Ermahnung, sondern hermeneutischer Grundsatz, ohne den kein echtes, gegenwärtiges Verstehen möglich ist. Im Lichte dieses Grundsatzes rücken auch Religionsgeschichte und Theologie des Alten Testaments wieder zusammen: Nicht die Alternative von vermeintlicher Voraussetzungslosigkeit oder irgendwelchen christlichen Voraussetzungen bedingt den Unterschied, sondern das bewußte und willentliche Messen an im Neuen Testament enthaltenen Kriterien des Christlichen macht Religionswissenschaft zur Theologie.

Drittens soll eine hermeneutische Besinnung das Problem der Geschichte und die Möglichkeit geschichtlichen Verstehens ins rechte Licht rücken. Es ist geschichtlich verständlich, daß die im Gefolge des erwachten historischen Bewußtseins entstandene historisch-kritische (unterscheidende!) Wissenschaft zuerst und zumeist den Abstand, das Abständige und das Fremdartige, Individuelle, Besondere des Vergangenen hervorzuheben begann. Es ist auch, zumal vom Geist und von den Voraussetzungen der Aufklärung her, begreiflich, daß man in der Annahme überall und immer gültiger Ideen eine festgemauerte Brücke zwischen Vergangenheit und Gegenwart gefunden zu haben meinte. Als dann auch diese Brücke vom Strom der Geschichte mitgerissen wurde, schien nur noch – wenn man nicht in aufgeklärter Überheblichkeit die barbarische Primitivität aller Vergangenheit ablehnen wollte – die geschichtliche *Linie*, der linear verstandene *Geschichtsablauf* die Zeiten zu verbinden. Mit Hilfe der Linie, die eins mit dem anderen verknüpft, wird geschichtliches Verstehen zum *verknüpfenden Erklären* und zur Rekonstruktion von Abläufen, für die solche Abläufe und Verknüpfungen in Ursache und Folge wichtiger sind als das Ereignis selbst, das Ereignishafte, die Konkretheit der Erfahrung, Jubel, Klage, kurzum geschichtliche Existenz. Die konstruierte geschichtliche Linie bringt so die Geschichtlichkeit als bloßen Punkt, der selbst keinen Wert mehr in sich, sondern nur *Stellenwert* im Ablauf hat, zum Verschwinden.

Auch die Theologie hat diesen Ansatz schon früh übernommen und zur Heilsgeschichte modifiziert. Er wirkt bis in die Theologie von Rads nach. Es wundert, so betrachtet, nicht, daß konkrete Ereignisse, Personen, Institutionen heilsgeschichtlich zu Vorausschattungen verblassen müssen. Es gilt demgegenüber festzuhalten, daß auch ein anderer Modus des Verstehens möglich ist, für den das Alte Testament nicht zuerst oder gar ausschließlich Dokument einer daraus zu rekonstruierenden Geschichtslinie ist, die auf Christus oder auch auf jüdisch-gesetzliche Erstarrung zuläuft. „Echt geschichtliche Interpretation" (so Rudolf Bultmann, Die Bedeutung des Alten Testaments, S. 318) fragt, welche Grundmöglichkeiten menschlichen Daseinsverständnisses in den Überlieferungen sich aussprechen, um so, von den keineswegs notwendig immer individualistisch gefaßten Fragen der eigenen Existenz und der Gegenwart bewegt, in einen verstehenden Dialog mit den Überlieferungen einzutreten.

Die Geschichte des hermeneutischen Problems, vor das das alttestamentliche Erbe stellt, die Geschichte der Geschichts- und der Geisteswissenschaften sowie der Hermeneutik ist unumkehrbar. Auch diese Unumkehrbarkeit bedingt die Geschichtlichkeit heutigen Verstehens. Nur auf dieser Grundlage können die verschiedenen Möglichkeiten, ein Gesamtverständnis des Alten Testaments zu gewinnen, dargestellt und geprüft werden.

IV. KAPITEL

Das Alte Testament als Gesetz und Bundesurkunde

1. *Kanon und Gesetz*

Fast allgemein wird angenommen, daß die Samaritanische Gemeinde sich um 300 v. Chr. gegenüber der jüdischen Gemeinschaft und deren Zentrum in Jerusalem verselbständigte. Schriftenkanon der Samaritaner ist allein der Pentateuch, der also um die genannte Zeit abgeschlossen und in der Hauptsache, von spezifischen Besonderheiten des samaritanischen Textes einmal abgesehen, seine heutige Gestalt gewonnen haben muß. Dies wird durch das apokryphe Weisheitsbuch Jesus Sirach bestätigt, das im Zusammenhang mit einem „Lob der Väter" von Henoch bis zum Hohenpriester Simon (Sir. 44–50) die Wertungen der einzelnen Könige durch die kanonischen Königsbücher und damit bereits deren Existenz und Geltung deutlich voraussetzt. Da Sirach (48,22–49,12) auch die Prophetenbücher Jesaja, Jeremia, Ezechiel und das Zwölfprophetenbuch kennt, muß um 200 auch dieser Kanonteil seinen Abschluß gefunden haben. Zwei Generationen später setzt der Enkel des Jesus Sirach im Prolog zum Weisheitsbuch seines Großvaters bereits einen dreiteiligen, auch noch die „Schriften" als dritten Teil umfassenden Kanon voraus. Wichtig in diesem Zusammenhang ist nun aber, daß in einem so frühen Zeugnis für die Entstehung eines dreiteiligen Schriftenkanons dessen erster Teil, der Pentateuch, insgesamt als *Gesetz* bezeichnet wird. Die Bezeichnung bringt zugleich die Wertung, das Verständnis und die Vorrangstellung dieses Kanonteiles zum Ausdruck: der Pentateuch hat Gesetzeskraft, der erste Teil des Kanons ist damit im hervorgehobenen Sinn kanonisch.

Das „Gesetz", hebräisch: tora, griechisch: nomos, ist ursprünglich Bezeichnung für die priesterliche Weisung und Belehrung über die rechte Unterscheidung von rein und unrein, heilig und profan, aber auch über ethische Fragen (Hag. 2,10–14; Ps. 15; 24,3–6). Auch als Terminus für Gesetzeskorpora, die eine zusammenhängende Rechtsmaterie regeln, kann das Wort „Gesetz" Verwendung finden. So heißt es etwa 3. Mose 6,2: „Dies ist das Gesetz des Brandopfers" (ähnlich 3. Mose 6,7.18; 4. Mose 19,10 u.ö.) Im Prolog zum Weisheitsbuch des Jesus Sirach ist „Gesetz" zur umfassenden Gesamtbezeichnung des Pentateuchs, die nunmehr auch die nicht-gesetzlichen Partien als Gesetz oder doch als zum Gesetz gehörig versteht, geworden. Dabei macht der Prolog keineswegs den Eindruck, ein Novum aussagen zu wollen, er scheint eher einen bestehenden Usus und ein bereits eingebürgertes Verständnis wiederzugeben. Sirach selbst bejaht die Vorrangstellung des Pentateuchs als des Gesetzes, das er mit der höchsten göttlichen Weisheit ineinssetzt (Sir. 24), und polemisiert damit als konservativer Theologe gegen alle „modernen" Neuerungen und Änderungen, deren die hellenistische Zeit reich war.

Sirach ist nicht der Begründer eines solchen Verständnisses. Eher schon schrieb der Chronist von dem geschriebenen Gesetz Moses oder Jahwes, das es bereits in der Königszeit gegeben haben soll (z.B. 2.Chr.23,18; 30,16). Auch wenn das chronistische Geschichtsbild in dieser Hinsicht – wie auch sonst – anachronistisch ist, so zeigt sich hier doch, daß bereits dem Chronisten (um 250?) dieser Sprachgebrauch vertraut war.

Freilich, wann der Name „das Gesetz" oder „das Gesetz Moses" aufkam und Terminus technicus wurde, ist ebenso unbekannt, wie die Anfänge der Kanonbildung im Dunkeln liegen und nur hypothetisch rekonstruiert werden können. Wohl aber läßt sich über die Herkunft des Verständnisses, das sich in der Bezeichnung „Gesetz" ausspricht, noch einiges mit Sicherheit oder doch hoher Wahrscheinlichkeit ermitteln. Das chronistische Geschichtswerk, das es in der Spätzeit noch einmal unternimmt, die Geschichte Israels von den Anfängen an neu zu schreiben, schließt mit einer Darstellung des Reformwerkes Esras und Nehemias ab (Esr. 7–Neh. 13). Während Nehemia hier als politischer Reformer und Statthalter erscheint, bestand Esras Werk aller historischen Wahrscheinlichkeit nach darin, die nachexilische Gemeinde auf das *Gesetz* Gottes zu verpflichten (Esr. 7, 14. 25 f.). Dieses Gesetz gilt zugleich als Gesetz des persischen Königs (Esr. 7,26). Das bedeutet also, daß das alte, angestammte israelitische Recht nunmehr von dem königlich bevollmächtigten Esra als königliches *Reichsrecht* in Kraft gesetzt wird; das israelitische Recht wird für die Juden der nachexilischen Zeit als staatlich anerkanntes, aber auch als staatlich eingeführtes und sanktioniertes Gesetz (Esr. 7, 26) bindend. Es war somit eine persische Maßnahme und eine staatlicherseits vorgenommene Reform, wie sie der persischen Rechtspolitik auch sonst entsprach, welche die „Gesetzlichkeit" der nachexilischen Zeit förderte. Gesetzlichkeit ist nicht nur ein religiöses oder geistiges Phänomen, sondern eine von der staatlichen Behörde eingeführte Lebensordnung, welche der innenpolitischen Pazifizierung des persischen Großreiches dienen sollte. Es ist in diesem Zusammenhang unwesentlich, welches Gesetz die Grundlage der neuen, staatlich privilegierten Religionsgemeinschaft bildete. Der Chronist wird es mit dem Pentateuch gleichgesetzt haben; er hat damit nur die spätere Entwicklung vorweggenommen, an deren Ende der Pentateuch als „Gesetz" bezeichnet werden kann. Wichtig ist vielmehr, daß die das alte, überkommene Recht konservierende und insofern konservative Reform doch eine Umwandlung und Neuerung bedeutete: nicht mehr schon wer von Abraham abstammt, ist ein Jude, sondern *wer das Gesetz hält*; das Gesetz als staatsrechtliche Bedingung der Zugehörigkeit zur jüdischen Religionsgemeinschaft scheint nunmehr auch und zugleich zu der von Gott selbst gestellten Kondition der Gerechtigkeit vor Gott zu werden. So *kann* das Gesetz nunmehr verstanden und auch gehandhabt werden. Gleichviel wie man die historisch umstrittene Person und Intention des Esra beurteilt, und wieviel in der Esra-Erzählung auf das Konto des Chronisten kommen mag, soviel dürfte sicher sein, daß die neue staatsoffizielle Verpflichtung auf das Gesetz, welche das Gesetz zur Rechtsgrundlage der Religionszugehörigkeit macht, einen wichtigen Einschnitt bedeutet. Er stellt das Kriterium dar, nach welchem *Israel* und *Judentum* unterschieden werden.

Entsprechend schrieb de Wette eine „Biblische Dogmatik des Alten und Neuen Testaments. Oder kritische Darstellung der Religionslehre des Hebraismus, des Judenthums und des Urchristentums", 1813, worin, wie der Titel ja besagt, zwischen der alten, *israelitischen* Religion und dem *Judentum* unterschieden wird. Letzteres hielt er für eine religionsgeschichtlich entartete Späterscheinung, die nach Esra einsetzt.

De Wette hat mit seiner Auffassung auf manche Späteren eingewirkt. In diesem Sinne unterscheidet auch etwa Wellhausen schon im Buchtitel: *Israelitische* und *jüdische* Geschichte. Diese Unterscheidung impliziert häufig ein negatives Urteil über das Judentum: die Geschichte Israels endet in einer gesetzlichen Erstarrung.

Obwohl Unterschiede zwischen Israel und Judentum unverkennbar sind und wiewohl für diese Unterschiede die Bedeutung des *Gesetzes* konstitutiv ist, so können doch beide Größen nicht ohne Gewalt getrennt werden. Verbunden bleiben beide nicht nur durch Abstammung. Wie immer Esras Werk im einzelnen zu beurteilen sein mag, es ist ausgeschlossen, daß er die Zugehörigkeit zur jüdischen Religionsgemeinschaft einzig und allein und unter Absehung von der Volkszugehörigkeit von der Bindung an das Gesetz und von der Entscheidung jedes einzelnen hätte abhängig machen wollen. Die ganze spätere Entwicklung widerspricht einer solchen Annahme.

Die Verbundenheit von Israel und Judentum und die Kontinuität der Geschichte sind aber nicht nur ethnischer Art. Das Gesetz, auf das die persische Macht die nachexilische Gemeinschaft verpflichtete, war selbst inhaltlich kein neues. Nichts deutet wenigstens darauf hin, daß zur Zeit des Esra ein völlig neues Gesetz eingeführt worden ist. Dies widerspräche dem Wortlaut von Esr. 7,25, wo das Gesetz als bekannt vorausgesetzt wird, und der persischen Praxis, in einzelnen Satrapien das dort bekannte und angestammte Recht als Reichsrecht gelten zu lassen. Das Recht des Judentums, mit dem und nach dem es antrat, war das Recht Israels.

Das ältere Recht ist auch in dem Sinne genuin israelitisch, daß es, als Gottesrecht verstanden, seit früher Zeit für Israel konstitutiv ist. Dies ist nicht so zu verstehen, daß in der Zeit von Israels staatlicher Existenz ein göttlich autorisiertes Recht das staatliche Leben geregelt hätte. In dieser Hinsicht werden sich die Staaten, die auf dem Territorium der israelitischen Stämme entstanden waren, von anderen Staaten nicht unterschieden haben. Es läßt sich vielmehr eine eigentümliche Selbständigkeit des altisraelitischen Rechts auch dem Staat gegenüber beobachten. Es ist offensichtlich, daß es in Israel ein Recht gab, das älter war als der Staat und sich, wenn auch gelegentlich mühsam und nicht ohne Konflikte mit Staatsorganen, behauptete. Reflex eines solchen Konfliktes ist z.B. die bekannte Erzählung von Naboths Weinberg in 1.Kön. 21. Auffällig ist auch, daß die israelitischen und judäischen Könige nicht als Gesetzgeber geschildert werden. Während in Israels Umwelt der berühmte König Hammurabi von Babylon sich durch seine kodifizierende Gesetzgebung einen bleibenden Namen erwarb, rühmt man in Israel David als den großen Psalmisten und Salomo als Weisesten der Weisen. Das ist desto auffälliger, als auch in Israel und speziell in Jerusalem die Pflege von Recht und Gerechtigkeit als spezifische Aufgabe des Königs gilt (Jes. 9,6f.; Jer. 22, 15f.). Die Erwartung eines kommenden Messias, der Friede, Recht und Gerechtigkeit bringt, ist ja die Eschatologisierung jener Vorstellung. Trotzdem und unbeschadet der Anerkennung einer umfassenden königlichen Rechts- und Heilsfunktion wirkt in Israel das Königtum nicht rechtsschöpferisch. Nicht der König begründet Recht und Gesetz, sondern Jahwe.

Damit ist die komplizierte und umstrittene Frage nach der Herkunft und Eigenart des vorstaatlichen Israel berührt. Man hatte diese Frage nach Noths Arbeit zur israelitischen Frühgeschichte (Das System der zwölf Stämme Israels, 1930) ziemlich einmütig mit dem Begriff Amphiktyonie beantwortet. Darunter wird nach Analogie von vermeintlich ähnlichen vorstaatlichen Organisationen insbesondere auf altgriechischem Boden ein sakraler Bund oder Verband von zwölf (oder auch sechs) Stämmen verstanden, deren Verbundenheit in der gemeinsamen Verehrung eines Bundesgottes an einem reihum – daher die Zwölfzahl nach der Zahl der Monate — zu versorgenden amphiktyonischen Zentralheiligtum bestand. Wesentlich für den Bundeskult sei die Verkündigung des Gottesrechtes gewesen. In dieser Sicht ist das *verkündigte Gottesrecht* also *für Israel konstitutiv*.

Als genuin israelitisches Recht galt dann weithin seit A. Alts diesbezüglicher Arbeit (Die Ursprünge des israelitischen Rechts, 1934) das im Gegensatz zum konditionalgeformten, gemeinorientalischen, kasuistischen Recht von ihm so genannte apodiktische Recht. Zu dieser Gattung rechnete A. Alt Prohibitive (Verbote), Gebote, Todes- und Fluchsätze; ihnen gemeinsam ist die Eigentümlichkeit, daß jede kasuistische Verumständung der Rechtsfälle und eine Abstufung der angedrohten Strafen fehlen. Nach zehn oder zwölf Sätzen gegliedert, die kein Wenn und Aber zulassen und den mit Fluch und damit Ausschluß aus der Gemeinschaft mit Gott und Mensch und aus der Sphäre des Leben bedrohen, der den apodiktischen Sätzen zuwiderhandelt, reflektiert dieses Recht den Rechtswillen des göttlichen Gesetzgebers, der mit solchem Willen Israel überhaupt konstituiert.

Dieses geschlossene Bild wurde allerdings in der jüngsten Vergangenheit von mehreren Seiten und mit verschiedenen Argumenten kritisch befragt und auch ganz in Frage gestellt (vgl. als derzeit neueste Darstellung der Diskussion J. Halbe, Privilegrecht Jahwes, 1975, S. 34ff.; 471ff.; 511ff.). Fragwürdig wurden bei näherem Zusehen sowohl die gattungsmäßige Einheitlichkeit als auch die israelitische Eigenständigkeit dessen, was Alt als apodiktisches Recht bezeichnet und als für Israel eigentümlich ausgesondert hatte; vor allem auch der spezifisch religiöse Charakter des apodiktischen Rechts als eines im Kult verkündigten Gottesrechtes wurde angezweifelt und es wurde statt dessen die These vertreten, es handle sich vielmehr dem Ursprunge nach um ein Sippenrecht (E. Gerstenberger), das erst sekundär als kultisches Jahwerecht uminterpretiert wurde. Auch die Amphiktyonie-Hypothese in der Weise, wie sie von Noth vertreten worden war, schien durch gewichtige Gegenargumente ins Wanken zu geraten: Im Alten Testament fehle ein Begriff, der dem der Amphiktyonie annähernd adäquat ist; Jos. 24 setze ein Gesamtisrael von zwölf Stämmen bereits voraus, komme also als Dokument der Begründung Israels, noch von der späten Abfassung dieses Kapitels abgesehen, nicht in Betracht; es sei kein ampiktyonisches Zentralheiligtum ausfindig zu machen (G. Fohrer, „Amphiktyonie" und „Bund"). Sodann müsse zwischen Israel als Stämmebund und dem Jahwekrieg, der nicht von der Gesamtheit, sondern jeweils von einzelnen Stämmen geführt wurde, unterschieden werden (R. Smend). Auch das Alter einer Bundestheologie (L. Perlitt) und überhaupt der Begriff Bund (E. Kutsch) wurden in Frage gestellt.

Die Diskussion kann an dieser Stelle lediglich erwähnt und ihr gegenwärtiges Ergebnis nur soweit referiert werden, als es für die *Bedeutung von Gesetz und Recht* im Alten Testament *von Wichtigkeit* ist (vgl. auch A. Gunneweg, Geschichte, S. 40ff.). Da ist zunächst festzustellen, daß die Frage, ob man nach der daran geübten Kritik und in der Einsicht, daß das vorstaatliche Israel nicht ohne weiteres mit den altgriechischen und altitalischen Amphiktyonien vergleichbar ist, noch weiterhin beim Terminus Amphiktyonie als Bezeichnung für das vorstaatliche Israel bleiben soll oder nicht, von untergeordneter Bedeutung ist. Hier sei der Terminus aus praktischen Gründen und gleichsam aus Gewohnheit beibehalten. Zu der Sache aber ist zu sagen, daß die Diskussion der Amphiktyonie-Hypothese nicht wirklich hat in Frage stellen können, daß der Name Israel in seinem zuerst faßbar werdenden Gebrauch einen vorstaatlichen Zusammenschluß von Stämmen und Verbänden auf dem Boden Kanaans meint. Der theophore el-haltige Name deutet darüber hinaus auf den – zumindest auch – religiösen Charakter dieses Zusammenschlusses. Name und Organisation dieses Verbandes und die Zwölfzahl der Stämme müssen in einem Zusammenhang stehen, da der rein fiktive Charakter der Zwölfzahl nicht wahrscheinlich gemacht werden konnte, weil sich für eine solche Fiktion kein einleuchtendes Motiv angeben läßt. Und wenn auch ein Zentralkult und eine Bundesschluß- und Bundeserneuerungsfeier sich nicht oder mit erheblich weniger Zuversicht rekonstruieren lassen, als etwa noch M. Noth (Das System; Die Gesetze im Pentateuch; Das Amt des „Richters Israels"), A. Weiser (durchgehend z. B. im ATD-Psalmenkommentar) und G. von Rad (Das formgeschichtliche Problem des Hexateuchs) gemeint hatten, so kann doch der *religiöse* und zugleich *rechtliche* Charakter der vorstaatlichen Größe, die sich nach El=Gott benennt, nicht im Ernst und ohne daß der deutlichen Überlieferung Gewalt angetan würde, in Zweifel gezogen werden. Und wenngleich durch eine kombinatorische Zusammenstellung der Texte 1. Mose 35,4; 5. Mose 27,11 ff.; 31,10 f.; Jos. 8,32.34; 24,25, die alle irgendwie eine Rechtsverkündigung voraussetzen und diese bevorzugt bei Sichem lokalisieren, noch kein lückenloser Ablauf eines Bundesfestes mit Gesetzesverlesung, das regelmäßig bei Sichem als amphiktyonische Zentralfeier begangen worden sein soll, nachgezeichnet werden kann, so stehen diese Stellen, wie auch 2. Mose 15,25, wo ebenfalls von Rechtssetzung durch Jahwe die Rede ist, doch merkwürdig unausgeglichen im kleineren und größeren Kontext und lassen sich nur gewaltsam als spätere Fiktion eliminieren. Wie auch immer Israels ältester Kult gestaltet gewesen sein mag, die erwähnten Stellen sind ebenso viele Belege dafür, daß das *Gottesrecht* dabei von erheblicher Bedeutung gewesen sein muß. In diesem Zusammenhang bleibt es auch auffällig, daß in der Zeit vor der Staatenbildung das einzige Amt von gesamtisraelitischer Kompetenz dasjenige des „Richters" ist (Ri. 10,1–5; 12,7–15; vgl. 1. Sam. 7,15 ff.). Das ist eine Bezeichnung, die auf die Sphäre des Rechtes verweist. Auch hier ist man etwas vorsichtiger und zurückhaltender geworden, wenn es darum geht, dieses Amt genauer in seinen Funktionen zu beschreiben, wie es noch Noth (Das Amt des „Richters Israels") versucht hatte. Die Unableitbarkeit jener Notizen bleibt aber bestehen und stellt einen weiteren Beleg für die *enge Verbindung von Religion und Recht* im ältesten Israel dar. Ganz offensichtlich alt und ein deutlicher Beleg für ein spezifisch israelitisches, für Israel als Stämmeverband geltendes *Recht* ist der eigentümliche Ausdruck „Torheit *in Israel*" bzw. „so tut man nicht *in Israel*" (1.Mose 34,7; 5.Mose 22,21; Ri. 20,6; 2.Sam. 13,12; Jer. 29,23). Der Ausdruck macht deutlich, daß bestimmte sexuelle Verhaltensweisen in Israel verpönt waren und daß es sich bei den entsprechenden Verboten (3. Mose 18,3. 24–30; 20,10 ff.) nicht etwa um Sippenethos handelt – was man eigentlich, da ja die Reinerhaltung von Familie und Sippe gesichert werden soll, erwarten möchte –, sondern um *Recht, das für Israel galt* und bestimmte, was Israel als „Torheit" nicht erlaubt sei.

Es läßt sich somit nur schwer bestreiten, daß *Religion und Recht und Gesetz* und ein „Richten" im Israel der vorstaatlichen Zeit auf das engste zusammenhängen. Dieser Zusammenhang ist offenbar für Israel konstitutiv. Gleichviel ob man das vorstaatliche Israel nach Analogie antiker Amphiktyonien als Sakralverband oder eher soziologisch von den Verhältnissen und Lebensumständen der Halbnomaden her (so etwa R. Numelin) oder als symbolisch-reale Realität (Gunneweg, Geschichte, S. 41) verstehen will, konstituiert wird Israel durch ein Gottesrecht; es ist nicht territorial definiert, sondern ist ein „Personalverband" und eine Rechtsgemeinschaft (J. Halbe, Privilegrecht, S. 464 ff.), die durch ein Gottesrecht von anderen Gemeinschaften abgegrenzt wird. Von allem Anfang an ist Israel auf ein Recht verpflichtet gewesen, das, seit Israel Jahwe verehrte, an Jahwe als den Gott, der das Recht setzt, band.

So erklärt sich *einmal*, daß die Bildung eines Staates mit eigenen Gesetzen und Rechten und überhaupt mit seiner Eigengesetzlichkeit zu Konflikten mit der durch die Staatenbildung nicht schlechterdings abgeschafften alten „amphiktyonischen" Ordnung führen mußte. Saul ist an diesem Konflikt gescheitert, der brutalere und klügere David in arge Schwierigkeiten geraten (A. Gunneweg, Geschichte, S. 74 ff.; J. Halbe, Privilegrecht, S. 479 f.). Der Konflikt war ebenso religiöser wie rechtlicher Natur. Auch noch das im deuteronomistischen Geschichtswerk schematisierte Gegenüber von König und Prophet geht auf jenen Gegensatz zweier Rechts- und Lebensordnungen von Amphiktyonie (Personenverband) und Staat zurück. Mit dem Zusammenbruch des Staates, im Norden 722, in Judäa mit den Ereignissen von 600 bis 586, und wohl auch schon früher, als die Brüchigkeit des israelitischen und judäischen Staatswesens immer spürbarer wurde, beginnt auch die große Restaurationsbewegung, deren literarische Hinterlassenschaft im Deuteronomium und im deuteronomistischen Geschichtswerk vorliegt. Die *neue* Lebensform, die hier angestrebt und propagiert wird, war die bundestheologisch neu fundierte *alte* amphiktyonische Ordnung einer „erwählten" (5. Mose 7,6 f.) Personengemeinschaft, die sich am „erwählten" Ort, da Jahwe seinen Namen wohnen läßt (5. Mose 12,5.11.26 u.ö.) und sich in seinem angerufenen Namen vergegenwärtigt, versammelt. Die Lebensordnung dieser Gemeinschaft ist „dieses ganze Gesetz, das ich euch heute vorlege" (5. Mose 4,8); das Gesetz ist gleichsam selbst die Gestalt der Nähe Gottes (5. Mose 4,7 f.). Das Leben vor Gott vollzieht sich im Tun der Satzungen und Rechte, die, wie das gelobte Land, von Gott geschenkte Lebensermöglichung sind. Wie das Land bestellt werden muß, damit es seine Frucht bringe, so müssen die Satzungen gewahrt werden, damit aus ihnen das rechte Leben hervorgehe. Der Unterschied zwischen der vorstaatlichen und nachstaatlichen Ordnung liegt in der Begrifflichkeit, in der theologischen Klarheit, der schriftlich-gesetzlichen Fixiertheit (z. B. 5. Mose 17,18 f.; 28,61; 2. Kön. 22,8.11: das Gesetz als Gesetzbuch) und gewiß auch im Programmatisch-Utopischen dieses Reformprogramms, jedoch nicht in der Bedeutsamkeit des Gesetzes als solcher.

War von allem Anfang an ein „Privilegrecht Jahwes" (Fr. Horst, J. Halbe) für Israel konstitutiv, so wird *auch* verständlich, daß in Israel schließlich alles Recht und Gesetz nur als von Jahwe gegeben und angeordnet Gesetzeskraft zu erlangen vermochte. Die Würde des Gottesrechtes bekam das kasuistische und profane Recht darum nur in der Verbindung und Verzahnung mit Jahwes Privilegrecht, wie sie zuerst im Bundesbuch (2. Mose 20,22–23,19), dann überhaupt in den Gesetzescorpora innerhalb des Pentateuchs und besonders deutlich im Deuteronomium sichtbar wird. Nachdem sich ferner die Überlieferung durchgesetzt hatte, daß das Verhältnis Jahwe-Israel am Sinai begründet worden war, mußte die Sinaiüberlieferung nicht nur zum zentralen Thema des Pentateuchs werden, sondern auch alles, was irgend in Israel Recht und Gesetz war, anziehen: am Sinai durch die Vermittlung Moses erlassen, ist alles Recht Gottes Recht. Auch noch das Deuteronomium wird, wenn auch nicht am Sinai-Horeb, so doch als Rede des scheidenden Mose dem Volk verkündet.

Die Folge und das Endresultat jener sich über Jahrhunderte erstreckenden Entwicklung und der Anziehungskraft des grundgesetzlichen Privilegrechts Jahwes auf alles Recht und jedes Gesetz schlechthin ist der Pentateuch. Er besteht zu drei Viertel aus gesetzlichen Stoffen. Die spätere Bezeichnung „Gesetz“ für das Ganze dieser barocken Sammlung ältester bis jüngster Überlieferungen legte sich also auch aus quantitativen Gründen nahe und war, in Hinsicht auf Qualität und Herkunft der also bezeichneten Traditionen und den Impuls zu ihrer Sammlung und Anordnung, gewiß weder falsch noch auch nur eine unvorbereitete Neuerung. Aber auch dem Vorrang des Gesetzes als des ersten und wichtigsten Kanonteils *vor den Propheten und den Schriften* fehlt nicht die innere Begründung. Die Propheten sprechen ja hier und jetzt in konkrete Stituationen hinein und sagen Künftiges, Unheil oder Heil, an. Die Gegenwart aber bedarf des gegenwärtigen Haltes und der gegenwärtigen Ordnung. So bleibt Prophetie auf das „Gesetz“ angewiesen. Auf das Gesetz verweist die Prophetie auch selbst, wenn sie Israel im Scheltwort die Übertretung des Gesetzes vorhält. Es ist dabei unwichtig, ob einzelne Anordnungen im Wortlaut zitiert werden oder nicht. Sine lege nihil crimen – dieser Grundsatz gilt auch hier: ohne Gesetz kein prophetisches Schelt- und Drohwort. Und wo die Unheilsprophetie zur Heilsankündigung zurückfindet, wird zugleich mit dem neuen Heil auch das neue, nunmehr ins Herz geschriebene Gesetz angekündigt (Jer. 31,33) oder in utopisch-visionärer Schau ein Verfassungsentwurf für die eschatologisch überhöhte Wiederherstellung der verlorenen alten Heilsordnung in Aussicht gestellt (Ez. 40–48). Hier wird die Prophetie, an ihrem Rande, zur prophetischen Gesetzgebung. Die Prophetie als Auslegung und Anwendung des Gesetzes und das Gesetz selbst als von Propheten gegeben zu betrachten, wie es das Esragebet (Esr. 9,11) und das Danielbuch (9,10) tun, legte sich von daher nahe und war nicht ohne alle innere Berechtigung. Die Grenze zwischen Mose bzw. dem Gesetz und der Prophetie wird fließend, aber der Primat des Gesetzes wird dadurch nicht geschwächt. Was wahre Prophetie ist, regelt schließlich das Gesetz (5. Mose 18,20–22).

Ähnliches läßt sich im Blick auf den dritten Teil des Kanons, die Schriften, beobachten. Ihr untergeordneter kanonischer Wert erhellt schon aus ihrer Stellung im Kanon und der noch lange fortdauernden Unabgeschlossenheit dieses Teiles der Schriftensammlung. Bezeichnend ist ferner auch, daß die Weisheitsliteratur, die ihrer Herkunft nach am wenigsten israelitisch ist und deren Universalismus, Internationalismus und anthropozentrische Ausrichtung von einem partikularen Privilegrecht ursprünglich weit entfernt sind, dann doch in einer späteren Phase weisheitlicher Reflexion eine Identität von

Gesetz und Weisheit lehren kann (Sir. 24; Bar. 3,37–4,1). Das Gesetz des Gottes Israels und die weisheitlich erforschte und gelehrte Weltordnung, nach der es dem Guten gut und dem Bösen böse ergeht, werden ineinsgesetzt. Der Gesetzeslehrer wird zum Weisen, der Weise zum Gesetzeslehrer, und die Juden sind nach Meinung des jüdischen Philosophen Aristobul ein Volk von Philosophen. Auch hier wird die Grenze zum Gesetz hin fließend, und doch fällt der Primat des Gesetzes nur noch desto mehr ins Gewicht: was wahre Weisheit ist, lehrt erst das Gesetz.

2. *Das Alte Testament als Gesetz und Grundordnung der Kirche*

Die Bezeichnung „das Gesetz, die Propheten, die Schriften" für das Alte Testament und das damit ausgesprochene Gesamtverständnis haben somit eine lange Vorgeschichte. Der späte Name „Gesetz" für den Pentateuch und die frühest faßbaren Ursprünge Israels stellen sich als durch eine kontinuierliche Geschichte verbunden heraus. Diese verlief während der Königszeit weitgehend im Untergrund oder wurde von Propheten und anderen oppositionellen Kreisen getragen, aber nicht eigentlich unterbrochen. Das Israel des Privilegrechts Jahwes und das Judentum des Gesetzes können unterschieden, aber nicht geschieden werden; und auch noch die Unterscheidung sollte nicht übertrieben und zu einem absoluten Gegensatz ausgeweitet werden.

Nicht ohne historischen und dogmatischen Grund kann das Alte Testament als Gesetz und Propheten und Schriften bezeichnet werden. Der im Neuen Testament bezeugte Sprachgebrauch knüpft hier an. Bei Lukas heißt das Alte Testament „Mose und die (alle) Propheten" (Lk. 16,29; 24,27) oder „Gesetz Moses, Propheten, Psalmen" (Lk. 24,44). Häufiger ist die Bezeichnung: „das Gesetz und die Propheten" (Mt. 5,17; 7,12; 11,13; 22,40; Lk. 16,16; Röm. 3, 21). Joh. 10,34; 12,34; 15,25 bezeichnet Gesetz offenbar das ganze Alte Testament. Auch hier impliziert der Sprachgebrauch die Wertung und das Verständnis: das Alte Testament kommt zuerst als Gesetz in den Blick, und die Frage nach der Geltung des Alten Testaments stellt sich somit zuerst als Frage nach der Gültigkeit des alttestamentlichen Gesetzes im Bereich der christlichen Gemeinde. Sie konnte recht unterschiedliche Antworten finden, die von judenchristlicher Verbalanerkennung (Mt. 5,17f.) über die paulinische Dialektik (Röm. 3,28–31) bis hin zur faktischen Abschaffung im Johannesevangelium (s. o. S. 31f.) reicht. Der neutestamentliche Kanon ist – auch – in dieser Hinsicht nicht ein Dokument kirchlicher Einheit, sondern theologischer Pluralität. So wundert es nicht, daß sich auch späterhin verschiedene Linien verfolgen lassen. Da freilich die paulinische und auch die johanneische Position in vorreformatorischer Zeit nicht als Gemeinde- und Kirchentheologie zur Breitenwirkung gelangen konnten, zeichnet sich am deutlichsten eine mittlere Linie ab: beide Testamente bzw. – vor dem Abschluß eines neutestamentlichen Kanons – das Alte Testament und die genuin christliche Überlieferung werden als Einheit verstanden; sie sind Zeugnisse des einen Gottes und der einen Wahrheit. Das eine Wort Gottes, Jesus Christus, der schon in den Propheten geredet hat, ist der eine Ursprung der beiden Testamente, so lehrt bereits Irenäus. Darum bleibt auch das alttestamentliche *Gesetz* gültig, sofern es nicht als Zeremonialgesetz nach seinem wörtlichen Verständnis nur den Juden gegolten hat und mit der Erscheinung Christi abgetan ist. Die allegorische Methode erlaubt es dann, auch noch im Zeremonialgesetz einen anderen, höheren, den Juden verborgenen Sinn zu entdecken und es als Schatten des Zukünftigen zu verstehen (so insbesondere Origenes). Daß die Allegorese aber das Problem verdeckt, statt es zu lösen, wurde schon dargelegt (s.o. S. 32ff.). Aber auch sonst drängte die kirchliche Entwicklung das Problem des als Gesetz und vom Gesetz her verstandenen Alten Testaments in den Hintergrund. Es war eine Entwicklung, die vom alttestamentlichen Erbe und seinem gesetzlichen Verständnis im zeitgenössischen Judentum auch gefördert wurde: die Erscheinung Jesu Christi selbst kann nunmehr nach Maßgabe des Gesetzes als Offenbarung eines neuen Gesetzes interpretiert werden. Das Neue aber ist vornehmlich darin neu, daß es die Wahrheit des Alten ans Licht bringt und damit erfüllt. Wie der buchstäbliche Sinn durch den allegorischen überhöht, so wird der bloß äußere Dienst unter dem Zeremonialgesetz zum Tun des Liebesgebotes als des Gesetzes Erfüllung vertieft. Die Anerkennung des Gesetzes wird durch die Identifizierung der sittlichen Gebote im Gesetz mit dem allen Menschen geltenden und gemeinsamen Sittengebot als Naturgesetz (lex naturalis) (so schon bei Irenäus) noch erleichtert.

Die Übernahme und Anerkennung des Alten Testaments als Gesetz, seine allegorische Umdeutung und seine auswahlweise Anwendung nach dem Maßstab eines moralischen Naturgesetzes förderten aber nicht nur ein gesetzlich-moralisches Verständnis des christlichen *Glaubens* – Glaube als Tugend (schon im 1. Clem.) –, sondern beeinflußten auch das Verständnis der *Kirche*. Deren Organisation gilt als bereits im Alten Testament und in der Ordnung des alten Gottesvolkes gültig vorgezeichnet und vorgeschrieben (ebenfalls schon im 1. Clem.).

Ist die Kirche das wahre Israel und erhebt sie, nicht nur auch, sondern allein Anspruch auf das Alte Testament als ihre heilige Schrift, gilt das Alte Testament der Gemeinde Jesu Christi, so muß auch das Gesetz des Alten Testaments und überhaupt das als Gesetz verstandene Alte Testament für die Kirche Gültigkeit haben. Wie der Kanon der Heiligen Schrift, die Glaubensregel als Regulativ rechter Auslegung und das Bischofsamt als Kontrollinstanz soll eine theokratische Verfassung den äußeren und inneren Bestand der Kirche sichern helfen. Aus dem „neuen Gebot“ (Joh. 13,34; 15,12) und dem „Gesetz Christi“ (Gal. 6,2) als Anweisung zum geistlichen Leben im Glauben wird eine kirchliche und theokratische Ordnung nach Vorbild des Alten Testaments und nach Maßgabe der den Kultus und überhaupt alles Leben regelnden und nunmehr christlich gedeuteten Gesetze. Wie im alten Israel vor Christus Priester und Leviten im Kult amtierten, das Volk belehrten, Fürbitte leisteten, Opfer darbrachten, so soll es auch in der christlichen Kirche zugehen (so schon 1. Clem., Ende des 1. Jhs.; Didache, 2. Jh.; dann insbesondere die sogen. Apostolischen Konstitutionen, 4. Jh.). So entsteht ein christlicher Klerus, dem gegenüber das allgemeine Priestertum aller Gläubigen nur noch eine theoretische Größe darstellt. Zum priesterlichen Klerus gehört nach alttestamentlichem Vorbild das Opfer. Als Opfer wird dementsprechend jetzt das Abendmahl verstanden. Und wenn das Gesetz des Alten Testaments das tägliche Opfer fordert, so bringt der christliche Priester nunmehr alltäglich das Meßopfer dar. Zum Opfer wiederum gehört ein Altar: entsprechend werden Kirchengebäude liturgisch eingerichtet und ausgerichtet. Und wie einst das Zelt der Begegnung die Stätte war, wo Jahwe gegenwärtig wird, so wohnt nunmehr Christus im Tabernakel, wo die verwandelten Hostien aufbewahrt werden. Hatte Israel den Sabbat gehalten und war die strenge Heiligung der Feiertage ein Bekenntnisakt gewesen, so gilt es jetzt, die christlichen Feiertage zu heiligen. Die privilegierte und exklusive Stellung der Priester und Leviten im Alten Testament wird auf Priester und Diakone übertragen und als Hoherpriester amtiert nunmehr der Bischof. Wie das Abendmahl nach Analogie des alttestamentlichen Opfers, so wird die Taufe nach Vorbild der Beschneidung als Initiationsritus interpretiert. Auch die finanziellen Aspekte dieser Analogien wurden nicht außer acht gelassen: den christlichen Priestern stehen die Zehnten zu wie einst den Priestern aus dem Hause Aaron.

So entsprechen sich theokratisches Selbstverständnis, organisatorische Gestalt und kultischer Vollzug und verbinden sich, zumal in der lateinischen Kirche, zur geschlossenen Einheit des Systems. Wenn auch die Impulse zu dieser Entwicklung, die sich seit dem ersten Jahrhundert bereits abzuzeichnen begann, nicht ausschließlich aus dem Alten Testament hervorgingen, so sind doch Selbstverständnis und Gestalt der Kirche nicht ohne das Alte Testament als gültiges Gesetz denkbar. Dieses lieferte nicht nur das Modell, sondern mehr noch die Legitimation für Selbstverständnis und organisatorische Gestalt: in der so gewordenen Kirche schien das Alte Testament seine wahre Erfüllung gefunden zu haben; umgekehrt fand die so gestaltete Kirche als Gestalt gewordene Erfüllung im Alten Testament ihre Begründung und Legitimation. Seit das Christentum in der Zeit des Kaisers Konstantin Staatsreligion geworden war, kam zu dieser inneren und gesamtbiblischen Legitimation die äußere Legalität und Autorität hinzu. Hatte einst das Persische Reich das Gesetz Israels als gültiges Reichsrecht bestätigt und sanktioniert, so war es auch jetzt wieder der Staat, der dem Gesetz der Kirche Kraft verlieh.

Hier brachte erst die Reformation die große Wende, wenn auch nur dort, wo sich die reformatorische Bewegung durchzusetzen und zu halten vermochte. Die Konzentration auf das Heilsereignis Jesus Christus – solus Christus, sola gratia –, als ein auf Grund der Schrift – sola scriptura – zu verkündigendes, mußte das überkommene Gefüge von seinem eigenen Zentrum her zum Einsturz bringen. Die Kirche als neues und wahres Israel, als Theokratie und Heilsanstalt mit ihrer sakramental-organisatorischen Vergegenwärtigung des Heils (s.o. S. 42ff.) war als solche der Versuch einer umfassenden Lösung des *hermeneutischen* Problems gewesen – des Problems nämlich, *wie das in der Geschichte erschienene Heil Gegenwart* werden könne; und das allegorisch ausgelegte Alte Testament und das in neuer Aktualisierung angewandte alttestamentliche Gesetz war, wenn nicht Bedingung der Möglichkeit solchen Selbstverständnisses und solcher Organisation, so doch Grundlage und Rahmen der sich also verstehenden und gestaltenden Kirche gewesen. In diesem großen Rahmen schien auch das hermeneutische Problem des Alten Testaments seine Lösung gefunden zu haben: die israelitische Theokratie findet in der kirchlichen Theokratie ihre Vollendung, in der auch das Gesetz zu seiner Erfüllung gelangt.

Der ganz andere hermeneutische Ansatz der Reformation mit ihrer exklusiven – particula exclusiva: solus, sola! – Hervorhebung der Heils*verkündigung* läßt nun auch das Alte Testament als Gesetz in einem ganz anderen Licht erscheinen. Ist die christliche Kirche nicht eine theokratisch verfaßte Heilsanstalt, sondern ist Kirche dort, wo das Wort von Christus recht verkündigt und geglaubt wird, so kann auch das Alte Testament als Gesetz nicht in einer kirchlichen Heilsanstalt seine Erfüllung finden. Es ist entweder als der Juden Sachsenspiegel abgetan und geht den Christen nichts mehr an, oder es gilt nur, sofern es die Formulierung des natürlichen Sittengesetzes ist. Als solches können dann – mit einigen Abstrichen – die Zehn Gebote gelten. Vor allem aber wird die weitgehende Identifizierung von Altem Testament und Gesetz aufgelöst, und das Gesetz – im Alten *und* im Neuen Testament – in seinem dialektischen Verhältnis zum Evangelium – wiederum im Alten *und* im Neuen Testament – neu entdeckt (s.o. S.49ff.). Daß dieser Ansatz aber, wie einst die Theologie des Paulus in der alten Kirche, nicht zur vollen Wirkung gelangte, wurde schon angedeutet (s.o. S.52ff.). Schon Calvins Schriftverständnis, aber auch bereits Melanchthons Auffassung von einer prinzipiellen christlichen Gleichwertigkeit der beiden Testamente, vollends dann die orthodoxe Gleichschaltung mittels des Altes Testament und Neues Testament umspannenden Inspirationsdogmas brachten innerhalb des Protestantismus zugleich mit einer neuen Scholastik auch eine neue Aufwertung des Alten Testaments als Gesetz. Freilich fand das Gesetz nicht mehr seine Erfüllung *in der Kirche* als der dem Gesetz konform organisierten *Heilsanstalt*, als welche sich die römisch-katholische – und anders, aber ähnlich auch die östliche Kirche – verstand, sondern im täglichen Leben und in der praktischen, gottwohlgefälligen *Heiligung*. Zwar wird der Mensch durch sein heiligendes Tun vor Gott nicht gerecht, aber die Rechtfertigung ist die Kraft, die ihn zum heiligenden Tun befähigt, Wie die römische Kirche als sakramentale Heilsanstalt das wahre Israel und die wahre Theokratie zu sein beansprucht, so soll die Gemeinde der Erwählten und Gerechtfertigten und der nunmehr sittlich Tätigen und sich durch sittliches Tun Heiligenden das wahre Israel und die wahre Theokratie auf Erden verwirklichen. Aus dem *sakramentalen* Bereich ins *Moralische* übertragen, hatte das Alte Testament als Gesetz, und sei es auch in christlicher Umdeutung, auch und gerade nach der Reformation eine kaum zu ermessende Wirkung.

Die blutige Revolution, in die sich Thomas Müntzer verwickelte, war zweifellos auch von alttestamentlich gesetzlichem und theokratischem Denken inspiriert und wähnte sich durch die – ja nicht nur von Müntzer! – behauptete Einheit der Schrift und der Gleichwertigkeit der Testamente gerechtfertigt. Blieb die Müntzersche Gestalt der Reformation – wie die grausig-phantastische Realisierung des „Königsreichs Zion“ in Münster durch Wiedertäufer – eine Episode, so waren theokratische und gesetzliche Ideen im reformierten Bereich von längerer und tieferer Wirkung.

Dabei waren es nicht nur einzelne dem Alten Testament entnommene Vorschriften, die das Leben auch sichtbar prägten: eine strenge Feiertagsheiligung etwa, die das öffentliche Leben fast zum Erliegen bringt und auch noch den Hahn von den Hühnern zu trennen nötigt, damit auch das Vieh durch Arbeitsruhe und Enthaltsamkeit den Tag des Herrn heilige, sondern es war mehr noch die modellhaft-gesetzliche Anwendung des Alten Testaments zur Realisierung einer Theokratie auf Erden, welche für das gesellschaftliche und persönliche Leben prägend wurde und es auch heute noch prägt.

Das Alte Testament als Gesetz und Bundesurkunde einer Theokratie hat die Wesensart der Niederlande, der Schweiz, Englands und Nordamerikas mitgeprägt und auch noch die nicht-calvinistischen Bevölkerungsteile beeinflußt. Die unmittelbar politischen und historischen Auswirkungen solcher alttestamentlichen Hermeneutik können hier nur angedeutet, aber nicht ausführlicher dargestellt werden. Der Aufstand der Niederlande gegen Spanien wurde von dem Gedanken beflügelt, das wahre Israel kämpfe gegen Gottesfeinde um seine Existenz und damit für die Ehre Gottes. Religion und Nation gehören, wie in Israel, so auch im wahren Israel zusammen. Blutiger noch, aber mit weniger Erfolg kämpften die calvinistischen Hugenotten für ihren Glauben und bildeten lange Zeit förmlich einen Staat im Staate, bis Ludwig XIV. dem durch Aufhebung des Toleranz-Ediktes von Nantes 1685 ein Ende bereitete. Erfolgreicher, aber kaum weniger militant, wußten sich die Reformierten in Schottland unter John Knox gegen Maria Stuart († 1587) zu behaupten. Noch radikaler als ein Jahrhundert zuvor die niederländischen Aufständischen gingen Oliver Cromwell und die Seinen vor, die durch Revolution, die Hinrichtung des Königs Karl I. (1649) und die Einberufung eines „Parlaments der Heiligen" die Aufrichtung eines theokratischen Reiches der Heiligen anstrebten. Auch dieses Gottesreich fand ein menschliches Ende, als Cromwell 1658 starb und sein Sohn das Erbe zu behaupten nicht fähig war. Aber der Geist des Puritanismus, sittlicher Ernst in der Furcht Gottes, emsige Tätigkeit und weltweites Unternehmertum blieben weiterhin für den Calvinismus charakteristisch, prägten die Wesensart der Menschen und schufen einen materiellen Wohlstand, wie sie der alttestamentliche Mensch, der ja auch im Feigenbäumchen und Weinstock, im Kindersegen und Wohnen im Lande, das von Milch und Honig überfließt, den Segen Gottes zu erkennen glaubte, nicht zu hoffen gewagt hatte. Auch der kämpferische Geist und die Überzeugung, wie einst Israel für die Ehre Gottes zu kämpfen, erloschen nicht.

Als typisches künstlerisches Beispiel für die innige Verquickung von christlichem Glauben, alttestamentlicher Theokratie und militanter Politik sei hier das Oratorium von Georg-Friedrich Händel „Judas Makkabäus" genannt: der Versuch, die römisch-katholische Dynastie der Stuarts wiederherzustellen, der in England anfangs eine Panik ausgelöst hatte, konnte durch den Sieg über den Usurpator Charles Edward 1746 verhindert werden. Aus diesem Anlaß schrieb Händel sein Oratorium, das den Befreiungs- und Religionskampf des Judas Makkabäus und Kampf und Sieg der englischen Protestanten ineins setzt: die israelitisch-jüdische Theokratie und ihre Siege sind das Modell und das Gesetz, nach dem die gegenwärtige Kirche als theokratische Gemeinschaft auf nationaler Basis zur Verbreitung der wahren Religion und zur Beförderung des Gottesreiches auf Erden antritt.

Es kann – ferner – kein Zweifel daran bestehen, daß auch der Kolonialismus, der nicht nur außen- und wirtschaftspolitisch motiviert war, sondern von Anfang an auch als religiöses und ethisches Ziel die Ausbreitung des also verstandenen Christentums anstrebte, hier eine tiefe Wurzel hatte. Wenn aber die – immer zeitbedingten und individuell unterschiedlichen – Vorstellungen über das erstrebenswerte Glück, die rechte gottwohlgefällige Ordnung, die richtige Freiheit und die wahren Interessen des Menschen sich ändern, so muß auch die konkrete politische Zielrichtung einer Kirche, die sich nicht bloß als Gemeinde unter dem Wort vom Kreuz und aus dem Wort, sondern als theokratische Gemeinschaft der Erwählten und Begnadeten versteht, sich wandeln. Die Ziele in ihrer Konkretheit sind wandelbar, aber das alttestamentlich fundierte, gesetzlich bestimmte Selbstverständnis und die Überzeugung, wie einst Israel und wie Judas Makkabäus von Gott selbst mit der Errichtung seiner Königsherrschaft auf Erden beauftragt und ausgesandt zu sein, blieb die Konstante. Das Alte Testament als Gesetz und Ordnung der Theokratie, Judas Makkabäus, der dem Feind Kopf und rechte Hand abhaut (1. Makk. 7,47), die Revolution des Cromwell, eine Theologie der Revolution ebenso wie die biblizistische Verteidigung der Negersklaverei und überhaupt der Diskriminierung angeblich minderwertiger Völker (wegen 1. Mose 9, 20–27) gehören, ohne identisch oder moralisch gleichwertig zu sein, in ihrer alttestamentlich-gesetzlichen und theokratischen Begründung zusammen.

Einen besonders deutlichen Ausdruck fand in der jüngsten Vergangenheit dieser hermeneutische Ansatz und das entsprechende Verständnis des christlichen Glaubens überhaupt in einer vielbeachteten Arbeit des niederländischen Theologen Arnold A. van Ruler, welche das Verhältnis der Kirche zum Alten Testament direkt thematisiert (Die christliche Kirche und das Alte Testament, 1955). Hier wird die Ansicht vertreten, daß es in der aus Altem und Neuem Testament bestehenden Schrift, die als Ganzheit zu betrachten und vom Ganzen her zu interpretieren sei, keineswegs nur um Jesus Christus geht, wiewohl es sich um ihn „dreht", weil er das Rätsel der Schuld gelöst hat (vgl. a. a. O., S. 65). Denn, so kann ausgeführt werden: „Die Heiligung ist größer als die Versöhnung. Der Sohn wird einmal das Königreich seinem Vater zurückgeben. Darauf ist von Anfang an alles ausgerichtet... Darf ich es kurz und scharf sagen? Jesus Christus ist eine Notmaßnahme, mit der Gott so lange wie möglich gewartet hat. Darum muß man ihn nicht mit aller Gewalt im Alten Testament finden wollen; auch dann nicht, wenn man als christlicher Theologe das Alte Testament bis auf Gott hin untersucht" (a. a. O., S. 65).

Die Arbeit erschien zu einer Zeit, als die Diskussion um das hermeneutische Problem des Alten Testaments neu in Gang gekommen war. Die Debatte diente insbesondere auch der theologischen Vorklärung der Frage, nach welchen hermeneutischen Grundprinzipien der neu geplante Biblische Kommentar Altes Testament (BK[AT]) vorgehen könne und müsse. Die Zeitschrift „Evangelische Theologie" war das Publikationsorgan, das mehrere Nummern der Frage des Alten Testaments widmete (EvTh 12, 1952/53). Es zeichnete sich alsbald ab, daß der Verfasserkreis den Versuch unternehmen wollte, die typologische Exegese im Rahmen der historisch-kritischen Methode zu beleben. Die Berechtigung der typologischen Betrachtungsweise (s. o. S. 81 f. u. s. u. S. 157 ff.) beruht auf einer Gesamtanschauung der beiden Testamente und ihres Verhältnisses: das Alte und das Neue Testament bezeugen das Handeln des einen Gottes, der in Selbstentsprechung in der Geschichte handelt, und zwar in einer Geschichte, die sich eschatologisch in Christus erfüllt. Die Typologie bzw. Typologese spürt diese Entsprechungen als Typoi und Antitypoi auf und stellt sie heraus. Damit ist also vorausgesetzt, daß Christus und das Christusgeschehen alle vorhergegangenen Typoi antitypisch übertrifft und in den Schatten stellt, sie als, wie der Terminus lautet, Vorausschattungen, aber auch als bloße, vorläufige Vorausschattungen erkennbar macht. Hier und unter unmittelbarer Bezugnahme auf diese sich in der Diskussion herauskristallisierende Grundanschauung setzten A.A.van Rulers Einwände ein: Ist Christus wirklich, gesamtbiblisch gesehen, die Erfüllung? Diese Frage wird verneinend beantwortet. Jesus Christus ist nur eine Notmaßnahme Gottes, so lautet das begreiflicherweise seither oft zitierte Reizwort.

Damit ist nicht nur der Typologie der Boden entzogen: Christus ist ja nicht mehr der alles in den Schatten des Typischen stellende Antitypos. Es ist vielmehr die Möglichkeit gewonnen, ein Christentumsverständnis zu entwickeln, das an der Vorrangstellung des Alten Testaments orientiert ist: Nicht primär um Erlösung, um eine Notmaßnahme, geht es, sondern um die geschaffene Wirklichkeit in ihrer irdischen und leiblichen Materialität und nicht nur um Geistiges und Geistliches und Innerliches. „Da geht es viel positiver um die Schöpfung und das Reich, um die ersten und letzten Dinge, das Bild und das Gesetz, die Heiligung und die Humanität, das Ethos und die Kultur, die Gesellschaft und die Ehe, die Geschichte und den Staat. Gerade um diese Dinge geht es im Alten Testament. Darum kann und darf es nicht christologisch, darf und kann es nur eschatologisch, oder anders gesagt: theokratisch ausgelegt werden. Da bleibt ein tiefes Vertrauen in die Güte der Welt, in die Brauchbarkeit des Menschen und in die Möglichkeit, die Erde zu heiligen" (A.A.van Ruler, Die christliche Kirche, S.82f.). Es kann wohl nicht bezweifelt werden, daß hier eine zutreffende Charakteristik des Alten Testaments geboten wird, aber auch daß, wenn überhaupt das Alte Testament eine gegenwärtige Bedeutung hat, es in der von van Ruler angegebenen Richtung zum Sprechen gebracht und gehört werden soll. Das wäre freilich die Weise des Vernehmens, welche die Kirche seit eh und je davor bewahrt hat, einer rein geistigen Gnosis und einem geschichts- und fleisch- und blutlosen Christusmythos zu verfallen und die klösterliche Abgeschiedenheit von der bösen Welt als einzig mögliches Ideal christlicher Existenz zu empfehlen. Vor diesem Extrem hat das Alte Testament, wo es noch mit seinem eigenen Wort gehört wurde, durch die Jahrhunderte hindurch bewahrt. Hier hat auch die Theologie reformierter Prägung und ihre Praktizierung in den reformierten Kirchengemeinschaften – und Nationen und Staaten! – unschätzbare positive Auswirkungen ausgeübt. Zugleich aber wird bei van Ruler besonders deutlich, welche erschreckenden Gefahren hier lauern. Der Satz, daß Jesus Christus nur eine Notmaßnahme zwischen Schöpfung (Protologie) und Vollendung (Eschatologie) sei, verkennt die Tiefe von Schuld und Sünde und bleibt, noch ganz vom neutestamentlichen Zeugnis abgesehen, weit hinter dem radikalen Sündenverständnis der biblischen Urgeschichte in den ersten elf Kapiteln des ersten Buches Mose zurück. An die Stelle der geglaubten und darum unsichtbaren Erlösung, die, wenn auch erst in Hoffnung, *gegenwärtig* ist (etwa Röm.8,24; 2.Kor.5,17; 6,2; Joh.8,51; 11,25), tritt die Nötigung zur sichtbaren Realisierung der Gottesherrschaft als einer „Heiligung der Erde" (a.a.O., S.85); an die Stelle eines Lebens im Glauben an die gnädige Sündenvergebung als wurzelhafte Erneuerung der Existenz

(Wiedergeburt) und als Ermöglichung eines neuen Handelns in der Welt gemäß dem Liebesgebot (Heiligung) tritt der Glaube an „die Brauchbarkeit des Menschen" (a.a.O., S.83) und damit an die innerweltliche und innergeschichtliche Möglichkeit dessen, was ja gewiß nicht nur ein fauler und an bloßer Innerlichkeit orientierter Quietismus einzig von Gott erhofft und erbetet: daß sein Reich kommen möge.

Van Rulers positive Bewertung der jüdischen Theologie Martin Bubers mit ihrem idealistisch-optimistischen Glauben an die Möglichkeit einer innerweltlichen und innergeschichtlichen Verwirklichung der Gottesherrschaft, aber auch seine ungewollte Nähe zu einem Thomas Müntzer, der alle übrige Heilige Schrift für eine Auslegung des Mose hielt, ist für diesen ganzen Ansatz bezeichnend. Nun ist van Ruler gewiß nicht Exponent der reformierten Orthodoxie. Von Johann Calvin über Coccejus bis Karl Barth hat die reformierte Dogmatik bei aller Betonung der Einheit der Schrift Alten und Neuen Testaments diese Einheit doch wesentlich im Christuszeugnis der beiden Testamente zu finden gemeint und von Christus her die Unterschiede der Testamente als Vorher und Nachher, als Erwartung, Verheißung und Erfüllung (Calvin), als Werkbund und Gnadengerechtigkeit (Coccejus), als Zeit der Erwartung, Vorzeit, und Zeit der Erfüllung (Barth I 2, S.77ff.) zu bestimmen versucht. Christus als Notmaßnahme ist ein hier nicht denkbarer Gedanke. Dennoch wurde auf die van Rulersche Position in diesem Zusammenhang etwas ausführlicher eingegangen, weil sich an diesem Extrem die alttestamentlich-theokratischen *Tendenzen* des reformierten Ansatzes überhaupt demonstrieren lassen. Neu ist hier nur die ausdrücklich ausgesprochene Konsequenz, die das Christusgeschehen zur Notmaßnahme herabstuft, nicht aber die grundsätzliche Gleichbewertung beider Testamente, die wegen des dann nicht mehr kritisch gezügelten Eigengewichtes und der dann nicht länger abgebremsten Eigenmächtigkeit des Alten Testaments zur Vorrangstellung des Alten führen muß, wie es im reformierten Bereich ja weitgehend der Fall war und mancherorts noch ist. Die Reformierten, die im 17. Jahrhundert förmlich zur Synagoge übertraten und sich gar beschneiden ließen, waren, wie auf seine Weise van Ruler, ebenfalls ein Extrem und eine Ausnahme, aber auch Extreme und Ausnahmen können bezeichnend sein. Daß aber der Wille zur „Heiligung der Erde" in Staat, Gesellschaft und Politik – mit welchen konkreten als heilig geglaubten irdischen Inhalten auch immer – aus alttestamentlich-theokratischem Geiste neu erwachen und dann keineswegs mehr Ausnahme sein kann, hat die jüngste Vergangenheit gelehrt.

Mit der undialektischen und nicht mehr von Kreuz und Auferstehung Jesu Christi her kritisch geprüften Anerkennung des Alten Testaments mitsamt seinem Gesetz und seinen theokratischen Vorstellungen und mit seiner von Anfang an mitgesetzten Verbindung von Recht und Religion wurde die inneralttestamentliche Aporie des Gesetzes und der israelitisch-jüdischen Religion überhaupt auch zur innerkirchlichen Aporie: wie das eschatologische Gottesvolk innerweltlich und innergeschichtlich, also durch menschliches Tun sichtbarlich zu realisieren sei.

3. Die Ablehnung des „Judengesetzes"

Es hat freilich auch nicht an Stimmen gefehlt, die das Alte Testament, gerade weil es als Gesetz erscheint, kritisch in Frage gestellt und sogar ganz abgelehnt haben. Obwohl die Tendenz, die beiden Testamente als die gleichermaßen christlichen Teile des einen christlichen Kanons zu verstehen, überwog, konnten doch die faktischen Unterschiede niemals ganz verborgen bleiben, und die Frage, ob und wie denn das Evangelium von Jesus Christus, das den Sündern verkündigt wird und die Sünder gerechtspricht, sich mit dem Gesetz des Alten Testaments und dem Gesetz überhaupt vertrage, hat sich immer wieder neu aufgedrängt. Obwohl Jesus einerseits das Wort in den Mund gelegt werden konnte, er sei gekommen, nicht um das Gesetz aufzulösen, sondern um es zu erfüllen (und zwar bis zum letzten Pünktchen, Mt. 5, 17f.), so ging doch andererseits die zuverlässige Überlieferung nicht verloren, die um Jesu Freiheit dem Gesetz gegenüber wußte. Und auch wenn die Theologie des Paulus nicht zur kirchentragenden Breitenwirkung gelangte, so war doch mit den paulinischen Briefen im neutestamentlichen Kanon ein nicht leicht zu übersehendes Gegengewicht gegen Gesetzlichkeit und gegen Vergesetzlichung der christlichen Kirche gegeben. Wo an Paulus angeknüpft wird, dort steht auch das Alte Testament als Gesetz – und sofern es Gesetz ist – wieder in Frage.

In der alten Kirche hat Marcion hier eingesetzt. Er vertrat einen radikalen Paulinismus, der das Alte Testament als Gesetz und Urkunde eines anderen Gottes ablehnte (s.o. S. 38f.). Wenn auch gewiß gnostische Motive Marcions Lehre beeinflußten und die von ihm gegründete Kirche mit einigem Recht als gnostische Sekte bezeichnet werden kann, so waren doch der Gegensatz von Evangelium und Gesetz und die Unmöglichkeit, die aus Gnade und Güte Gottes geschenkte Gerechtigkeit mit einer Gerechtigkeit auf Grund von Gesetzeserfüllung zu vereinbaren, der eigentliche Impuls. Gesetz und Evangelium, von Paulus in ihrem dialektischen Verhältnis erkannt, sind hier so sehr diametrale Gegensätze, sie treten aus aller Dialektik heraus in eine Diastase, die so groß ist, daß nach Marcion der *Gott des Gesetzes* ein *anderer* sein muß als der *Gott des Evangeliums*. Der Gott des Evangeliums, der reinen Güte und Liebe, erlöst geradezu aus selbstlosem Erbarmen mit einer Schöpfung, die er selbst nicht geschaffen hatte, von dem schlechten Gesetz vergeltender Gerechtigkeit. Marcions Zweigötterlehre läßt sich auch unschwer entmythologisieren und interpretieren: Gesetz und Evangelium, von Paulus mit Hilfe des Alten Testaments in ihrem dialektischen Verhältnis gesehen, gehen ihrer dialektischen Bezogenheit verlustig und geraten in eine Diastase, die nur noch als das Gegeneinander zweier Götter vorgestellt werden kann. Marcion meinte, aus Paulus die rechte Folgerung zu ziehen und des Paulus Inkonsequenz, die ihn das Alte Testament dann doch nicht verwerfen ließ, zu vermeiden, also einen echten, gereinigten Paulinismus und damit die nicht mehr jüdisch verfälschte Wahrheit des christlichen Glaubens zu vertreten. In Wirklichkeit wird bei ihm die Dialektik von Gesetz und Evangelium als von zwei Möglichkeiten von Daseinsverständnis und Daseinsverwirklichung preisgegeben. Hier wird nicht mehr erkannt, daß Gesetz und Evangelium sich wohl ausschließen, aber doch nicht endgültig aufheben, vielmehr aufeinander bezogen bleiben. Dem immer neu der Gesetzlichkeit verfallenden Menschen muß ebenso immer erneut das Evangelium gesagt werden. Nur so ist das Evangelium nicht Aufklärung über einen *bösen Gott*, ein böses Gesetz und eine böse Schöpfung, sondern Heilsverkündigung, die sich an den *bösen Menschen* richtet, der gerade in seinen besten Gesetzestaten seine eigene Rechtfertigung und Daseinsberechtigung sucht. Ob für solche Glaubenserkenntnis das Alte Testament als Gesetz die unverzichtbare Vorbedingung ist, kann man allerdings fragen. Immerhin hat Paulus von einem Gesetz gewußt, das außerhalb des Alten Testaments und auch ohne es für die Heiden seine Gültigkeit und Wirkung hat (Röm. 2, 14f.). Aber wie dem auch sei, bei Marcion führt die Abschaffung des Alten Testaments als des Gesetzes eines bösen Gottes zum Verlust jener wesentlichen Dialektik von Gesetz und Evangelium – und darum letztlich auch des Evangeliums, das als *Wort vom Kreuz* nicht mehr verkündigt werden kann, wenn Kreuz und Leid und alles Übel in dieser Welt nur Schickungen des bösen Schöpfergottes sind.

Auch wenn Luther solche Konsequenzen nicht gezogen hat, wird doch bei ihm ohne Zweifel marcionitisches Gedankengut wieder lebendig, wenn er das Gesetz des Alten Testaments, sofern es nicht als Sitten- oder Naturgesetz allen Menschen gemeinsam und von universaler Gültigkeit ist, als der Juden Sachsenspiegel beiseiteschiebt und die völlige Unverbindlichkeit dieses Gesetzes für Christen zu betonen nicht müde wird. Wichtiger noch als diese ungeheuere Reduktion des alttestamentlichen Gesetzes ist allerdings die Konzentration auf das Evangelium von der allein gerecht machenden Gnade, der gegenüber auch das *gültige* Gesetz nicht als Weg zu Leben und Seligkeit in Betracht kommt. Wie bei Marcion wird das Evangelium von der Liebe Gottes als einzige von Gott geschenkte Möglichkeit für den Menschen erkannt, aber anders als beim großen Ketzer der alten Kirche die dialektische Bezogenheit von Gesetz und Evangelium gewahrt: Marcion wurde ein Kirchenstifter und seine Kirche eine Sekte; Luther blieb Reformator der Kirche.

Anders als Luther (und Melanchthon) meinte Johannes Agricola (1499–1566), das alttestamentliche Gesetz sei der fehlgeschlagene Versuch Gottes gewesen, den Menschen zu seinem Glück zu geleiten. Dies brachte ihn in spürbare Nähe zu Marcion und wurde im „antinomistischen Streit“ von Luther und Melanchthon als Irrlehre verworfen. Und dies war dann nicht eine bedauerliche Inkonsequenz der Reformatoren, wie Harnack in seinem Marcion-Buch meint, sondern zeigt nur, daß trotz Herabstufung zu „der Juden Sachsenspiegel“ die bleibende theologische und existentielle Bedeutung des Gesetzes klar erkannt wurde.

Ablehnung des Alten Testaments als eines die Christen nichts angehenden Gesetzes kann auch philosophisch begründet werden. So hat Immanuel Kant in „Die Religion innerhalb der Grenzen der bloßen Vernunft“ (1793) die Religion als Erkenntnis der Pflichten als göttlicher Gebote zu verstehen versucht. Von diesem – für die Zeit bezeichnenden – gesetzlich-moralischen Verständnis von Religion überhaupt gelangt er dann zur Abwertung des Alten Testaments als des Gesetzes der Juden. Die alttestamentlichen Gesetze haben eigentlich keine religiöse Qualität, weil sie zu einer ursprünglich politischen Organisation gehören und wie andere vergleichbare politische Gesetze bloß auf den äußeren Gehorsam zielen und auch nur innerweltlichen Lohn oder innerweltliche Strafe in Aussicht stellen. Da sie insbesondere kein ewiges Leben kennen, verdienen sie es nicht, religiös genannt zu werden. Vielmehr handelt es sich um die partikularistische Organisation des jüdischen Volkes, von der das Christentum wesensmäßig getrennt ist, wie es die Abschaffung der Beschneidung zum Beispiel zeigt. Daß das Gesetz des Alten Testaments der israelitisch-jüdischen Volksgemeinschaft zugeordnet, daß es also Gesetz einer bestimmten Nation – der Juden Sachsenspiegel – ist, wird deutlich erkannt, aber das für Israel wesentliche Ineinander von Recht und Religion, von Rechtsgemeinschaft und Religionsgemeinschaft kommt hier gar nicht erst in den Blick. Vielmehr gilt: da es israelitisch-jüdisch ist, kann es nicht auch christlich sein, weil das Nationale und Partikulare nicht göttlich sein kann. Ist bei Luther der Juden Sachsenspiegel abgetan, weil Christus des Gesetzes Ende für Juden und Heiden ist, so kann für Kant das alttestamentliche Gesetz keine Gültigkeit innerhalb der Religion beanspruchen, weil das Nationale und Partikulare des jüdischen Gesetzes gegenüber dem Universalen und Moralischen, wie es im Christentum erscheint, minderwertig ist. Kant faßte damit – wie auch sonst – Gedanken zusammen und setzte in ein fundiertes System, was nach dem Geist der aufgeklärt-moralischen Zeit an Einwänden gegen das „mosaische Gesetz" erhoben zu werden pflegte: bloß äußere Legalität ohne innere Sittlichkeit, bloß Statutarisches ohne moralische Besserung, bloße Partikularität ohne universal menschliche Geltung, bloße Zufälligkeit und Geschichtlichkeit ohne metaphysische Gültigkeit, bloßer Eudämonismus ohne sittliche Reinheit. Hier mischen sich auch die Kritik am Alten Testament *als Gesetz* und *allgemeinere Bedenken* gegen das Alte Testament und die hier bezeugte Religion überhaupt, von denen an anderer Stelle noch die Rede sein muß (s.u. S. 121 ff.).

Sofern die Bedenken gegen das vermeintlich bloß äußere und aus Rechtssatzungen bestehende Wohlergehen und noch kein ewiges Heil kennende alttestamentliche Gesetz durch die Voraussetzungen der Aufklärung und ihre Maßstäbe bedingt oder auf fehlendem historischem Sinn und auf mangelnder eigener Kenntnis des kritisierten Gegenstandes beruhen, erledigen sie sich damit von selbst. Wichtiger aber ist der theologische Einwand, der, ohne auf die fundamentale Bezogenheit und Dialektik von Gesetz und Evangelium verzichten zu wollen, die alttestamentliche Religion als solche wesentlich von Gesetz und Gesetzlichkeit geprägt und bestimmt sieht. Die Dialektik von Gesetz und Evangelium bewegt sich dann nicht innerhalb *beider* Kanonteile, sondern das Alte Testament *ist* Gesetz und Gesetzlichkeit, das Neue Testament, wenigstens in seinem wesentlichen Gehalt und von eventuellen strohernen Episteln abgesehen, *ist* Evangelium. Diese Ineinssetzung von Altem Testament und Gesetz und Neuem Testament und Evangelium war von Luther, Melanchthon und den Ihrigen nicht intendiert, und etwa Melanchthon hat sich gegen sie ausdrücklich gewehrt und sie für eine falsche, wenn auch übliche Redeweise gehalten (so in den Loci von 1521; vgl. Diestel, S. 238 ff.). Freilich ist eine solche Aufteilung von Gesetz und Evangelium auf das ja tatsächlich Gesetz enthaltende und als Gesetz bezeichnete Alte und das das Evangelium ja bezeugende Neue Testament zumindest leichter faßbar und hantierbar als eine Unterscheidung zweier Kanonteile, die sich mit der dialektischen Polarität von Gesetz und Evangelium nicht deckt. Wo dann, anders als im Calvinismus, eine förmliche Verchristlichung des Alten Testaments und eine Gleichstellung der Testamente nicht erfolgt, liegt eine Minderbewertung und, darüber hinaus, eine Abwertung der bloßen Gesetzlichkeit und damit des Alten Testaments überhaupt nahe.

So folgt Schleiermacher nicht reformierter, sondern lutherischer Tradition, wenn er, neben anderen Einwänden, insbesondere die Gesetzlichkeit des Alten Testaments meint rügen zu sollen; diese sei für den Christen gefährlich, weil sie auch ihn zu einer gesetzlichen Denkweise zu verführen vermöge (so in seiner Glaubenslehre § 132). Auf derselben Traditionslinie liegen die Bemerkungen von Harnacks, der in seiner großangelegten Laudatio auf Marcion nach – dem leider inkonsequenten – Luther, nach Agricola und neben Hegel auch Schleiermacher zu denjenigen, die „den Sinn für die Eigenheit und die Würde der christlichen Religion erhalten“ haben, rechnet (Marcion, S. 253). Harnack selbst schließt sich diesen Zeugen der evangelischen Wahrheit mit den berühmten und vielzitierten Worten an: „Die These, die im folgenden begründet werden soll, lautet: das AT im 2. Jahrhundert zu verwerfen, war ein Fehler, den die große Kirche mit Recht abgelehnt hat; es im 16. Jahrhundert beizubehalten, war ein Schicksal, dem sich die Reformation noch nicht zu entziehen vermochte; es aber seit dem 19. Jahrhundert als kanonische Urkunde im Protestantismus noch zu conservieren, ist die Folge einer religiösen und kirchlichen Lähmung“ (Marcion, S. 248 f.).

Zu der Reihe der anti-alttestamentlichen Zeugen zählt als gewiß nicht unbedeutendste Gestalt Emanuel Hirsch (Das Alte Testament und die Predigt des Evangeliums, 1936). Hirsch hat auch noch die nach ihm bloß scheinbaren und christlich hineingelesenen „evangelischen“ Aussagen im Alten Testament als eigentlich doch gesetzlich gemeint zu erweisen versucht. Das Beweisverfahren vollzieht sich allerdings wesentlich und willentlich im Kreis; Schlüssel und Verständnis des Ganzen und der Einzelheiten darf nach Hirsch nur der jüdische Standpunkt sein, weil dieser allein seit Esra maßgeblich war und für den Kanon allein bestimmend wurde. Weil das Ganze Gesetz heißt, muß auch das einzelne gesetzlich verstanden werden. Nur als gesetzliche Antithese hat das Alte Testament für das Evangelium eine Bedeutung.

Es ist eigentümlich, daß Hirsch, dem sonst in so hervorragender Weise an der Stärkung und Förderung des neuzeitlichen Wahrheitsbewußtseins gelegen war, auf die Möglichkeit, das neuzeitliche *historische* und *wissenschaftliche* Verständnis des Alten Testaments *dogmatisch* fruchtbar zu machen, verzichtet und sich auf einen dogmatisch fixierten, jüdisch-kanonischen Standpunkt festlegt. Daß historisch-kritische Methode nicht nur verfremdet, sondern auch über die in der Kirche bevorzugten Bücher – 1. Mose, Jesaja und Psalmen – hinaus Texte in ihrer „ungesetzlichen" Ursprünglichkeit verstehen lehren und gleichsam heimholen kann, vermochte er so nicht in den Blick zu bekommen. Oder durfte solches nicht sein? Nicht unerwähnt soll freilich auch bleiben, daß Hirsch auf sehr eindrucksvolle Weise, wenn auch zumeist infolge der politischen Verhältnisse der dreißiger Jahre überhört, vor einer ungebrochenen und undialektischen Anwendung alttestamentlich gesetzlich-theokratischer Vorstellungen im Bereich der Kirche und des kirchlich-politischen Handelns gewarnt und so gegen die weitgehende, sich souverän über die historischen Erkenntnisse hinwegsetzende Gleichschaltung von Altem und Neuem Testament durch Karl Barth und die christologischen Willkürinterpretationen eines W. Vischer (Das Christuszeugnis des Alten Testaments I, 1934; II, 1942) mit historischem und theologischem Recht seine Stimme erhoben hat. Wer die inneralttestamentlichen Aporien – etwa und insbesondere die einer innerweltlichen Theokratie – nicht erkennt, begibt sich selbst und bringt die Kirche in eine aporetische Situation, die vorchristlich, weil von Christus überwunden ist: wie Jesaja seinen König Ahas kann die Kirche nicht heutige Regierungen anreden, zumal auch schon Jesajas eigene Predigt höchst problematisch war und auch heute noch ist (s. u. S. 116 f.).

Auf derselben, hier nicht in voller Breite und Länge nachzuzeichnenden Linie liegt es ebenfalls, wenn H. Braun formuliert: „Die Gnade führt zu dem Gesetz als dem Heilsweg, das ist alttestamentlich; die Gnade führt von dem Gesetz als dem Heilsweg fort, das ist – summarisch gesprochen – neutestamentlich", dies obwohl Braun einräumen kann: „Aber das Alte Testament hat von der Freiheit der Söhne Gottes auf seinen Höhepunkten schon einen Hauch" (Das Alte Testament im Neuen Testament, S. 24 u. 31).

4. *Das prophetische Kanonverständnis und die Relativierung des Gesetzes*

Das Alte Testament als heiliges Buch reformierter, Psalmen singender Freiheitskämpfer und Gottesmänner; das Alte Testament nur ein Hauch von christlicher Freiheit und ansonsten Einweisung ins Gesetz – diese fast diametral entgegengesetzten Gesamteinschätzungen können nicht einfach aus den unterschiedlichen Prämissen eines Marcion, Schleiermacher, Harnack und Braun einerseits und der genuin reformierten Tradition andererseits abgeleitet werden. Man muß solche Meinungsunterschiede in Rechnung stellen, zur Erklärung der Unstimmigkeiten reichen sie aber nicht aus. Die gegenteiligen Beurteilungen verweisen vielmehr auf die Aporie, die im Alten Testament selbst enthalten ist, und sich hier als mehrdeutige Ambivalenz, die unterschiedliche Verständnis- und Praxismöglichkeiten zuläßt, bekundet. Sie sind also durch die ambivalente Deutungsmöglichkeit alttestamentlicher Texte selbst bedingt.

Das zeigt sich sogleich, wenn nun noch einmal auf die Entstehung des alttestamentlichen Kanons in seiner Dreiteilung Gesetz, Propheten, Schriften die Aufmerksamkeit gerichtet wird. Der hebräische Kanon ist, wie oben (s. o. S...)

dargetan wurde, selbst schon ein Werturteil, das dem Gesetz den Vorrang vor der Prophetie und erst recht vor dem dritten Kanonteil zuspricht. Diese Kanoneinteilung wie überhaupt die Bildung des alttestamentlichen Kanons ist erheblich vom Pharisäismus beeinflußt worden. Der hebräische, pharisäische Kanon war eine dogmatische Entscheidung im Sinne des gesetzestreuen Judentums, die sich gegen das apokalyptische Schrifttum mit seiner Berufung auf vor- und außermosaische Autoritäten (Adam, Henoch, Noah usw.), gegen sektiererische Gruppen und deren Sonderschrifttum wie die Gemeinde von Qumran und ihre heiligen Schriftrollen, aber auch gegen die christliche Gemeinde und ihr griechisches Septuaginta-Altes Testament richtete. Dieses nomistische Kanonverständnis, das sich also auch gegen die Kirche richtete, hat sich als das offizielle durchgesetzt. Es hatte uralte und tiefe Wurzeln, die in die Anfangszeit Israels zurückreichen. Aber es war, ebenfalls von allem Anfang an, weder das einzig mögliche noch auch das einzig legitime Verständnis. Eine ganz andere Verstehensmöglichkeit kann ebenfalls als legitim bezeichnet werden, weil auch sie seit eh und je in der Religion Israels angelegt war und keineswegs erst das Ergebnis einer nachträglichen christlichen Interpretation ist. Sie kommt in einem anderen Kanonverständnis zum Ausdruck, das jüdischerseits auch vertreten worden ist, dann aber unter Einfluß des Pharisäismus in den Hintergrund treten mußte. Wie das gesetzliche Verständnis zuerst deutlich und mit soviel Worten im Weisheitsbuch des Jesus Sirach bezeugt wird, so spricht sich in der *Anordnung* der einzelnen Schriften in der Septuaginta-Übersetzung eine Auffassung vom Kanon aus, die man im Gegensatz zu der nomistischen als die „prophetische“ bezeichnen könnte: *kanonisch ist, was von Propheten geschrieben ist.* Der jüdische Historiker Flavius Josephus (1. Jh. n. Chr.) schreibt in seiner Contra Apionem genannten Apologie der jüdischen Religion (I, 8), die Juden hätten nicht eine bunte und unbegrenzte Vielzahl heiliger Schriften, sondern fünf Bücher von Mose mit Gesetzen und Erzählungen über die Entstehung des Menschengeschlechts bis zu Moses Tod. In dreizehn weiteren Büchern hätten bis in die Zeit des persischen Königs Artaxerxes andere Propheten die Geschichte ihrer Zeit geschrieben. Schließlich bestünden noch vier Bücher mit Psalmen und Lebensregeln.

Die von Josephus gemeinten dreizehn Prophetenbücher sind: Josua, Richter (mit Ruth), Samuel, Könige, Jesaja, Jeremia (mit Klageliedern), Ezechiel, das Buch der zwölf Propheten (Dodekapropheten), Hiob, Daniel, Esther, Esra (mit Nehemia), Chronik; die von ihm genannten vier sind: Psalmen, Sprüche, Prediger, Hoheslied.

Alle übrigen Schriften, die nach der Zeit des Artaxerxes geschrieben sind, verdienten nicht das gleiche Ansehen, weil seitdem die Sukzession der Propheten aufgehört habe. Das prophetische Kanonverständnis rechnet also mit einer Wirksamkeit des prophetischen Geistes von Mose bis Esra, und dieser prophetische Geist als Inspirator der prophetischen Bücher, die der Kanon enthält, ist der Garant des kanonischen Wertes. Beruht nach der nomistischen Anschauung der Kanon auf dem Gesetz, ja, ist das Gesetz als solches der primäre Kanon und alles andere – Propheten und Schriften – lediglich kanonische

Auslegung und Anwendung des Gesetzes, so gilt nach dem prophetischen Kanonverständnis, daß kanonisch ist, was vom prophetischen Gottesgeist, der von Mose bis Esra tätig war, inspiriert ist.

Freilich setzt Josephus, der dieses Kanonverständnis ausspricht, dennoch die später alleingültige Einteilung: Gesetz-Propheten-Schriften mit dem von ihr implizierten gesetzlichen Verständnis bereits voraus. In reiner Gestalt kommt das andere, prophetische Verständnis jedoch in der griechischen Kanon*anordnung* zum Ausdruck. Auch hier bildet der Pentateuch den ersten Teil. Ihm folgen, wie im hebräischen Kanon, die Geschichtsbücher von Josua bis Könige, dann jedoch die übrigen Geschichtsbücher Chronik, Esra-Nehemia und Esther. Es werden somit Pentateuch und die – übrigen – Geschichtsbücher zusammengeordnet. Im zweiten Kanonteil stehen die poetische und didaktischen Bücher, Psalmen, Sprüche, Prediger, Hoheslied und Hiob, zusammen. Den dritten Teil bilden die Prophetenbücher, zu denen auch das Buch Daniel gerechnet wird. Das Anordnungsprinzip ist klar: Die Geschichtsbücher erzählen von der Vergangenheit; die poetischen und didaktischen Schriften sind für die gegenwärtige Erbauung und Belehrung bestimmt; die Bücher der Propheten blicken in die Zukunft (so richtig O. Eißfeldt, Einleitung, S. 773, und J. C. H. Lebram, Kanonbildung, S. 178). Deutlich wird auch, daß hier der Pentateuch trotz seiner Vorrangstellung nicht zuerst als Gesetz, sondern als Geschichtsbuch verstanden ist. Das schließt zwar die besondere Bedeutung der kanonischen Mosezeit und damit auch des mosaischen Gesetzes nicht aus und stellt zum hebräischen Kanon also keinen absoluten Gegensatz dar, aber hier sind die Akzente doch erheblich anders gesetzt: Das Gesetz ist nicht der hermeneutische Schlüssel schlechthin, der das ganze Alte Testament aufschließt und auch noch die nicht-gesetzlichen Teile dem Gesetz der Gottesherrschaft unterordnet. Sondern das Alte Testament ist als prophetische Deutung der Geschichte überhaupt und des Lebens schlechthin in der Vergangenheit – Geschichtsbücher –, in der Gegenwart – Lehrbücher, poetische Bücher – und in aller Zukunft – Propheten – verstanden (vgl. Lebram, a. a. O., S. 179). Man kann diese Anschauung vom Kanon auch deswegen „prophetisch“ nennen, weil bekanntlich viele alttestamentliche Prophetenbücher nach demselben dreiteiligen Schema – Unheil der Vergangenheit; Frevel der Fremdvölker als Merkmal der Gegenwart; für die Zukunft aber wird neues Heil verheißen – aufgebaut sind.

Es sei hier dahingestellt, ob das nomistische oder das prophetische Verständnis den älteren und ursprünglicheren Impuls zur Kanonbildung gegeben hat. In diesem Zusammenhang ist die andere Frage von größerem Gewicht, ob wie das nomistische so auch das prophetische Verständnis an Älteres anknüpfen und insofern legitim sei, oder eher als Ausdruck einer auch sonst zu beobachtenden Tendenz zur Selbstbesinnung und Selbstbehauptung orientalischer Kulturen und Religionen angesichts der um sich greifenden hellenistischen Gleichschaltung und darum als eine späte Erscheinung ohne genuine Wurzeln verstanden werden müsse. Diese Frage kann positiv beantwortet werden. Wenngleich es wahrscheinlich ist, daß die etwa von Josephus vorgetragene Geschichtsschau und sein prophetisches Kanonverständnis apologetische Ziele verfolgen und obwohl möglicherweise auch noch die griechische Kanoneinteilung in derselben Richtung zielt, so läßt sich doch unschwer der Nachweis führen, daß das eigentliche Anliegen, das sich hier zeitbedingt in einer hellenistischen Umwelt zu Wort meldet, älter ist: nicht das Tun des Gesetzes führt die Gottesherrschaft herbei, sondern Gott selbst errichtet in geschichtlichen Heilsereignissen seine Herrschaft, indem er aus der Knechtschaft befreit, durch die Wüste führt, ein Land zum Wohnen und zum Leben schenkt und eine Ordnung konstituiert, die ein Leben vor ihm und aus seiner Hand und zusammen mit den andern Menschen ermöglicht. Daß dem *so ist und Gott so handelt*, ist nicht selbstverständlich und nicht aus der Wirklichkeit, der Welt und der Geschichte eindeutig ablesbar, sondern *muß – prophetisch – bezeugt und zugesagt werden*, und die Schrift ist die Verschriftlichung solchen Sagens und freilich auch Anordnens.

Diese Auffassung von Kanon, von Schrift und vom Alten Testament überhaupt, wie sie sich also in einer bestimmten Kanonsgestalt niedergeschlagen hat, ist nun selbst wieder nur Ausdruck eines keineswegs gesetzlich bestimmten Daseins- und Gottesverständnisses, das im Alten Testament ebenso bezeugt wird.

Die Wiederentdeckung der *späten* Vorrangstellung des Gesetzes und damit dessen theologische Relativierung ist eine der vielen Früchte historisch-kritischer Untersuchung. *Ein* Resultat methodisch durchgeführter Analyse und Synthese kann auf das dürre Sigel JEDP gebracht werden. Dahinter verbirgt sich ein förmlicher Umsturz der wissenschaftlichen Anschauungen über den Verlauf von Israels Geschichte und Religionsgeschichte (s.o. S.72). Das Gesetz steht, so scheint's, nun nicht mehr am Anfang, sondern am Ende von Israels Religionsgeschichte, so lautet die Graf-Kuenen-Wellhausensche Hypothese. Faßt man aber jenes Ende als „jüdische Erstarrung" und Degeneration auf, so bedeutet diese Abwertung zugleich eine Aufwertung der vorhergehenden Entwicklungsphasen der vorprophetischen, noch naturhaften Volksreligion und natürlich ganz besonders der Prophetie. Damit scheint der berechtigten theologischen Kritik am Alten Testament als Gesetz Genüge getan, zugleich aber doch das Alte Testament in seiner wahren prophetischen Größe erkannt und gegen Angriffe geschützt zu sein. Auch und insbesondere die Polemik des Paulus läßt sich nun unterbringen: sie richtet sich, so betrachtet, nicht gegen das Alte Testament als solches, sondern gegen sein falsches, nomistisches, pharisäisches Verständnis.

J. Wellhausen hat in seinen Prolegomena zur Geschichte Israels im ersten Kapitel „Das Problem" auf klassische Weise formuliert: „Somit läßt sich die Möglichkeit, daß das Gesetz des Judentums auch das Erzeugnis des Judentums sei, nicht gleich vor der Türe abweisen, und es gibt dringende Gründe, sie in nähere Erwägung zu ziehen. Vielleicht schickt es sich hier, persönliche Erfahrung reden zu lassen. Im Anfange meiner Studien wurde ich angezogen von den Erzählungen über Saul und David, über Elias und Ahab und ergriffen von den Reden eines Amos und Jesaias; ich las mich in die prophetischen und geschichtlichen Bücher des Alten Testamentes hinein. An der Hand der mir zugänglichen Hilfsmittel glaubte ich sie zwar leidlich zu verstehen, hatte aber dabei ein schlechtes Gewissen, als ob ich bei dem Dache anfinge statt bei dem Fundamente; denn ich kannte das Gesetz nicht, von dem ich sagen hörte, es sei die Grundlage und Voraussetzung der übrigen Literatur... Jedoch zu einer klaren Anschauung gelangte ich keineswegs, sondern nur zu einer unbehaglichen Verwirrung... Da erfuhr ich gelegentlich im Sommer 1867, daß Karl Heinrich Graf dem Gesetze seine Stelle hinter den Propheten anweise, und beinah ohne noch die Begründung seiner Hypothese zu kennen, war ich für sie gewonnen: ich durfte mir gestehen, daß das hebräische Altertum ohne das Buch der Thora verstanden werden könne."

Das so gewonnene Bild ist denkbar einfach; als ebenso einfach und einleuchtend erscheint die theologische Lösung des Problems des Gesetzes, welche durch die neu gewonnene Geschichtsanschauung ermöglicht wird: Paulus behält recht, und dem Alten Testament wird sein richtiges Recht wiedergeschenkt! Allein, der Befund stellte sich späterhin als viel komplizierter heraus, als Wellhausen noch gemeint hatte.

Zwar kann die Richtigkeit des Sigels JEDP kaum mehr in Zweifel gezogen und allenfalls über die absolute Datierung der einzelnen also bezeichneten Urkunden und eventuell über die Eigenart der E-Stücke – Urkunde? Fragmente? Bearbeitung von J? – sinnvoll diskutiert werden; man kann ferner die Einheitlichkeit der Urkunden in Frage stellen usw.; an der Erkenntnis aber, daß D und P, wo sich die großen Gesetzeskomplexe des Pentateuchs finden, Spätwerke sind, ist nicht mehr zu rütteln. Dennoch ist darum noch nicht das ganze Gesetz ein Produkt des Judentums. Das Bundesbuch 2.Mose 21–23 etwa ist viel älter und möglicherweise sogar in der Zeit vor der Staatenbildung anzusetzen. Die Zehn Gebote sind zwar in ihrer jetzigen Gestalt spät, aber es gibt Gründe für die Annahme, daß ihre Urform tiefe Wurzeln in der Frühzeit hat. Auch das Deuteronomium und der Priesterkodex, wenngleich sie gewiß als literarische Werke dem Judentum viel näher stehen als der mosaischen Zeit, enthalten Gesetzesstoffe, deren archaischer Charakter bei näherem Zusehen unverkennbar ist.

Damit drängt sich die Frage nach dem Gesetz abermals auf. Sie kann nun nicht mehr lauten, ob das Gesetz am Anfang oder am Ende stehe – es ist am Anfang und am Ende –, sondern welche *theologische* Bedeutung ihm zukomme.

5. *Gesetz und Bund*

Hier ist nun insbesondere die Frage der Zuordnung von Gesetz und Bund von Wichtigkeit. Hatte Wellhausen noch gemeint, das Gesetz und damit das theologische Problem der alttestamentlichen Gesetzlichkeit *literarkritisch* durch Versetzung des Gesetzes an den jüdischen Rand des Kanons zu erledigen, so wurden 1940 und 1944 zwei interessante Versuche unternommen, des – neu virulent gewordenen – Problems mittels der *überlieferungsgeschichtlichen* Methode Herr zu werden. 1940 schrieb M. Noth seine Arbeit „Die Gesetze im Pentateuch", worin er nachzuweisen trachtete, daß die Gesetze nicht dem Staat, sondern ursprünglich dem Stämmebund zugeordnet waren;

erst nach dem Exil, als die amphiktyonische Ordnung sich aufgelöst und damit der reale Bezugspunkt und die Lebensbasis des Gesetzes verlorengegangen waren, sei das Gesetz zur absoluten Größe geworden. Wie bei Wellhausen, nun aber mit anderer Begründung, wird das Gesetz zum Verfallssymptom, das für das Judentum, nicht aber für das ältere Israel typisch ist. Für das ältere Israel gilt vielmehr ein Bundesgedanke, der nicht notwendig ein Gesetz oder gesetzliche Bestimmungen einschließt; Bund ist hier – so in 2.Mose 24,1.2.9–11J – ein Akt, der ein Verhältnis zwischen Gott und Israel als Bundespartner begründet, das gänzlich gesetzesfrei ist. Ähnlich meinte auch J. Begrich in seinem Artikel von 1944 (Berit. Ein Beitrag zur Erforschung einer alttestamentlichen Denkform), die ursprüngliche Gestalt von Bund sei „ein Verhältnis, in welches ein Mächtiger einen minder Mächtigen zu sich setzt und welches näher durch die dem Empfänger gegenüber eingegangene Bindung und den Akt der Inkraftsetzung gekennzeichnet wird. Irgendeine aktive Bedeutung des Empfängers wird von dem Begriff nicht eingeschlossen“ (Ges. Studien, S.58). Auch für Begrich ist Bund im Sinne eines gegenseitig verpflichtenden Vertrages eine sekundäre und nicht genuin israelitische Entwicklung. Die Lösung ist wieder einfach, aber auch ihr gegenüber ist die Wirklichkeit des Befundes verwickelter.

Mit Bezug auf Noths Arbeit muß doch gefragt werden, wieso eigentlich nach dem Exil, also nach dem Zusammenbruch von Israels staatlicher Existenz das Gesetz, das doch nach Noth nie Staatsgesetz und nie auf den Staat bezogen gewesen war, nun seinen Bezug zum Bund verloren haben sollte? Eher hätte doch das Verschwinden des Staates jenen alten Bezug von Gesetz und Bund wiederbeleben müssen. Und dies ist ja auch tatsächlich der Fall gewesen, denn nirgends deutlicher als im Bereich der deuteronomisch-deuteronomistischen Literatur wird eine förmliche Bundestheologie entfaltet, so sehr, daß man geradezu in die Versuchung geraten kann, das ganze Bundesdenken für spät zu halten, wie L. Perlitt (Bundestheologie im Alten Testament, 1969) es tut. Zwar ist in demselben Überlieferungsbereich vom geschriebenen Gesetz die Rede (5.Mose 17,18f.; 28,61; 2.Kön.22,8.11), aber zum gleichen Traditionsbereich gehört es, daß dem Volke eindringlichst vorgehalten wird, daß es Gott war, der Israel aus unableitbarer, unbegreiflicher Liebe erwählt hat ohne Israels Verdienst (5.Mose 7,7f.). Dann aber wird eine Entwicklungsgeschichte, die vom gesetzesfreien Bund hin zur jüdischen Entartung in Gesetzlichkeit führt, doch wieder fragwürdig.

Aber auch Begrichs Auffassung von Bund, wiewohl sie mit Recht den Geschenkcharakter betont, ist so nicht mehr haltbar. Ein Bund, auch als reine Selbstverpflichtung, nimmt selbstverständlich auch den mit dem Bund Beschenkten in Pflicht, und sei es nur, daß dieser das angebotene Verhältnis annimmt und danach lebt. Daß die immer schon implizierte Verpflichtung dann auch expliziert und in einzelnen Bestimmungen konkretisiert wird, ist also keine sekundäre Verzerrung des ursprünglichen Geschenkcharakters des Bundes. Insofern ist die Übersetzung „Bund“ doch besser als die neuerdings vorgeschlagene „Verpflichtung“, „Selbstverpflichtung“, „Setzung des göttlichen Willens“ (Kutsch), wenn nur deutlich bleibt, daß Bund im theologischen Sprachgebrauch nicht ein durch zwei Partner geschlossenes, gegenseitig einklagbares Rechtsverhältnis meint, sondern einseitig seitens Jahwe gewährt wird, dann aber auch und gerade als Selbstverpflichtung Gottes die Inanspruchnahme Israels sofort und immer schon mit umfaßt.

Wie die paulinische Polemik gegen die Gesetzlichkeit nur scheinbar rein juristisch-forensisch argumentiert, so können auch die Begriffe Bund und Gesetz nicht einseitig vom Rechts- und Vertragswesen her bestimmt werden (vgl. richtig Halbe, a.a.O., S.227ff. und auch Zimmerli, Erwägungen zum „Bund", S.171ff.). Die verschiedenen Möglichkeiten, das Wort *berit* je nach Kontext und historischer Schicht wiederzugeben, sind keine Alternativen, die sich ausschließen. Deutlich ist aber, daß Bund im theologischen Sprachgebrauch die *Heilssetzung Gottes* meint, die immer auch eine Inanspruchnahme und Verpflichtung umfaßt, gleichviel ob ausdrücklich von Gebot oder Gesetz die Rede ist oder nicht. Nach langer Diskussion ist auch deutlich geworden, daß eine explizite Bundestheologie zwar deuteronomisch-deuteronomistisch und also spät ist, daß aber Sache und Begriff älter sind und daß die deuteronomistische Bewegung auch und gerade in dieser Hinsicht lediglich theologisch reflektierend restauriert, jedoch nicht initiiert. Archaische Abschnitte wie 2.Mose 24,3–8, wo Recht und Bund zusammengehören, oder auch 2.Mose 34,10ff. wird man kaum als Erzeugnisse des beginnenden Judentums herabdatieren können. Dann ergibt sich, daß Gesetz und Bund gleichermaßen in die älteste Zeit zurückreichen. Kann man zugestehen, daß die Bezeichnung „das Gesetz" für das Alte Testament nicht unzutreffend ist, weil in dieser Bezeichnung älteste Tradition anklingt, so ist die im christlichen Bereich üblich gewordene Benennung „Testament" als Wiedergabe von „Bund" in dem Sinne ebenfalls zutreffend, daß auch in diesem Namen eine Grundgegebenheit der israelitisch-jüdischen Religion angesprochen wird.

6. *Die Ambivalenz und Mehrdeutigkeit des Gesetzes*

Das Problem der *theologischen* Zuordnung von Bund und Gesetz ist offenbar nicht rein literarkritisch oder überlieferungsgeschichtlich lösbar. Die Frage kann nicht mit einem Verweis auf eine Entwicklungsgeschichte beantwortet werden: am Anfang stehe der Bund der freien Gnade und am Ende das Gesetz. Gewiß ist der Pharisäismus erst von einer Entwicklungsgeschichte her verständlich, aber noch die divergierenden Gestalten des Kanons und die verschiedenen Möglichkeiten, Kanon und Schrift zu verstehen, haben gezeigt, daß am Ende der Entwicklung nicht nur der Pharisäismus und nicht nur die Gesetzlichkeit stehen. Und wie erklären sich entwicklungsgeschichtlich Haltung und Gestalt Jesu, der doch auch ins Judentum gehört? Das Judentum ist eine zu wenig einheitliche Größe, als daß es als Schlußphase einer Evolution betrachtet werden könnte.

Ebenso wenig einheitlich ist aber auch das ältere israelitische Verständnis von Bund und Gesetz. Wie das Alte Testament *insgesamt* und *als Ganzes* als Gesetz verstanden werden *kann* und verstanden wurde, und zwar als Gesetz, das der von Gott selbst gewiesene und vorgeschriebene Weg ist, durch Gehorsam und im Tun des Gebotenen Gerechtigkeit und Leben und Seligkeit zu erlangen; und wie das so verstandene Gesetz anerkannt und übernommen, aber auch als falsche Werkgerechtigkeit abgelehnt und verworfen werden *kann*, so ist auch schon *inneralttestamentlich* nicht schlechterdings eindeutig, was Gesetz heißt und wie das Gesetz es meint, ob also das Gesetz selbst die Gesetzlichkeit will oder nicht, und ob die, die mit dem Gesetz umgehen, notwendigerweise der Gesetzlichkeit verfallen oder nicht.

Daß im deuteronomistischen Bereich das Gesetz gepredigt und doch auch die freie Gnadenwahl Gottes verkündigt wird, wurde schon gesagt. Im Bereich der Priesterschrift ist ebenfalls eine wahre barocke Fülle von Gesetzesstoffen untergebracht. Insgesamt regeln sie die Konstituierung des Kultes; der Kult aber ist eine von Jahwe gestiftete und ermöglichte, nie aufhörende Sühne, welche die Sünde Israels wegnimmt und mit dem Sündenbock in die Wüste jagt. Die Kult-, Opfer-, Gottesdienst- und Wallfahrtgesetze muß Israel befolgen, damit es gesühnt werde, die gnädige Vergebung erlange und die Innewohnung Gottes erfahre. Ist das Gesetzlichkeit oder gläubige Annahme der Huld Gottes? Die Verpflichtung auf das Gesetz der Väter als vom persischen Reich sanktioniertes Reichsrecht unter Esra scheint den Juden dazu zu nötigen, erst durch Erfüllung des Gesetzes ein rechter Jude zu werden – ist diese Nötigung eine unwiderstehliche Versuchung zur Gesetzlichkeit? Immerhin kann die Gunst der persischen Regierung als Erweis der Gnade Gottes verstanden werden, wie das große Esra-Gebet lehrt (Esr. 9,9). Auch hier mangelt es an Eindeutigkeit.

So ist eine sinnvolle Diskussion darüber möglich, ob überhaupt das Gebot im Alten Testament trotz seiner Einbindung in den Bund, weil es den Übertreter aus dem Bund ausschließt, deswegen *immer* gesetzlichen Charakter haben *müsse* und entsprechend Vergebung nur die ausnahmsweise ermöglichte Durchbrechung einer grundsätzlichen Vergeltungsordnung sei, während im Neuen Testament Vergebung als wahre Ordnung Gottes verkündigt werde (so etwa Fr. Hesse, „Gebot und Gesetz" und das Alte Testament, 1959) oder ob das Halten der Gebote und das Tun des Gesetzes im Alten Testament keineswegs als Last, die nur bruchstückweise zu bewältigen wäre, sondern als Bekenntnisakt der von Gottes Gnade Erwählten und Beschenkten zu verstehen sei (etwa G. v. Rad, Theologie I). Auch hier wird man kaum einer der beiden streitenden Positionen allein recht geben können. Das Alte Testament kennt gewiß auch eine Vergeltungsordnung; das chronistische Geschichtswerk, das das Funktionieren dieser Ordnung bis ins Detail nachzuweisen versucht, ist ebenso von ihr geprägt wie große Teile der Weisheitsliteratur, aber auch schon, wenn auch weniger einseitig, das deuteronomistische Geschichtswerk. Aber sogar noch das chronistische Werk weiß, daß Gottes Gnade und Barmherzigkeit in der persischen Zeit eine gänzlich unverdiente Wende des Geschicks herbeigeführt haben (Esr. 9,9.13). Und das weisheitliche Buch Hiob, das um eine spezifisch weisheitlich zugespitzte Vergeltungsdogmatik kreist, sprengt am Ende den Teufelskreis des Vergeltungsdenkens der Hiobfreunde ebenso, wie es Hiobs Berufung auf seine Unschuldserfahrung und seine damit begründete Anklage Gottes, die das menschliche Recht einklagen will, über den Haufen wirft. Damit ist nicht behauptet, daß solche Theophanie, wie sie am Schluß des Hiobbuches geschildert wird, das Evangelium sei. Aber ist nicht das Ende menschlichen Vergeltungsdenkens, sei es nun dasjenige der Freunde oder des Hiob selbst, die Kehrseite des Evangeliums? Auch hier wird eine unmißverständlich eindeutige Antwort nicht gegeben; die Diskussion wird fast gewaltsam abgebrochen, wie an anderer Stelle des Alten Testaments das Gespräch Abrahams mit Jahwe, ob denn um der wenigen Gerechten willen eine gottlose Sodomwelt verschont werden könne, bei der Zehnzahl abbricht (1.Mose 18,32f.). Wer wollte dies so interpretieren, daß im Sinne des Textes Gott *wohl* noch um der zehn Gerechten willen, *nicht* aber um neun oder acht willen zu vergeben bereit sei? Und was heißt hier „gerecht"? Offenbar ist die Überzeugung des Verfassers doch, daß in Sodom kein einziger Gerechter sei. Sodom ist hier Chiffre für eine von Gott abgefallene Welt, die darum nicht wegen einer noch so geringen eigenen Gerechtigkeit, die nicht vorhanden ist, sondern nur durch Gottes freies und gnädiges Handeln gerettet werden könnte (vgl. M. Noth, Überlieferungsgeschichte des Pentateuch, S. 258f.). Aber auch dies muß erst durch *Aus*legung aus dem Text *heraus-entfaltet* werden. Der Text selbst bricht vor dem Ende und also vor einer deutlichen Zusage, vor dem klaren Evangelium ab und bleibt insofern mehrdeutig: *vermag* er das Evangelium nicht zu sagen, *wagt* er es nicht, den unglaublichen und nur zu glaubenden Durchbruch durch die Unheilssphäre der Schuldverfallenheit und Gottlosigkeit zu proklamieren, oder *reicht* der Text nicht bis *dahin*? War die oben skizzierte Auslegung auf ein nur angedeutetes Evangelium-ohne-Worte nur eine christliche Hineinlegung und christliche Interpretation?

Und weil keine Eindeutigkeit herrscht, ist auch eine Diskussion darüber möglich, ob etwa die Psalmen 1; 19B; 37; 119 Zeugnisse jüdischer Gesetzlichkeit (so M. Noth, Die Gesetze im Pentateuch, 1940, S. 119f.) oder der „Freude am Gesetz" (so H. J. Kraus, Freude an Gottes Gesetz, 1950) seien. Es ist möglich, so oder so zu interpretieren: Ps. 1 etwa sagt direkt nichts darüber, was der Gottlose Böses und was der Gerechte Gutes tut; es wird keineswegs moralisch gewertet, auch von Lohn für gute Taten oder gar Gerechtigkeit als Anerkennung wegen guten Verhaltens ist nicht die Rede so wenig wie von Strafe für böse Werke. Einzig und allein die Freude an der Tora, die Besinnung auf sie ist entscheidend. Umgang mit ihr ist Leben die Fülle, Leben ohne sie flüchtig und nichtig wie Spreu, die der Wind verweht. Aber was heißt hier Tora? Anweisung zum Tun, damit der also Handelnde seine Gerechtigkeit erlange? Oder Einweisung in ein Leben aus Gott? Also: Gesetz oder Evangelium? Der Streit um diese Frage ist nützlich, weil beide Streitenden recht haben können, und es sich daran zeigt, daß das Gesetz eine schillernde, mehrdeutige, ambivalente Größe ist.

Auch wenn Ps. 1, der ja lediglich als Beispiel zitiert wurde, für heutige historische Exegese sich dem ursprünglichen Sinne nach als Gesetzespsalm und als Zeugnis von Gesetzlichkeit herausstellen sollte, es blieben immer noch zahlreiche andere Belege für jene Ambivalenz des alttestamentlichen Zeugnisses. Sogar noch ursprünglich Gesetzliches läßt sich auch „evangelisch" verstehen: Tora als Weisung muß ja nicht unbedingt als Anweisung und Vorschrift zu einem Tun, um die Gerechtigkeit zu erwerben, verstanden werden. Und der in der christlichen Liturgie häufig zitierte Vers Ps. 119, 105, daß

Gottes Wort des Fußes Leuchte und ein Licht auf dem Wege sei, muß doch, obwohl im Kontext das Gesetz gelobt wird, nicht unbedingt bedeuten, daß der Psalmist von Vorschrift zu Vorschrift wie von Verkehrsschild zu Verkehrsschild auf dem Wege zum Ziel der Seligkeit und Gerechtigkeit ist. Man kann auch so verstehen, daß in je neuer Lebenslage und in je neuen Entscheidungssituationen aus dem dann je neu ergehenden und begegnenden Wort Kraft und Heil empfangen wird. Und wer will ausschließen, daß alttestamentliche Texte so gemeint waren und, ob so gemeint oder nicht, so verstanden und gelebt wurden? Auch hier gilt, daß die Gesetzlichkeit nicht das einzige Ende der Entwicklung sein muß. Dieses Ende ist wie der Anfang und wie das, was dazwischen liegt, nicht eindeutig, sondern steht verschiedenen Interpretationen offen.

Dasselbe gilt nun aber auch für den Bereich, der mit dem Begriff *berit* = Bund angedeutet wird. Auch hier ist die ergebnislose und manchmal auch wortklauberische Auseinandersetzung, ob berit mit Bund oder Verpflichtung zu übersetzen sei, insofern wieder lehrreich, als sich zeigt, daß der Begriff schillernd und mehrdeutig ist. Der einseitig von Gott geschenkte Bund als Selbstverpflichtung und Zusage Gottes setzt zu Gott in ein Verhältnis, das als solches selbst *auch* verpflichtenden Charakter hat. So hängt auch hier wieder alles von der Akzentuierung ab: Ist Bund primär die gnädige Zuwendung *Gottes*, und heißt Tun des Gesetzes lediglich die Annahme des Evangeliums im konkreten *Leben*, das ja immer nur *als Tun und Lassen lebt*, so daß das Gesetz nur Aspekt des Evangeliums wäre, wie es Karl Barth überhaupt dogmatisch verstanden wissen wollte, wenn er als rechte Reihenfolge der Begriffe statt Gesetz und Evangelium Evangelium und Gesetz vorschlug (Evangelium und Gesetz, 1935; und vgl. die Diskussion über diesen Entwurf in: Gesetz und Evangelium. Beitr. z. gegenwärtigen theologischen Diskussion, 1968)? So *kann* man in der Tat deuten und verstehen. Ist etwa in 2.Mose 34,10–26 wirklich alte Tradition enthalten, so zeigt schon dieser Text, daß *vor* allem, „was ich dir heute gebiete", Gott *sein* macht- und huldvolles Werk ankündigt und zusagt. Das alte, amphiktyonische Israel unter Jahwes Privilegrecht war nicht eine primär dienstverpflichtete Gemeinschaft unter der Last des Gesetzes, sondern Volk, das sich als von Gott aus der Knechtschaft befreit, mit Land beschenkt und durch solche Erlösung und Beschenkung konstituiert verstand. Daß eine Restauration solchen Verständnisses in einer entfalteten Bundestheologie in der Spätzeit möglich war, zeigt an, daß dieses Israelverständnis, und das heißt, dieses Verständnis von Bund und Verpflichtung, auch in der staatlichen Zeit niemals ganz verlorengegangen war. Freilich werden auch der andere Aspekt und eine andere Möglichkeit in diesem selben Umkreis sichtbar: Jahwe schenkt das Land, die Seinen aber haben es als seine Lehnsmannen freizukämpfen, und die Einwohner zu „bannen", also auszurotten und deren Altäre, Götzen und Haine zu zerstören (2.Mose 23,32f.; 34,11–16). Auch das wird in 5.Mose 7 „restauriert" und im Josuabuch erzählerisch als dem Bund konform geschehen dargestellt. Hier errichtet Israel, und sei es auch im Namen seines Gottes und mit seiner Hilfe, mit Feuer und Schwert eine Gottesherrschaft, allen späteren Gotteskämpfern, die das Schwert aus der Scheide zogen oder die Waffen segneten oder bezahlen halfen, zum blutigen Vorbild.

Daß historisch gesehen, weniger Blut vergossen wurde, als es nach dem nachträglichen und weitgehend sagenhaft-fiktiven Bericht des Josuabuches den Anschein hat, daß also die Landnahme ein vorwiegend friedlicher Vorgang war, und daß sowohl die deuteronomistischen Aufforderungen, die Einwohner Kanaans nicht zu verschonen (5.Mose 7,2.16–25) als auch schon die älteren Parallelen (2.Mose 23,22–24.31–33; 34,11–16; vgl. 4.Mose 21,2; Ri.1,17; 1.Sam.15,3) erst im nachhinein formuliert worden sind, behebt ja nicht die Fragwürdigkeit dieses ohne Zweifel *auch* vorhandenen und praktizierten Aspektes von Bund, Gesetz und Gottesherrschaft: der menschliche Wille zur Macht oder auch nur zur Selbstbehauptung verklärt sich religiös als heiliger Krieg, in dem die wehrbare Mannschaft Gottes seinem Gott zu Hilfe eilt (Ri.5,23 und überhaupt Ri.5; 2.Mose 15,1–21 und hier insbesondere das älteste Stück 15,21), um alles, Mensch und Vieh (5.Mose 13,16f.; Jos.6,21ff.), was dem Eifer Gottes – und der Seinen – entgegensteht, dem „Bann", d.h. faktisch der Vernichtung preiszugeben und die Ortschaften der Gebannten einzuäschern.

Dabei ist es in höchstem Maße bezeichnend, daß, obwohl die Aufforderung, die Ureinwohner Kanaans solchermaßen nicht zu verschonen, im Kontext von Bund und Gesetz und im Zusammenhang mit Jahwes Privileganspruch auf Israel begegnet, gerade hier das also einmalig auserwählte Israel sich nicht prinzipiell von den Völkern ringsum unterscheidet: auch bei den Moabitern war der Bann im heiligen Krieg bekannt, wie aus der berühmten Mescha-Stele hervorgeht (TGI, S.51ff.; KAI 181,17; RTAT, S.253ff.). Dies ist also kein Spezifikum Israels und kein spezifischer Aspekt von Bund und Gesetz. Wohl wird hier wieder die Ambivalenz der sich Israel nennenden und sich als Gottesvolk verstehenden Größe Israels deutlich: gerade das für seine Sonderexistenz als Gottesvolk, wie es glaubt, im Auftrag und mit Beistand seines Gottes kämpfende Gottesvolk gerät in die Versuchung und in die Gefahr, sich als Gottesvolk zu verlieren und „wie die Völker ringsum" zu werden. Die Mehrdeutigkeit von Gesetz und Bund ist nicht nur ein *sprachliches* Phänomen, vielmehr spiegelt sich hier die ambivalente Uneindeutigkeit dessen, was sich als *Israel* und *Volk Gottes* versteht. Dabei ist nicht dies das im tiefsten Problematische, wie das Verhältnis von Bund und Gesetz zu bestimmen sei, ob also dem Bund oder dem Gesetz der Primat gebühre: nirgends, wo im Alten Testament Bund das Verhältnis Gott-Israel meint, ist an einen einklagbaren zweiseitigen Vertrag gedacht, überall gilt der Bund als gnädige Setzung Gottes. Das glauben auch die Psalmisten von Ps.1; 19B und 119, sogar dann noch, wenn diese Gebete gesetzlich zu verstehen sein sollten. Vielmehr steht in Frage, ob der Bund sich erst und nur im Tun des Gesetzes realisiert und ohne solches Tun hinfällig wird oder ob die im Bund ergehende Zusage und Selbstverpflichtung Gottes stärker ist als das menschliche Versagen. Der Dichter des Deboraliedes (Ri.5), der des Glaubens war, daß die Bürger der Ortschaft Meros, die das Schwert in der Scheide ließen und daheim blieben, statt in der Stunde der Gefahr Jahwe im Heiligen Krieg beizustehen, fluchwürdig waren, und der die Keniterin Jael „unter den Weibern gesegnet" heißt, weil sie den feindlichen Feldhauptmann heimtückisch erschlug, bekundet damit die *eine mögliche* Auslegung von Bund und Gesetz, deren Linie bis in die Gegenwart hinein oben schon skizzenhaft durchgezogen wurde (s.o. S. 95 ff.). Die Motive, welche die Merosleute und andere vom Kriege fernhielten, sind nicht bekannt. Ob sie schlicht aus Feigheit unbeteiligt blieben? Die Frage kann nicht mehr beantwortet werden, sie ist deshalb aber nicht sinnlos, weil auch hier und nun bereits in ältester Zeit jene schon mehrfach herausgestellte Ambivalenz ein wenig sichtbar wird, die in sehr viel späterer Zeit noch deutlicher ins Licht tritt: In den Makkabäern, die nach dem Vorbild und auf den Spuren Deboras, Baraks und der Keniterin Jael ihre Schlachten schlugen, konnten die „wahren Frommen", die im Danielbuch zu Worte kommen, nur eine „kleine Hilfe" erkennen (Dan. 11,34), während die große und wahre Hilfe allein vom Jenseits Gottes und nicht von menschlichem Tun und Kämpfen erwartet wird. Das ist, und sei es in später, apokalyptischer Gestalt, die *andere Möglichkeit*, Bund und Gesetz zu verstehen und zu praktizieren. Sie schließt nicht immer auch den Quietismus ein, der in der Stunde der Not daheim bleibt, weiß aber, daß menschliches Tun nicht mehr als nur eine kleine Hilfe zu leisten vermag, von der der Bestand des Bundes und damit des göttlichen Heils nicht abhängt.

In solcher Erkenntnis ist die Apokalyptik ohne Zweifel die Nachfolgerin der Prophetie. In Israels großer Prophetie, am Vorabend der staatlichen und völkischen Katastrophe, mußte die immer schon latente und mit Bund und Gesetz immer schon vorgegebene Frage, „ob die hier zugesagte Liebeszuwendung so übermächtig ist, daß auch ein allfälliges Mißachten des Gottesrechts durch Israel den Bund nicht ungültig zu machen vermag, oder ob der Rechtswille des eifersüchtigen Gottes so flammend ist, daß eines Tages die gnädige Bundeszuwendung angesichts der Rechtsbrüche des Volkes zusammenbricht" (W. Zimmerli, Das Gesetz im Alten Testament, Ges. Aufs., S. 270), mit Vehemenz aufbrechen. Diese Frage in ihrer erschreckenden Abgrundtiefe erkannt zu haben, macht die Größe der vorexilischen Prophetie aus. Jetzt, in der politischen, nationalen Krise brach noch ein weiteres Problem auf, das mit dem vorigen aufs engste verzahnt ist: Den Bund stellt weniger der einzelne mit seinen Verfehlungen in Frage; der einzelne Sünder kann aus der Gemeinschaft – dem Bund und der Lebenssphäre – mit Gott und den Menschen ausgeschieden werden. Ist aber nicht Israel überhaupt bundesbrüchig, wenn es als Staat gemäß der Eigengesetzlichkeit des Staates lebt? Wie vertragen sich Jahwes Privilegrecht und das autonome Wesen des Staates? Ist nicht politisches Handeln Inbegriff menschlicher Selbstverfügung, Eigenmächtigkeit und Eigengesetzlichkeit? Hatte die alte, vorstaatliche Zeit *vielleicht* an eine lückenlose Übereinstimmung von Privilegrecht Jahwes, Gottesherrschaft, Gottesrecht, politischem Handeln und Heiligem Krieg unter charismatischen Führern glauben können, so mußte mit und seit der Staatenbildung die immer schon latente Problematik jener Übereinstimmung in Gestalt immer neuer, konkreter Konflikte zwischen politischen und militärischen Notwendigkeiten einerseits und Jahwes eigener Bundessetzung mit ihrem Recht, Gesetz und Anspruch andererseits akut werden. Vollends als die Grundfesten von Staat und Nation im Ansturm der assyrischen, später der babylonischen Weltmacht zu wanken begannen, mußten der Staat und damit die Identität von Gottesvolk und Staatsvolk grundsätzlich und jenseits aller Einzelkonflikte wurzelhaft problematisch werden. Auch diese abgründige und noch in der heutigen Diskussion um Religion und Politik nicht bewältigte Frage wurde von Israels großer Prophetie erkannt. Die Antworten fielen aber alles andere als einheitlich aus.

Für Amos ist Israels Schuld zu groß, als daß Vergebung möglich wäre. Das bedeutet also theologisch, daß hier das *Gesetz* eindeutig den Vorrang hat: ein Israel, das Jahwes Willen nicht tut, geht dem Untergang entgegen. Die Verkündigung des Amos sagt Israel das Ende „um drei, vier Frevel willen" an (Am. 8,2; 2,6). Ob dieses radikale Nein nur denkbar war, weil das Ja Jahwes auch weiterhin noch *Juda* galt, sei hier dahingestellt. „Das Nein des Amos" (Smend) ist völlig und restlos eindeutig, bedeutet aber für die von diesem Nein Getroffenen ein Ende ohne Ende. Das Gesetz tötet und läßt keinen Rest übrig: „Das Ende ist gekommen, ich will hinfort nicht mehr verschonen" (Am. 8,2).

Anders lautet Jesajas Antwort: Israel geht dem Verderben entgegen, aber ein Rest wird umkehren und aus ihm wird ein neues Israel hervorgehen (Jes. 6–8). Das neue, wahre Israel ist gegründet nicht im eigenen Tun, es verläßt sich nicht auf Bundesgenossen und Kriegsmacht (Jes. 30,1–5; 31,1–3), sondern „glaubt" und findet seine Stärke im „Stillesein" (Jes. 7,4.9; 28,16; 30,15). In der Absage an politische Bündnisse und militärische Macht bekundet sich die nunmehr durchbrechende Erkenntnis, daß Gottesvolk und Gottesherrschaft nicht mit Staatsvolk und Staat identisch und überhaupt nicht eine menschliche und mit menschlichen Mitteln zu verwirklichende Möglichkeit sind, sondern nur im Festhalten (Glauben) an der Verheißung Gottes als Gabe empfangen werden können. In dieser Unterscheidung von Israel und Rest, Israel und wahrem Israel äußert sich auch die neue Einsicht in die alte Ambivalenz jener ethnischen, sozialen und religiösen Menschengruppe, die sich Israel nennt und sich auf Grund eines Gottesbundes und eines göttlichen Privilegrechtes als Gottesvolk versteht, und doch auch zugleich als Staatsvolk in einem Staat wie die Völker ringsum konkret existiert. Da Israel, wie es jetzt in Nord und Süd als Staatsvolk und also als politische Größe, die Bündnisse eingeht, Kriegsrüstungen beschafft und überhaupt sich in die politischen Geschäfte und Verflechtungen hineinbegibt, nicht im Glauben und Stillesein aus Gott, sondern aus eigener, menschlicher Kraft leben will (Jes. 30,15f.), muß das bundesbrüchige Volk wie einst Sodom (Jes. 1,10) zugrunde gehen. Aber im Untergang vollzieht sich auch und zugleich eine Scheidung: das wahre Israel, jetzt schon repräsentiert von Jesaja und den Seinen, wird aus der dem Untergang geweihten Masse ausscheiden (Jes. 8,11–14). Für dieses neue Israel ist der Glaube konstitutiv, aber er ist es gleichsam im negativen Sinne: „glaubt ihr *nicht*, so bleibt ihr *nicht*" (Jes. 7,9): Wer nicht glaubt, wird dem Verderben preisgegeben.

Die Aporie, die sich in der Zuordnung von Bund und Gesetz verbirgt: wie die im Bunde gesetzte und zugesagte Gottesherrschaft im konkreten Tun des Gottesvolkes verwirklicht werde, ist hier also durchaus erkannt. Erkannt ist auch, daß der Staat mit seinen Waffen und Bündnissen als *Inbegriff menschlichen Tuns*, menschlicher Selbstbehauptung, Eigengesetzlichkeit und Eigenmächtigkeit nicht mit der *Theo*kratie und nicht mit dem *Gottes*volk identisch sein kann. Erkannt ist schließlich, daß, wenn Gottes Herrschaft wirklich Gottes eigene und nur von Gott her mögliche Herrschaft ist, der Mensch sich nur rezeptiv, glaubend, „für fest haltend" und „als fest zugesagt anerkennend" verhalten und nicht zu den eigenen Waffen greifen kann. Während aber das Nein des Amos zwar eindeutig, aber keine Lösung ist, sondern ein Ende ohne

Ende bedeutet, bringt Jesajas Ja zum Rest keine letzte Eindeutigkeit: Ist der „Rest“ nicht doch auch wieder eine innerweltliche, innergeschichtliche Größe in und um Jerusalem, nur daß sie sich statt auf eigene Waffen auf Gottes ebenso innerweltlich und innergeschichtlich sichtbares Wunderhandeln verläßt? Tritt an die Stelle des „Selbst ist der Mann“, der „auf Kriegsrossen reiten will“ (Jes. 30,16), jetzt ein Gott-mit-uns (Immanuel, Jes. 7,14), das die Wirkung der stärksten Kriegsrosse auf mirakulöse Weise übertrifft? Soll also das verurteilte menschliche Tun in Politik und Krieg durch Gottes wunderhaftes Eingreifen zugunsten des Restes ersetzt werden? Auf diese Fragen gibt Jesaja keine eindeutige Antwort. Die Einsicht, daß das empirisch vorhandene Staatsvolk in Israel und Juda nicht schlechterdings mit Jahwes Bundesvolk, das seinem Privilegrecht untersteht, identisch ist, und daß die Herrschaft Gottes durch das Tun von Menschen nicht aufgerichtet, sondern allenfalls nur ins Gegenteil verkehrt wird, kann auf jeden Fall zu einer Mischung von Utopie und Quietismus führen, welche die äußerste Gegenposition zu jenen handfesten Kriegern darstellen würde, die ihrem Gott mit der Waffe in der Hand zu Hilfe kamen. Bedeutet der „Rest, der umkehrt“ und „glaubt“ einen Durchbruch durch den Zwang der Selbstbehauptung und durch die Nötigung, Gottesherrschaft mit menschlichen Mitteln errichten oder sichern zu müssen – und insofern eine posthume Ehrenrettung der Daheimgebliebenen von Meros –, so doch nicht auch ein Durchbrechen der Schranke und des Zwanges des innerweltlichen und innergeschichtlichen Bereiches: auch der Rest und das aus ihm hervorgehende neue Israel bleibt diesem Bereich verhaftet und dem Zwang innerweltlicher Realisierung unterworfen, nur daß solche Verwirklichung jetzt statt vom eigenen Tun von Gottes Wunder erwartet wird. Aus einem Gesetz, das zum Tun verpflichtet, wird ein Gesetz, das zum Glauben an das Wunder nötigt. Deshalb muß es nicht Unglaube und Verstockung gewesen sein, die den König Ahas veranlaßten, nicht solchermaßen Gott zu versuchen (Jes. 7,12).

Daß es nicht nur schwierig, sondern unmöglich ist, das Alte Testament oder auch nur die Prophetie auf eine einheitliche Antwort festzulegen, und es darum nicht angeht, *eine* Antwort für typisch alttestamentlich zu halten, lehrt die um eben dieselben Aporien von Bund und Gesetz, Gottesvolk und staatlicher Existenz kreisende Verkündigung anderer Propheten. Auch Hosea läßt Jahwe ein Nein sprechen: Israel ist nicht mehr sein Volk, Jahwe nicht mehr Israels Gott (Hos. 1,9). Für ihn ist das Königtum der Anfang aller Bosheit (Hos. 9,15) und geradezu Ausdruck göttlichen Zornes (Hos. 13,11). Auch für ihn hat das Gesetz also, wie für Amos, tötende Kraft. Aber dieses Nein Gottes über Israel ist in paradoxer Dialektik dennoch auch ein Ja. Das Ja schwächt das Nein nicht ab, sondern schafft Israel in der Wüste und aus der Wüste seiner Verwerfung wieder neu (Hos. 2,16f.). Wenn das Gesetz tötet, so macht doch Jahwe lebendig, denn seine Liebe ist stärker als die tötende Kraft des Gesetzes, und gerade darin erweist sich Gottes Gottsein (Hos. 11,8f.). Hier richtet sich die Hoffnung also nicht auf einen ob seines Glaubens erretteten Rest, sondern ganz Israel geht ins Gericht und erst in der Wüste, wohin es als an den Anfang seiner Existenz zurückgeführt wird, dort, wo es ganz auf die gnädige Erhaltung und Führung seines Gottes angewiesen ist, wird der Bund erneuert (Hos. 2,16–22), und die neu verlobte Braut Israel bekommt all das als Brautgabe geschenkt, was den neuen Bund von Gott her beständig macht: Gerechtigkeit und Recht, Gnade und Erbarmen, Treue. Der neue Bund ist reine Gabe jenseits des Gerichtes und ohne die Werke des Gesetzes.

Ähnliche Gedanken äußerte dann später, auch hierin Hosea verwandt, Jeremia: Erst im totalen Gericht und durch das Gericht hindurch, in Babel und trotz babylonischer Gefangenschaft begnadigt und erneuert Gott sein Volk (Jer. 29,1–7; 24; 32,1–16) und schenkt ihm „schalom“. Und nach der großen Vision von Totenfeld und Totenauferweckung von Ez. 37 wird das neue und wahre Gottesvolk gleichsam aus dürren, leblosen Knochen wiedergeboren. Auch hier setzt Gott und Gott allein am Nullpunkt, wenn das Gesetz seine tötende Kraft voll ausgewirkt hat, den Neubeginn. In wiederum anderen Worten und Bildern wird in der sekundär-jeremianischen Verheißung (Jer. 31,31–34) dieselbe wurzelhafte Erneuerung in Aussicht gestellt; hier begegnen nunmehr die Begriffe Bund und Gesetz. Auch zum neuen Bund gehört das Gesetz, aber nun ein von Gott selbst ins Herz geschriebenes, und das Tun des Gesetzes wird sich spontan in der Erkenntnis Gottes vollziehen.

Wie die theologische Zuordnung von Gesetz und Bund im Alten Testament überhaupt mehrdeutig bleibt, so gibt also auch die Prophetie, die das Problem erkennt oder doch erahnt, keine einmütige und nur selten eine eindeutige Antwort. Aber gerade in allem, was hier mehrdeutig bleibt, verrät sich eine umfassendere Aporie: das Problem von Gesetz und Bund ist aufs engste verwoben mit dem anderen – immer wieder neu aktuellen – Problem, ob und wie Herrschaft Gottes und Volk Gottes innerweltlich und innergeschichtlich realisiert werden können. Man macht es sich zu einfach mit der Meinung, die großen Propheten hätten eine falsche, eigenmächtige Politik abgelehnt: wie kann Politik je anders als eigenmächtig sein? In Wahrheit haben die Propheten *alle* Bündnisse und, da ja Politik vorwiegend im Eingehen und Aufkündigen von Bündnissen besteht, *alle Politik* als eigenmächtiges *Tun des Gottesvolkes* abgelehnt. Die Ablehnung ist Antwort auf eine Aporie und selbst auch wieder aporetisch. Die Aporie steckt in der Ineinssetzung von Gottesvolk und empirisch innerweltlich existierendem Staatsvolk. Die Gottesherrschaft soll sich in Volk und Staat verwirklichen, Volk und Staat sollen sich als Gottesherrschaft verstehen. Diese Aporie ist unlösbar. Der von Jesaja und anderen Propheten geforderte Verzicht auf Bündnisse und Kriegsrüstungen ist ebenso aporetisch, denn der Staat kann nicht „stille sein" und nicht „glauben" und damit auf Politik verzichten, es sei denn, er gibt sich selbst preis. Erst wo der Bereich des Innerweltlichen und die Nötigung innergeschichtlich sichtbarer Verwirklichung endgültig – eschatologisch – durchbrochen werden, wo zwischen Glauben und Schauen (2.Kor. 5,7; Röm. 8,24f; Joh. 20,29) unterschieden wird, da kann auch erkannt werden, daß das Gottesreich „nicht von dieser Welt" (Joh. 18, 36) und deshalb, wenn auch in der Welt, so doch „nicht von der Art dieser Welt" (Bultmann z. St.) ist und darum weder mit menschlichen Waffen noch von himmlischen Kriegern (Joh. 18,36) vom Himmel herunter aufgerichtet wird, wie Jes. 31,4f. erwartet wird.

Solche endgültige – eschatologische – Eindeutigkeit erreicht *das* Alte Testament nicht. Es enthält vielerlei und verschiedene Antworten, und ebenso viele Fragen bleiben ohne Lösung. Die Fragen und Antworten, auch die Fragen, die keine oder eine aporetische Antwort finden, lassen sich herausarbeiten. *Was aber gilt?* Wer hat recht? Debora und Barak oder die Leute von Meros? Jehu (2.Kön. 9) oder Hosea (Hos. 1,4)? Jesaja oder Ahas? Jesaja oder Jeremia? Die Makkabäer oder die Stillen im Lande? Die Zeloten oder Flavius Josephus, der ihnen die Schuld an Jerusalems Untergang zuschreibt? Oder anders formuliert und aufs Ganze gesehen: Ist *das* Alte Testament endlich und letztlich Gesetz oder Bund, Testament, göttliche Zusage und Heilssetzung – welche

Bezeichnung gilt? Es ist – ineralttestamentlich betrachtet – beides möglich, wie auch beide Bezeichnungen vorgegeben sind. Auch eine Linie, die vom Gesetz zum Bund oder vom Bund zum Gesetz führte, läßt sich nicht aufweisen. Daß das keineswegs primär theoretisch-theologische, sondern existentielle Problem solcher Ambivalenz und Mehrdeutigkeit bereits inneralttestamentlich erkannt wurde, ließ sich unschwer zeigen. Auch dies erwies sich, daß es zur letzten Klarheit inneralttestamentlich nicht kommt. Das ist freilich nicht so zu verstehen, als ob nicht bloß einzelne, sondern alle Texte des Alten Testaments und alle Phänomene des alten Israel samt und sonders in ein Zwielicht getaucht wären, das eine eindeutige Interpretation ausschlösse; auch nicht so, als ob sich im Alten Testament eine oder mehrere unabgeschlossene Linien abzeichneten, die entweder auf das Neue Testament oder auch auf das Judentum hin offengeblieben wären und so erst im nachhinein zeigten, wohin sie mit letzter Klarheit führen mußten, sei es in die Gesetzesfreiheit eines Paulus, sei es ins talmudische Judentum. Es kämpften vielmehr Gesetzeseiferer und Gotteskämpfer am frühesten Anfang, und Zeloten taten ein Gleiches am späten Ende. Daß allem Gesetz die Bundeszusage vorausgeht, ist Glaubensbekenntnis der alten Zeit und Überzeugung auch noch derer, die das Gesetz als solches als geschenkte Heils- und Lebensordnung loben und sich daran freuen. Vielmehr darin besteht die Ambivalenz, daß inneralttestamentlich unbestimmt bleibt, was hier letztlich *gilt*: Gesetz oder Evangelium. Von dieser im Ganzen waltenden Ambivalenz her bleiben auch die einzelnen Texte und einzelnen Phänomene, auch die, die in sich eindeutig sind, *ohne eindeutigen Stellenwert*: Sind die theokratischen Gotteskämpfer von Ri. 4f., sind die prophetisch initiierten und abgesegneten Bluttaten des Jehu (2.Kön. 9f.), die Schlachten der Makkabäer und der Zeloten, oder Jesaja, der zum Stillesein und Glauben Mut machen will, oder Jeremias Verkündigung vom Heil mitten im Gericht die *Regel* oder die *Ausnahme*? Und wonach ließe sich bestimmen, was Regel und was Ausnahme, was Tiefpunkt und was Höhenflug, was gesetzlich und was „evangelisch" gemeint sei? Wenn die Zahl der Belegstellen nicht das Kriterium sein kann, nach welchem Maßstab müßte, inneralttestamentlich, dann wohl gemessen werden? Die Diskussion um Bund und Gesetz in der Wissenschaft, aber schon die unterschiedlichen Möglichkeiten des Kanonverständnisses und die entsprechend verschiedenen Rezeptionen des Alten Testaments in der Kirche und noch früher bereits die im Alten Testament bezeugten Auseinandersetzungen um das rechte Verständnis von Bund, Gesetz, Gottesherrschaft in Israel selbst, die auch hier nicht zu einem einhelligen Ergebnis geführt hatten, lehren, daß ein solches Kriterium fehlt.

Dies ist eine schlichte Feststellung, und nicht der Versuch, über das Alte Testament ein geheimnisvolles Dunkel zu breiten, in das dann eine christliche Interpretation erst das wahre Licht bringen soll. Das Alte Testament als eine ein rundes Jahrtausend umspannende Sammlung religiöser und nationaler Literatur hat so wenig eine eindeutige Mitte wie irgendeine andere Literatur auch. Nicht dies, sondern allenfalls das Gegenteil wäre verwunderlich. Die Versuche, dennoch eine Mitte zu bestimmen, sind ein Notbehelf oder verführen zu Leerformeln, wie daß Gott die Mitte des Alten Testamentes sei (vgl. etwa G.F.Hasel, The Problem of the Center etc., 1974; s.o. S.79ff.). Ohne Mitte aber kein eigener, immanenter Maßstab! Der Pharisäismus hat nach seinem – auch nicht völlig einheitlichen – Maßstab interpretiert und gehandelt; das Judentum verstand und versteht es auf seine erst recht nicht einheitliche Weise – vom wörtlich bindenden Gesetz jüdischer Orthodoxie bis hin zur Nationalliteratur, die der Wiedergewinnung und Stärkung der nationalen Identität dient; das Christentum ererbte es als „Altes Testament", machte es zu seinem Gesetz oder zu seinem bleibenden Stachel und Ärgernis des Gesetzlichen oder las es als Verheißung des Neuen Bundes, dessen Gesetz ins Herz geschrieben ist. Kann und soll also jeder mit „seinem" Alten Testament als heiliger oder nationaler Schrift in der Hand nach seiner Fasson selig werden? Darauf ist mit einem Ja und mit einem Nein zu antworten. *Ja*: die Bezeichnung „das Gesetz" ist eine ebenso zutreffende Wertung wie das Verständnis als israelitisch-jüdische Nationalliteratur oder auch als Bund, Testament, Altes Testament. Je nach dem Ausgangspunkt des Betrachters bietet sich eine Mitte an, von der her das Ganze in den Blick genommen werden kann. Und *Nein*: der Standpunkt des Betrachters ist keine pure Willkür und die von einem solchen Gesichtspunkt aus vorgenommenen Wertungen, Abwertungen, Anerkennung und Verwerfung sind noch keine Vergewaltigung von Texten in ihrem ursprünglichen Verständnis, sondern das, was sie sind: Wertungen. Und vor allem: die Verwerfung des Christus oder aber die Proklamation des Endes des Gesetzes und der im Christusereignis gründende Glaube, daß der Mensch gerecht werde ohne des Gesetzes Werke, sind nicht subjektive, beliebig austauschbare Gesichtspunkte, die mit der Wendung „nach seiner Fasson" adäquat beschrieben werden könnten, sondern Grundentscheidungen, die das Daseins- und Gottesverständnis insgesamt umfassen. Insonderheit auch der christliche Gesichtspunkt, von dem aus das Alte Testament gelesen wird, liefert keinen subjektiven Maßstab zur christlichen Uminterpretation, die auch noch aus dem letzten Opfergesetz ein gesetzesfreies Evangelium macht. Dieser letztere Gesichtspunkt ist aber wohl in sich das Kriterium, mit dessen Hilfe überhaupt und mit letzter Klarheit zwischen Gesetz und Evangelium unterschieden, die inneralttestamentliche Aporie, das nackte und tötende – auch im buchstäblichen Sinne mörderische – Gesetz erkannt, aber auch das offene oder verborgene oder erst angedeutete Evangelium im Alten Testament vernommen werden kann. Obige Sätze stellen nicht einmal ein neues hermeneutisches Programm vor: faktisch und praktisch hat die Kirche ihr Altes Testament immer nach diesem Kriterium in Auswahl gelesen und nach diesem Maßstab aus dem Alten Testament Gesetz *und* Evangelium vernommen. Und wenn auch mangelhafte dogmatische und hermeneutische Theorien Christus und sein Evangelium im Gesetz zu finden meinten oder – weit schlimmer – aus dem Evangelium ein Gesetz werden ließen, so war doch oft die Praxis besser als die theologischen Theorien – man denke nur an Luther oder auch an Calvin! –: es war die Praxis des Glaubens, in der sich die eigene Mächtigkeit der Schrift Alten und Neuen Testaments durchsetzt.

V. KAPITEL

Das Alte Testament als Dokument einer Fremdreligion

1. *Entdeckung und Betonung der religiösen Fremdheit*

Die Frage, ob das Alte Testament insgesamt und letztlich als Gesetz zu verstehen sei oder nicht, und auch noch die bejahende Antwort auf diese Frage gehören in einen Bereich, der im engeren Sinn theologisch genannt zu werden verdient. Die Geltung des Gesetzes, seine bindende, tötende, zu Christus hin treibende Kraft wird hier nicht verneint; das Gesetz gilt als von *Gott* ebenso gesetzt wie das Evangelium. Der Gott des Alten Testaments und des Gesetzes ist derselbe wie der Gott des Neuen Testaments und des Evangeliums. Das war für den Apostel Paulus ebenso wenig zweifelhaft, wie es im 20. Jahrhundert für manche Theologen der grundsätzlichste Glaubenssatz ist, von dem alle Erwägungen über das Verhältnis der Testamente auszugehen haben (vgl. etwa Franz Hesse, Das Alte Testament als Buch der Kirche, 1966, S. 21; u.s.u. S. 185f.). Der Unterschied von Gesetz und Evangelium kann sich aber auch zur Unterscheidung von bloß menschlichem Gesetz und göttlichem Evangelium, fremdreligiösem Gesetz und christlichem Evangelium oder gar von verschiedenen Religionen, nämlich der israelitisch-jüdischen und der christlichen Religion ausweiten. So ausgeweitet, betrifft die Unterscheidung nicht mehr nur das Gesetz und das Gesetzliche im Unterschied zum Evangelium, sondern überhaupt die Fremdartigkeit des Alten Testaments im Vergleich zu allem Christlichen. Eine letzte Schärfe erhält die Unterscheidung dann, wenn auch die neutestamentlichen Verkündigungsinhalte gleichsam von außen betrachtet und als Religion aufgefaßt werden. An die Stelle von Offenbarung – im Alten *und* im Neuen Testament oder im Alten *nicht*, aber im Neuen *wohl* – tritt nunmehr der Begriff der Religion. Von Offenbarung im strengen Sinne kann man nur als an Offenbarung Glaubender und von Offenbarung Betroffener sprechen; über Religion soll hingegen möglichst objektiv gehandelt werden. Objektivierung verfremdet, entläßt aus der Sphäre der Betroffenheit und rückt ins Feld nüchterner Rekonstruktion. Hier aber erscheint das Alte Testament als das ältere noch fremder als das durch seinen Inhalt und dessen Traditionsbildung und Wirkungsgeschichte in der Kirche und überhaupt im christlichen Abendland vertrautere Neue Testament.

Wenn auch erst in der modernen Zeit voll ausgebildet, hat diese Betrachtungsweise doch sehr tiefe und alte Wurzeln. Man kann sogar schon auf das Johannesevangelium verweisen.

Anders als bei den Synoptikern, wo nur selten von „Juden" die Rede ist, begegnet im vierten Evangelium dieser Terminus 70mal, und zwar sowohl in einem – an sich schon auffälligen – mehr neutralen Sinne als Bezeichnung für die Leute, mit denen Jesus es zu tun hat; der Terminus „Jude" kann hier aber auch eine Verwendung finden und in solchen Zusammenhängen stehen, daß er von vornherein impliziert, daß *Gegner* gemeint sind, die den Christus nicht verstehen können und ihn darum verwerfen. Sie vermögen ihn nicht zu verstehen und lehnen den Offenbarer ab, *weil* sie *Juden* sind. Weil, so kann man etwa Joh. 2,18–21 auslegen, die jüdische Religion Glaube an die Gegenwart Gottes in einem mit Händen gebauten Tempel zu Jerusalem ist, verschließt sie sich von vornherein der Möglichkeit, daß Gott sich in Tod und Auferstehung Christi offenbare. Nach 8,48–59 argumentieren die Juden *als Juden* und mit *jüdischen* Argumenten gegen den Christus. Bemerkenswert ist die Stelle 10,32–38, wo das Alte Testament nicht nur als Gesetz, sondern sogar als „euer Gesetz" bezeichnet wird. Die Distanz zum Judentum und zum Alten Testament als Gesetz und Dokument einer anderen, fremden und gar feindlichen Religion klingt hier und an anderen Stellen deutlich mit an (vgl. auch 9,29; 11,8; 20,19).

Die johanneische Gemeinde hat sich offenbar eindeutig von der Synagoge getrennt und ist auf das Alte Testament als heilige Schrift nicht mehr angewiesen.

Späterhin hat sich die Großkirche weder auf eine paulinische noch gar auf eine johanneische Theologie mit ihrem je spezifischen Verständnis des Alten Testaments festgelegt, sondern sich auf eine mittlere, „katholische" Linie begeben und sich die Fremdheit des Fremden zunehmend mit Hilfe der einen „anderen", weniger fremdreligiösen Sinn herausstellenden Allegorese zurechtgelegt und den Juden ihr Verständnis ihres heiligen Buches als ungläubiges Nichtverstehenkönnen vorgeworfen. Wo hingegen solche kirchliche Dogmatik nicht in Geltung stand und die Fremdheit nicht allegorisch zu verdecken vermochte, wurde der Unterschied von Altem und Neuem in der Polemik gegen einen solchermaßen „falschen" Kanon desto schroffer herausgestellt und hervorgekehrt. Hier ist noch einmal Marcion zu nennen. Bei ihm weitet sich der extrem überzogene paulinische Gegensatz von Evangelium und Gesetz zu einer totalen Ablehnung des Alten Testaments als eines Dokuments einer fremden Religion aus. Das geschah zwar noch nicht in einer distanzierten und objektivierenden religionsgeschichtlichen Betrachtungsweise; solches war zu Marcions Zeiten noch nicht denkbar. Seine Denkweise und Argumentation sind zeitbedingt mythisch und gnostisch beeinflußt. Aber seine mythische Lehre, daß der „Demiurg" genannte Schöpfer-, Gesetzes- und Gerechtigkeitsgott des Alten Testaments ein anderer als der gnädige Gott sei, den das paulinische und lukanische Evangelium verkündigt, besagt, entmythisiert, doch folgendes: das Dasein unter dem Gesetz steht einem Leben aus der Güte des Evangeliums schroff gegenüber; dem je verschiedenen Existenzverständnis korrespondieren zwei verschiedene Götter und zwei verschiedene Religionen, die der Juden mit ihrem Judengott und die der Christen. Das nach dem Wortsinn und nicht allegorisch zu verstehende Alte Testament wird so zum Dokument einer Fremdreligion, deren Gott für Marcion allerdings kein bloßes theologisch-theoretisches oder religionsgeschichtliches Phänomen, sondern gefährliche Wirklichkeit und Mächtigkeit ist.

Aber auch wo das Fremde und Befremdliche des Alten Testaments nicht solchermaßen einseitig betont und solche extremen Konsequenzen nicht gezogen wurden, mußte doch schon das neben und gegen die Kirche bestehende Judentum, das das Alte Testament gleichermaßen sein eigenes nannte und nach seinem Gesetz zu leben bestrebt war, ein bleibender Stachel sein, der ein Bewußtsein dafür wachhielt, daß das Alte auch ein Andersartiges sei. Insbesondere das Zeremonialgesetz, Speisegesetze, Sabbatvorschriften und die Beschneidungsverpflichtung, die, wie auch immer mit oder ohne Begründung, außer Kraft gesetzt und nicht mehr befolgt wurden, stellten ja ein fremdes Element dar, das nur höchste Kunst der Allegorese zu verchristlichen vermochte. Oder man behalf sich mit einer Berufung auf Schriftstellen, welche Opfer und Zeremonien als eigentlich von Gott gar nicht gewollt oder nur wegen der Sünde und Verstockung Israels geboten erscheinen lassen (etwa Jer. 7,21–24; Ez.20,19–21; Am.5,21–27; Ps.50,7–15). Oder man stützte, wie es Origenes tat, das Recht und die Pflicht zur Allegorese mit der Behauptung, dem wörtlichen Verständnis nach seien die Gesetze sinnlos und unausführbar und den Juden nur zu ihrer Bestrafung erlassen, damit sie einst den höheren, wahren Sinn erkennen möchten. Auch so kommt der Unterschied zwischen christlicher und jüdischer Praxis, christlicher und jüdischer Religion zur Geltung, obwohl an der Selbigkeit Gottes hier und dort festgehalten wird. Diese Selbigkeit wird außer von Marcion von der Gnosis überhaupt preisgegeben: der mit dem Vater Jesu Christi nicht identische und nicht vergleichbare „Judengott" ist Engelfürst, Schöpfer der niederen, unvollkommenen Welt, Geber des tyrannischen Gesetzes; er ist, weil im Alten Testament des öfteren als sichtbar erschienen geschildert, nicht der wahre Gott, dem Unsichtbarkeit und Geistwesen eignen. Obwohl dies in der Gnosis oft mittels abstruser Spekulationen und quasi tiefsinniger, willkürlicher Interpretationen begründet und ausgeführt wird, so ist doch, wie bei Marcion, der Versuch unverkennbar, das Neue, Andere, Andersartige des – allerdings gnostisch mißverstandenen – Christentums in seinem Verhältnis zum Judentum, aber auch zum Heidentum deutlicher, freilich auch einseitiger zu betonen, als es der vermittelnden Theologie der Großkirche gelingen konnte. Hier wurde die figürliche und allegorisierende Auslegung das Mittel, in der Auseinandersetzung mit Ketzern und Juden den kirchlichen Exklusivanspruch auf das Alte Testament zu erhärten. Ja, wie schon Origenes die wörtliche Auslegung mit der Bemerkung, ohne Allegorese müsse man wieder Opfertiere schlachten, ad absurdum führen zu können meinte, so wird die Allegorese geradezu zum Kennzeichen orthodoxen Schriftgebrauchs, wie umgekehrt die Hervorhebung des Wortsinnes als jüdisch-judaisierend und ketzerisch gilt. Indem die Kirche aber den Literalsinn weitgehend den Juden und Ketzern überließ, gestand sie wider Willen die Fremdheit des Alten Testaments ebenso ein wie die Eigenständigkeit des sich auf ein wörtlich verstandenes Altes Testament berufenden Judentums. Das hermeneutische Problem des Alten Testaments ist hier verdrängt, die offene Frage durch kirchliches Machtwort zugeschüttet. Warum denn nun die vom heiligen Geist Gottes inspirierte Schrift sich so dunkel und verschlüsselt ausdrückt, daß erst allegorisierende Künste sie zu entziffern vermögen, darf nicht einmal mehr gefragt werden. Wer, wie Hieronymus, trotz aller Linientreue und kirchlicher Frömmigkeit und trotz Betonung, daß die Schrift geistlich und nicht nach dem Buchstaben zu interpretieren sei, wie es die Ketzer tun, dennoch um den Wortsinn und die Notwendigkeit seiner philologischen Beachtung weiß, gerät leicht in den Verdacht, selbst auch ein heimlicher Ketzer zu sein. Diese Scheu wird angesichts einer sich vollziehenden Polarisierung der Standpunkte wohl auch verständlich: wo der Wortsinn Beachtung findet, verbindet sich hiermit eine zunehmend schroffe Verwerfung des Alten Testaments, und gegen diese Preisgabe ihres Erbes und des größten Teils der Heiligen Schrift muß sich die Kirche, und sei es auch mit ungeeigneten Waffen, wehren. Daß, wie Marcion behauptet hatte, der Gott des Alten Testaments ein anderer Gott und gar der dem christlichen Gott feindliche Schöpfer-Gott (Demiurg) sei, vermochte die Kirche mit Recht nicht als authentische Auslegung ihres Ursprungs, des paulinischen Evangeliums oder auch nur des Alten Testaments zu akzeptieren.

Dasselbe gilt auch für den Manichäismus, der im 4. Jahrhundert ein für die Kirche nicht ungefährlicher Konkurrent wurde. Für den manichäischen Dualismus von Licht und Finsternis ist der Gott der Juden der Fürst der Finsternis, sein Gesetz macht nicht lebendig, sondern tötet; seine Propheten weissagen nicht den Christus und ihre Botschaft geht darum nur die Juden an. Um die Verschiedenheit und Fremdheit des alttestamentlichen Gottes nachzuweisen, werden bevorzugt all diejenigen Stellen herangezogen, die als religiös oder sittlich anstößig erscheinen, wenn man sie wörtlich versteht: daß Gott eifersüchtig sein soll (2.Mose 20,5), Unheil statt Heil anrichte (Jes. 45,7; Am.3,6), ja, die Ausrottung der Kanaanäer befohlen habe. Der Gott des Alten Testaments sei auch nicht allwissend, er hätte sonst Adams Sünde vorausgesehen. Die Reinheitsgesetze, Sabbat- und Beschneidungsvorschriften stammen entweder nicht von dem wahren Gott, oder sie müßten auch heute noch von den Christen gehalten werden. Vor allem erhebt sich hier – und späterhin noch öfter – Widerspruch gegen den irdisch materiellen Inhalt alttestamentlicher Verheißungen: Landbesitz, Fruchtbarkeit, langes glückliches Leben. Der Sinnlichkeit der Heilsgüter entspreche das sittlich anstößige Leben der alttestamentlichen Heiligen, wofür sich ja unschwer manche Beispiele anführen lassen. Die schon hier gesammelten und gehäuften Argumente und Attacken kehren in der Folgezeit und bis in die Gegenwart wieder. Sie wollen die Gedanken- und Vorstellungswelt des Alten Testaments als eine minderwertige und auf jeden Fall dem Christentum gegenüber fremde und andere Religion erweisen. Die manichäische Linie fand in den Katharern (= die Reinen) des 12. Jahrhunderts eine Fortsetzung. Auch diese asketische Sekte, die vor allem in Südfrankreich und Norditalien Einfluß gewann, verwarf mit gleichen Argumenten das Alte Testament als Dokument einer unchristlichen und ungeistigen Religion, deren Heilsgut bloß leiblich ist. Aber gerade die Schroffheit dieses überzogenen Verständnisses des Alten Testaments schien der offiziellen Großkirche und ihrer Allegorese nur recht zu geben. Die zwar ketzerische (Katharer = Ketzer!), aber deshalb nicht weniger richtige Erkenntnis, die sich hier auch anbahnte, konnte so nicht zum Tragen kommen.

Erst die entschlossene Rückkehr zum Literalsinn in der Reformation zerriß die Decke, welche Allegorese, Dogma, Tradition und kirchliche Autorität über das Alte Testament gebreitet hatten, und ließ auch wieder die Fremdheit dieser

Schriftensammlung ans Licht kommen. Zumal aus Luthers Schriften lassen sich unschwer viele Äußerungen zusammenstellen, welche, wollte man sie für sich nehmen und von anderen Aussagen absehen, so marcionitisch klingen, daß Harnack die Ansicht vertreten konnte, es sei nur eine Inkonsequenz gewesen, daß nicht endlich überhaupt der Ballast des Alten Testaments aus dem Schiff der Kirche über Bord geworfen sei. Das Gesetz ist für Luther „der Juden Sachsenspiegel", und sogar die Zehn Gebote, obwohl in ihrem wesentlichen Bestand mit dem allen Menschen gemeinsamen Naturgesetz identisch, sind jüdisch gefärbt. Alles Jüdische aber im Alten Testament geht die Christen nichts an, Mose ist Gesetzgeber der Juden, nicht der Christen. In solchen Äußerungen (vgl. H. Bornkamm, Luther und das Alte Testament; hier Zusammenstellungen von entsprechenden Äußerungen) spricht sich die Erkenntnis aus, daß das Alte Testament *auch* Dokument einer *nicht-christlichen, partikularen Religion* und Lebensordnung ist. Wenn Luther dennoch nicht zur völligen, marcionitischen Verwerfung kommt, so deshalb, weil die Dialektik von Gesetz und Evangelium auch innerhalb des Alten Testaments wahrgenommen und nicht einfach das Gesetz mit dem Alten Testament und das Evangelium mit dem Neuen Testament gleichgesetzt wird (s. o. S. 49 ff.). Daß damit das Problem, wie das Alte Testament – zumindest auch – Dokument einer anderen Religion und doch als ganzes Teil des christlichen Kanons sein könne, gelöst sei, wird man kaum behaupten können. Der richtige und fruchtbare Ansatz der dialektischen Unterscheidung von Gesetz und Evangelium bezieht sich auf Gesetz und Gesetzlichkeit überhaupt und bedarf zu seiner Begründung und als sein Fundament nicht des Alten Testaments. Daß die Erkenntnis von „der Juden Sachsenspiegel" in letzter Konsequenz und doch ohne überzogene Konsequenzmacherei das *ganze* Alte Testament zu verfremden fähig ist, wird hier noch nicht gesehen. Das wird von der Annahme verhüllt, daß im Alten Testament nicht nur dieselbe Dialektik von Gesetz und Evangelium wie im Neuen walte, sondern daß beide Testamente, auch wenn das Alte nicht mehr angehendes Fremdes enthält, zu einer höheren Einheit zusammengehören: in beiden gehe es um denselben Gott und seine Offenbarung, *beide bezeugen („treiben") Christus*; insbesondere der von Luther hochgeschätzte Psalter rede von Christus, seinem Tod, seiner Auferstehung und Himmelfahrt. Andere alttestamentliche Stellen sind Belege für das Trinitätsdogma (etwa 4. Mose 6,22–27). Die Ansicht, daß Luther und seine Nachfolger – für die anderen Reformatoren, insbesondere Calvin, gilt das noch mehr – hier die rechte Folgerichtigkeit vermissen lassen, wie Harnack in seinem Marcion-Buch immer wieder betont, besteht durchaus zu Recht. Das überkommene Dogma und die Last der Tradition wogen zu schwer, als daß es, trotz tiefgreifend kritischer Ansätze zumal bei Luther selbst, zu einem deutlichen Erkenntnisfortschritt gekommen wäre. Die dann sich formierende Orthodoxie hat alsbald die kaum gelüftete Decke abermals über die Fremdheit des Alten Testaments gebreitet und durch das Dogma von der Verbalinspiration die offene Diskussion über das hermeneutische Problem des Alten Testaments unmöglich gemacht oder aus den heiligen Häusern von Theologie und Kirche hinausgedrängt.

Die Folge dieser Entwicklung war, daß das verdrängte Problem gleichsam am Rande erneut aufbrach und dann von dort mit großer Heftigkeit in Theologie und Kirche eindrang. Hier ist der Sozinianismus zu nennen, von dem wichtige Impulse ausgegangen sind. Faustus Socinus (Fausto Sozzini, 1539–1604) erhob eindeutig die gesunde Vernunft (sana ratio) zur Richtschnur der Bibelauslegung. Die Vernunft soll das Vernunftgemäße in den historischen Gewandungen, in denen es sich in der Bibel verhüllt, entdecken. Der Rationalismus mit seinem anthropozentrischen Ansatz ist hier schon präfiguriert: die prinzipielle Infragestellung dogmatischer Vorentscheidungen und Vorurteile kündigt sich bereits an, wenngleich die praktische Durchführung des Programms sich noch recht gemäßigt ausnimmt. Dem nüchternen Blick bleibt insonderheit die Verschiedenheit der Testamente nicht verborgen. Erkannt wird, daß das alttestamentliche Denken *national* geprägt und eingeschränkt ist, während im Neuen Testament universal allen Menschen und allen Völkern das Evangelium verkündigt wird. Wie schon früher der Manichäismus deutlich gemacht hatte, so wird auch hier herausgestellt, daß die alttestamentlichen Heilsgüter *irdischer* Natur sind. Zukunftsträchtig ist die Erkenntnis, daß das also volksgebundene und geschichtsbedingte Alte Testament *geschichtlich* zu verstehen sei. Mag auch die Kirche mancherlei Psalmen messianisch auf Christus deuten, die sana ratio lehrt, daß solche Psalmen ursprünglich sich auf David oder auf andere irdische Könige Israels bezogen oder – so Ps. 22, der allgemein in besonderer Weise als Christuspsalm galt – als Klagelied eines anonymen unglücklichen Menschen zu verstehen sind. Auch die allgemein-kirchliche Ansicht, daß die Propheten Christus geweissagt hatten, wird dahingehend abgeschwächt, daß sie Künftiges angesagt hätten, das erst im nachhinein vom christlichen Standpunkt aus auf Christus hin ausgelegt werde. Wenn auch das Alte Testament nicht mit soviel Worten als Dokument einer Fremdreligion bezeichnet wird, so tritt hier doch der Unterschied zum Neuen deutlich hervor. Obwohl die Sozinianer, verfemt, vertrieben, als bloße Sekte nur eine geringe *direkte* Wirkung entfalten konnten, so wirkten doch der rationalistische und anthropozentrische Impuls und der Sinn für historische Unterscheidungen weiter: trotz mancher unausgegorenen Irrungen und Wirrungen – Antitrinitarismus, mit Supranaturalismus untermischter Rationalismus – war diese Bewegung ihrer Zeit voraus, und die Kirche sollte in einer nicht mehr fernen Zukunft erkennen lernen, daß durch Machtspruch, Verfolgung und Ketzerverbrennung (Servet, 1553 in Genf) das theologische und hermeneutische Problem nicht gelöst werden kann.

2. *Abwertung und Verwerfung des Alten Testaments*

Die ratio, als Instrument der Auslegung vom Sozinianismus, aber auch von Grotius und Spinoza empfohlen und praktiziert, ließ sich nicht zurückdrängen. Für Spinoza, der selbst Jude war, konnte das Alte Testament nicht als Dokument einer fremden Religion im Verhältnis zum Christentum problematisch werden, wohl aber verlieren hier große Teile des Alten Testaments als bloße

Volksmeinung, welche die absolute Gotteslehre keineswegs adäquat wiedergibt und erfaßt, ihren unmittelbaren Wert. Die ratio ist nicht nur das Instrument der Untersuchung, sondern auch Raster, das alles wirklich oder scheinbar nicht Rationale aussiebt. Diese Tendenz wirkt sich dort voll aus, wo keine Rücksichten auf Synagoge oder Kirche und keine Bindungen an Tradition und Dogma die Freiheit der ratio einschränken. So gab englisches Freidenkertum, das sich in der zweiten Hälfte des 17. Jahrhunderts entfaltete und als Deismus bezeichnet wurde, nicht nur – wie ja auch Spinoza – wichtige Impulse für die freie Untersuchung des Pentateuchs – Hobbes etwa hielt den Pentateuch außer Teilen des Deuteronomiums für nichtmosaisch –, also des ersten und wichtigsten Teils des alttestamentlichen Kanons, sondern die hier entwickelte Idee einer natürlichen, vernunftgemäßen Religion wurde zu einem Maßstab, dem das Alte Testament kaum gewachsen sein konnte. Gemessen nach dem Maß des Vernunftgemäßen verliert die alttestamentliche Religion ihren Offenbarungscharakter und ihre spezifische Besonderheit im Vergleich zu anderen partikularen und nationalen Religionen, deren Riten und Zeremonien sich als den israelitisch-jüdischen durchaus vergleichbar herausstellten. Solche „äußeren" Riten und Zeremonien, insbesondere die Tieropfer, können nicht Bestandteil der wahren Vernunftreligion und nicht von Gott angeordnet sein. Auch das Argument, daß es der wahren Religion um die Seligkeit der *unsterblichen Seele* und nicht um *irdische* Güter geht, kehrt hier wieder und soll belegen, daß das Alte Testament mit seinen materiellen Heilsgaben nicht als ganzes Urkunde der wahren Religion sein kann. Von den religionsgeschichtlichen Überlegungen und Erkenntnissen eines John Spencer (1630–1693), der manche mosaischen Gesetze und Riten aus dem Bereich anderer semitischen Religionen abzuleiten versuchte und wenigstens diesem Teil des Alten Testaments den Offenbarungscharakter absprach – wie könnte Offenbarung sein, was außerhalb Israels in der Heidenwelt auch im Schwange war? –, ist kein weiter Schritt mehr zu einem Thomas Morgan (1680–1743), der das Alte Testament als Dokument einer bornierten nationalen Religion der Juden brandmarkte und nur im paulinischen Christentum die wahre Vernunftreligion verkörpert sah. Wie einst Marcion trägt Morgan alle denkbaren Argumente zusammen, die die Fremdheit und Minderwertigkeit der alttestamentlich bezeugten Religion belegen können: das Gesetz ist bloß äußerlich, droht mit irdischer Strafe und kennt keine jenseitige Vergeltung, wie das Alte Testament überhaupt nichts von einem ewigen Leben weiß; moralisch verwerflich ist die Ausrottung der Kanaanäer; die Wundererzählungen sind Lug und Trug; der Messias der Propheten hat mit dem Christus der Christen nichts gemeinsam; kurzum: Jahwe ist der Götze einer fremden Nationalreligion.

Daß und wie solche Ideen auf den Kontinent hinüberwirkten, wurde schon dargelegt (s.o. S. 64f.). Die neue, „freie Untersuchung des Canon" Semlers führte auch bei ihm dazu, daß große Teile des Alten Testaments als Zeugnisse einer fremden Religion, die in mancher Hinsicht auch dem Christentum – als Inbegriff dessen, was „vernünftig" ist und „moralisch bessert" – entgegengesetzt ist, in den Blick kamen. Der neuen Betrachtungsweise konnte der Unterschied der Testamente nicht verborgen bleiben. Der alttestamentliche Kanon ist historisch primär eine jüdische Sammlung israelitisch-jüdischer Schriften. Sie haben darum keinen unmittelbar christlichen Inhalt, sondern sind Dokumente der jüdischen Religion, die keineswegs mit der christlichen identisch ist. Sie hat vielmehr einen partikularen, nationalen Charakter, während die christliche Botschaft sich an jeden einzelnen richtet. Sodann ist der Inhalt der alttestamentlichen Verheißungen materieller Natur, während die christliche Religion auf die „moralische Ausbesserung", d.h. die religiös-sittliche Vervollkommnung und Erfüllung des menschlichen Lebens zielt. Semlers an Spinoza orientierte Charakteristik des Alten Testaments schließt auch jeden Gedanken an eine heilsgeschichtliche Zuordnung der beiden Testamente aus. Die Botschaft des Neuen Testaments steht dem Alten Testament und der Welt des Heidentums gleich nah und gleich fern. Wiewohl Semler einiges im Alten Testament, vornehmlich solches, das nach seiner Meinung über die partikularen, jüdischen und bloß innerweltlichen Schranken hinausführt oder was darin allgemein menschlich ist, als christlich möglich gelten lassen will, läuft seine Anschauung auf eine Abschaffung des Alten Testaments als eines Teils des christlichen Kanons hinaus. Ein Auszug ausgewählter alttestamentlicher Schriften wäre nach Semler eine gute Lösung. Sie entspräche einerseits der Weise, wie die christliche Kirche seit eh und je das überkommene Erbe gebrauchte: faktisch war immer nur eine, wie auch immer begrenzte und begründete Auswahl aus dem Alten Testament in christlichem Gebrauch. Andererseits geht Semlers Vorschlag einer alttestamentlichen Blütenlese weit über den Usus der Kirche hinaus, welche nie einen christlichen Kanon im alttestamentlichen Kanon ausgrenzte und alles andere Schrifttum verwarf.

Wenngleich sich der rationalistisch-moralische Maßstab als unangemessen erwies und überhaupt der Rationalismus, obwohl er der historischen Forschung mächtige Impulse gab, in mancher Hinsicht auch den unbefangenen Blick für historisch Gewachsenes verstellte, so war doch der einmal eingeschlagene Weg historischer und kritischer Untersuchung unumkehrbar. So war es auch nicht bloß der praktischen Arbeitsteilung wegen geschehen, daß die biblische Theologie sich alsbald in eine Theologie des Alten Testaments und eine des Neuen Testaments gegabelt hatte. Der historische Ansatz dieser neuen Disziplin mußte notwendigerweise zu solcher Differenzierung gelangen. Und es war ebenfalls eine notwendige Konsequenz, daß diese Theologie sich als Religionsgeschichte der israelitischen und jüdischen Religion neu formierte und sich redlicherweise entsprechend umbenannte. Aus der nunmehr ein für allemal erkannten Verschiedenheit und Distanz lassen sich freilich unterschiedliche und verschieden klare Konsequenzen ziehen. Der entdeckte und immer deutlicher ins Licht gerückte Unterschied der Testamente *kann* zur mehr oder weniger radikalen Ablehnung des Alten führen. Marcions Verwerfung des Alten Testaments schien starke neue Argumente gewonnen zu haben, und die von Deismus und Aufklärung in Gang gebrachte historische Forschung lieferte ständig neue Einsichten in die historische Bedingtheit der alttestamentlichen Religion und ihrer Verflochtenheit mit und auch Abhängigkeit von der

„heidnischen" Umwelt, welche wiederum als weitere Argumente für Abwertung und Ablehnung benutzt werden konnten. Nicht mehr nur die – wirkliche oder vermeintliche – Gesetzlichkeit, sondern überhaupt die Fremdheit der alttestamentlichen Religion und insbesondere ihr *nationaler* und *diesseitiger* Charakter rückten das Alte Testament zunehmend in Distanz zum Neuen Testament.

So war für den jungen Georg Friedrich Wilhelm Hegel der Gott Israels ein Dämon des Hasses, die israelitische und jüdische Religion das finstere Gegenteil jener lichtvollen Humanität, wie sie im Griechentum strahlend erschienen war. Israels Propheten beurteilte er als bornierte Fanatiker, die sich in die Tagespolitik ihrer Zeit einzumischen wagten. Das jüdische Schicksal könne nicht einmal Mitleid, sondern nur Abscheu wecken. Kurzum: „Der unendliche Geist hat nicht Raum in dem Kerker einer Judenseele" (Jugendschriften, S.256ff.). In den großen philosophischen Werken ist dies negative Urteil allerdings erheblich gemildert, aber auch jetzt noch steht Israels „Religion der Erhabenheit" unterhalb der der Griechen und der Römer und mit beiden gemeinsam im Gegensatz zu der sich im Christentum manifestierenden „absoluten Religion" (vgl. Kraus, Geschichte, S.191ff.).

Schleiermachers Urteil über die alttestamentliche Gesetzlichkeit wurde oben bereits erwähnt (s.o. S.103). Aber auch seine Kritik ist umfassender. Der Zusammenhang der Testamente, der früher zumeist in den messianischen Weissagungen, die im Neuen Testament als erfüllt verkündigt werden, gesehen worden war, zerbricht, da die historische Untersuchung lehrt, daß hier keineswegs der Christus der Christenheit, sondern ein Messias der Juden gemeint war. Im sogenannten Zweiten Sendschreiben an Lücke (1829) wird eine besondere Offenbarung Gottes, die sich in Israels Geschichte ereignet haben soll, geleugnet; überhaupt bedarf das Christentum keines Anhaltes im Judentum. Auch Schleiermachers „Glaubenslehre" (insbesondere § 132) schärft den großen Unterschied zwischen den Testamenten ein. Nur durch bewußte oder unbewußte Umdeutungen könne aus den Propheten und Psalmen Christliches herausgelesen werden. Ähnlich hatte schon die „Kurze Darstellung des theologischen Studiums" von 1811 (§ 115) den „jüdischen Kanon" nicht als Bestandteil der christlichen Bibel anerkannt. Der faktisch-historische Zusammenhang von Judentum und Christentum wird nicht geleugnet; daß die Kirche das Alte Testament als Erbe übernahm und zunächst auch nicht umhin konnte, dieses Erbe anzutreten, wird anerkannt. Aber ebenso deutlich erkennt Schleiermacher, daß der *historische* Zusammenhang keineswegs schon *theologische* Begründung und Rechtfertigung gegenwärtiger Anerkennung des Alten Testaments als heiliger Schrift der Christenheit bedeuten kann (§ 132 der Glaubenslehre). Man kann Schleiermacher mit einigem Recht Mangel an eigenständiger Kenntnis des Alten Testaments und der Orientalistik vorwerfen und sein idealistisches Verständnis von Religion als wenig adäquaten Schlüssel zur Interpretation des Alten Testaments bemängeln – das ändert aber nichts an der grundsätzlichen Berechtigung, nach der theologisch gültigen Begründung der christlichen Rezeption und Verwendung des Alten Testaments zu fragen und den tatsächlich vorgegebenen historischen Zusammenhang nicht als zureichenden Grund zu akzeptieren. In dieser Hinsicht sollte Schleiermacher einen kritischen Geist geweckt haben, der, wenn er das Alte Testament anders und höher schätzt, als es Schleiermacher tat, und es gar als Teil des christlichen Kanons beibehalten will, Rechenschaft über dieses sein hermeneutisches Urteil abzulegen vermag.

Unbeantwortete und verdrängte Fragen pflegen desto heftiger wieder aufzubrechen. Die weit über Schleiermacher hinausgehende Polemik eines Friedrich Delitzsch (1850–1922), der 1902 durch einen Vortrag zum Thema Babel und Bibel den sogenannten Babel-Bibel-Streit auslöste, ist als ein solcher Aufbruch und Aufschrei zu verstehen. Auch hier, ähnlich wie bei Schleiermacher, ist nicht die Frage wesentlich, ob Delitzsch sich in der Beurteilung des Verhältnisses von „Babel und Bibel", also in der Einschätzung des gemeinorientalisch-babylonischen Einflusses und der israelitisch-jüdischen Eigenständigkeit getäuscht hat. Er hat zweifellos übertrieben und es seinen Gegnern durch seine Übertreibungen und Verzerrungen, auch durch seine einseitige Gehässigkeit eigentlich zu leicht gemacht. Wesentlich ist vielmehr, daß er in seinem zweibändigen Werk „Die große Täuschung", das 1920–1921 erschien – 1921 veröffentlichte auch Harnack sein Marcion-Buch! –, quasi als intelligenter Laie, kritisch und ohne kirchlich-dogmatische Voreingenommenheit das Alte Testament zu lesen unternimmt und nun mit schonungsloser Offenheit und möglichst detailliert all das herausstellt, was dem christlichen Selbstverständnis zuwiderläuft, widerspricht oder als unterchristlich oder auch historisch unhaltbar erscheint.

Die Grausamkeiten und Bluttaten, die im Josuabuch erzählt werden, fallen natürlich ebenso ins Gewicht der negativen Kritik wie die politischen und religionspolitischen Übergriffe der älteren Propheten. Die ganze Darstellung der Sinaiereignisse in der Priesterschrift sei eine einzige Fälschung und Täuschung. Eine Täuschung sei auch das Deuteronomium, das Mose in den Mund gelegt wird, aber in Wahrheit das Produkt einer viel späteren Zeit ist. Auch die fälschlicherweise christlicherseits hochgeschätzten Propheten seien, nüchtern betrachtet, nationalistische Fanatiker. Daß von göttlicher Inspiration dieser Gestalten nicht die Rede sein könne, erhellt schon aus der Unmöglichkeit, daß derselbe Jahwe, dessen Propheten Jehu zur Revolution angestiftet hatten, dann doch auch den Propheten Hosea inspiriert haben soll, der Jehus Taten scharf verurteilte (vgl. 2.Kön. 10,30 mit Hos. 1,4). Über den jüdischen Partikularismus und Nationalismus führen auch die Propheten Delitzsch zufolge keinen Schritt hinaus. Wenn der Tempel laut Jes. 56,7 ein Haus des Gebets für alle Völker genannt wird, so spreche sich darin kein religiöser Universalismus, sondern die Hoffnung aus, alle Menschen möchten eines Tages Juden werden und sich beschneiden lassen. Der Haß gegen die Fremdvölker, wie er sich in den vielen Völkerorakeln äußert, ist hier also keineswegs in universale Menschenliebe verwandelt. Sogar die Psalmen seien nahezu ausnahmslos unterchristlich, sie kennten kein Leben nach dem Tode, wie es für das Christentum wesentlich ist, und ihre Heilshoffnung sei weitgehend an materiellen Dingen orientiert. Ps. 73,25–26, wo die Diesseitsgrenze ein wenig überschritten und die Hoffnung auf ein ewiges Leben mit Gott vernehmbar wird, sei nur die Ausnahme, welche die Regel bestätigt. Äußerungen des Hasses gegen Feinde und Gebete um Rache kommen weit häufiger vor als solche Stellen, die vereinzelt auch von Christen nachgesprochen werden könnten. Kurzum: mag das Alte Testament manche sprachliche

Schönheit haben und wichtige religionsgeschichtliche Informationen bieten, als Teil des christlichen Kanons könne es nicht in Betracht kommen.

Eine bemerkenswerte Konsequenz aus dieser konsequenten Verwerfung des Alten Testaments ist offenbar unumgänglich und darum überhaupt lehrreich: wie Marcion zum Stifter einer neuen Religion wurde, in der sich das Christusgeschehen in einen zeitlosen und geschichtslosen Mythos verwandelte, wie für Schleiermacher Christus zum ebenso geschichtsfernen Christusprinzip zu werden drohte, wie also in beiden Ausprägungen eines Christentumsverständnisses, das vom Alten Testament Abschied nahm, dieser Verzicht die Christologie in ihrem tiefsten Wesen tangierte, so ist auch Delitzsch genötigt, das überlieferte Jesus-Bild zu korrigieren. Jesus soll ein Galiläer und kein Jude gewesen sein. Hier wird klar: vom Judentum zu Jesus kann – oder darf – es keine Brücke geben. Die Idee vom arischen Jesus ist geboren. Das Programm eines Christentums ohne Altes Testament greift, wie man sieht, auch in die neutestamentliche Überlieferung ein, wie schon Marcion einen gereinigten Kanon zu entwerfen gezwungen war. Diese Erkenntnis widerlegt freilich noch nicht die gesamte Argumentation von Delitzsch und seinen Vorgängern. Wenn er es sich – wie andere Polemiker vor und nach ihm – in mancher Hinsicht zu leicht gemacht und häufig auch die Rolle des gebildeten Laien dazu mißbraucht hat, gegen besseres Fachwissen und Verstehen Gründe und Stoffe für seine Polemiken zu sammeln, so wird hier nichtsdestoweniger, versucht man einmal vom Polemischen, Überzogenen, Gehässigen und Antisemitischen abzusehen, in eindrucksvoller Weise die Fremdheit und damit doch auch die Eigenständigkeit des Alten Testaments im Verhältnis zum Neuen zur Darstellung gebracht. Was der Laie empfindet oder doch, läse er kritisch und christlich, empfinden müßte, hat Delitzsch – und sei es auf seine wenig erfreuliche Weise – ausgesprochen. Das Unerfreuliche der Ausdrucksweise sollte kein Hindernis sein, die Argumente zu studieren und darauf eine Antwort zu suchen.

3. *Fremdheit als Ärgernis und „Zuchtmeister"*

Die historisch erkannte Fremdheit des Alten Testaments *kann* auch *theologisch fruchtbar* gemacht werden. Emanuel Hirsch, der hier noch einmal erwähnt werden muß, geht es wie Schleiermacher, Delitzsch und Harnack nicht nur um die Gesetzlichkeit des Alten Testaments im Verhältnis und als Gegensatz zum Evangelium des Neuen Testaments. In seinem ursprünglichen Sinne ohne christliche Umdeutung gelesen, stellt sich das Alte Testament als Dokument einer anderen Religion heraus, die für Hirsch in eine Linie mit anderen vor- und außerchristlichen Religionen rückt.

Hirsch macht mit Recht darauf aufmerksam, daß das Alte Testament bisher als Buch der Kirche Anerkennung hauptsächlich deshalb finden konnte, weil es in großen Teilen christlich umgedeutet zu werden pflegte, jedoch auch weil das Christentum selbst seine ursprüngliche Reinheit einbüßte und vom alttestamentlichen Gedankengut durchsetzt wurde. Erst dadurch sei die Beibehaltung des jüdischen Erbes möglich geworden. Daß die Urgemeinde das alttestamentliche Erbe antrat, sei zuerst und zunächst gar nicht Zugeständnis an das Judentum gewesen, sondern umgekehrt der Versuch, das Alte Testament als Weissagung auf Christus zu lesen und damit das eigene Recht und das jüdische Unrecht aus der Schrift zu beweisen. Ein solcher Beweis sei aber heute, zwei Jahrtausende danach, ebenso historisch unmöglich – die messianischen Weissagungen sind historisch nicht auf Christus zu beziehen – wie theologisch überflüssig.

Diese richtige historische Erkenntnis wird nun von Hirsch in ihrer theologischen Bedeutung herausgestellt. In seiner Schrift „Das Alte Testament und die Predigt des Evangeliums" (1936, S. 74) heißt es mit großer Klarheit: „Das Kreuz Jesu Christi hat diese Volksreligion ebenso unter das göttliche Nein gestellt wie alle anderen Nationalreligionen. Die neutestamentliche Vorstellung vom Gottesreich und vom Erlöser hebt die alttestamentlich-jüdische radikal auf. Dadurch treten christlich Volk und Gemeinde, Volksgesetz und heilbringender Gotteswille auseinander, die Dialektik von Gottesreich und Weltreich gewinnt einen anderen, alttestamentlich-jüdisch vollkommen unerhörten Sinn, und zugleich stellt sich das Verhältnis des einzelnen zu Gott nunmehr rein auf den persönlich empfangenen Glauben." Nur als Gegenstoß und Ärgernis kann das Alte Testament christlich in Betracht kommen, aber in dieser dialektischen Bezogenheit behält es seinen Wert. So kann also Hirsch, der die totale Gesetzlichkeit und damit die völlige Fremdheit der alttestamentlichen Religion auf das stärkste betont, doch einen christlichen Gebrauch dieses un- und vorchristlichen Buches anerkennen, sofern die hier exemplarisch bezeugte religiöse Haltung faktisch in erschreckender Weise auch noch die von Christen ist – diejenige Haltung, die gerade von der Christusverkündigung zerbrochen wird.

Daß historische und theologische Erwägungen dieser Art leicht in den Sog antisemitischer, politischer und kirchenpolitischer Kämpfe und Auseinandersetzungen geraten und dann von falscher Seite Applaus erhalten können und auch tatsächlich erhielten, ist bekannt. Das nötigt aber gerade zur nachträglichen sorgfältigen Prüfung, die sich von falscher Polemik und von philosemitischer Begeisterung, welche auf theologische Schwärmerei hinausliefe, gleichermaßen fernhalten sollte. Wohin die Linie Marcion-Morgan-Semler-Hegel-Schleiermacher-Delitzsch-Harnack-Hirsch geführt hat, darf nie wieder in Vergessenheit geraten; dennoch muß der abgrundtiefe rassistische und religiöse Mißbrauch – der „abusus" – nicht notwendigerweise im „usus" mit enthalten sein: die Erkenntnis von Fremdheit und auch noch von Gegensätzlichkeit muß ja nicht unbedingt zu Haß und zu Mordgier führen!

Radikale historische Kritik und gut-lutherische Dogmatik können sich versöhnen und Hand in Hand das hermeneutische Problem des Alten Testaments zu lösen versuchen. Als ein solcher Versuch ist die Position E. Hirschs auch zu werten. Ähnlich kann auch Friedrich Baumgärtel nachdrücklich feststellen: „Von unserem heutigen Denken aus ist für die hermeneutische Frage nicht eliminierbar die Tatsache, daß das Alte Testament Zeugnis aus einer Religion außerhalb des Evangeliums, also aus einer für uns fremden Religion ist, die geschichtlich gesehen einen anderen Ort hat als die christliche Religion“ (Das hermeneutische Problem des AT, 1954, bei Westermann, S. 125). Dennoch behält nach Baumgärtel das Alte Testament für den Christen seine Gültigkeit, und zwar einmal, weil hier schon die „Grundverheißung“: „Ich bin der Herr, dein Gott“ ergeht, auch wenn sie faktisch von Israel mißverstanden, verdinglicht und verfälscht wurde. Vor allem aber gilt das Alte Testament deshalb auch noch den Christen, weil diese immer wieder in die vorchristliche Haltung des alttestamentlichen Menschen zurückfallen.

So kann es heißen: ... „uns Christen, die wir unter der Verheißung in Christus ‚sein eigen sein‘ sind, ist das alttestamentliche Wort gegenwärtiges, uns meinendes und uns treffendes Wort Gottes, und die Heils-Unheilsgeschichte des alttestamentlichen Volkes ist unsere eigene Heils-Unheilsgeschichte... Daß uns trotz der für uns abgetanen Gebundenheit ihre Zeugnisse existentiell treffen, wir uns unter ihnen also in die alttestamentliche Situation zurückgedrängt finden, muß uns tiefer beugen als die, denen doch der neue Bund verbürgt ist“ (Verheißung, S. 65).

Auf ähnliche Weise versuchte auch Franz Hesse die Gültigkeit des Alten Testaments trotz seiner Fremdheit zu begründen. Auch bei ihm heißt es: „Die alttestamentliche Religion ist etwas qualitativ anderes als der Glaube des Neuen Testaments. Im Glauben Israels und im Christentum haben wir wesensverschiedene Religionen vor uns“ (Zur Frage der Wertung und Geltung alttestamentlicher Texte, 1959, bei Westermann, S. 281; ähnlich in: Das Alte Testament als Buch der Kirche, 1966, hier aber etwas weniger schroff). Aber wie für Baumgärtel beansprucht auch für Hesse das „ganze uns aus dem Alten Testament hier ansprechende Wort Gottes... Geltung, auch da, wo es uns die ‚Verstockungslinie‘ erkennen läßt... Geltung beansprucht es, weil und insofern es uns warnt, den Weg des Irrtums und des Ungehorsams des alttestamentlichen Menschen mitzugehen, von dem das Alte Testament auch schon vielfältig Zeugnis ablegt“ (Zur Frage usw., S. 289f.; ähnlich Das Alte Testament als Buch der Kirche, S. 152 u. ö.).

Schließlich muß hier Rudolf Bultmann genannt werden. In seinem wichtigen Aufsatz „Weissagung und Erfüllung“ (1949) weist er zunächst die Art und Weise, wie im Neuen Testament mit Hilfe des Alten Testaments der Weissagungsbeweis geführt wird, als heute nicht mehr möglich nach und knüpft dann positiv an den Erlanger Hofmann an (s. u. S. 151f.), dessen These, daß nicht so sehr einzelne Worte des Alten Testaments Weissagungen sind, sondern daß die Geschichte weissagenden Charakter hat, Bultmann aufgreift. Diese These wird von ihm dann dahingehend modifiziert, daß die Geschichte Israels in ihren wesentlichen Aspekten – als Geschichte des Bundesvolkes, als Geschichte unter der Königsherrschaft Gottes und als die des Gottesvolkes – Weissagung sei „in ihrem inneren Widerspruch, in ihrem Scheitern“ (a. a. O., S. 183). Damit erfüllt das Alte Testament insgesamt seine Funktion als Gesetz: „Interpretieren wir die alttestamentliche Geschichte in diesem Sinne, so folgen wir der paulinischen Interpretation des Gesetzes. Das Gesetz ist der Zuchtmeister bis zu Christus (Gal. 3,24), weil es den Menschen ins Scheitern führte“ (a. a. O., S. 185). Freilich kann nach Bultmann *alles* Gesetz und jede sittliche Forderung diese Funktion auch übernehmen: „Es kann also nur pädagogische Gründe haben, wenn in der christlichen Kirche gerade das Alte Testament benutzt wird, um dem Menschen zum Bewußtsein zu bringen, daß er unter Gottes Forderung steht..." (Die Bedeutung des Alten Testaments für den christlichen Glauben, 1933, S. 321).

Wie insbesondere Bultmann deutlich macht, wird die *Fremdheit* der alttestamentlichen Religion, welche deren Urkunde – das Alte Testament – den sonstigen Dokumenten der außerchristlichen Religionsgeschichte zuzurechnen ermöglicht und nötigt, *theologisch* als *Gesetz* interpretiert. Als Gesetz wird dann das fremde Alte Testament wieder in die Dialektik von Gesetz und Evangelium heimgeholt und als notwendiger Teil des Kanons anerkannt. Diese Notwendigkeit ist bei Bultmann nur noch eine „pädagogische", weil im Prinzip alles und jedes Gesetz die gleiche Funktion übernehmen kann. Damit wiederholt sich also die bereits gestellte Frage, ob die Religion des Alten Testaments wirklich angemessen als „Gesetz" – in jenem engen, theologischen Sinne – verstanden werden könne und ob die Situation des alttestamentlichen Menschen christlich *nur als die des Scheiterns* interpretiert werden dürfe. So richtig Bultmann die Aporien aufgezeigt hat, in die sich Israel, sofern es als dieses empirische Volk oder als diese vorfindliche Religionsgemeinschaft das ebenso vorfindliche Gottesvolk innerweltlich realisieren wollte, verstrickte, sowenig läßt sich doch das *ganze* Alte Testament einem auch noch so weit gefaßten Begriff des Gesetzes unterordnen. Eben deswegen bietet das Alte Testament, noch ganz abgesehen davon, daß es nicht nur Geschichte erzählt, auch nicht ausschließlich eine Geschichte des Scheiterns. Die Aporien, die Bultmann eindrucksvoll nachzeichnet, wurden bereits inneralttestamentlich erkannt, und es wurden Auswege angebahnt. Und nicht alles, was als diesseitiges und dingliches Heilsgut geglaubt wird, ist ob seiner Diesseitigkeit zum Scheitern verurteilt oder als Verfälschung der „Grundverheißung" zu brandmarken. Diese Überlegungen leiten über zu einer Metakritik der am Alten Testament geübten Kritik.

4. *Kritik der Kritik am Alten Testament*

Daß überhaupt die Einsicht in die Eigenständigkeit des Alten Testaments nicht immer auch zu seiner Abwertung und Ablehnung führen muß, lehrt insbesondere die Arbeit der Religionsgeschichtlichen Schule. Wo die Grenzen des bloß Rationalen und Rationalistischen und der aufklärerischen Moral gesehen werden und ein unbefangener Sinn für Historisches erwacht ist, kann man mit der Religionsgeschichtlichen Schule durchaus das Urtümliche und Urwüchsige alter Volkssagen bewundern, sich hineinzuversetzen versuchen in Jubel und Klage der Psalmisten, das hohe und strenge Ethos der Propheten als vorbildlich preisen. Freilich: bleibt auch für diese Betrachtungsweise das Alte Testament nicht ein fremdreligiöses Dokument, das nicht als heilige Schrift im strengen Sinne gesehen und nicht als Zeugnis für die Gegenwart gehört, vielmehr in seinem eigenen Anspruch – „so spricht der Herr" – nicht mehr ernst genommen und gar überhaupt nicht vernommen wird? Man kann diese Frage, wenn man sie präzise stellt, nur mit einem ebenso präzisen Nein beantworten. Das Alte Testament wird für solche Betrachtungsweise zu einer „Quelle“, aus der eine vergangene Religion rekonstruiert wird.

Diesen Modus des Verstehens kann man mit H.-G. Gadamer folgendermaßen umschreiben: „Der Text, der historisch verstanden wird, wird aus dem Anspruch, Wahres zu sagen, förmlich herausgedrängt. In dem man die Überlieferung vom historischen Standpunkt aus sieht, d.h. sich in die historische Situation versetzt und den historischen Horizont zu rekonstruieren sucht, meint man zu verstehen. In Wahrheit hat man den Anspruch grundsätzlich aufgegeben, in der Überlieferung für einen selber gültige und verständliche Wahrheit zu finden. Solche Anerkennung der Andersheit des anderen, die dieselbe zum Gegenstande objektiver Erkenntnis macht, ist insofern eine grundsätzliche Suspension seines Anspruchs“ (Wahrheit und Methode, S. 287).

Die Reaktion der Dialektischen Theologie auf die historisch-kritische Verfremdung des Alten Testaments und der Schrift überhaupt und Karl Barths energischer Versuch, „zur Sache“ zurückzukehren und gleichsam ohne Rücksicht auf historische Verluste und Gewinne die Schrift Alten und Neuen Testaments als Zeugnis von Gottes heute ergehendem und angehendem Wort zu lesen, wäre ohne den nachhaltigen Widerhall geblieben, wenn nicht das Unbehagen an einer Historie, die nur noch verfremdend in fremde Ferne rückt und allenfalls dem historisch-ästhetischen und neuromantischen Sinn einige Befriedigung schenkt, überaus groß gewesen wäre.

Insbesondere auch das von Barths Gefolgsmann Wilhelm Vischer geschriebene Buch „Das Christuszeugnis des Alten Testaments“ (2 Bde., 1934/1942), das Barths Ansatz in die Praxis der Auslegung umzusetzen versuchte, hatte – vor allem auch in der Pfarrerschaft – große Wirkung.

Vischer behauptete die für die christliche Kirche lebensnotwendige Einheit der Testamente und ein Verständnis der Bibel, das ihren Anspruch, heute Gültiges zu sagen, gerade nicht aufhebt, sondern vernehmbar zu machen bestrebt ist. Von dem Grundsatz ausgehend, daß die Messiashoffnung für Juden und Christen gleichermaßen die Mitte des Alten Testaments ist und daß, wenn Jesus wirklich, wie es der christliche Glaube glaubt, der Messias-Christus war, das Alte Testament zusammen mit dem Neuen Testament die Schrift der Kirche sei, wird das Alte Testament auf das „Christuszeugnis“ hin ausgelegt. Daß diese Auslegung findet, was die Auslegungsprämissen zuvor hineingelegt hatten, versteht sich.

Vischers Buch war von Anfang an umstritten, und die Unhaltbarkeit und Undurchführbarkeit seines Verfahrens lassen sich vom Standpunkt der historisch-kritischen Methode unschwer herausstellen. Vischer machte es, wie umgekehrt und doch ähnlich ein Friedrich Delitzsch, den Gegnern eigentlich zu leicht. Doch leichtfertig darf man einen solchen Versuch nicht beiseite schieben: Sollte denn wirklich die immer schroffere Formen annehmende *Ablehnung* des Alten Testaments oder aber die wissenschaftlich-vornehme *Distanzierung* von den brennenden Fragen nach Bedeutsamkeit, Geltung und Prädikabilität die *einzig mögliche Alternative* bleiben? Vischer antwortete darauf mit seinem Buch, das den Willen bekundete, das Alte Testament aus seiner Fremdheit zurückzuholen, seinen Anspruch und Zuspruch zu hören und die gegenwärtige Bedeutsamkeit des biblischen Zeugnisses neu auszusagen. Diese Reaktion auf das wissenschaftliche und unwissenschaftliche Nein und auf die quasi-objektive Unverbindlichkeit bloßer Historie war notwendig. Dennoch gilt, daß die Geschichte und so auch die Geschichte der Wissenschaft unumkehrbar ist. Man kann wie Barth zwar in einer Kirchlichen Dogmatik thetisch behaupten – und dann danach tun –, daß das Alte Testament das Buch der Vorzeit und desjenigen Zeugnisses sei, das *Christus erwarte*, und darum vom Neuen nur als das Vorher von dem Nachher der Erfüllung verschieden sei (KD I 2, S. 77ff.), aber das löscht ja nicht wie mit einem Federstrich die nicht zu bezweifelnden Ergebnisse der historischen Arbeit von mehreren Jahrhunderten mitsamt ihren theologischen Implikationen aus. Vielleicht waren die Versuche von Barth, Vischer u.a., die, wie man immer wieder betonte, angeblich stets nur *relativ sicheren* Resultate der historischen Wissenschaft, sofern sie nicht in die christologische und sonst dogmatische Linie paßten, zu überspringen oder zu bagatellisieren, in der konkreten Situation der Zeit notwendig. Das war dann eine tragische Notwendigkeit, deren Tragik erst die Zukunft ganz offenbarte, aber auch schon manche Zeitgenossen ahnten: als mit dem Kampf gegen den Nationalsozialismus auch die Kampfbegeisterung nachließ und nach dem kühnen Höhenflug christlicher und christologischer Interpretationen wieder die Niederung des irdischen Landes, das Israel und nicht der Kirche verheißen war, mit seinem irdischen Heil, seiner nationalen Hoffnung, seiner partikularen Theokratie, seinen ungelösten Aporien und unendlichen Tragödien, kurzum das Alte Testament als das Alte in Sicht kam, mußten die alten Fragen, die wieder einmal verdrängt und nicht gelöst waren, erneut auf die Tagesordnung kommen.

Damit stellt sich die Aufgabe, die Gründe, welche gegen das israelitisch-jüdische Alte Testament als heilige Schrift der christlichen Kirche sprechen oder zu sprechen scheinen, noch einmal zusammenzustellen und historisch und theologisch sorgfältig zu prüfen. Zu dieser Sorgfalt gehört zunächst die Feststellung, daß der nicht zu bezweifelnde historische Zusammenhang von Altem und Neuem Testament und von Judentum und Christentum heute kein Grund mehr für die kirchliche Anerkennung jenes alten Erbes sein kann: historische Verbindungslinien und Bindungen dürfen mit normativer Verbindlichkeit nicht verwechselt werden. Es ist ferner zwar richtig, daß, wie immer wieder hervorgehoben wird, das Neue Testament ohne das Alte Testament nicht voll verständlich ist. Tatsächlich werden etwa die meisten Hoheitstitel Jesu, der Begriff der Gottesherrschaft und überhaupt die religiöse Begriffs- und Vorstellungswelt des Neuen Testaments erst konkret faßbar, wenn die Herkunft aus dem Alten mitbedacht wird. Ein theologisches Wörterbuch zum Neuen Testament ist ohne alttestamentlichen Vorbau nicht denkbar! Aber so richtig solche Erwägungen sind, auch sie vermögen eine kanonische Verbindlichkeit dieser Schriftensammlung nicht zu begründen. Verständlich wird das Neue Testament ja auch nicht nur vom Alten her, sondern erst im Horizont der antiken hellenistischen Welt und des griechisch-orientalischen Synkretismus kann es historisch recht verstanden werden, wie ebenso auch das Alte Testament wieder nur als eine spezifische Ausprägung altorientalischer Religiosität und Weltanschauung in einer vielfältigen Verflochtenheit mit der Umwelt historisch recht betrachtet werden kann. Was zum Verständnis beiträgt oder dafür unabdingbar ist, ist zwar für heutige Erkenntnis von großer Bedeutung, hat deshalb aber noch lange keine kanonische Gültigkeit.

Wissenschaftliche Sorgfalt vermag wohl auch zu unterscheiden, welche gegen die Geltung des Alten Testaments vorgebrachten Argumente bloße Polemik und ohne wissenschaftlich ernst zu nehmenden Wert sind. Hierher gehört die Behauptung einer kulturellen, religiösen und rassischen *Minderwertigkeit* im Vergleich zu Ariertum, Griechentum, Christentum oder auch zur panbabylonischen Hochkultur. Ganz abgesehen davon, daß solche Urteile subjektive Bewertungen sind: die religiöse und kulturelle Eigenständigkeit der alttestamentlichen Schriftensammlung kann heute trotz weiter und tiefer Verflochtenheit mit und auch Abhängigkeit von der außerisraelitischen Umwelt im Ernst nicht in Zweifel gezogen werden. Ein Werk wie das Hiob-Buch verdient nicht weniger, zur großen Weltliteratur gerechnet zu werden als etwa die Epen Homers. Die sprachgewaltigen und vom strengen Willen zur Gerechtigkeit getriebenen Propheten sind mit ihrer schroffen Kritik am eigenen Volk und am eigenen Staat unbeschadet mancherlei Parallelerscheinungen doch eine einmalige Erscheinung im ganzen Alten Orient. Und obwohl Israels Gesetzgebung für einen modernen europäischen und freiheitlichen Rechtsstaat gewiß nicht geeignet ist, so sind doch auch hier der sittliche Ernst, der soziale Zug, insbesondere auch die keusche Scheu in geschlechtlichen Dingen unverkennbar und im positiven Sinne beispielhaft. In großer Tiefe wird in den ersten elf Kapiteln des ersten Buches Mose menschliche Schuld ausgelotet und in klassisch gewordenen Bildern anschaulich gemacht; auch hierzu enthält die Literatur der anderen Völker in Israels Umwelt keine wirklich vergleichbaren Parallelen. Auch dort noch, wo Israels Abhängigkeit von großen, fremden Vorbildern mit Händen zu greifen ist – wie in der Sintflutgeschichte –, ist doch die assimilierende, umgestaltende und aus dem Überkommenen Neues schaffende Kraft unverkennbar. Solche Beispiele ließen sich beliebig vermehren. Freilich könnten auch sie, so für sich genommen, wohl die polemische Behauptung mangelnder Originalität und Minderwertigkeit widerlegen, nicht aber die Geltung des Alten Testaments begründen. Beruht doch das kanonische Ansehen – auch des Neuen Testaments – nicht auf dem wirklichen oder vermeintlichen Kulturwert!

Auch das immer wieder auftauchende und von Fr. Delitzsch geradezu zum durchgehenden Thema erhobene Argument der „*Täuschung*" und des frommen oder unfrommen *Betrugs* bedarf keiner ausführlichen Widerlegung, zumal es von Delitzsch gewissermaßen laienhaft, aber wider besseres Wissen ins Feld geführt wurde. Hier ist auf die Anonymität der meisten alttestamentlichen Schriften zu verweisen, die selbst gar nicht das geistige Eigentum bestimmter namentlich genannter Autoren sein wollen und ein Urheberrecht und Recht auf geistiges Eigentum gar nicht kennen. Der Pentateuch, aber auch die Prophetenbücher und die historischen Schriften entstammen nicht der Feder je eines einzigen Autors; sie sind in ihrer jetzigen Gestalt das endlich fixierte Ergebnis komplizierter mündlicher und schriftlicher Überlieferungsprozesse. Die einmal Gemeingut gewordene Vorstellung einer kanonischen Zeit der Gesetzesverkündigung durch Mose nötigte, in der Sinaiperikope und in deren Umgebung alles gesetzliche Material literarisch unterzubringen, das in Israel als Gottesrecht Geltung haben sollte. Wo kein Betrüger und kein Betrogener, ist es betrügerisch, von Betrug zu reden. Dasselbe gilt auch für die Prophetenbücher. Sie tragen zwar die Namen bestimmter Prophetengestalten, sind aber das literarische Erzeugnis von ganzen Prophetenschulen und Tradentenkreisen, die im Namen der Propheten deren Verkündigung sammelten und die Sammlungen im Laufe manchmal von Jahrhunderten aus dem Eigenen und um fremde Stoffe bereicherten. Sammelte man doch nicht aus Interesse am Historischen und nicht um das geistige Erbe der Propheten unverändert für die Zukunft zu erhalten, sondern die aktuelle Bedeutsamkeit für Gegenwart und Zukunft war der Impuls zur Sammlung und Umgestaltung. Wer hier von Betrug spricht, verkennt den wirklichen historischen Horizont und die wahren Interessen und Intentionen der Tradenten. Und wenn Weisheitsbücher dem weisen König Salomo zugeschrieben werden, so nicht um durch solch frommen Betrug dem Inhalt dieser Schriften nachträglich königliche Geltung zu verschaffen, sondern weil längst im hohen Ansehen stehende weisheitliche Überlieferung, wie man meinte, in einer Verbindung mit dem als Weisen gerühmten Förderer der Weisheitsschule stehen müsse.

Eher schon sticht als Argument gegen das Alte Testament der Verweis auf die mancherlei *Grausamkeiten*, die im Namen des Gottes Israels begangen oder doch angeordnet wurden. Hierüber und über deren Hintergründe war oben bereits im Zusammenhang mit Erörterungen über das Gesetz und die Theokratie Israels die Rede. Daß hier in der Tat bedenkliche Schranken und Aspekte sichtbar geworden sind, wurde ebenfalls bereits gesagt und sollte den Kritikern offen zugestanden und nicht verharmlost werden. Aber auch dies sollte deutlich geworden sein, daß jener Aspekt von Gesetz und Theokratie nicht der einzig mögliche und legitime Schlüssel ist, mit dem sich das Alte Testament dem Verständnis erschließen läßt. Neben und gegen die – übrigens ja auch nicht verwirklichte Ausrottung der Kanaanäer – steht der Universalismus etwa von Jes. 56,7, der nicht, wie Delitzsch behauptete, die zwangsweise Beschneidung und Judaisierung aller Nichtjuden fordert, sondern den Tempel zum Bethaus für alle Völker auf Erden erklärt. Gegen eine national-religiöse Engherzigkeit protestiert auch das Jona-Buch mit seiner Rüge des heilspartikularistischen Propheten Jona und seinem Zeugnis von einem Gott, der Erbarmen hat mit Ninive, „einer so großen Stadt, in welcher sind mehr als hundertzwanzigtausend Menschen und dazu auch noch unschuldige Tiere" (Jon. 4,11). Man kann verweisen auf das Buch Ruth, das – allerdings wohl sekundär – die Davidsfamilie von der Moabiterin Ruth abstammen läßt (Ruth 4,17), und auch sonst alles andere als national engherzig denkt. Vor allem aber reiht die Schöpfungs- und Urgeschichte von 1. Mose 1–11 Israel als *nur ein* Glied in die erschaffene Völkerwelt ein und läßt den von der Menschheit selbst heraufbeschworenen Fluch von einer universalen Segensverheißung ohne Schranken (1.Mose 12,1ff.) übertroffen werden. Freilich, wie in Hinsicht auf Bund und Gesetz kommt es auch hier nicht zur letzten Klarheit: Das Vorrecht Israels wird nicht in Frage gestellt, Segen erlangen „alle Geschlechter auf Erden" nur in ihrer positiven Beziehung zu Israel. Worauf kommt es also letztlich an? Welches ist das eigentliche Ziel – das Heil aller Menschen oder dies gleichsam als Nebenprodukt zum Wohlergehen Israels? Solche Fragen führen aus vordergründiger Polemik heraus und gehen auf das eigentliche Problem der Fremdheit zu.

Zuvor muß jedoch noch auf ein anderes Stück anti-alttestamentlicher Polemik eingegangen werden: die sogenannten *Rachepsalmen*. Da ist zunächst zu bemerken, daß es die Gattung „Rachepsalm" nicht gibt. Wohl ist in Klagepsalmen des öfteren von „Feinden" die Rede, gegen die Gott zum Einschreiten aufgefordert wird. Auch das wird bevorzugt als Argument für die haßerfüllte Minderwertigkeit alttestamentlicher Frömmigkeit angeführt. Obwohl hier nicht der Ort sein kann, das viel erörterte Phänomen der Feinde in den Klageliedern zu entfalten, soll es wenigstens kurz ins rechte Licht gerückt werden. Schon daß die Rede von „Feinden" zur ganz und gar stereotypen Sprache der Psalmen gehört, lehrt, daß keine individuellen, emotionalen Haßausbrüche gegen bestimmte, konkret als Feinde gehaßte Menschen oder gar eine Menschengruppe vorliegen. Das Stereotype der Ausdrucksweise läßt vielmehr ebenso an stereotype negative Idealgestalten denken, die sich wie Gegenbilder idealtypisch vom Beter unterscheiden und ihn von seinem Gott zu scheiden trachten. Wie die immer wieder beschworenen Wasserwogen und Fluten (etwa Ps. 42,8), wie die wilden Tiere, Stiere, Büffel, Löwen, Hunde (z.B. Ps. 22,13f.) sind auch die „Feinde" Bild und Element des von Gott, dem Leben und dem Lebensraum der geordneten Schöpfung trennenden Chaos: in ihnen spiegeln sich die eigenen Ängste und Sorgen der Beter (so mit Othmar Keel, Feinde und Gottesleugner, 1969). Freilich soll die auch hier wieder waltende Ambivalenz vieler alttestamentlicher Aussagen nicht geleugnet werden. Gebete über und gegen die „Feinde" können auch im vordergründigen und direkten Sinne als Rachegelüste verstanden und gebetet werden.

Täuschung und Betrug, moralische und religiöse Minderwertigkeit, Mordgier gegen Feinde und Rachegelüste sind Argumente gegen das Alte Testament, die, historisch ins rechte Licht gerückt, entweder unscharf werden und nicht mehr stechen oder sich relativieren lassen, wenn anderes, Erfreulicheres, Helleres, Liebenswürdigeres, Höheres und Tieferes die Beachtung bekommt, die es verdient.

Man bedenke nur, daß der angeblich so zornige Gott schlechter Gerechtigkeit des Alten Testaments immerhin bereit ist, wegen der zehn Gerechten ungezählt viele Böse zu verschonen. Wer diesen Gott kritisiert, sollte hinter solchem Erbarmen selbst nicht zurückbleiben und nicht darob die Moral der alttestamentlichen Autoren tadeln, daß sie die Menschen und insbesondere ihre großen Helden und Frommen nicht in Makellose und Bösewichter einteilen, sondern um die Zwischenfarben, die Ambivalenz und die Mehrdeutigkeit alles Menschlichen wissen. Daß solches Verstehen nicht ohne weiteres auch Verzeihen bedeutet, sollte beachtet werden. Die Art und Weise, wie Israels Nationalhelden, allen voran David und Salomo, geschildert werden, lehrt das zur Genüge: Mord und Ehebruch eines großen Mannes gelten hier als das, was sie sind: als Mord und Ehebruch. Und wer wollte eine solche kritische Einstellung für Vergangenheit und Gegenwart als normal und typisch betrachten? Wenn der Jahwist sein Glaubensvorbild Abraham zum Lügner in der Not werden läßt (1.Mose 12,11–13), meint das keineswegs eine Billigung dieses Verhaltens, wie die Fortsetzung – die Gefährdung der Ahnfrau und damit aller Verheißungen und Segnungen – ja zeigt. Diese Lüge ist mehr als bloß moralisch anstößig, sie ist Unglaube, Mangel an Vertrauen auf Gottes eben erst gegebenes Wort und führt darum in die Gefahr, alles zu verlieren, was soeben als Verheißungsgut zugesprochen worden war. Schon der Elohist, der dasselbe auf seine Weise erzählt, verstand es falsch und machte daraus eine moralische Geschichte (1.Mose 20,12) – vielen Kritikern alttestamentlicher Moral und auch einigen mißverstehenden Alttestamentlern zum gültigen Vorbild.

5. Die Frage nach dem wahren Wesen Israels

Die oben behandelten Einwände gehören zumeist in die Polemik gegen das Alte Testament oder beruhen zum Teil auch auf mangelnder Kenntnis historischer Zusammenhänge und der Intention der Texte, so daß sie ziemlich leicht widerlegt oder relativiert werden können. Aber ein anderes Argument wiegt viel schwerer. Es trägt gleichsam alle anderen Bedenken, die gegen eine christlich-kanonische Gültigkeit erhoben werden können: gleichviel ob moralisch hoch und niedrig stehend, ob bewundert oder verachtet, geliebt oder gehaßt – ist nicht das Alte Testament überhaupt so oder so Dokument einer *Fremdreligion*, ein Schriftenverzeichnis, nicht von der Kirche gesammelt, eine Sammlung von Schriften, die samt und sonders vorchristlich und darum vom Christlichen unterschieden sind und sich *partikular auf Israel* beziehen? Eben dieser Bezug auf und diese Bindung an Israel schließt ja die oft gerügte Diesseitigkeit der Heilsgüter im Unterschied vom Evangelium ein; sie legen die nationalen und manchmal nationalistischen Schranken fest, die nur ausnahmsweise überschritten werden; sie bedingen die materielle Gebundenheit an ein bestimmtes *Land*, das als wichtigstes Heilsgut auch und gerade in der israelitisch-jüdischen Spätzeit nicht preisgegeben und gar als endliche Erfüllung aller Sehnsucht und Hoffnung in der israelischen Gegenwart verteidigt wird. Diese konkreten und materiellen Bindungen können von Israels Religion nicht abgelöst werden. Wer sie als verdinglichende Verfälschung der reinen Gottesverheißung, die auf ein Leben mit Gott, auf Gerechtigkeit und Sohnschaft geht, interpretiert, wie es Friedrich Baumgärtel (Verheißung, 1952) und Franz Hesse (u.a. in: Das Alte Testament als Buch der Kirche, 1966) wollten, erklärt – und sei es wider Willen – damit Israels Religion faktisch überhaupt als ganze zur „großen Täuschung“.

Aber wenn das Alte Testament auch nicht als große Täuschung oder Selbsttäuschung und auch nicht schlechterdings als Buch des Scheiterns verstanden werden kann, sind nicht jene diesseitigen Konkreta von Volk und Land die ebenso konkrete Schranke, die das Christentum von jener an Volk und Land gebundenen und darum und darin fremden Religion trennt? Die historische Erkenntnis der fremden Eigenständigkeit von Israels Religionsbildung, wie sie sich im Alten Testament bekundet, ist unumkehrbar und verbietet jegliche Umdeutung der Texte, welche ihnen ihre fremde Eigenständigkeit nähme. Dennoch ist hiermit noch nicht das letzte Wort gesprochen. Vor allen Dingen ist damit noch nicht ausgemacht, daß die historische Wissenschaft den Ketzer Marcion mittlerweile rehabilitiert hätte! Es kommt vielmehr darauf an, die konkreten Inhalte von Israels Religion aus ihren eigenen, wechselnden Horizonten heraus zu erklären und zu verstehen.

Die Interpretation setzt am leichtesten dort an, wo solche Inhalte als göttliche Heilssetzungen unmittelbar angesprochen und faßbar werden. Das ist zuerst in den Verheißungen der Fall, welche die Erzväter mit auf ihre Wanderung bekommen. Als ältere und wohl zum Urbestand der Vätertradition zu rechnende Inhalte begegnen hier *Landbesitz* und *Nachkommenschaft* (1.Mose 12,1–3.7 J; u.ö.). Bei P kommt noch das besondere *Bundesverhältnis* mit Gott hinzu (1.Mose 17,1–8). Wenn es richtig ist, mit Albrecht Alt (Der Gott der Väter, 1934) die Väterreligion mit ihren Kultstiftern und Verheißungsträgern für eine Vorstufe zur Jahweverehrung und überhaupt zur israelitischen Religion zu halten – und daran ist kaum Zweifel möglich –, so begegnen bereits hier die beiden konkreten Inhalte, die von da an Themen bleiben, um die das religiöse Leben und Denken in Israel kreist: Landbesitz und Nachkommenschaft, Land und Volk. Wenn es ferner richtig ist – und auch das ist kaum zu bezweifeln –, daß sich in den Erzählungen über die Wanderungen der Patriarchen in Kanaan eine frühe Phase der Landnahme spiegelt, so lassen sich beide Verheißungsinhalte unschwer aus der Situation der zwischen der Steppe und dem Kulturland hin und her wandernden und dann auch allmählich sich im Kulturland niederlassenden Halbnomaden interpretieren: Land ist Basis der Existenz für Mensch und Vieh; wer selbst Land hat, ist im vollen Sinne Person und Bürger. Heißen noch heutzutage in ländlichen, agrarischen Gegenden Menschen ohne eigenes Land „geringe Leute", so gilt das erst recht für die antik-agrarischen Verhältnisse der Patriarchenzeit, aber ebenso auch für die späteren Epochen der Geschichte Israels. Land ist bei diesem Denkhorizont Grundlage des Lebens, des Menschseins im vollen Sinne, Ermöglichung von konkreter Existenz sowohl leiblich wie geistig und auch rechtlich. Eben dies wird von dem Gott der Väter, später dann vom Gott Israels erhofft und auch als von ihm geschenkt geglaubt. Die Bindung an ein bestimmtes Land ist folglich keine Einschränkung, sondern im Gegenteil: Chiffre einer Daseinshaltung, die das *Dasein selbst* von Gott erwartet und empfängt.

Die Verheißung von Nachkommenschaft ist aus dem gleichen Denkhorizont heraus zu interpretieren. Das Leben auf dem besten und fruchtbarsten Lande bliebe ohne Nachkommen ohne *Zukunft*. Wer ohne Kind und insbesondere ohne Sohn ist, muß wie Abraham klagen: „Ich gehe dahin ohne Kinder, und ein Fremder wird mein Haus besitzen" (1.Mose 15,2). Verleiht Landbesitz den Status des Person- und Bürgerseins in der *Gegenwart*, so wird in der Nachkommenschaft die *Zukunft* konkret gesichert. Die Zeit wird entgrenzt, und nun kann die Zukunft so wenig gezählt werden wie die Sterne am Himmel und der Sand am Meer (1.Mose 15,5; 13,16; 22,17). Auch die Entschränkung auf eine unendliche Zukunft hin wird von Gott erwartet und als von ihm geschenkt geglaubt. Soll man solche Religiosität als bloß diesseitig und irdisch bezeichnen? Gewiß ist Israels geschenkte Erde irdisch und ist die Nachkommenschaft leiblich und des Leibes Frucht, und doch sind die Bezeichnungen „bloß diesseitig" und „nur irdisch" nicht adäquat, weil sie die Totalität des Daseins in Gegenwart und aller Zukunft, die als Wirklichkeit und Möglichkeit-von-Gott-her geglaubt wird, verkennen. Nicht der Glaube ist irdisch und diesseitig beschränkt, sondern der vorgegebene Denkhorizont von Kleinviehnomaden und von Bauern ist noch nicht weiter, als Kleinviehnomaden und Bauern in einem kleinen Lande blicken können. Aber innerhalb des vorbestimmten und historisch auch allein möglichen Blickfeldes ist dieser Glaube als solcher keineswegs nur auf irdische und diesseitige Teilaspekte, auf bloß Leiblich-Minderwertiges und statt auf wahres Heil nur auf Wohlergehen gerichtet, sondern umfassend auf alles überhaupt denkbare Wohlergehen und alles überhaupt vorstellbare und auch schon nicht mehr vorstellbare Heil – wie Sterne am Himmel und wie der Sand am Meer. Dieser universale Heilsglaube wird also nicht am Ende und erst am Rande des Alten Testaments bezeugt, sondern steht am Anfang von Israels Geschichte und war sogar, sofern die Väterreligion mit diesen ihren Inhalten noch nicht Israels Glaube und die Väterzeit erst ein Vorstadium zu Israels Geschichte ist, bereits vorgegeben, ehe Israel selbst so zu glauben vermochte. Paulus bedurfte also keiner Typologese und erst recht keiner Allegorese, als er sein Verständnis von Glaube schon 1.Mose 15 bezeugt fand (Röm.4,1–3; Gal.3,6). Das *Glaubenszeugnis* ist freilich nicht mehr erst vorisraelitisch, sondern Bekundung von Israels eigenem Glauben. Wenn der Priesterschrift zufolge Abraham von Gott auch die Verheißung eines Bundes und eines besonderen Gottesverhältnisses bekommt, so ist diese Erweiterung bezeichnend für die seither geschehene Horizonterweiterung: das Blickfeld wurde weiträumiger, die theologische Reflexion tiefer und Gott rückte fernab in eine heilige Unsichtbarkeit. Jetzt wird das Leben im Bunde mit ihm zu einem besonderen, „geistlichen" Heilsgut: Der Horizont weitet und verschiebt sich, das Heilsgut entfaltet sich.

Man kann die Geschichte Israels überhaupt als fortwährende Horizontveränderung lesen, welche ebenso fortschreitende Traditionsprozesse, Entfaltungen, Umgestaltungen, Aktualisierungen und Neuakzentuierungen auslöst und bedingt, die doch alle, sofern sie genuin israelitisch sind, auf Land, Nachkommenschaft, Volk und Gottesverhältnis bezogen bleiben.

Die Geschichte bringt aber nicht nur Horizonterweiterungen, die gleichsam zur tieferen und umgreifenderen Erfassung des Heils einladen, sondern führt auch in die Versuchung, geschenktes Heil *Gottes* als verfügbaren *Besitz von Menschen* zu verfälschen und so zu verfehlen. Der Staat zumal, der einerseits den Blick über den eigenen kleinen Acker und über die Hügel und Berge Israels hinweg freigab, der, vor allem in Jerusalem, als Einfallstor für kanaanäisches und damit überhaupt orientalisches Gedanken- und Kulturgut, neue Geistesräume erschloß, mußte andererseits zu einer solchen Anfechtung werden. Das Land, von Jahwe geschenkt, wird zum gesicherten Staatsterritorium; das Volk, aus Jahwes Rettungstaten und Segnungen hervorgegangen, wird zum Staatsvolk, welches das Wohlergehen gemäß der Staatsräson organisiert; das Gottesverhältnis scheint die Erwähltheit einer theokratisch-politischen Gemeinschaft zu garantieren, deren Zentrum – der Zion – uneinnehmbar sein soll. Damit entstehen all die Diskrepanzen und Aporien, die in anderem Zusammenhang schon skizziert worden sind.

Die Idee des Davidsbundes, auf Grund dessen der Jerusalemer König als Adoptivsohn Gottes regiert (2.Sam.7), kann als Versuch gewertet werden, die Unvereinbarkeit von Gottesvolk und überhaupt von Leben aus der göttlichen Zusage mit staatlicher Existenz gemäß der politischen Eigengesetzlichkeit zu überwinden, ohne daß solche Bewältigung möglich gewesen wäre. Dieses Königtum als Mittlerinstanz zwischen Gott und Mensch, von Gott eingesetzt zur Führung der menschlich-staatlichen Geschäfte, lebt doch im Glanze seiner aus dem alten Orient ererbten *eigenen* Göttlichkeit. Der Idee nach ist es bestrebt, eine allumfassende Heils- und Schöpfungsordnung zu verwirklichen, und doch muß dieses Streben auch wieder nur eitel weltliche Politik genannt werden, wenn nicht gar das Königtum in der harten politischen Wirklichkeit überhaupt zum bloßen Politikum wird. So potenziert sich im Königtum Israels aporetische Existenz: Sohn Jahwes – „und Jahwe liebte ihn“ (2.Sam.12,24) –, aber dieser geliebte Sohn Salomo ließ treueste Gefolgsleute des Vaters im greisen Alter ermorden – religiöse Überhöhung brutaler Tyrannei? oder politische Perversion des Glaubens? oder beides?

Wie bei der Frage, ob das Alte Testament als Gesetz oder als Evangelium zu lesen sei, so stellt sich auch jetzt die Wirklichkeit wieder als komplizierter heraus. Es läßt sich auch keine Entwicklungsgeschichte nachzeichnen, die vom reinen Abrahamglauben in einer reinen „amphiktyonischen“ Urgemeinde über David und Salomo bis hin zu dem endlich vom Gericht hinweggefegten Zedekia als eine Geschichte immer tieferen Abfalls und Niedergangs verlaufen wäre. Land und Volk sind für den Jahwisten ebenso wie für den orientalischen Despoten Salomo – sie sollen nach der Meinung Vieler Zeitgenossen gewesen sein – Heilsgüter. Sind sie die geschichtlich konkrete Ermöglichung des Heils als eines Lebens aus der segnenden und erlösenden Güte Gottes oder sind sie selbst das ein für allemal erworbene und nun gehabte, verfügbare und zu behauptende Heilsgut?

Nicht die irdische Wirklichkeit von Volk und Land, nicht die Sonderstellung und nicht die Diesseitigkeit, auch nicht die Leiblichkeit von Milch und Honig, von Feigenbäumchen und Weinstock, nicht das Fröhlichsein vor dem Herrn sind Verfälschung des Heils, *sondern das ist die Frage*, ob Israel immer erneut wie Abraham auszieht, „wie ihm der Herr gesagt hatte“ (1.Mose 12,1ff.), Vaterland, Volk und Sippe verläßt, bereit, allen Besitz und alle Sicherung fahren zu lassen und sich nach vorne zu strecken, um aus Gottes Hand das Heil zu empfangen, bereit, Isaak zu opfern, um dann doch und erst so Isaak und mit ihm alles Heil in Gegenwart und Zukunft als reines Geschenk wieder zu bekommen (1.Mose 22).

Das Alte Testament enthält gewiß solche Zeugnisse, die, obwohl der Name des Christus darin nicht begegnet, ohne Umdeutung, Allegorese oder Typologese als gültige *Formulierung* und Konkretisierung *des christlichen Kerygmas* verstanden werden können – und in der Kirche auch immer verstanden wurden –, in denen der Christ, wie schon Paulus, sich unmittelbar wiederfinden und die er als Evangelium verstehen kann. Solchem Verständnis dient auch die historische Forschung: sie verfremdet nicht nur, indem sie die historische Fremdheit aufdeckt, sondern sie vermag auch interpretierend Verständnis zu wecken und Texte als Zeugnis „heimzuholen". Anderes bleibt *ambivalent und mehrdeutig*, es kann partikularistisch, nationalistisch und als Verfallenheit an sichtbaren Erfolg und Lohn *oder* aber gerade als Überwindung solcher Schranken interpretiert werden. Ist etwa der von Deuterojesaja angekündigte neue Exodus eigentlich doch nur die Restauration von Volk, Staat, Stadt und Tempel? Ist der hymnische Überschwang dieser Verkündigung doch nur Ausdruck eines extrem gesteigerten Nationalismus, der wie die von den großen Gerichtspropheten gerügte Heilsprophetie des Heiles und des sichtbaren Erfolges absolut sicher ist? Oder ringt in diesem Überschwang des Gesangs um Ausdruck, was alle Worte übersteigt, „was kein Auge gesehen und kein Ohr gehört hat" und was, irdisch zwar und für Jerusalem erhofft, doch alles Irdische, alles Nationale und Partikulare transzendiert – und darum als Zeugnis von dem in Christus eindeutig offenbarten Heil verkündigt werden kann? Anderes wiederum ist *eindeutig fremd*, der Juden Sachsenspiegel, der Israeliten Nationalliteratur mit ihren Höhepunkten und auch Niederungen, mit Erschreckendem, aber auch – das darf ebenfalls einmal erwähnt werden – mit manchen amüsanten Seiten. Und wer gelegentlich an einem derben Spaß Geschmack findet, der lese die Geschichte vom listigen Jakob oder er ergötze sich, wie an Till Eulenspiegels lustigen Streichen, am draufgängerischen Simson, wie er dreihundert Füchse an den Schwänzen zusammenband und mit brennenden Fackeln ins Korn der Philister jagte (Ri. 15): fürwahr, kein christlicher Predigttext, aber es muß ja nicht über alles Alttestamentliche und es muß überhaupt nicht immerzu gepredigt werden!

Mit alledem wird nicht „christlich ausgelegt", wohl aber der Maßstab des Christlichen angelegt, denn nur danach bemißt sich, was *fremd* ist und was nicht und was in die Mitte gerückt und was an den Rand versetzt wird.

Ob Urkunde einer fremden Religion oder – zugleich auch – Zeugnis eigenen christlichen Glaubens und dem Maßstab des Christlichen gewachsen – diese Frage läßt sich somit *nicht* so oder so mit Bezug auf das *ganze* Alte Testament, sondern nur im Blick auf konkrete *Texte* beantworten. Die auch hier spürbar werdende Ambivalenz des *Ganzen* des Alten Testaments ist selbst wieder Ausdruck jener Mehrdeutigkeit der sich Israel nennenden Gemeinschaft, deren nationale und religiöse Literatur zum Kanon der christlichen Kirche wurde: Israel, von Gott, der aus der Knechtschaft Ägyptens erlöst, ins Leben gerufen und konstituiert und doch Amphiktyonie unter Amphiktyonien, Volk und Staat unter Völkern und Staaten, ethnisch-soziale Gruppe unter vielen anderen mit einer Nationalreligion, die doch alle partikularen Schranken überwinden kann. Aber wann ist Israel *Israel*? Wenn es diese Schranken hinter sich läßt und auch noch ohne Land und Staat existiert – reine Glaubensgemeinschaft und „Kirche" – oder wenn es diese Schranken als die geschichtliche und unaufgebbare Gestalt seiner eigenen Konkretwerdung bejaht? Die Bejahung oder Verneinung dieser Frage trennen Israel und die Kirche, lassen das Alte Testament als Dokument einer fremden, nationalen Religion erscheinen oder aber als Urkunde, auf die sich das *wahre Israel des Glaubens* stützen kann.

Damit ist die Frage nach der Fremdheit des Alten Testaments, sowenig wie früher die nach der Gesetzlichkeit, nicht in den unkontrollierbaren Bereich willkürlicher Bewertungen abgeschoben. Im Gegenteil! Das allen Völkern zu verkündende Evangelium von der in Christus offenbarten freien Gnade Gottes ist, auch wenn es im Neuen Testament in mancherlei Formen, Formulierungen, Nuancierungen und auch Brechungen bezeugt wird, nicht nur für den, der daran glaubt, ein eindeutiges Kriterium, ob, daran gemessen, alttestamentliche Texte fremd sind und fremd bleiben oder aber im neuen Licht ihre Wahrheit enthüllen, ihre Fremdheit verlieren, ihre Schranken übersteigen und so zum Zeugnis von dem einen Gott werden, der ein Vater und Herr über alle Menschen ist.

VI. Kapitel

Das Alte Testament als Geschichtsbuch

1. *Göttliche und menschliche Heilsökonomie*

War und ist das Alte Testament ein Erbe aus der Zeit vor Christus, so lag und liegt es nahe, den Stellenwert des Erbes als *Vorstufe* zu bestimmen. So hat die Urgemeinde in der Tat das Alte Testament verstanden. War ihr das Alte Testament als Gesetz zumeist Anstoß und Problem, als Buch, das den Christus weissagt, der nach der Schrift gestorben und auferstanden ist (1. Kor. 15,3f.), an den die Christen glauben, aber den die Juden verworfen haben, soll es als Heilige Schrift der Kirche und ihr allein rechtmäßig gehören. Damit bekam das Alte Testament – für sich betrachtet ohne eindeutig bestimmbare Mitte und nach vielen Seiten hin und für mancherlei Interpretationen offen – eine andere Mitte, als sie für das Judentum maßgeblich geworden war. Nicht zuerst und zumeist als Gesetz, das auch noch von den Propheten gepredigt und angewandt wird, als welches der dreiteilige hebräische Kanon sich präsentiert, auch nicht als Buch umfassender Geschichtsdeutung, die sich von den Uranfängen der Menschheit über die Gegenwart bis in die erhoffte messianische Zukunft erstreckt, sondern als Schrift erfüllter Weissagung und Verheißung wurde das Alte Testament zum Buch der Kirche. Dieses Verständnis macht das Zeugnis des Alten Testaments zur Vorstufe für das Christuszeugnis, das die Erfüllung des zuvor Verheißenen und Geweissagten ansagt. Typisch ist eine Stelle wie Lk. 4,21, wo Jesus nach einem längeren Zitat aus dem Jesajabuch spricht: „Heute ist diese Schrift erfüllt vor euren Ohren."

Von der noch vorpaulinischen, also sehr alten Tradition, welche Schriftgemäßheit des Christusgeschehens von Kreuz und Auferstehung (1. Kor. 15,3f.) behauptet, bis in die jüngsten Schichten des Neuen Testaments hält sich dieses Verständnis des Alten Testaments durch, wenn auch mit erheblichen Nuancierungen. Manche im Alten Testament ja tatsächlich enthaltenen Weissagungen, insbesondere natürlich die messianischen Verheißungen, wie Jes. 9; 11; Mi. 5; Sach 9,9 u.a., die Verheißung eines neuen Bundes von Jer. 31,31–34, aber auch Worte, die ursprünglich gar nicht als Zukunftsansage gemeint waren, sondern sich auf einen gegenwärtigen König bezogen, dessen Inthronisation sie besingen (Ps. 2; 110 u.a.), und andere Stellen werden gegen ihren wahren Sinn und gar gegen ihren richtigen Wortlaut – etwa Jes. 7,14, wo der hebräische Text von einer jungen Frau, die Septuaginta jedoch von einer Jungfrau spricht – nun zum Beleg und Beweis dafür, daß die Schrift den Christus verheißen und vorhergesagt habe.

Auch die – schon von Paulus geübte – typologische Interpretation, die mit der Relation von alttestamentlichen Typen und christlichen oder christologischen Antitypen rechnet, versteht das Alte Testament als Vorstufe: die Typoi sind Präfigurationen und Vorausschattungen dessen, was erst in Christus erfüllt wurde. Wie die Weissagungen mit Worten den Kommenden vorausverkündigen, so weisen Gestalten, Institutionen und Ereignisse der Vorzeit durch ihre Existenz oder durch ihr Geschehen auf das Endereignis Jesus Christus, das sie vorausdarstellen. Ja, auch noch die allegorische Auslegung kann den buchstäblichen Sinn als für die Vorzeit Israels gültig gewesen anerkennen; dieser Vorstufe gegenüber erhebt die Allegorese dann den tieferen, wahren und eben christlichen oder christologichen Sinn. So rechnet der Hebräerbrief mit der tatsächlichen Gültigkeit eines „früher gegebenen Gebotes", das, weil es schwach und nutzlos war, außer Kraft gesetzt wird (Hebr. 7,18). Erst wenn die Allegorese, wie im Barnabasbrief (s.o. S.34), einen wörtlichen Sinn überhaupt leugnet und als bloßes Mißverständnis der unverständigen und bösen Juden disqualifiziert, kommt es zur mehr oder weniger konsequenten Gleichschaltung von Altem und Neuem Testament.

In der Auseinandersetzung mit dem Judentum war mit dem Verständnis als Vorstufe folgendes gewonnen: der kirchliche Anspruch auf das Alte Testament schien durch die behauptete Erfüllung der zuvor verkündigten Weissagungen und Verheißungen, der zuvor geschehenen „Typen" und durch den jetzt erst offenbarten wahren, tieferen und geistlichen Sinn der Schrift gestützt. Aber auch die Eigenständigkeit des angetretenen alten Erbes in seinem Verhältnis zum Neuen und Endgültigen und darum Unvergleichlichen des Christusgeschehens konnte so gewahrt bleiben: die ererbte Schrift ist das „*Alte* Testament", wie die sich dann durchsetzende und zum Terminus technicus werdende Bezeichnung lautet (s.o. S.35ff.).

Diese Verhältnisbestimmung ermöglicht freilich auch eine noch differenziertere Sicht. Wo die Auseinandersetzung mit dem Judentum an aktuellem Interesse verliert und nachläßt und das Alte Testament zum nicht mehr angefochtenen und nicht mehr anfechtenden ersten Teil des christlichen Kanons wird, kommt auch die geschichtliche Linie, die vom Alten als dem Früheren, Vorhergegangenen zum Neuen als dem Späteren zu verlaufen scheint, in den Blick. So geht schon für Lukas die Zeit Israels der sich in Christus ereignenden „Mitte der Zeit" voraus, wie ihr die Zeit der Kirche folgt. Einem solchen Verständnis kommt das Alte Testament selbst entgegen. Mag es auch als „Gesetz und Propheten" bezeichnet werden, so ist es doch gewiß nicht nur Gesetz und nicht nur Weissagung, sondern auch Geschichtserzählung, die von Adam und Eva bis kurz vor Christi Geburt reicht. Daran schließt sich die Geschichte Jesu und – bei Lukas – die Geschichte der Kirche an. Auf dieser Linie gibt es ein Vorher und ein Nachher, und die zeitliche Folge kann als theologische Einordnung und Wertung verstanden werden.

Es ist lehrreich und bezeichnend, daß nicht die Auseinandersetzung mit dem Judentum und seinem Verständnis der Schrift, sondern der Kampf gegen die Gnosis und gegen deren Ablehnung des Alten Testaments und des „Judengottes“ einen solchen umfassenden Entwurf hervorbrachte, der Altes und Neues Testament als Urkunde eines durchgehenden, von Gott gelenkten Geschichtsablaufes zu verstehen versucht. Der Antignostiker Irenäus hat im 2. Jahrhundert diese Konzeption in seinem Werk, das den Titel: „Entlarvung und Widerlegung der fälschlich sogenannten Gnosis“ trägt, ausgearbeitet. Nach ihm hat derselbe Gott schon in grauer Vorzeit und dann besonders in der Geschichte Israels gehandelt, ehe er sich voll und universal in Christus offenbarte. Das Alte Testament ist, so betrachtet, nicht mehr nur die Vorstufe zum Neuen, sondern Urkunde einer sich stufenweise ereignenden und erstreckenden Heilsgeschichte. Diese schreitet nach Irenäus von Stufe zu Stufe, von Bund zu Bund, von Adam zu Noah, zu Mose, zum Neuen Bund Christi fort, in dem das Wort (logos) sichtbar wird. Der paulinische Gedanke, daß das Gesetz Zuchtmeister auf Christus hin sei (Gal. 2,24), wird dahingehend abgewandelt, daß Gott überhaupt in jener langen Geschichte erzieherisch habe handeln wollen, um die Menschen endlich zum Empfang des wahren Heils reif und mündig zu machen. Dem diente vor allem auch das Gesetz, das zuerst, auch wegen der Herzenshärte des Menschen, den Gehorsam gegen Gott erzwang, an Gehorsam gewöhnte und vor Abfall von Gott behütete, ehe der Mensch, endlich frei, als Gotteskind die Offenbarung Christi empfangen konnte. Hier begegnet also eine umfassende und gedankenreiche, wohl abgerundete Konzeption, die es erlaubt und plausibel macht, daß das israelitisch-jüdische Alte Testament Buch der Kirche ist und der Gnosis zum Trotz das auch bleiben muß. Das Zeugnis von Christus wird damit freilich zu einem Moment, und sei es auch die höchste Stufe, eines universalgeschichtlichen Ablaufs, der *als solcher* als Handeln Gottes verstanden wird. An die Stelle von Texten mit ihrem von Perikope zu Perikope je konkreten Zeugnis tritt eine durchgehende Geschichtserzählung, in welcher jeder Stufe nur ein relativer Stellenwert im Gesamtablauf zukommt. Die scheinbare Plausibilität dieses Entwurfs ließ ihn nahezu zur Normaltheologie in einer Kirche werden, in der ohnehin das verkündigte Wort durch sakramentale Heilsvergegenwärtigung verdrängt zu werden begann, und wo der Ablauf des Kirchenjahres und der Liturgien den Verlauf der Heilsgeschichte widerspiegelte (s. o. S. 42ff.).

Aber auch außerhalb kirchlicher Normaltheologie wirkten Gedanken des Irenäus weiter. Die Idee einer Abfolge von Bundesschlüssen kehrte vor allem in der reformierten Theologie (s. o. S. 54f.) und in der danach benannten Föderaltheologie des Coccejus (s. o. S. 58ff.) wieder. Auch daß Gott im kindlichen Alter der Menschheit sich in erzieherischer Absicht der jeweiligen Entwicklungsstufe angepaßt – „akkommodiert“ – habe, ist ein häufig geäußerter Gedanke.

Es wundert nicht, daß er auch in der Antiochenischen Schule wieder begegnet. Hier wandte man sich ja von der den Wortsinn überspielenden und das theologische und hermeneutische Problem nur verhüllenden Allegorese ab (s. o. S. 39) und lenkte die Aufmerksamkeit wieder auf die *Eigenständigkeit* des Alten Testaments: sie ist bedingt dadurch, daß hier erst die *Vorbereitung* auf die Christusoffenbarung geschehe, lehrte ein Theodor von Mopsuestia; und sein Zeitgenosse Johannes Chrysostomos, der große Prediger, meinte in der Menschenliebe und Güte Gottes den Grund dafür erkannt zu haben, daß die großen Gottesmänner wie zu Kindern redeten. Aber auch schon für Augustin hatte das Gesetz des Alten Bundes eine Funktion in einer umfassenden Heilsökonomie Gottes: es sollte die fleischliche Begierde und Herzenshärte bändigen helfen und so vom irdischen Staat, der civitas terrena, zum Gottesstaat, der civitas Dei, hinführen, ja Israels Aufgabe war es, Vor-Bild (imago) des himmlischen Staates zu sein. Auch Augustins bedeutendem Zeitgenossen Hieronymus, dem erfahrenen Übersetzer und Philologen, konnten die Unterschiede von Altem und Neuem Testament nicht verborgen bleiben: im einen walte noch Vergänglichkeit, im anderen aber die ewige Gnade, im einen die Vergeltung Auge um Auge, im anderen die lautere, vergebende Liebe (vgl. Diestel, S. 106 ff.).

Wie die Bundestheologie später für den reformierten Bereich charakteristisch wurde, so taucht hier auch das Erziehungsmotiv wieder auf: wegen des noch kindlichen Zeitalters der Menschheit, so meint Calvin, werde im Alten Testament oft entsprechend kindlich geredet, besonders Mose habe sich wegen „der Kindlichkeit des Volkes“ (puerilitas populi) „akkommodiert“, so z.B., wenn er schreibt, daß Gott selbst den ersten Menschen Kleider gemacht habe. Für Calvin hält überhaupt eine göttliche Pädagogik (paedagogia Dei) beide Testamente zusammen. Insbesondere die Anthropomorphismen und Anthropopathien erscheinen so als pädagogische Anpassung an den Bildungsstand der noch kindlichen Menschen, denen die Offenbarung anfänglich galt (vgl. Diestel, S. 290 ff.).

Wie schon Irenäus gegen die gnostische Ablehnung des Alten Testaments den Gedanken einer Heilsveranstaltung, einer Heilsökonomie, und eines Erziehungshandelns Gottes als Argument gebraucht hatte, so kehrt in durchaus vergleichbarer Frontstellung dasselbe Motiv in der Verteidigung des Alten Testaments gegen die aufklärerisch-rationalistische Polemik wieder. Während noch für Semler die vor-logische und vor-rationale Redeweise Anpassung ist, wird die als Mythos verstandene Darstellungsweise des Alten Testaments von J.G. Eichhorn und J.Ph. Gabler als spezifische Denkungs- und Vorstellungsart einer noch kindlichen Menschheit erklärt. Als ein solcher Mythos müsse insbesondere die biblische Urgeschichte interpretiert werden, wie in der von Gabler herausgegebenen „Urgeschichte“ Eichhorns (1792/93) dargelegt wird.

Hierzu bemerkt Gabler (Bd. II, S. 62 A. 26): „Geht die Entwicklung des menschlichen Verstandes stufenweise, so muß auch die göttliche Offenbarung denselben Gang nehmen: sie wird zwar manche Wahrheiten, worauf der menschliche Geist von selbst später gefallen sein würde, Jahrhunderte früher mitteilen, aber doch nur in einer zum Zeitalter passenden Form. So sind auch die verschiedenen Religionsökonomien sehr begreiflich; die Wahrheit selbst ist ewig und unveränderlich, aber die Form der Wahrheit ist wie die Methode einer steten Veränderung und Abwechslung unterworfen. Hierüber verdient vorzüglich die Erziehung des Menschengeschlechts von Lessing gelesen und studiert zu werden“ (zit. nach Kraus, S. 150).

Interessant ist die hier geäußerte Vermutung, daß die Offenbarung nichts bringe, worauf die menschliche Vernunft nicht auch ohne Offenbarung, wenn auch erst sehr viel später, gekommen wäre. Sie findet sich auch bei Gotthold Ephraim Lessing, der hier ja ausdrücklich genannt wird. Lessing hatte ausgeführt, daß es noch Millionen von Jahren hätte dauern können, wenn Gott nicht erzieherisch eingegriffen hätte. Einem barbarischen Polytheismus verfallen, mußte die Menschheit in göttliche Zucht genommen werden, und das tat Gott, indem er die Juden erwählte und soweit erzog, daß hier schließlich die universale Christusoffenbarung geschehen konnte; und Gott tut das, indem er auch gegenwärtig die Menschheit, die immer noch nicht zur vollen Höhe von Vernunft und Moral, die in Christus offenbart wurde und im Neuen Testament bezeugt wird, gereift ist, weiter und höher erzieht. Eichhorn, Gabler und Lessing – das ist zu bedenken – wollen mit solchen Überlegungen das Alte Testament und überhaupt das Christentum, das durch manche unabweisbaren Angriffe gegen die Orthodoxie mancherorts in Mißkredit zu geraten drohte, verteidigen. Die Meinung von der Vernünftigkeit der Offenbarung, die nichts enthalte, worauf menschliche Vernunft nicht auch ohne göttlichen Beistand zu kommen fähig wäre, stellt freilich in ihrer Konsequenz die Notwendigkeit von Offenbarung und göttlicher Erziehung überhaupt in Frage.

Ähnliches gilt auch für Johann Gottfried Herder, den anderen bedeutenden Apologeten und Verteidiger des Alten Testaments und des „Geistes der hebräischen Poesie“ (Vom Geist der ebräischen Poesie, 1782/83). Seine eindringliche Forderung eines kongenialen Verstehens, eines Sichversetzens und Sicheinfühlens in die alte, kindliche, morgenländische Schönheit, seine Warnung, nicht den dürren Abstraktionen des Rationalismus zu verfallen, und sein Rat, möglichst kindlich unbefangen zu genießen, was kindlich unbefangen gemeint war, läuft in seiner Konsequenz ebenso wie Lessings u.a. Ansatz darauf hinaus, den Offenbarungsanspruch der Schrift und damit die Stellung des Alten Testaments als eines Teiles des kirchlich-christlichen Kanons in Frage zu stellen: aus einem Hören wird ein Genießen, aus dem „So spricht der Herr“ wird hebräische Poesie, aus göttlicher Ökonomie und göttlicher Erziehung kann so eine Entwicklungsgeschichte werden, die sich auch ohne jeden Rekurs auf Gott und die Offenbarung rein immanent verstehen läßt, und in welcher das Alte Testament nur die Urkunde einer Vorstufe zum Christentum darstellt. So erscheint im dreistufigen System Hegels, in dem von Stufe zu Stufe fortschreitend der absolute Geist zu sich selbst kommt, die alttestamentliche Religion auf der zweiten Stufe nach der Naturreligion und vor der absoluten Religion des Christentums. Stellt man diese Spekulation auf die Füße, so bleibt eine Entwicklungsgeschichte, in der eine Stufe aus der anderen genetisch erklärbar zu werden scheint. Das genetisch Erklärte gilt dann als verstanden.

2. *Heilsgeschichte, Verheißungsgeschichte, Typologie*

Es ist freilich auch möglich, *Gott* als die Macht zu denken, welche die zum Endziel hin fortschreitende Geschichte antreibt und in Bewegung hält. Und es ist wieder lehrreich und bezeichnend, daß – wie schon bei Irenäus – die heilsgeschichtliche Konzeption in Auseinandersetzung – nun gewiß nicht mehr mit der Gnosis, aber doch mit einer Geisteshaltung entworfen wird, die dem Alten Testament seinen Rang als Urkunde christlicher Offenbarung und Wahrheit zu nehmen droht. Es war die „konservative" Theologie, die gegen diese Tendenzen mit heilsgeschichtlichen Entwürfen ihre Stimme erhob. So lehrt Johann Tobias Beck (1804–1878), angeregt von Bengel u.a., daß aus der vom inspirierten Gotteszeugen geschriebenen Schrift eine Heilsgeschichte ablesbar sei. Manche in der wiederbelebten Theologie des Alten Testaments des 20. Jahrhunderts entfalteten und propagierten Gedanken sind hier bereits gedacht worden. In Becks „Einleitung in das System der christlichen Lehre oder propädeutischen Entwicklung der christlichen Lehrwissenschaft" von 1838 ist davon die Rede, daß die *Verheißung* Gottes die herrliche Kraft sei, welche die fortschreitende Heilsgeschichte in Bewegung hält, eine Geschichte, in der jede Erfüllung in sich wieder neue Verheißung berge. Die im Alten Testament schon implizit enthaltene Offenbarung komme im Neuen Testament voll zur Entfaltung, so daß das Alte Testament als „präformierende Offenbarungsurkunde" verstanden werden müsse (a.a.O., S. 238). Nach manchem Gestaltwandel und neu nuanciert, präsentiert sich hier mit der Leidenschaft der rechten Lehre die alte heilsgeschichtliche Konzeption des Irenäus erneut, um wie einst gegen die Gnosis so jetzt gegen die historische Wissenschaft und ihre philosophischen Prämissen zu protestieren. Der Protest des 20. Jahrhunderts, auch er mit Pathos der Wahrheit, aber manchmal nur mit halbem Herzen der Wissenschaft zugetan, konnte hier anknüpfen.

Unter den Vertretern der heilsgeschichtlichen Konzeption wurde im vorigen Jahrhundert wohl am bekanntesten Johann Christian Konrad von Hofmann (1810–1877) mit seinem Werk „Weissagung und Erfüllung" (1841–1844). Für von Hofmann ist die Bibel Alten und Neuen Testaments eine „historia sacra", die heilig genannt werden muß, weil sie in einzigartiger Weise von Gott gelenkt wird; die Geschichte, die das Alte Testament bekundet, ist Vorbereitungsgeschichte auf Christus, die den noch erhofften Christus präfiguriert. Christus ist das urbildliche Weltziel, auf das die Geschichte zugeht. Die *Geschichte* ist selbst Offenbarung und Offenbarung ist Geschichte, nicht Lehre. Aber nicht sosehr diese Gedanken, die von Hofmanns Theologie mit anderen heilsgeschichtlichen Entwürfen teilt, machen ihre eigentliche Bedeutung aus. Vielmehr bekommt der Begriff der Weissagung hier einen neuen Inhalt oder doch einen neuen Akzent. Weissagung heißt nicht mehr nur mit Worten Vorhersagen, sondern die Geschichte Israels als solche wird als *weissagende Geschichte* interpretiert, die ihr Ziel in sich trägt. Wird aber der Geschichte selbst der Charakter von Weissagung und Offenbarung zugeschrieben, so droht das *verkündigte Wort* der Bibel seine Bedeutung zu verlieren. Diese unvermeidliche Konsequenz, die auch in der gegenwärtigen Geschichtstheologie etwa Pannenbergs, aber auch schon Gerhard von Rads (s.o. S. 81) – wie ebenfalls in der Gesellschaftstheologie, für welche gesellschaftliche Interessen, Konflikte, Konfliktlösungen und Anliegen Offenbarungscharakter annehmen – erkennbar wird, hat von Hofmann scharfsichtig erkannt. Er versucht, ihr dadurch zu entgehen, daß seine „Biblische

Hermeneutik" (1888, S. 153) im Alten Testament einerseits „eine zusammenhängende Reihe von Vorgängen, in welchen sich eine auf die Erscheinung Jesu und die Entstehung seiner Gemeinde abzielende" Geschichtslinie abzeichnet, zu unterscheiden trachtet von im Alten Testament andererseits auch enthaltenen „Aussagen" über das Heil, das sich in diesen Vorgängen zu verwirklichen beginnt und in der „Aussage" des neutestamentlichen, endgültig verwirklichten Heils die letzte Vollendung findet. Den zwei Aspekten müssen nach von Hofmann die Disziplinen der Geschichte Israels und der Theologie des Alten Testaments zugeordnet werden; in der ersten geht es um die Tatoffenbarung, in der zweiten um die Wortoffenbarung. In beiden geht es aber um dasselbe Heil. Die Bedeutung des *Wortes* soll dadurch gewahrt werden, daß erst von der Heilserkenntnis in Christus aus die Geschichte als Heilsgeschichte offenbar wird. Damit bekommt aber das Verkündigungswort dennoch eine andere, geringere Qualität: es *bringt* nicht – als Wort vom Kreuz und von der Auferstehung – das Heil, das es *zuspricht*, sondern wird zum Schlüssel für das rechte Verständnis der Geschichte, in der sich das Heil von Stufe zu Stufe entfaltet. Das Dilemma der von Radschen Theologie ist hier schon „typisch präfiguriert" und bleibt hier wie dort ungelöst.

Trotz der Schwierigkeiten, die von allem Anfang an die heilsgeschichtliche Konzeption belasten, und obwohl jede Geschichtsphilosophie, die die historische Wirklichkeit – die „Geschichtlichkeit" – als Glied und Stufe eines Prozesses zu verstehen versucht, Gefahr läuft, jene Wirklichkeit zu verlieren und nur noch Stufen und Phasen zu sehen, die allenfalls „Stellenwert" im Ganzen haben, denen aber eigenständige, individuelle Bedeutung abgeht, ist es doch wohl begreiflich, daß, in geistlicher oder profaner Ausprägung, der zuerst von Irenäus ausgeführte Entwurf zumal in der jüngsten Vergangenheit und auch noch in der Gegenwart weite Verbreitung und Anerkennung finden konnte. Nachdem in der Aufklärungszeit das historische Bewußtsein erwacht war und die Einsicht in die historische Distanz und in die Fremdheit der alttestamentlichen Religion eine dogmatische Gleichschaltung der beiden Testamente wenigstens den wissenschaftlich Redlichen verbot, mußte es sich nahelegen, die durch die *historische* Wissenschaft entstandene theologische Schwierigkeit auch *mit Hilfe der Historie* zu bewältigen zu versuchen. Die aus dem historischen Bewußtsein geborene biblische Theologie verwandelte sich konsequent in eine Geschichte der israelitischen und jüdischen Religion.

Entsprechend wurde der Titel „Theologie des Alten Testaments" o.ä. durch „Lehrbuch der alttestamentlichen Religionsgeschichte" (R. Smend, 1893) oder etwa „Die Alttestamentliche Religion" (K. Budde, 1899) ersetzt; und mußte gelegentlich eine Neuauflage einer alten, vergriffenen Theologie des Alten Testaments erscheinen, so gestaltete der Bearbeiter das Buch um in eine „Geschichte der israelitischen Religion" – so Karl Marti als Herausgeber und Bearbeiter von August Kaysers Theologie des Alten Testaments, 1907, und dies mit der lehrreichen und darum hier zitierten Begründung: „Die Kritik, welche das Buch in der neuen Gestalt überaus freundlich aufnahm, fand aber zugleich, daß es mit dem alten Namen an der Spitze eigentlich unter falscher Flagge segle. Das war der Grund, warum ich die folgenden

Auflagen mit neuem Titel ausrüstete. ‚Geschichte der israelitischen Religion', wie es von da an heißt, entspricht übrigens auch dem ganzen Aufbau des Buches weit besser; es wird dadurch die Erkenntnis zum Ausdruck gebracht, daß es unmöglich sei, aus einem so vielgestaltigen und mannigfaltigen Buche, wie das Alte Testament es ist, eine einheitliche Theologie abzuleiten" (a.a.O., S.V). Diese Erklärung verdient es, sorgfältig gelesen zu werden. Der Titel mußte geändert werden nicht zuerst wegen der geschichtlichen Uneinheitlichkeit des Alten Testaments, sondern weil „Theologie" für das so fahrende Schiff eine falsche Flagge gewesen wäre. Aus Theologie wird also Historie.

Als dies dann als erschreckender und peinlicher Verlust erkannt wurde, schien nur die Alternative zu bleiben, zur theologischen *Systematik* zurückzukehren oder aber die *Geschichte selbst* theologisch zu befragen und zu bewerten und *Historie als Theologie* zu betreiben. Nun kann man gewiß mit Fug und Recht versuchen, wichtige Aussagen des Alten Testaments – die „erheblichen Anschauungen, Gedanken und Begriffe", wie es in Ludwig Köhlers Theologie heißt – systematisch, also im Sachzusammenhang darzustellen und lehrmäßig darzubieten oder sonst um eine bestimmte, angenommene Mitte zu gruppieren und verständlich zu machen (vgl. o. S.79ff.). Das hat zumal für Lehrbetrieb und Studium seinen guten Sinn und Nutzen. Aber das theologische Problem, wie die Geltung und die Gültigkeit solcher „erheblichen" Gedanken und Begriffe theologisch zu begründen und nach welchem Kriterium solche Erheblichkeit zu bemessen sei, und wie das von der historischen Wissenschaft verfremdete und in seiner fremden Eigenständigkeit enthüllte Alte Testament doch wieder christlich-eigenes Zeugnis, das den eigenen und heutigen Glauben fordert, sein oder werden könne, ist mit einer systematischen Darstellung noch nicht gelöst, ja noch nicht einmal deutlich gestellt. Die systematische Gestalt alttestamentlicher Theologie läuft vielmehr Gefahr, das bleibende Problem der Geschichte zu überspielen.

Hier liegt zweifelsohne das besondere Verdienst der von Radschen Theologie. Diese versucht ja, den Prozeß der Traditionsbildung als fortschreitendes Zeugnis und immer wieder neu aktualisierendes Reden von Jahwes Heilssetzungen und damit die Geschichte selbst als theologisch relevant zu verstehen. Es läßt sich schwer bestreiten, daß man eine solche Konzeption als heilsgeschichtlich bezeichnen kann; von Rad selbst gebraucht diesen Begriff häufig, und sein Kernsatz bezüglich des Verhältnisses der beiden Testamente besagt, daß das Entsprechungsverhältnis im Heilsgeschichtlichen liege. Geschichte aber will erzählt werden, und so heißt das andere Stichwort „nacherzählen".

Es schmälert von Rads Verdienst, entschlossen bei der Geschichte zu bleiben und ihr nicht in eine um eine postulierte Mitte kreisende Systematik hinein auszuweichen, nicht im geringsten, wenn man beobachtet, daß sich auch seine Theologie in das Dilemma aller heilsgeschichtlichen Konzeptionen verstrickt. Mit dem Stichwort „nacherzählen" wurde das schon angedeutet. Dieses Zeitwort setzt ja ein Vorher und Nachher, eine Geschehensfolge voraus. Wichtig ist das Nacherzählen im Hinblick auf den Geschichts*prozeß*. Die

Abfolge als solche ist wesentlich und diese bekommt ihr wahres Gewicht, wird überhaupt erst einsichtig vom Ende des Geschichtsverlaufs her. Es schmälert von Rads Verdienst auch nicht, wenn man seine Theologie als besondere Ausprägung und die moderne historische Forschung berücksichtigende Neuauflage von Ansätzen und Gedanken, die sich bereits bei Irenäus finden, und von Rad selbst als besonders ausgezeichneten Repräsentanten einer Auffassung, die inzwischen breite Zustimmung gefunden hat, versteht. Diese protestiert – seit Irenäus' „Widerlegung" (lat.: Adversus haereses, Wider die Ketzer!) – gegen den drohenden Verlust des Alten Testaments durch gnostische Verunglimpfung oder wissenschaftlich-historische Verfremdung mit dem – wie auch immer im einzelnen formulierten – Verweis auf die Alt und Neu verbindende *Geschichte*.

Im Bereich der neutestamentlichen Wissenschaft und Theologie wird der Geschichte als Ablauf kaum unmittelbar theologische Bedeutung zugemessen, sosehr gewiß auch die neutestamentliche Wissenschaft eine historische und darum mit geschichtlichen Abläufen, Entwicklungen usw. rechnende Disziplin ist. Neutestamentler als Heilsgeschichtler stellen trotz aller – bezeichnenderweise meist polemischen – Beachtung, die man einem Oscar Cullmann (Christus und die Zeit. Die urchristliche Zeit- und Geschichtsauffassung, 1946; Heil als Geschichte. Heilsgeschichtliche Existenz im Neuen Testament, 1965) oder einem Ethelbert Stauffer (Theologie des Neuen Testaments, 1941) schenkt, Ausnahmen dar, welche die Regel der Skepsis gegenüber heilsgeschichtlichen Konzeptionen nur bestätigen. Die alttestamentliche Wissenschaft aber zeigt, wenn keine der Herzensneigung entsprungene Liebe, so doch eine der Pflicht gehorchende Treue zur Heilsgeschichte.

Dies lehrt eine auch nur flüchtige Durchmusterung der in den fünfziger Jahren geführten Diskussion um das hermeneutische Problem des Alten Testaments insbesondere in der Zeitschrift „Evangelische Theologie" (vgl. insbes. EvTh 12, 1952/53 und die Sammlung „Probleme alttestamentlicher Hermeneutik" von Claus Westermann, 1960). Die hier behandelten Fragen sind heute keineswegs gelöst und bestimmen auch gegenwärtig noch weitgehend den Diskussionsstand; sie müssen deshalb ausführlicher zur Sprache gebracht werden.

Die verschieden angesetzten Versuche, zur Theologie heimzufinden, ohne aus der Geschichte auszubrechen und ohne die gewonnenen historischen Einsichten unredlich zu verleugnen, sind fast überall von dem Bestreben begleitet und getragen, die Geschichte – als Ablauf – theologisch zu werten. Sie gilt – fast überall – als Vorstufe zum Christusgeschehen und als Geschichte auf Christus hin und als von diesem Geschichtsziel her geheiligt. Sie ist, um hier nur weniges im Wortlaut zu zitieren, für W. Zimmerli „Bewegung, die von Verheißung zu Erfüllung drängt" (bei Westermann, S. 88). Zwar weiß auch schon das Alte Testament von Erfüllung, so gegen Ende das Josuabuches (Jos. 21,45), wo festgestellt wird: „Nichts von all dem Guten, das Jahwe dem Hause Israel verheißen hatte, war hinfällig geworden, alles war eingetroffen". „Hier" – so schreibt Zimmerli – „scheint der Strom zum Stehen gekommen zu sein. Aber es ist doch nur Schein – in der Folge wird das

Richterbuch das Ausschauen nach dem ‚Helfer', der Raum schafft und Israel Ruhe gibt, deutlich machen". Aber, so möchte man fragen, warum wird dann so deutlich und breit von Erfüllung gesprochen, wenn sie doch „nur Schein" war? Und ferner: führt dieser Versuch, die Geschichte ernst zu nehmen, und ja nicht zu verlieren, nicht zu einem Umgang mit den Texten, der so tut, als handle es sich um historische Berichte? Aber ehe auf diese Frage und die ganze Problematik des Unternehmens eingegangen wird, soll es hier noch ein wenig ausführlicher zur Darstellung gebracht werden. Auch Zimmerli läßt keinen Zweifel daran, daß die Verheißung-Erfüllung-Geschichte, die das Alte Testament bezeugt, ihre endgültige Erfüllung in Christus fand: „Die ganze alttestamentliche Geschichte, insofern sie von Jahwes Wort gelenkte und geschenkte Geschichte ist, bekommt Erfüllungscharakter – aber in der Erfüllung neuen Verheißungscharakter ... Ein Ruf, der diese Geschichte zu ihrem Ende brächte, ist im Alten Testament nicht zu hören ... Diesem Tatbestand nun begegnet die neutestamentliche Botschaft von der Erfüllung" (a.a.O., S. 92f.).

Grundsätzlich nicht anders urteilt der Herausgeber der hermeneutischen Aufsatzsammlung Claus Westermann: Die Situation ist nach ihm – völlig richtig – gekennzeichnet einerseits durch die „Entdeckung der geschichtlichen Perspektive, von der auch die sogenannte Religion nicht ausgenommen werden konnte, andererseits von der Erfahrung der Unausweichlichkeit eines theologischen Redens vom Alten Testament, das auf irgendeine Weise zu der Frage Stellung nimmt, ob und wie der Gott, von dem und zu dem in diesem Buch geredet wird, derselbe ist, den im Neuen Testament Jesus anruft und der der Gott des Bekenntnisses der christlichen Kirche ist" (a.a.O., S. 22). Nach dieser adäquaten Beschreibung der hermeneutischen Problemlage erklärt er, was das allen neuen Versuchen Gemeinsame ist: „Bei allen ist grundlegend: das Alte Testament berichtet Geschichte oder berichtet eine Geschichte oder berichtet Geschehendes" (a.a.O., S. 22).

Als Beleg werden Martin Noth, Gerhard von Rad, Walther Zimmerli, Martin Buber und G. Ernest Wright zitiert (a.a.O., S. 22ff.). Interessant ist insbesondere für die Gegenwart, da die Möglichkeit einer „narrativen", also erzählenden Theologie diskutiert wird, die schon von Wright aufgestellte und von Westermann zitierte Forderung, rechte Theologie solle „theology of recital" sein (God who acts, 1952, S. 13; Westermann, S. 24). Auch hier gehören Heilsgeschichte und Nacherzählung zusammen.

Freilich gebraucht Westermann das Wort Heilsgeschichte nicht unreflektiert und, unter Berufung auf die zitierten Kollegen, nicht ohne Bezug auf das *Wort* Gottes.

Gerhard von Rad hatte seinen Aufsatz von 1952 „Das Alte Testament ist ein Geschichtsbuch" (bei Westermann, S. 11ff.) mit den Worten eröffnet: „Das Alte Testament ist ein Geschichtsbuch. Es stellt eine von Gottes Wort gewirkte Geschichte dar, von der Weltschöpfung bis zum Kommen des Menschensohnes." Das wird von Westermann zustimmend zitiert und dahingehend erweitert, daß dies eine neue Bestimmung des Geschichtsbegriffes sei, welche die immanent verstandene Geschichte des 19. Jahrhunderts korrigieren und deutlich machen wolle, daß die Geschichte der Menschheit nicht angemessen beschrieben werden könne „unter Ausschluß der Frage nach dem Wirken Gottes“ (a.a.O., S.25). Die im Alten Testament berichtete Geschichte sei darum weder als Religionsgeschichte noch als Heilsgeschichte „im Sinne einer Sektorengeschichte“ zu verstehen, sondern als „ein Stück Weltgeschichte“ in dem kein einziger Faktor objektiv beweist, daß es in ihm in einer einzigartigen Weise um Gottes Handeln gehe; auch nicht und vor allem nicht Gottes Wort als eine vorfindliche Größe“ (a.a.O., S.25f.).

Die Geschichte spricht als eine von Gottes Wort gewirkte Geschichte nicht schlechterdings, wie es dann später bei W. Pannenberg (Offenbarung als Geschichte, 1961, S.112ff.) heißen kann, die „Sprache der Tatsachen“, sondern Westermann erkannte, klarer als andere und auch als von Rad, das in jeder heilsgeschichtlichen Konzeption notwendigerweise problematisch werdende Verhältnis von Geschichte und Wort. Darum versucht er – wie schon von Hofmann – die wesentliche Bedeutung von Geschichte und Wort gleichermaßen zu wahren: Erst das – bezeichnenderweise vornehmlich als Ankündigung verstandene – Wort qualifiziere die Geschichte als Offenbarungsprozeß.

So heißt es bei ihm zum Verhältnis von Geschichte und Wort: „Erst durch diese Verbindung mit dem ankündigenden Wort und allein durch die Verbindung mit ihm wird das Geschichtsfaktum zum Handeln Gottes in einem Zusammenhang, nur dadurch kommt es zu einer ‚Geschichte Gottes mit seinem Volk‘. Die Kontinuität dieser Geschichte liegt in nichts Anderem als in dem Spannungsbogen, der die Ankündigung mit dem Eintreffen des Angekündigten verbindet. Dies ist der Grund dafür, daß in dem jetzt geführten Gespräch um die Auslegung des Alten Testaments die Frage nach dem Begriffspaar Verheißung und Erfüllung im Vordergrund steht“ (a.a.O., S.27). Der Begriff „Spannungsbogen“, der die Ankündigung mit dem Eintreffen verbindet, wird nun zum hermeneutischen Schlüssel schlechthin und findet entsprechend häufige Verwendung. In einer späteren Studie (Das Alte Testament und Jesus Christus, 1968, S.51) heißt es: „Das Verhältnis des Alten Testaments zum Neuen Testament kann dann nicht nur so gesehen werden, daß das Alte Testament das Verheißene, das Neue Testament das Erfüllte enthalte; vielmehr enthält das Alte Testament die Geschichte der Verheißung, die im Neuen Testament zur Erfüllung kommt; Verheißung und Erfüllung bilden ein Gesamtgeschehen, von dem die Bibel Alten und Neuen Testaments berichtet“.

Wie Westermann und seinen Gesprächspartnern geht es auch Klaus Schwarzwäller (Das Alte Testament in Christus, 1966) um Geschichte, nämlich um eine solche des göttlichen Selbsterweises. Ähnlich schreibt Friedrich Mildenberger über „unsere Entscheidung für die Einheit der Gottesgeschichte und damit der Schrift“ (Gottes Tat im Wort, 1964, S.93). Von dieser Gottesgeschichte wird gesagt, daß ihr „ein Zusammenhang eignet, der den Anfang auf die Vollendung verweisen läßt, wie die Vollendung als Vollendung eben dieses Anfangs zu erfassen ist“ (a.a.O., S.107). Und dazu merkt Mildenberger sehr richtig an: „Eine derartige Begrifflichkeit steht immer in der Gefahr, die Kontingenz des geschichtlichen Geschehens in dem Schematismus einer gedanklichen Konstruktion aufzuheben. Dieser Gefahr werden wir aber entgehen können durch die Bindung an den konkreten Text“ (a.a.O., S.107, A.41). Von „Heilsgeschichte“ muß und darf auch nach Mildenberger gesprochen werden wegen der

Bedeutsamkeit des linearen Ablaufs, der „Kontinuität des göttlichen Handelns in der Geschichte“ (S. 108), die mit dem Begriff der „Verkündigungsgeschichte“ zum Ausdruck gebracht werden soll (a.a.O., S. 81 f.; 107 ff.).

Für W. Eichrodt (Ist die typologische Exegese sachgemäße Exegese? bei Westermann, S. 205 ff.; vgl. S. 207) ist typologische Exegese deswegen angebracht, weil „der Typos ebenso wie das ganze alttestamentliche Heilsgeschehen ja nur eine Vorstufe des Heils in Christus bedeutet und an dessen Vollkommenheit nicht heranreichen kann. So steht das Moment der Steigerung, auch wenn es nicht ausdrücklich ausgesprochen ist, immer im Hintergrund“. Beachtung verdient Eichrodts Bemerkung, daß Exegese sich nicht auf den mit den Mitteln historischer und philologischer Kritik zu erhebenden Wortsinn beschränken dürfe. Vielmehr müsse „bei der Bibel die Auslegung über die Feststellung des Wortsinnes hinausgehen, um die Bedeutung einer Stelle in dem größeren geistesgeschichtlichen Zusammenhang, in dem sie steht, zu bestimmen und ihre Auswirkung in der Folgezeit abzuschätzen. Im Alten Testament aber kann das nur so geschehen, daß die Funktion seiner Geschichte als eine Vorstufe des neutestamentlichen Heilsgeschehens berücksichtigt wird. Denn das ist es ja, was die christliche Exegese von der jüdischen und allen anderen Auslegungsarten unterscheidet, daß sie als die grundlegende Bestimmtheit des Alten Testaments seine Ausrichtung auf das Neue Testament hin glaubt und erkennt“ (a.a.O., S. 222 f.). Bemerkenswert ist nicht nur, daß der Glaube als Erkenntnisorgan fungiert und daß der so bestimmte *Glaube* sich auf die „Ausrichtung des Alten Testaments auf das Neue Testament hin“, also auf einen *Geschichtsverlauf* richtet, sondern auch daß solchem Glauben und der von ihm gesteuerten Exegese das Alte Testament zum Dokument einer Vorgeschichte und zur „Vorstufe“ zum Neuen wird.

Mit einer in sich theologisch bedeutungsvollen Geschichte rechnet auch die *typologische Exegese* (s.o. S. 97 f.), und so wundert es nicht, daß die Diskussion um eine neue Theologie des Alten Testaments auf geschichtlicher Grundlage auch diesen alten, schon paulinischen hermeneutischen Schlüssel neu in Erwägung zog. Die Tatsache, daß innerhalb der Schrift selbst typologische Analogien herausgestellt werden – etwa bei Deuterojesaja das typologische Verständnis des verkündigten neuen Exodus als Antitypos des ersten Exodus; sodann gelegentliche typologische Interpretationen schon des Paulus (s.o. S. 24 ff.) –, und überhaupt die Überzeugung, daß beide Testamente durch einen geschichtlichen Zusammenhang und einen göttlichen, planvollen Geschichtsablauf zusammengehalten werden, ließ es als berechtigt und nötig erscheinen, solche typologischen Entsprechungen aufzuspüren. Wie das Schema Verheißung (Weissagung) und Erfüllung und wie überhaupt die Idee einer fortschreitenden Heilsgeschichte, so scheint auch das typologische Verständnis dem Alten Testament als dem Alten, als Vorstufe und Vorgeschichte seinen relativen, nämlich an die Relation zum Neuen Testament gebundenen Wert zu geben. Die als Typen erkannten Ereignisse, Personen, Institutionen werden, anders als in der Allegorese, die überall einen „anderen“ Sinn zu finden sich anstrengt, nicht verflüchtigt und aufgelöst, sondern in ihrer Realität und konkreten Geschichtlichkeit belassen und doch in dieser ihrer Einmaligkeit als Präfiguration, als Vorausschattung und Vorausdarstellung der antitypischen Erfüllung interpretiert. Daß die Idee der Heilsgeschichte und die Methode der typologischen Exegese zusammengehören, ist unschwer einzusehen.

So schreibt etwa W. Eichrodt (Ist die typologische Exegese sachgemäße Exegese? bei Westermann, S. 221): „Denn die Typologie ... stellt an zentralen Punkten die Kontinuität und Zielstrebigkeit des göttlichen Handelns ins Licht. Sie erschöpft sich dabei nicht in der wie immer gearteten Entsprechung äußerer Fakten, sondern bezieht sich auf den in ihnen verwirklichten Verkehr zwischen Gott und Mensch. Auf diese Weise beantwortet sie eine bedrängende Frage, die den christlichen Glauben im Blick auf die Problematik der Geschichte überhaupt und des alttestamentlichen Geschehens insbesondere bewegt; sie weist auf die Verwirklichung des Heils durch eine Geschichte hin, die von dem gleichen göttlichen Gemeinschaftswillen in der alttestamentlichen wie in der neutestamentlichen Gemeinde gestaltet wird und einem Vollendungsziele zustrebt."

Außer Leonard Goppelt (Typos, 1939) haben vor allem Gerhard von Rad und Hans Walter Wolff im Bereich alttestamentlicher Wissenschaft die Berechtigung und Notwendigkeit der typologischen Betrachtungsweise zu begründen versucht. In Auseinandersetzung u. a. mit Rudolf Bultmann (Ursprung und Sinn der Typologie als hermeneutischer Methode, 1950), der die Typologie vom Gedanken der Wiederholung und der Idee der zyklischen Wiederkehr des Gleichen zu erklären versuchte, aber auch mit theologischen Entwürfen von Ludwig Köhler und Otto Procksch betont von Rad (Typologische Auslegung des Alten Testaments, 1952/53), daß das Alte Testament primär ein Geschichtsbuch sei, „das Bilderbuch einer Glaubensgeschichte" (Ges. Stud, II, S. 279), in dem „allenthalben schon das neutestamentliche Christusgeschehen präfiguriert" ist. Darum müsse die typologische Deutung „grundsätzlich das historische Selbstverständnis des betreffenden alttestamentlichen Textes verlassen und überbieten. Sie sieht in den alttestamentlichen Fakten etwas sich anbahnen und abzeichnen, das dem alttestamentlichen Zeugnis noch nicht bewußt geworden ist, weil es überhaupt jenseits des alttestamentlichen Zeugniskreises liegt." Daß die Typologie hier in Allegorese überzugehen droht und die Grenze zwischen beiden Betrachtungsweisen auf jeden Fall fließend wird, lehrt das Zitat ebenso wie von Rads oft kritisierte Äußerung, über die Handhabung der typologischen Deutung könne und dürfe „keine lehrgesetzliche Norm aufgestellt werden", sie könne „hermeneutisch nicht mehr reguliert werden", sondern geschehe „in der Freiheit des Heiligen Geistes" (a.a.O., S. 286ff.). Daß mit der Freiheit des Heiligen Geistes die Willkür des Exegeten leicht verwechselt werden kann, darf nicht verschwiegen werden. Vorsichtiger formuliert darum H. W. Wolff (Zur Hermeneutik des Alten Testaments, 1956). Nach ihm darf die reformatorische Hinwendung zum Literalsinn nicht wieder rückgängig gemacht werden; willkürliche Deutungen sind unerlaubt. Da aber nach Wolff keine Frage ist, „daß Israel als Bundesvolk Jahwes im ganzen und im einzelnen Typos der Ekklesia Jesu Christi ist" (a.a.O., S. 264), könne das Verhältnis von Altem und Neuem Testament nicht, wie es etwa Hirsch wollte, ausschließlich antithetisch bestimmt werden, sondern es walte eine Analogie zwischen Altem und Neuem Testament: „Der alte Bund geht auf den neuen zu: Israel wird um der Völker willen berufen. Der neue Bund kommt vom alten her: Jesus Christus ist Davids Sohn und Passahlamm. Es ist die Analogie von Weg und Ziel, von Schatten und Körper, von Verlöbnis und Ehe. Diese Analogie in geschichtlich einmaliger Relation, die nicht ohne ein entscheidendes Moment der Steigerung hin zum Eschaton ist, nennen wir Typologie" (a.a.O., S. 270f.). Und daß auch hier Typologie als Methode von dem prinzipiellen Verständnis des Alten Testaments als Vorstufe zum Neuen Testament ausgeht, erhellt aus dem Satz: die „Leitfrage typologischer Auslegung" lautet: „Inwiefern wird das neutestamentliche Kerygma von seiner Vorgeschichte her verdeutlicht (bzw. nur im Mithören der Vorgeschichte ergriffen)?" (a.a.O., S. 263).

Freilich kann Typologie auch ganz anders, nämlich unabhängig von einem linearen Geschichtsverständnis und ohne methodische Zuordnung zu heilsgeschichtlichen Konzeptionen verstanden werden: Typologie differenziert dann zwischen Altem und Neuem so, „daß sie die Selbigkeit des Seins in der Zeit zur Vergleichsbasis wählt" (Ernst Fuchs, Hermeneutik, 1954, S. 201). Dies Verständnis kann freilich nicht als für die typologische Methode charakteristisch gelten, wenngleich es geeignet ist, die zum Erliegen gekommene Diskussion um das Recht typologischer Auslegung zu einem sinnvollen Abschluß zu bringen (s.u. S. 179f., 193).

3. *Geschichtsprozeß und Offenbarung*

Während exegetische Einsichten – und auch Irrwege – sonst oft ohne allzu großen Einfluß auf die systematische Theologie bleiben, hat jener weitreichende Konsensus heilsgeschichtlich und lineargeschichtlich orientierter alttestamentlicher Theologie in mehrfacher Hinsicht geradezu systembildende Wirkung gehabt. Da ist einmal Jürgen Moltmanns Entwurf einer „Theologie der Hoffnung" zu nennen (1964, seither mehrere Auflagen). Hier wird ebenso apodiktisch wie programmatisch erklärt: „Nun hat aber gerade die neuere alttestamentliche Theologie gezeigt, daß die Worte und Sätze vom ‚Offenbaren Gottes' im Alten Testament durchgängig mit Sätzen der ‚Verheißung Gottes' verbunden sind. Gott offenbart sich auf die Weise der Verheißung und der Verheißungsgeschichte. Es stellt sich von daher die Frage an die systematische Theologie, ob das sie leitende Verständnis der Offenbarung Gottes nicht von der Art und der Zielsetzung der Verheißung beherrscht sein muß" (a.a.O., S. 36).

Moltmann kann die alttestamentliche Religion darum als „Verheißungsreligion" bezeichnen (a.a.O.) und von da her auch noch das Ereignis von Kreuz und Auferstehung Jesu Christi als Verheißungsoffenbarung interpretieren: „‚Offenbarung' in diesem Geschehen hat nicht den Charakter logosgemäßer Erhellung vorhandener Wirklichkeit des Menschen und der Welt, sondern trägt hier konstitutiv und grundsätzlich den Charakter der Verheißung und ist darum eschatologischer Art" (a.a.O., S. 75). Aus dem „Spannungsbogen" Westermanns, der sich von Verheißung zu Erfüllung spannt, wird hier eine Bezogenheit von Hoffnung auf Verheißung und von Verheißung, die auf Hoffnung zielt und eine „schöpferische Erwartung" – so mit Ernst Bloch – wachhält, die zu gesellschaftsändernden Taten ermutigt und es als einzige verdient – wieder mit Bloch – präsentische Eschatologie genannt zu werden (a.a.O., S. 309 unter Bezugnahme auf Blochs Tübinger Einleitung in die Philosophie, II, S. 176). Aus *Verheißung* (Weissagung) *und Erfüllung* wird eine alttestamentliche „Verheißungsgeschichte"; diese „findet im Evangelium nicht einfach eine Erfüllung, die sie aufhebt, sondern sie findet im Evangelium ihre Zukunft" (Moltmann, S. 133). Die „Futurum-Religion der Bibel" (Bloch, a.a.O.) kennt nur eine „Exodusgemeinde" (Bloch, a.a.O., Moltmann, S. 280ff.). Daß diese Ideen, die von dem bestimmten Verständnis des Alten Testaments in seinem Verhältnis zum Neuen, wie es hier verhandelt wird, ausgehen und es als von der alttestamentlichen *Wissenschaft* erarbeitetes und begründetes und darum einzig richtiges voraussetzen, großen

Einfluß ausüben, braucht nur am Rande vermerkt zu werden. Die Wirkung ist desto größer, als diese Theologie sich als theoretische Anleitung zur kirchlichen und vor allem gesellschaftlichen Praxis versteht, den alttestamentlichen und dann insbesondere auch reformierten Willen zur Verwirklichung der Gottesherrschaft beflügelt und in einer Art „historischem Kompromiß" eschatologisches Hoffnungsziel und marxistische Zielvorstellung zu vereinigen versucht.

Auch das Programm „Offenbarung als Geschichte", das von Wolfhart Pannenberg 1961 herausgegeben wurde und an dem der Alttestamentler Rolf Rendtorff maßgeblich beteiligt war, ist, wie der Titel besagt, an Geschichte orientiert und nicht zuletzt durch ein Verständnis des Alten Testaments als Geschichtsbuch inspiriert. Die von Rendtorff vertretene Auffassung, die das alte heilsgeschichtliche Dilemma von Geschichte und Wort bzw. von Tatsachengeschichte und Überlieferungsgeschichte überwinden wollte, daß nämlich Überlieferung selbst auch Geschichte sei, trug als Überbietung der schon von von Rad erreichten Position, welche Geschichte und Wort eher harmonisierend unterschied und doch zu verbinden versuchte, wesentlich zur Grundlegung des neuen universalgeschichtlichen Entwurfs des „Pannenberg-Kreises" bei.

Der Entwurf wurde voll entfaltet und unter Berücksichtigung der gegenwärtig aktuellen wissenschaftstheoretischen Diskussion ausgebaut in Pannenbergs „Wissenschaftstheorie und Theologie" (1973). Hier sind nicht nur Altes und Neues Testament durch einen geschichtlichen Zusammenhang verbunden, sondern es gilt: „Werden ... die exegetischen Disziplinen als Teil der historischen Theologie aufgefaßt, dann hat die Kanonfrage nur untergeordnete Bedeutung. Der religionsgeschichtliche Zusammenhang Israels mit dem Alten Orient, die Bedeutung der jüdischen Geschichte in der Zeit ‚zwischen den Testamenten' für das Urchristentum treten stärker ins Bewußtsein, und ebenso werden die Übergänge vom Urchristentum zur frühen Kirchengeschichte fließend. Die Kanonbildung erscheint dann als ein Moment innerhalb der Geschichte des Christentums selbst" (a.a.O., S.377f.). Bezeichnend für diese Theologie ist auch, daß aus einem normativen *Schriftenkanon* die normative Bedeutung der christlichen *Anfangszeit* wird (a.a.O.). Die Geschichte als sich erstreckende Zeit bekommt Offenbarungsqualität. In polemischer Zuspitzung gegen die Theologie des Wortes Gottes, die „Kerygmatheologie" mit ihrem Begriff der im ergehenden, verkündigten und geglaubten Wort sich ereignenden Selbstoffenbarung Gottes ist in der Programmschrift „Offenbarung als Geschichte" von der „Sprache der Tatsachen" die Rede. Die Geschichte als ganze ist also Offenbarung Gottes. Da sie noch nicht zu Ende ist, wird sie erst vom Ende her als Offenbarung erkennbar (Rendtorff, „Offenbarung" im AT, Sp.837). Dieses Ende nun hat sich in der Auferstehung Jesu Christi von den Toten, die im Sinne spätjüdischer Apokalyptik ja als Endereignis zu verstehen ist, vorweg ereignet. Die Auferstehung ist die Vorwegnahme des Endes und des Geschichtsziels, von dem her die ganze Geschichte als Offenbarung einsichtig wird.

„Geschichte" wird so zum Inbegriff der Wirklichkeit in ihrer Ganzheit überhaupt. Ähnlich wie bei Moltmann verlagert sich das Interesse von der Schrift als *Wort*, von der Offenbarung als *Anrede*, vom *Glauben* des *einzelnen*, der das Wort vernimmt und daraufhin glaubt, und überhaupt vom einzelnen als von einer vermeintlich individualistisch-existentialen Engführung weg und einem universalgeschichtlichen oder gesamtgesellschaftlichen Horizont zu. Die Auferstehung Jesu Christi gehört als vorwegereignetes Ziel (telos) der Geschichte zur Faktizität alles wahrhaft Geschichtlichen. Der Glaube richtet sich auf dieses zuverlässig überlieferte Faktum und nicht auf ein bloßes Wort. Da die faktisch geschehene Auferstehung Christi die Vorwegnahme – Prolepse – der einzigen Offenbarung im vollen Sinne dieses Wortes ist und universalgeschichtlichen Charakter hat, kann auch nur der Universalgeschichte Offenbarungscharakter zugesprochen werden, was eine besondere Offenbarungsgeschichte etwa in Israel ausschließt. Die Sonderstellung des Alten Testaments beruht also nicht darauf, daß hier ein Sonderfall von Geschichte bezeugt wird, sondern daß in Israel ein Bewußtsein von Geschichte im Spannungsbogen von Verheißung und geschichtlicher Erfüllung geweckt worden ist, ohne das auch das Christentum nicht geschichtlich existieren könnte. So heißt es: „Das Wesen des Christentums selbst ist diese Geschichte zwischen dem Advent der Zukunft Gottes im Auftreten Jesu und der Zukunft des Gottesreiches im Zeichen des wiederkommenden Christus" (Wissenschaftstheorie und Theologie, S. 420).

Ist für Pannenberg – und ähnlich auch für Moltmann – der Glaube nicht wesentlich auf das Wort der Selbstoffenbarung Gottes und primär überhaupt nicht auf das Wort, sondern auf die Faktizität von Geschichte, die Sprache der Tatsachen bezogen, so verliert notwendigerweise auch die Schrift, die das Wort bezeugt, ihre zentrale, kanonische Stellung. Aus dem Allein durch die Schrift (sola scriptura) wird ein Allein durch die Geschichte (sola historia). In diese totale Geschichte wird auch die vom Alten Testament bezeugte Geschichte als Teilaspekt eingegliedert. Entsprechend werden Exegese von Texten und Bibelwissenschaft überhaupt zum Bestandteil einer universal-umfassenden, zugleich religionsgeschichtlichen und theologischen Aufgabenstellung. Begreiflich ist von daher, daß die Kirchengeschichte eine wesentliche theologische Aufwertung erfährt: „Die Kirchengeschichte ist nicht mehr eine theologische Spezialdisziplin. Sie ist das viel weniger als die biblische Theologie. Die Kirchengeschichte umgreift das Ganze der Theologie auf eine Weise, wie es der biblischen Theologie als Disziplin nur per nefas [auf widerrechtliche Weise] und dem einzelnen Exegeten nur durch den Mut möglich ist, die Schranken der eigenen Disziplin zu überschreiten ... Wenn man nicht in der Weise des Altprotestantismus die kanonischen Schriften oder mit K. Barth das ganze Zeitalter der Apostel prinzipiell der Zeit der Kirche und ihrer Geschichte entgegensetzt, dann ist nicht einzusehen, wie der mit der Erforschung der Geschichte des Christentums beschäftigten Disziplin die Zuständigkeit für die Anfänge des Christentums – wie auch für seine Vorgeschichte – generell abgesprochen werden kann, auch wenn die in der Besonderheit des christlichen Glaubens begründete Herausbildung eines Gegenübers aller späteren Zeitalter der Kirche zu dem der Apostel und zu den apostolischen Schriften in ihrer Bedeutung innerhalb der Geschichte des Christentums durchaus gewürdigt wird" (Wissenschaftstheorie, S. 394f.). Das ist von diesem Standpunkt aus verständlich: die Geschichte der Anfänge des Christentums ist eine kurze Teilstrecke, gemessen an der alttestamentlichen „Vorgeschichte" mitsamt der übrigen Vorgeschichte und gemessen auch an der 2000 Jahre währenden Christentumsgeschichte.

Während Schrift und Exegese für die zuletzt skizzierte Position stark in den Hintergrund treten und nur mehr die fundamentalen Stichworte: Verheißung oder Auferstehung als Vorwegnahme des Endes und des Zieles zu liefern haben, werden gegenwärtig auch Versuche unternommen, zu einer gesamt*biblischen* Theologie zurückzufinden. So hält Peter Stuhlmacher (Neues Testament und Hermeneutik, 1971, S. 43) die „Zweiteilung der Schriftauslegung", nämlich als gesonderte Disziplinen der alt- und neutestamentlichen Exegese theologisch für „durchaus fragwürdig". Auch er meint, daß sich die „eine Zeitlang zurückgedrängten universalgeschichtlichen Probleme nunmehr mit Vehemenz und, wie mir scheint, unentrinnbar zurückmelden". Er fordert daher eine „erneute Reflexion auf die universalgeschichtlichen Lebensprozesse, in denen wir stehen, durch Ausweitung unseres Sinnes für Wirklichkeit und Tradition sowie durch ein geschärftes Interesse an den für die Menschen in der Geschichte jeweils lebensentscheidenden Zukunftsentwürfen" (a.a.O., S. 40). Unter diesem Aspekt „erscheinen in der Tat alt- und neutestamentliche Traditionsbildungen als eng aufeinander bezogene Phänomene, die sich nicht mehr länger mit dem eingebürgerten religionsgeschichtlich-dogmatischen Denkschema bewältigen lassen, das Neue Testament sei kraft seiner Christusverkündigung die wahre Offenbarung, das Alte Testament aber gehöre mitsamt anderen Zeugnissen der spätantiken Religionsgeschichte nur zur Umwelt des Neuen Testaments und stelle hier bestenfalls eine traditionsgeschichtlich besonders wichtige Vorstufe neutestamentlicher Überlieferung dar" (a.a.O., S. 43). Offen bleibt hier, wie der überlieferungsgeschichtliche „Befund, daß die wesentlichen Interpretamente der neutestamentlichen Christologie, und zwar die meisten Hoheitstitel ebenso wie z. B. die Auferweckungsvorstellung, alttestamentlich-jüdischer Provenienz sind, daß – anders ausgedrückt – die neutestamentliche Christologie offenbar alttestamentlich gedacht, erfahren und verkündigt worden ist", zu verstehen sei: er müsse „von uns erst noch gedanklich und theologisch" eingeholt werden (a.a.O.). Denkbar ist es, diesen Befund überlieferungsgeschichtlich-linear fruchtbar zu machen und Altes Testament und Neues Testament als durch den historischen Zusammenhang verbunden zu denken und diesen Zusammenhang dann als solchen für religionsgeschichtlich-theologisch erheblich zu erklären. Dies würde in die Nähe Pannenbergs bringen, der den hier zitierten Aufsatz mit einer Reverenz erwähnt (Wissenschaftstheorie, S. 385). Denkbar ist freilich auch eine andere Interpretation des – historisch und überlieferungsgeschichtlich nicht anzweifelbaren – Befundes der Zusammengehörigkeit der Testamente; darüber wird noch an anderer Stelle zu reden sein (s. u. S. 187 ff.).

In einem späteren Aufsatz zur Möglichkeit einer neuen biblischen Theologie (Das Bekenntnis zur Auferweckung Jesu von den Toten und die Biblische Theologie, 1973) soll nach Stuhlmacher, wie der Titel der Arbeit besagt, ein solcher gesamtbiblischer Entwurf vom Auferstehungsbekenntnis ausgehen. Aber ebenso soll beachtet werden, daß die Auferstehungsvorstellung und die Idee, daß Gott Macht habe auch über den Tod, von Israel „in langer eigenständiger Traditionsarbeit erworben" sind (a.a.O., S. 146). Man dürfe „die Entwicklung des jüdischen Auferstehungsglaubens als einen Weg der Ausweitung des Jahweglaubens verstehen" (a.a.O., S. 149). Und darum gilt:

„Das christliche Auferweckungsbekenntnis ist eine christologische Präzisierung des in langer Traditionsarbeit ausgestalteten israelitischen Gottesbekenntnisses, und zwar im Blick auf Tod und Erscheinung Jesu". Eben deswegen, so lautet die Folgerung, müsse die neutestamentliche Theologie als *biblische* Theologie, die zum Alten Testament hin offen ist, entworfen werden (a.a.O., S. 151f.).

Wiederum kann man fragen, was an jenem nicht zu bezweifelnden überlieferungsgeschichtlichen Befund *hermeneutisch* und *theologisch erheblich* sei: die „lange Traditionsarbeit", also eine Traditions- und Entwicklungsgeschichte auf Christus und das Auferstehungsbekenntnis hin oder das Faktum, daß die christliche Verkündigung, das Kerygma, die *Sprache* des Alten Testaments aufnimmt und vom Christusgeschehen her umformt. Anscheinend geht es auch hier weniger um Kerygma und Sprache, und auch dieser „Weg zur biblischen Theologie" führt in den als Offenbarung verstandenen Geschichtsprozeß, der, wie man meint, von sich aus dazu drängt, „zu ergründen, inwiefern in Jesu Verkündigung die alttestamentliche Glaubenstradition an ihr Ziel und Ende gekommen ist . . ." (a.a.O., S. 154f.).

Eine bemerkenswerte Konsequenz ist auch hier, daß *Offenbarung historisch erkennbar* und faßbar sein soll: „Historisch ist kein Zweifel, daß sowohl die Offenbarung Gottes im Alten Testament als auch im Neuen Testament in einem bis zur Auferweckung Jesu fortschreitenden Prozeß in Erscheinung getreten ist. Es ist historisch ebenso wenig zu bestreiten, daß es nach Jesu Auferweckung wieder einer gewissen Zeitspanne und verschiedener Erfahrungsräume bedurfte, um die Christusoffenbarung Gottes kerygmatisch so zu erfassen, zu durchdenken und auszusagen, daß wirklich alle Bereiche des Seins in Vergangenheit, Gegenwart und Zukunft, in Vorzeitigkeit und über das Ende der Geschichte hinaus als von der Christusoffenbarung betroffen und umfaßt gelten konnten" (a.a.O., S. 165).

Von seiten der alttestamentlichen Wissenschaft und von ähnlichen Erwägungen ausgehend wurde das Problem der Einheit der biblischen Theologie und damit des Verhältnisses der beiden Testamente zur gleichen Zeit von Hartmut Gese angegangen (vgl. den Aufsatzband: Vom Sinai zum Zion, 1974). Deutlicher als bei Stuhlmacher wird hier, daß die Einheit der biblischen Theologie mit der „Einheit des biblischen Traditionsprozesses" (so der Titel des ersten Abschnittes der Arbeit „Erwägungen zur Einheit der biblischen Theologie", a.a.O., S. 11ff.) begründet werden soll. Das Neue Testament „bildet den Abschluß eines Traditionsprozesses, der wesentlich eine Einheit, ein Kontinuum ist" (a.a.O., S. 14). Die Erwägungen führen zum Ergebnis: „Die Offenbarung ist ein Prozeß und nur im Ganzen ist der Prozeß zu greifen. Der Offenbarungsprozeß setzt einen ontologischen Prozeß, der sich in dem Ereignis von Tod und Auferstehung Jesu vollendet, in welchem die Grenzen von Sein und Nichtsein fallen. Das Sein wird, und die Wahrheit ist geschichtlich geworden" (a.a.O., S. 30). Das Kontinuum, das Altes Testament und Neues Testament verbindet, sei der ununterbrochene Traditionsprozeß, der mit der Pentateuchkanonisierung angefangen habe, aber zur Zeit des neutestamentlichen Geschehens noch völlig offen gewesen sei. Nach Gese war es „antiapokalyptische, antisapientiale, vornehmlich antichristliche Polemik" ..., „wenn in diesem Traditionsabschluß 100 n. Chr. ein entscheidender Teil eliminiert wurde, nämlich ein Großteil des apokalyptischen und sapientialen Materials. Eine christliche Theologie darf den masoretischen Kanon niemals gutheißen, denn der Kontinuität zum Neuen Testament wird hier in bedeutendem Maße Abbruch getan. Mir scheint unter den Einwirkungen des Humanismus auf die Reformation die eine verhängnisvolle gewesen zu sein, daß man die pharisäische Kanonreduktion und die masoretische Texttradition, auf die man als ‚humanistische' Quelle zurückgriff, miteinander verwechselte und Apokryphen aussonderte" (a.a.O., S. 16f.). Das Arge an jener Kanonreduktion ist, daß damit, falls es menschenmöglich wäre, das Offenbarungskontinuum, das Gese annimmt, unterbrochen würde. Wie bei den Theologen von „Offenbarung als Geschichte" die Apokalyptik als „missing link" wiederentdeckt und zur Wiederherstellung des unterbrochenen Geschichtskontinuums eingesetzt wird, so ist auch Gese genötigt, die kanonische Lücke zu schließen und gleichsam kanonischer zu werden als die heilige Schrift.

Auch diese Anschauung wurde anhand und in Auseinandersetzung mit der von Radschen Theologie entwickelt. Ist nach von Rad das immer erneut aktualisierte und umgestaltete Kerygma inhaltlich – außer in der Weisheitsliteratur, in manchen Psalmen und in der Apokalyptik – geschichtsbezogen, so ist für Gese das Kerygma „keine statische Größe, sondern wächst fortwährend mit dem geschichtlichen Prozeß des Tradierens" (a.a.O., S. 18). Und wie bei Pannenbarg besteht der Fortschritt – dieses Wort zunächst ohne jegliche Wertung – darin, daß auch das Kerygma selbst in den Geschichts*prozeß* hineingenommen und so zum Offenbarung*prozeß* wird. Im Unterschied von Pannenberg freilich wird dieser Prozeß einzig aus der Schrift Alten und Neuen Testaments erhoben, er ist exklusiv ein israelitisch-jüdisch-christlicher Offenbarungsprozeß, der nicht universalgeschichtlich ausgeweitet wird. Und anders als bei Moltmann, für den auch das Christusgeschehen wieder wesentlich und primär Verheißung ist, gilt für Gese: „Der gesamten heilsgeschichtlichen Tradition in ihrer futurischen Erwartung des Anderen, in ihrem Abstand zum Heil trat entgegen Jesus von Nazareth in der Verkündigung des Heils hic et nunc [hier und jetzt]. Einer apokalyptischen Erwartung der Zukunft setzte das einen ebensolchen Ziel- und Endpunkt wie der tora und der weisheitlichen Konzeption einer symbolischen, abbildhaften Heilspartizipation", weil in Jesu Verkündigung „die Gegenwart des Heils nicht nur angezeigt wird, sondern sich auch vollzieht" (a.a.O., S. 28f.). Damit ist das Alte Testament auch hier trotz Betonung der Einheit der Bibel und der darum geforderten Einheit der biblischen Theologie als Dokument einer – allerdings wesentlichen – Vorgeschichte verstanden.

4. *Geschichte und Wort: Kritik der Heilsgeschichte*

Alle oben skizzierten Versuche, das hermeneutische Problem des Alten Testaments zu lösen und zu einer gesamtbiblischen Theologie zurückzufinden, sind sich trotz aller Unterschiede im einzelnen darin einig, daß das Alte Testament primär als Geschichtsbuch in Betracht kommt, oder mit Westermanns Worten: „Bei allen ist grundlegend: das Alte Testament berichtet

Geschichte oder berichtet eine Geschichte oder berichtet Geschehendes" (Probleme, S. 22; vgl. o. S. 155). Will man diese weitverbreitete und fast in kanonischem Ansehen stehende Meinung gebührend und auch im Blick auf Entwicklung und Geschichte des hermeneutischen Problems beurteilen, so muß zunächst folgendes festgestellt werden: Als Irenäus gegen die Ketzer (Adversus haereses), welche die Geltung des Alten Testaments bestritten, seine Heilsgeschichte entwarf, war er sich wohl kaum bewußt, mit diesem seinem Entwurf ein Verständnis des Alten Testaments zu lehren und anzubahnen, das zwar nicht selbst auch ketzerisch genannt werden muß, aber doch keineswegs dem ursprünglichen, urgemeindlichen Umgang mit der Schrift entsprach. Ganz abgesehen davon, daß der von der Kirche übernommene griechische Kanon nach eigenem Verständnis gewiß nicht Urkunde einer Vorgeschichte sein will und daß der hebräische Kanon gerade nicht an Geschichte, sondern am Gesetz und an dessen Auslegung orientiert ist: die Urgemeinde berief sich auf das Alte Testament als auf die *Schrift* (oder „die Schriften"), aber *nicht* auf eine wie auch immer geartete *Geschichte*, die von dieser Schrift „berichtet" oder „nacherzählt" wird und die gleichsam hinter den Texten liegt. Nach der alten, schon Paulus vorgegebenen Tradition ist Christus gestorben und auferstanden nach den *Schriften* (1. Kor. 15,3f.), nicht jedoch am Ende einer Vorgeschichte oder einer Zeitstrecke, die als fortschreitender heilsgeschichtlicher Prozeß zu betrachten wäre, der im Christusereignis seinen Höhepunkt fand. Auch noch wo im Neuen Testament von der „Fülle der Zeit" oder von dem „Augenblick" (*kairos*), der erfüllt ist (Gal. 4,4; Mk. 1, 15; Eph. 1,10), gesprochen wird, liegt nicht die Vorstellung einer Entwicklungsgeschichte, einer Geschichte allmählich sich verwirklichenden Heils oder eines von Verheißung zu Erfüllung fortschreitenden Prozesses vor. Gemeint ist vielmehr, wie der Begriff *kairos*, der in solchen Zusammenhängen meistens begegnet (Mk. 1,15; Lk. 21,14; Eph. 1,10), lehrt, der entscheidende, endzeitliche (eschatologische) Augenblick, die endzeitliche mit dem Christusheil gefüllte Zeit. Sogar noch für Lukas ist mit der Erscheinung Jesu Christi „diese *Schrift*" erfüllt (Lk. 4,21); nicht einmal für diesen „zeitlich" denkenden Evangelisten ist die *Geschichte* Israels als eine sich über Jahrhunderte erstreckende Vorgeschichte, sondern die *Schrift* wichtig, deren Bedeutung insbesondere in ihrem Charakter als Weissagung und Verheißung liegt. Nicht am Kontinuum der Geschichte und der Zeit ist gelegen und nicht um einer solchen kontinuierlichen Geschichte willen, die Israel und die Kirche verbindet, wird das Alte Testament zum Buch der Kirche erklärt, sondern weil die Kirche die *Schrift* erfüllt glaubt. Will man den Begriff der Kontinuität unbedingt beibehalten, so müßte man von einer solchen im *Wort* und in der *Sprache* reden: im Lichte des Christusgeschehens wird das alte Wort zum neuen Wort, es bekommt neue Aktualität, es entbirgt jetzt seine ganze Wahrheit, kurzum: es ist „heute erfüllet vor euren Ohren" (Lk. 4,21).

Es ist das Verdienst vor allem Günter Kleins gewesen, in mehreren Arbeiten mit Energie, aber leider dennoch nicht überall genügend vernommen, auf diesen ganz anderen Schriftgebrauch und dieses ganz andere Verständnis des Alten Testaments in der frühen Kirche hingewiesen zu haben. Von seiten der systematischen Theologie wurde dies positiv aufgenommen und vertieft von H.G.Geyer (Zur Frage der Notwendigkeit des Alten Testaments, 1965).

Nun kann zwar die urgemeindliche Weise der Rezeption des Alten Testaments und des Umgangs mit der Schrift nicht unbesehen maßgeblich und normativ für alle Zeiten sein, sie vermag das desto weniger, als sie selbst alles andere als einheitlich und z.T. auch kaum theologisch klar durchdacht ist. Wohl aber lehrt jenes ganz andere, nicht-lineargeschichtliche Verständnis, daß wer aus dem Konsensus derer, die das Alte Testament als Geschichtsbuch interpretieren, ausbricht, aus recht angesehenem Kreise in die noch bessere Gesellschaft der neutestamentlichen Zeugen tritt. Für sie war das von den Vätern überkommene Erbe zuerst „die Schrift“, „das Gesetz“ und vor allem „die Propheten“. Daß dies eine einseitige Ansicht ist, wurde schon dargelegt; das Alte Testament läßt sich nicht als Ganzes als Gesetz qualifizieren, es kann auch nicht in seinem ganzen Umfang als Prophetie, Weissagung, Verheißung verstanden werden. So konnte sich die Frage aufdrängen, ob das seit Irenäus immer wieder vertretene heilsgeschichtliche und überhaupt lineargeschichtliche Verständnis dem Alten Testament nicht doch eher angemessen ist. Es kann ja nicht geleugnet werden, daß hier Geschichte erzählt wird und daß auch eine Linie verfolgt werden kann, die von Adam bis in die nachexilische Zeit hinein reicht.

Man soll diese klare Beobachtung nicht dadurch abzuschwächen versuchen, daß man auf die Diskrepanz von tatsächlich Geschehenem und Bericht über Geschehenes, von Tatsachengeschichte und kerygmatischer Erzählung, von historisch-kritisch erarbeitetem Geschichtsbild und dem Bild, welches das Alte Testament selbst in kerygmatischer Intention von der Geschichte zeichnet, hinweist und die enormen Unterschiede zwischen beiden betont, um so jeglichen Modus von Heilsgeschichte, sowohl eine im faktischen Geschichtsverlauf angesetzte, aber nie so geschehene, als auch die als Geschichte von Verkündigung verstandene, die auf nie so Geschehenes verweist, ad absurdum zu führen. Immerhin läßt sich trotz allem die historische Faktizität der wichtigsten „Heilstatsachen“ – Patriarchen-Wanderungen, Auszug aus Ägypten, Landnahme, Staatenbildung, davidisches Königtum, nachexilische Restauration – nicht bestreiten. Es ist schon eine Geschichte geschehen und sie ist auch linear verlaufen.

Nun hat man angesichts des Auseinanderklaffens von biblischem Geschichtsbild und tatsächlichem Verlauf der Geschichte gemeint, sich entweder theologisch für das *biblische Bild* (G. von Rad) oder für die *Faktengeschichte* (Franz Hesse; später hat Hesse sich korrigiert: Abschied von der Heilsgeschichte, 1971; ders., Zur Profanität der Geschichte Israels, 1974) entscheiden zu müssen oder auf Grund der Erwägung, daß ja die Überlieferungsgeschichte selbst auch Geschichte sei, beides zu kombinieren versucht (R. Rendtorff, Hermeneutik des Alten Testaments als Frage nach der Geschichte, 1960; ähnlich schon O.Cullmann, Heil als Geschichte, 1965, S.75 u. 92). Darin offenbart sich nur wieder die Schwierigkeit aller Heilsgeschichte, die in der Zuordnung von Geschichte und Wort (Deutung, Bericht, Bezeugung) und im drohenden oder tatsächlich geschehenen Verlust des Wortes besteht. Dieser Verlust wäre jedoch zu verschmerzen und gar als Gewinn zu begrüßen, wenn das Alte Testament selbst die „Sprache der Tatsachen“ redete und ohne das Wort als Kerygma auskäme. Der schadenfrohe Verweis auf die Schwierigkeiten, in die sich ein von Rad einerseits und ein Fr. Hesse andererseits hineinbegaben (etwa bei G. Klein, Bibel und Heilsgeschichte), muß also noch nicht die Heilsgeschichte als mögliche biblische Denkstruktur widerlegen. Die Schwierigkeiten könnten ja auch daher rühren, daß die Tatsachen-Heilsgeschichte noch nicht konsequent genug auf den Begriff gebracht worden wäre.

Tatsächlich traten ja, Hesses und von Rads Schwierigkeiten hinter sich lassend, sowohl Moltmann als auch der Pannenbergkreis mit einem neuen Begriff von Tat- und Geschichtsoffenbarung gegen die Theologie des Wortes zum Generalangriff an.

Moltmann möchte den Offenbarungsbegriff aus dem angeblich verengenden „Rahmen und Fragezusammenhang der transzendentalen Subjektivität“ befreien (Theologie der Hoffnung, S. 67). Für ihn ist das Wort per se, als solches immer Verheißung, die den Prozeß der Geschichte auf Erfüllung hin in Bewegung setzt. Daß Offenbarung in diesem Sinne immer als Verheißung zu verstehen sei, habe die alttestamentliche Wissenschaft selbst gezeigt (a.a.O., S. 36). Damit verweist er auf das Offenbarungsverständnis des Pannenbergkreises, das vornehmlich von R. Rendtorff herausgearbeitet worden war. Wiewohl also der Ausgangspunkt in einem bestimmten Offenbarungsverständnis, für das das Wort vor allem Verheißung und Verweis auf Geschichte ist, hier und dort ähnlich ist, trennen sich die Wege bei der Ausarbeitung des Systems. Während für Pannenberg die also verstandene Offenbarung im universalgeschichtlichen Horizont sich ereignet, ist für Moltmann der „apokalyptische, universalgeschichtliche Deutungshorizont des Ganzen der Wirklichkeit ... sekundär gegenüber dem verheißungs- und sendungsgeschichtlichen Horizont dieser Weltveränderung“ (a.a.O., S. 73).

Bei näherem, nüchternem Zusehen zeigt sich aber, daß das begeisterte und begeisternde System der Hoffnungstheologie und auch die Geschichtstheologie überhaupt auf sehr schmaler und nicht tragfähiger *exegetischer* Basis stehen. Davon daß „*die* neuere alttestamentliche Theologie gezeigt“ habe, daß Gott sich „auf die Weise der Verheißung und in der Verheißungsgeschichte“ offenbare (a.a.O., S. 36), kann keine Rede sein.

Gegen dieses zumindest sehr einseitige Verständnis von Offenbarung im Alten Testament hat sich auch alsbald ein ernstzunehmender Protest erhoben. Kurz nach Erscheinen des Programms „Offenbarung als Geschichte“, 1961, hat W. Zimmerli in dem Artikel: „Offenbarung“ im Alten Testament, 1962, auf die Einseitigkeit dieses Offenbarungsverständnisses hingewiesen. Obwohl auch Zimmerli selbst in einer früheren Arbeit über „Das Wort des göttlichen Selbsterweises (Erweiswort), eine prophetische Gattung“ von 1957 gesagt hatte, daß sich die Wahrheit der Selbstoffenbarung Gottes „mitten im geschichtlichen Ereignis draußen“ erweise (a.a.O., S. 126), und dadurch die von Rendtorff vertretene Meinung zu stützen schien, daß es letztlich auf das historische Ereignis selbst ankomme und Offenbarung erst in der Geschichte und als Geschichte sich ereigne, hat er in seiner Kritik an Rendtorff betont, daß das Wort selbst schon Geschehnis, das Welt und Geschichte bewegt, und daß das Geschehen verwirklichtes Wort, eingelöste Verkündigung sei (a.a.O., S. 25). Und nicht zuerst auf einen Geschichtsablauf, der ein Sinngeheimnis in sich trage, komme es an, sondern: „Dieser Glaube versteht, daß die geschichtliche Rettungstat, über welche der Name Jahwes verkündigt ist, gezieltes Geschehen ist, das nicht im Zusammenhang eines Geschichtsganzen verstanden, sondern im Heute als Anruf unter den Namen Jahwes gehört und im anbetenden und glaubenden Gehorsam verstanden und beantwortet sein will" (a.a.O., S. 29). Es ist freilich unverkennbar, daß Zimmerlis eigene Position (s.o. S. 154f.) ihn in nicht geringe Schwierigkeiten brachte, konnte sich doch Rendtorff auf Zimmerli wie Pannenberg sich auf G. von Rad berufen! Wenn Offenbarung ein Geschehen zwischen Verheißung und Erfüllung ist, wie kann dann von einem Primat des Wortes die Rede sein?

Einer gründlichen exegetischen und theologischen Kritik wurde das neue Offenbarungsverständnis von R. Knierim unterzogen (Offenbarung im AT, 1971). Hier wird nicht nur daran erinnert, „daß Geschichte als solche, in welcher Weise sie auch konzipiert wird, für das Alte Testament in keiner Weise die einzige Kategorie von Wirklichkeitserfahrung war, auch nicht von universaler Wirklichkeitserfassung" (a.a.O., S. 228). Außer in der Geschichte ereignet sich ein Offenbarwerden Jahwes im Tat-Ergehen-Zusammenhang, in der Natur, zumal in Jahwes Beherrschung der Schöpfung, in der weisen Weltordnung, im Kreislauf von Morgen und Abend, von Geborenwerden und Sterben, in der Fülle der irdischen Gaben, in der Fruchtbarkeit (a.a.O., S. 229). Vor allem aber wird hier klar unterschieden zwischen der gemein-altorientalischen Vorstellung von „Manifestationen des Göttlichen in allen Bereichen menschlicher Erfahrung" und so auch in der Geschichte – einer Vorstellung, die Israel teilte –, und der Identifizierung dieses *Allgemein-Göttlichen* als Jahwe in einer Offenbarung eben dieses aus keiner Geschichte ablesbaren Namens. Der Name als das Spezifikum ist sprachlicher Natur, ein Wortereignis.

Richtig schreibt Knierim: „Nun kann aber nicht zweifelhaft sein, daß das Bekanntwerden eines Namens (geschehe es in der Selbstvorstellung, durch Namengebung, durch Proklamation oder Akklamation) immer ein Wortereignis ist, gleich, ob es auf ein anderes Ereignis bezogen ist, ein solches vorgängig ankündigt oder nachfolgend interpretiert" (a.a.O., S. 222). Aus diesen exegetischen Beobachtungen ergibt sich, daß in der Offenbarung Jahwes als des Gottes, der er in Wahrheit ist, zwei verschiedene Offenbarungsvorgänge zusammenfallen: die Manifestation eines Göttlichen, das als Unverfügbarkeit, Transzendenz, über menschliches Vermögen hinausgehende Mächtigkeit erfahren wird; dies ist ein Phänomen der allgemeinen Religionsgeschichte; aber daß *Jahwe* sich in solchen Manifestationen offenbart, kann erst aus der Kundgabe seines *Namens* vernommen werden (vgl. a.a.O., S. 223f.).

Damit stellt sich heraus, daß der sich maßgeblich am Alten Testament und seinem Verständnis von Offenbarung orientieren wollende universalgeschichtliche Entwurf Pannenbergs in Wahrheit seinen Universalismus aus der allgemeinen Religionsgeschichte bezieht, an der Israel allerdings gewiß auch teilhat, aber gerade nicht im spezifisch Jahwistischen und Alttestamentlichen verankert ist. Ebenso erweist sich auch Moltmanns Offenbarungsverständnis und seine für diese Konzeption wesentliche Unterscheidung von „Epiphaniefrömmigkeit“, für welche die Gegenwart durch das Anwesen Gottes geheiligt und qualifiziert wird und für die das Heil als die Geborgenheit in der Gegenwart des Ewigen erfahren wird, und der angeblich genuin alttestamentlichen Verheißungsreligion als exegetische Engführung. Ob es überhaupt christlich-theologisch legitim ist, sich das Verständnis von Offenbarung vom Alten Testament her maßgeblich vorschreiben zu lassen, ist eine andere Frage, deren Beantwortung, unabhängig davon, ob ein exegetisch haltbarer Offenbarungsbegriff aus dem Alten Testament erhoben wird oder nicht, selbst schon wieder eine bestimmte Auffassung über das Verhältnis von Altem und Neuem Testament voraussetzt, die auf jeden Fall nicht unreflektiert bleiben dürfte, wie es hier tatsächlich der Fall ist. Daß aber Behauptungen, dieses oder jenes Phänomen sei genuin-israelitisch und ohne außerisraelitische Parallelen zumal in Anbetracht der noch ständig wachsenden Kenntnisse von Israels Umwelt, immer heikler werden, zeigt sich auch an der Kategorie der Geschichte: daß nur Israel oder Israel zuerst auf Grund seines spezifischen Verheißungsglaubens die *Geschichte* als Ort der Offenbarung oder gar *als Offenbarung* entdeckt oder als Hörer von Verheißung die Geschichte als immer erneuten Aufbruch aus jeder Gegenwart, die keine Erfüllung, allenfalls nur Sollerfüllung kennt, erfahren hätte, widerlegt ein Blick in die Umwelttexte, wie sie etwa von B. Albrektson (History and the Gods, 1967) in Betracht gezogen werden, das kann aber auch eine vorurteilslose Exegese des Alten Testaments selbst lehren.

Läßt sich das Alte Testament somit nicht dem Begriff der Geschichte unterordnen, so kann doch auch nicht geleugnet werden, daß hier überhaupt Geschichte erzählt wird. Die breite Übereinstimmung, daß das Alte Testament ein Geschichtsbuch sei, ist nicht schlechterdings ohne allen Grund. Ist die hier erzählte Geschichte als Heilsgeschichte zu verstehen? Der Begriff Heilsgeschichte ist allerdings schillernd, und wer ihn verwendet, und sei es auch, um ihn abzulehnen, muß ihn zuvor, so gut es geht, definieren. Während „Heilsgeschehen“ zum Ausdruck bringen will, daß Heil in die Geschichte und in das Geschick des Menschen geschichtlich eingeht und vom Menschen je und dann empfangen und erfahren wird, meint „Heilsgeschichte“, wenn das Wort überhaupt in seinem konventionellen Sinne verstanden werden soll, ein Kontinuum, einen Geschichtsablauf, in dem sich, wie auch immer, Heil allmählich ermöglicht oder in welcher Gott die Geschichte auf ein Heil hin lenkt. Heilsgeschehen und Heilsgeschichte sind also zu unterscheiden, aber sie hängen auch zusammen: Wo Heil als geschichtliches je und je – als Errettung aus Not, als Begabung mit Land, Fruchtbarkeit, Wohlfahrt, als Gesegnetwerden usw. – erfahren wird, da kann sich auch der Horizont auftun, in dem das je einzelne Heilsgeschehen zu einer Ereigniskette sich verbindet. So wurden tatsächlich die einzelnen, ursprünglich selbständigen Pentateuchthemen – Väterverheißungen, Exodus, Wüstenwanderung, Landnahme – zur durchgehenden Geschichtserzählung verbunden. Aber daß sich Heil in allmählicher Entwicklung realisierte oder daß am Zielpunkt eines Geschichtsprozesses das Heil endlich erreicht wäre, davon kann keine Rede sein. Auch daß nach Darstellung des ersten Buches Mose etwa die Patriarchen, die als Verheißungsträger und erst als Fremdlinge im gelobten Lande weilten, weniger mit Heil beschenkt waren als die Generation, die das Land in Besitz nahm, kann man nicht behaupten. Ja, es ist überhaupt fragwürdig, ob den Verfassern wirklich wie der moderne historisch denkende Mensch als selbstverständlich annehmen möchte, an einem *Kontinuum* und einem *Ablauf* von Ereignissen *als solchem* gelegen war. Die Linie hat keinen Eigenwert; das Eigengewicht der immer noch deutlich abgrenzbaren „Perikopen" – bis hinein in das Neue Testament – zeigt ja an, daß sie je in ihrer eigenen Aussage und nicht bloß als Phasen, die nur vom Ganzen her ihren „Stellenwert" bekommen, gehört werden wollen. Der lineare Ablauf, der sie verbindet, hat dienende Funktion. Er dient, indem er Vergangenheit und Gegenwart verknüpft, der Vergegenwärtigung des Vergangenen und, anders formuliert, der Identifizierung der gegenwärtigen Generation mit der Vergangenheit. Und wo sich keine Ereignislinie zeichnen ließ, dienen Genealogie und ununterbrochene Geschlechterfolge demselben Ziel: Was den Vätern geschah, gilt auch den in ihnen inkorporierten und in ihrem „Samen" schon enthaltenen Nachkommen; die Söhne sind der Väter Erben, sie erben nichts anderes, als was den Vätern geschenkt ward. So kann es sogar zu der Aussage kommen, nicht mit den Vätern, „sondern mit uns, die wir hier und heute leben", habe Jahwe den Bund geschlossen (5. Mose 5,3). Wer solche Sicht als Heilsgeschichte bezeichnet, verwendet den Terminus auf jeden Fall in einem uneigentlichen Sinne.

Im Blick auf das große deuteronomistische Geschichtswerk könnte man eher noch geneigt sein, von einer Unheilsgeschichte zu sprechen. Jedoch die Beobachtungen, die gegen den Begriff Heilsgeschichte sprechen, sind auch Argumente gegen so etwas wie eine Unheilsgeschichte. Auch der Darstellung der Ereignisse im deuteronomistischen Geschichtswerk zufolge entwickelt oder verwirklicht sich das Unheil nicht in einem allmählichen Prozeß. Vielmehr, der wiederholte Abfall von Jahwe schon in der Frühzeit *wiederholt* sich weiterhin in der Königszeit, da die Könige, wie mit konstanter Eintönigkeit gesagt wird, taten, „was Jahwe übel gefiel"; und in der abschließenden Betrachtung wird entsprechend die ganze Geschichte seit dem Auszug aus Ägypten als immer neuer Abfall und Ungehorsam dargestellt: die Israeliten „wandelten in den Sünden Jerobeams ... und ließen davon nicht ab" (2. Kön. 17,22 ff.). Dieser charakteristische Ausdruck meint die Wiederholung des immer gleichen Bösen und nicht eine Entwicklung.

Aber auch sonst läßt sich aus dem Alten Testament keine von Verheißung zu Erfüllung fortschreitende Geschichte ablesen, wenn die Texte in ihrer eigenen Intention und nicht nach Maßgabe einer „Erziehung des Menschengeschlechts" oder gemäß einer – religiös überhöhten – Entwicklungsgeschichte verstanden werden. Die dargestellten handelnden Gestalten erlangen keine volle Erfüllung, die Patriarchen bleiben wandernde Fremdlinge, Mose darf das Gelobte Land nicht betreten, sogar David muß sein Reich gegen den eigenen Sohn und sonstige Usurpatoren verteidigen; schon unter Salomo beginnt das

Reich an seinen Grenzen zu zerbröckeln, wie es auch früher schon negative Besitzverzeichnisse gab (Ri. 1,21. 27–35). Aber in all solchem „Noch-Nicht" spricht sich doch nicht zuerst neue Verheißung aus, sondern ein Wissen um Sünde und Schuld, um eigene Schuld und die der Väter, die zur Folge hatte, daß das Volk das Heil nie voll ergreifen konnte. So kann das deuteronomistische Geschichtswerk, das eine Unheilsgeschichte bis zum Untergang Jerusalems erzählt, doch *auch* betonen, daß *Jahwe* keine einzige Verheißung unerfüllt ließ (Jos. 21,45; 23,14). Aber es ist *Jahwe*, der volle Erfüllung schenkt, der *Mensch* hingegen ist's, der alles Böse heraufbeschwört, wie sofort hinzugefügt wird (Jos. 23,15). Daß solches Wissen um menschliche Schuld und Unzulänglichkeit, die das volle Heil immer wieder verfehlt, auch von der Hoffnung auf eine endliche – eschatologische – Erfüllung getragen werden kann, ist sicher; das ist aber kein Charakteristikum der alttestamentlichen Geschichtswerke, sondern der Prophetie.

Dem entspricht es, daß für das Neue Testament das Alte Testament nicht Urkunde einer kontinuierlichen Geschichte auf Christus hin ist, sondern die *Schrift*, die Christus verheißt und weissagt, das Neue Testament sich also vor allem auf die Prophetie – und freilich auch auf solche Texte, die als prophetisch uminterpretiert werden – zurückbezieht.

Das gilt zunächst für Paulus. Mit Recht schreibt Fr. Hesse, der nach eigenen bitteren Erfahrungen mit der Heilsgeschichte „Abschied von der Heilsgeschichte" (1971) nahm: „Nirgendwo geht der Apostel von einer Kontinuität im Sinne einer heilsgeschichtlichen Entwicklung aus; überhaupt ist nirgendwo von einem kontinuierlichen Geschehenszusammenhang die Rede. Es gibt wohl eine nur dem Glauben erkennbare Kontinuität beispielsweise zwischen Abraham und dem Glaubenden heute, aber hier handelt es sich eben nicht um einen geschichtlichen Zusammenhang" (a.a.O., S. 32f.). In der Tat, und statt von Kontinuität sollte man sogar besser von Analogie sprechen. Und wenn Paulus gelegentlich typologische Exegesen wagt wie etwa 1. Kor. 10, so sind doch Typos und Antitypos nicht Stationen auf einem nach Plan verlaufenden Wege und eine „Tradierungsgeschichte des göttlichen Heils" wird nicht gezeichnet, denn alle Zwischenstationen zwischen der Mosezeit und dem Christusereignis bzw. der Zeit der christlichen Gemeinde fehlen bezeichnenderweise völlig; und nicht daß etwas Heilsgeschichtliches geschehen, „sondern daß das Geschriebene ‚uns zur Warnung geschrieben' ist (1. Kor. 10,11), ist entscheidend" (a.a.O., S. 33). Und obwohl die Evangelisten eine Geschichte Jesu schreiben und das Kerygma von Jesus Christus erzählerisch gestalten, kommt doch auch für sie das Alte Testament nicht als Dokument einer zuvor geschehenen Heilsgeschichte in Betracht. Nicht einmal für Lukas ist ein kontinuierlicher Zusammenhang mit der israelitisch-jüdischen Vorgeschichte von theologischer Wichtigkeit, sondern „es kommt Lukas nur auf den Hinweis an, daß der Weg Jesu zum Kreuz und seine Auferstehung einem göttlichen Plan gemäß geschehen seien, und in diesem Plan habe Gott diesem und jenem weissagenden Zeugen des Alten Testaments Einblick gewährt" (a.a.O., S. 34).

Die Ansicht, das Alte Testament sei ein Geschichtsbuch, stellt sich, obwohl von vielen vertreten, doch als unhaltbar heraus, wenn unter Geschichte zumindest ein kontinuierlicher Ablauf verstanden wird, der *als solcher* – sei es nun in seiner Verkettung von Ursache und Wirkung oder als von Gott planvoll gestaltete Ereignisfolge auf ein Ziel hin – wichtig ist. Zwar vermögen alttestamentliche Verfasser größere geschichtliche Zusammenhänge darzustellen; aber in solchen Erzählungen geht es doch nie um von Gott gesteuerte Entwicklungen oder Entfaltungen, die sich zu einer Heilsgeschichte kontinuierlich verbinden ließen, wenn nicht gar Gott überhaupt als Faktor in den Hintergrund tritt und die Menschen als allein Handelnde geschildert werden – wie in der Thronfolgegeschichte.

Nicht die im Alten Testament selbst gezeichnete Geschichte – oder Geschichten –, erst recht nicht die allererst von der Wissenschaft zu rekonstruierende „wirkliche Geschichte" einschließlich der Überlieferungsgeschichte sind als Geschichtsablauf theologisch von Bedeutung, sondern als im Laufe der geschichtlichen Wandlungen und Horizontverschiebungen je und je neu gewagte Versuche, Israel in Vergangenheit und Gegenwart von Jahwe her zu deuten, die Gegenwart mit dem Anfang von Jahwes Heils- und Gerichtshandeln zu konfrontieren, Israel als das Gottesvolk, das es nach seiner eigenen Sage vom Anfang sein soll, anzusprechen, damit es wieder werde, was es war.

So stellt der *Jahwist* in einem Rückentwurf des Glaubens Abraham als Vater Israels – und darum selbst Israel – dar, der alles Gehabte fahren läßt und im Glauben auszieht, wie ihm Jahwe gesagt hatte, und darum und darin gesegnet wird; und diese „Geschichte" ist nicht bloße Vorgeschichte, sondern sie „erzählt" Israel von Israels wahrem Wesen, wie es war und ist, sein soll und sein darf.

Anders und doch vergleichbar versetzt die *deuteronomistische Theologie* das späte Israel nach langer und leidvoller Geschichte noch einmal in die Wüste, um es dort von Mose warnen und trösten zu lassen, damit es – „heute" – sein wahres Heil ergreife und Jahwe diene. Wieder anders und doch auch ähnlich entwirft die *Priesterschrift* in später Zeit ein Bild von Israels Frühzeit in der Wüste, wie es sich dort um das Begegnungszelt schart und die Selbstvergegenwärtigung Jahwes erfährt. Das wird als Geschichte erzählt, und ist doch nicht Heilsgeschichte, sondern Programm und Tröstung in einem: Israel *heute* kann Israel *am Anfang*, in der Wüste von Gott selbst konstituiert sein; die Gemeinde heute und hier ist der innerste Kreis im aus dem Chaoswasser ausgesparten Lebensraum.

Trotz Einsatz bei Adam bietet schließlich auch das *chronistische Werk* keine Heilsgeschichte, sondern eine Art weit und breit ausgebaute Ätiologie und Legitimation der nachexilischen Gemeinde in Jerusalem und des Jerusalemer Tempels. Von Jahwe selbst durch Vermittlung des heiligen Königs David begründet, ist hier der Ort, da Jahwe heute „die Augen leuchten läßt" und „ein Aufleben gewährt" (Esr. 9,8). Solches Leben von Gott her ist nicht Ende und Ziel eines Geschichtskontinuums, sondern neu geschenktes Heil nach dem Bruch und dem Unheil des Gerichts. Das chronistische Werk ist geradezu wegen seiner historischen Unzuverlässigkeit berüchtigt. Es unterscheidet sich in dieser Hinsicht jedoch allenfalls nur graduell von den älteren Geschichtswerken. Solch gleichsam sorgloser Umgang mit den Fakten kann nur den verwundern und enttäuschen, der eine Sprache der Tatsachen zu vernehmen hoffte oder wegen der mancherlei Erzählungen das Alte Testament als *Geschichtsbuch* meint bezeichnen zu müssen. Das alttestamentliche Interesse an der jeweiligen Gegenwart – die „anachronistisch" und entgegen allem historischen Lineardenken die Darstellungen der Vergangenheit bis in Einzelheiten hinein prägt – müßte es eher nahelegen, vom *Buch der Gegenwartsbewältigungen* zu sprechen.

Die Einsicht, daß es im Alten Testament, sofern es Geschichte und Geschichten erzählt, nicht um ein heilsgeschichtliches Kontinuum und nicht um eine Linie auf Christus hin geht, nimmt diesem Erzählen freilich nicht seinen Wert, sondern gibt den Blick für die je besondere Botschaft der verschiedenen Geschichtswerke und der einzelnen Texte frei. Daß bei solcher „Resistenz" des Alten Testaments und auch noch des Neuen Testaments gegen die Idee der Heilsgeschichte (G. Klein, Bibel und Heilsgeschichte, 1971) diesem Begriff und dieser Idee der Abschied gegeben werden sollte, ist deutlich. Deutlich ist aber auch, welches Anliegen sich hier mit unangemessenen Mitteln artikuliert: Heilsgeschichte und Lineargeschichte überhaupt wollen „dazu dienen, eine rein spekulative, aber auch eine rein anthropologisch-existential-philosophische Begründung und Entfaltung der christlichen Wahrheit zu verhindern, indem sie sie unmöglich und unnötig machen", schrieb der Systematiker Karl Gerhard Steck (Die Idee der Heilsgeschichte, 1959, S. 12). Aber gnostisierenden Spekulationen und anthropologischen Engführungen kann man nicht mit lineargeschichtlichen Spekulationen und nicht mit einer exegetisch nicht begründbaren Idee begegnen. Diese ist, auch abgesehen von der mangelhaften exegetischen Basis, in mehrfacher Hinsicht fragwürdig: systematisch-theologisch, weil Glaube und Heil, aber nicht Glaube und ein Geschichtskontinuum in einer wechselseitigen Beziehung zueinander stehen. „Vielmehr sind Inkarnation und Auferstehung als göttliche Geheimnisse von der Geschichte her unzugänglich. Auch das war immer die Meinung der christlichen Lehre, wenn man vom Geschichtsmaterialismus neuerer Generationen absieht" (a.a.O., S. 60).

„Heilsgeschichte" ist aber auch geschichtsphilosophisch fragwürdig: Heil, hier ja verstanden als Heil von Gott her, begegnet sowenig wie Gott selbst als Faktum in der Geschichte. Nur ein Geschichts-Supranaturalismus, der den „Geschichtsmaterialismus neuerer Generationen" religiös überhöht, kann sich einbilden, Gottes Handeln von Heilstatsache zu Heilstatsache aufweisen und nachzeichnen zu können. Geschichte überhaupt, die ja nicht einmal die spezielle Domäne des Gottes Israels und nicht der einzige Ort seines Redens und Handelns und seiner Heilsereignisse ist, sollte zumal in der Theologie nüchtern gesehen werden als das, was sie ist: nämlich als Inbegriff menschlichen Handelns und Erleidens, dessen Verkettung und Zusammenhang, Kontinuität und Diskontinuität, Nezessität und Kontingenz von der historischen Wissenschaft untersucht werden.

Das gilt auch für den neuesten von Gese und Stuhlmacher anvisierten Versuch, Traditionsgeschichte unmittelbar theologisch zu überhöhen und den Prozeß der Traditionsbildung mit dem Geschehen von Offenbarung gleichzusetzen, der in Geses Satz gipfelt: „Die Offenbarung ist ein Prozeß, nur im dynamischen Prozeß auf das Telos hin sich entfaltend kann sie verstanden werden" (Anfang und Ende der Apokalyptik, a.a.O., S.230). Man kann zwar behaupten: „Die neutestamentliche Traditionsbildung gründet sich auf die alttestamentliche und bringt sie zu ihrem unüberbietbaren Abschluß" (a.a.O.). Aber dieser Satz stimmt nur, sofern er auf das Neue Testament als *Traditionsbildung* bezogen bleibt. Das Neue Testament kann und darf jedoch nicht primär oder gar ausschließlich als Traditionsbildung und schon gar nicht als Abschluß eines traditionsbildenden Prozesses verstanden werden. Es ist nicht nur zu verstehen als das Endprodukt von Traditionsbildung, sondern dem eigenen Anspruch nach als der schriftliche Niederschlag der frühesten und authentischen *Christusverkündigung*, die zwar auf die Schrift – auf Gesetz und Propheten –, aber nicht auf Geschichte zurückgreift, und doch das wesentlich unableitbare geschichtliche und endgeschichtliche, in keiner Geschichte entwickelte und von keiner Entwicklung abhängige Christusereignis als Heilsereignis für alle Welt predigt. Auch daß im Neuen Testament der unüberbietbare Abschluß des Alten vorliege, stimmt nur vom Standpunkt *traditionsgeschichtlicher* Betrachtungsweise, die einen Ablauf der Traditionsbildung überblickt. Dabei ist es nicht anti-synagogales Ressentiment, wenn die *andere* Traditionsfortsetzung in der Synagoge gänzlich abgeblendet wird. Diese muß übergangen werden, damit der christliche „Abschluß" als allein berechtigt erscheine und in dieser Unüberbietbarkeit theologische Würde bekomme. Hier werden Traditionsbildung als Prozeß – ein wissenschaftlich-historisch rekonstruierbarer Vorgang – und Gottes Offenbarung – die nur geglaubt werden kann – identifiziert. Durch diese Ineinssetzung wird die Offenbarung zu einem Geschichtsprozeß und ein Geschichtsablauf zur Offenbarung. Auch dieser Versuch, mittels einer Linearkonstruktion – „Prozeß" – die theologische Bedeutsamkeit des Alten Testaments und Möglichkeit und Notwendigkeit einer gesamtbiblischen Theologie zu begründen, führt zum Verlust von Offenbarung und verflüchtigt das Alte Testament zum Dokument der Vorgeschichte: Anspruch und Zuspruch konkreter Texte tauschen ihren Eigenwert gegen einen Stellenwert ein, den sie als bloß relativen von ihrem Ort im geschichtlichen Ablauf beziehen.

Auch die andere – gewollte oder unbeabsichtigte – Implikation einer Geschichtsphilosophie und Geschichtstheologie, für die Geschichte und Offenbarung nur noch als Prozeß in Betracht kommen, soll beachtet werden: In jenem „Prozeß" kann der Mensch nur noch einen „Stellenwert" haben. Offenbarungs- bzw. Geschichtsverständnis und Menschenbild entsprechen sich: Nicht mehr um seiner selbst willen angeredet, nicht mehr als unverwechselbares Ich ernstgenommen und gerechtfertigt, sondern von dem mit der Offenbarung Gottes gleichgesetzten Sog der Geschichte und von immerzu von Verheißung zu Verheißung fortschreitenden Geschichtsprozessen zum nie endenden Exodus in Bewegung gesetzt, hat der einzelne Mensch allenfalls seinen „*Stellenwert*", wenn er sich dem Prozeß einfügt und ihn nach Gebühr und Pflicht vorantreibt. Wer die Geschichte zum Medium Gottes und gar zum Gott macht, erfährt, daß dieser Gott ein Moloch ist. Und das schon 1915 geschriebene Wort des Johann Tobias Beck: „Geschichte ist heutzutage der Gott, dem alles nachläuft, und gerade die Geschichte ist das Eitle" (als Motto zitiert von K.G.Steck, a.a.O., S.3) hat noch nichts von seiner Aktualität eingebüßt. Mag die Geschichte nicht das Eitle sein – die Schrecken zumal der jüngsten Geschichte wird man ja kaum als „eitel" bezeichnen dürfen –, so wäre es doch angebracht, zu einer nüchterneren, theologischen Betrachtung der Geschichte zurückzukehren. Sie sollte theologisch verstanden werden als Aspekt „dieser Welt", so daß gesagt werden kann: „Christus ist das Ende der Geschichte, weil die Geschichte als Welt, als das im Fleisch nach dem Fleische Leben, das Produkt des Lebenshungers des sündigen Menschen ist. Von diesem Lebenshunger hebt sich das Zeugnis derer ab, die davon leben, daß sie schlechterdings alles als Gottes gnädiges Geschenk verstehen lernen (Röm. 8,32)" (E. Fuchs, Christus das Ende der Geschichte, S. 95 f.).

5. Kritik des Weissagungsbeweises und der Typologie

Daß die Theologie nach Erwachen des historischen Bewußtseins und nach der Entdeckung der auch die biblische Religion umgreifenden *Geschichte* bis hin zum fast einstimmigen Konsensus das sich durch die entdeckte Geschichte neu stellende hermeneutische Problem nun auch *mittels der Geschichte* zu lösen versuchte und diese Lösung in der geschichtlichen *Verbindungslinie* zu finden meinte, ist begreiflich. In diesem Zusammenhang ist auch die Wiederbelebung der Typologie zu sehen. Die historisch-kritische Ermittlung des ursprünglichen Sinnes alttestamentlicher Texte und die wissenschaftliche Redlichkeit hatten es künftighin unmöglich gemacht, mit den Texten umzugehen, wie die neutestamentlichen Verfasser das mit ehrlichem Gewissen und gemäß den Auslegungsmethoden der damaligen Zeit noch zu tun vermochten.

Dieser Sachverhalt ist des öfteren dargestellt worden und über dessen Beurteilung wird in der wissenschaftlichen Exegese auch nicht mehr gestritten; er braucht hier deshalb nicht noch einmal ausführlicher referiert zu werden (vgl. insbes. R. Bultmann, Weissagung und Erfüllung, 1959; H. Braun, Das AT im NT, 1962; u. s. o. S. 26 f.). Einige wenige Beispiele, die auch ohne Kommentierung als Fehlzitate oder Zitierungen gegen den ursprünglichen Sinn erkennbar sind, mögen hier genügen. Insbesondere die Art und Weise, wie prophetische und quasi-prophetische Stellen als messianische Weissagungen zitiert werden, ist heute so nicht mehr möglich. Die jungfräuliche Geburt Jesu wird mit Jes. 7,14 belegt (Mt. 1,23), der Kindermord zu Bethlehem mit Jer. 31,15 (Mt. 2,17 f.), Jesu Heilungswunder mit Jes. 53,4 (Mt. 8,17), die dreißig Silberlinge des Judas mit Sach. 11,9 f. (Mt. 27,9). Auch Paulus geht mit – für heutige Begriffe – souveräner Willkür mit den Texten um: nach Röm. 10,18 ist die Heidenmission in Ps. 19,5 geweissagt. Ps. 8,7, der von der herrlichen Stellung des Menschen überhaupt spricht, soll die Vollendung der Herrschaft Jesu Christi weissagen (1. Kor. 15,27). Solche Beispiele ließen sich unschwer vermehren.

Die Schlußfolgerung, mit der schon Bultmann seine Übersicht über die alttestamentlichen Zitate im Neuen Testament beschloß, liegt nahe: „Es ist klar, daß in allen diesen Fällen die neutestamentlichen Schriftsteller nicht neue Erkenntnisse aus den alttestamentlichen Texten gewinnen, sondern aus ihnen heraus- bzw. in sie hineinlesen, was sie schon wissen. Folgt man ihrer Intention, so muß man sagen, daß für sie von der Erfüllung aus das Alte Testament als Weissagung durchsichtig wird. Von der Erfüllung aus wird also Weissagung erst als solche erkannt! Welches wäre aber der Sinn eines solchen Verfahrens Gottes? ... Aber ist das theologisch haltbar? Darf der Anstoß des Kreuzes Jesu dadurch überwunden werden, daß man es als längst von Gott beschlossen und geweissagt erkennt? oder nicht nur dadurch, daß man seinen Sinn, seine Bedeutung erfaßt? ... In Wahrheit gibt diese Methode, Weissagung zu finden – sei es ohne, sei es mit Allegorese –, den alttestamentlichen Text der Willkür preis, und die grotesken Beispiele bei den Apostolischen Vätern sind nur die Konsequenz des Verfahrens der neutestamentlichen Autoren" (a.a.O., S.167f.; vgl. auch die ähnliche Argumentation F.Baumgärtels in seinem Buch Verheißung, 1952, S.75 u.ö.). In der Tat, man wird sich solcher Erkenntnis und den daraus zu ziehenden Folgerungen kaum entziehen können.

Dennoch ist hiermit noch nicht das letzte Wort zum Thema Weissagung und Erfüllung gesagt. Denn obwohl das unverkennbare Interesse, den eigenen, christlichen Anspruch auf die ererbte Schrift aus der Schrift selbst zu beweisen und trotz beibehaltener Schrift doch das ganz und gar Neue der Christusoffenbarung auszusagen, heute *so* nicht mehr aktuell sein kann, so hat das Phänomen der intensiven Bezugnahme auf die Schrift noch andere Aspekte, auf die später noch eingegangen werden muß (s.u. S.196f.).

Schien somit ein Umgang mit dem Alten Testament nach Maßgabe des neutestamentlichen Schriftgebrauchs unmöglich geworden zu sein, und war man dennoch bestrebt, sowohl der Geschichte als auch der Theologie ihr Recht widerfahren zu lassen, so mußte sich eine schon in der Schrift selbst vorgebildete Auslegungsmethode empfehlen, die, an der Geschichte orientiert, doch den tieferen theologischen Sinn zu ergründen versprach. Die Entdeckung und das Ernstnehmen der Geschichte, die historische und theologische Unmöglichkeit des Weissagungsbeweises und der Wille, mittels der Geschichte des neu gestellten hermeneutischen Problems Herr zu werden, führten so zu einer Wiederbelebung der Typologie.

Obwohl das Anliegen, dem Alten Testament als dem Alten – dem Typos – sein Recht zu wahren und wiederzugeben und das Neue des Neuen Testaments ebenso zum Ausdruck zu bringen, deutlich und an und für sich richtig ist, so erheben sich doch auch gegen dieses Verfahren erhebliche und unüberwindliche Bedenken. Diese hat insbesondere F.Baumgärtel formuliert. Unter Verweis auf W.Vischers „Christuszeugnis", das das Schema Weissagung-Erfüllung fallengelassen, aber die Typologie neu belebt und mit ihrer Hilfe Christus in den Mittelpunkt des Alten Testaments gerückt hatte, schreibt Baumgärtel: „Die Typologese zielt auf das Rechte. Aber als hermeneutisches Prinzip ist sie heute genau so wenig möglich wie das Prinzip Weissagung-Erfüllung" (Verheißung, S.138). Und die Argumente lauten: „Der Nachweis, daß Ereignisse des Neuen Testaments im Alten Testament vorgeschattet sind, trifft mich nicht in meiner Existenz, vielmehr: es drängt mich in die Rolle des intellektuellen Zuschauers. Die Einsicht, daß das neutestamentliche Geschehen und seine Vorschattung im Alten Testament sich entsprechen, betrifft mich nicht und trifft mich nicht... Ich bin in Distanz gegenüber den typologischen Entsprechungen, sie sind für meine Glaubensexistenz völlig irrelevant. Es fehlt dem Typus das Moment der Faktizität, ganz natürlich, denn Faktizität begreift in sich ein Geschehen von Gott her an mir und mit mir. Die Typen sind kein Geschehen, sie sind Abstraktionen. In den Typen handelt Gott nicht an Israel und nicht an mir. Für Israel waren die Typen überhaupt nicht zugänglich, sie können ja erst eingesehen werden von Christus her, von dem das Alte Testament noch nichts wußte. Und für mich als Christen haben sie keine zwingende Mächtigkeit, denn mich zwingt nur Gottes Tun in Christus" (a.a.O., S. 138f.; vgl. auch die Auseinandersetzung mit verschiedenen „Typologen", S. 86ff.).

Wem die Betonung der existentiellen Bedeutungslosigkeit einer Entsprechung von Typos und Antitypos zu subjektiv ist, der möge als objektives Argument gegen die Typologie noch folgendes bedenken: Der Versuch, das Alte Testament mittels dieses hermeneutischen Prinzips theologisch zu retten, ist in sich so widerspruchsvoll, daß er am inneren Widerspruch scheitern muß. Was in seiner theologischen Bedeutsamkeit herausgestellt werden soll, wird zu diesem Zweck zu einem Typos = Vorausschattung = Präfiguration = Vorstufe verflüchtigt. Der Typos sagt nur scheinbar seine eigene Sache, in Wahrheit aber nur das, was vollgültig und voll-wahr der Antitypos besagt. Wenn etwa Joseph erklärt, seine Brüder hätten böse Absichten zu verwirklichen versucht, aber Gott habe das Böse zum Guten gewendet (1. Mose 50,20), so ist nicht dieser Spruch Josephs als solcher und mit Bezug auf das hier gemeinte Geschehen von gegenwärtiger Bedeutung, auch nicht das, was der Verfasser der Josephsnovelle seinen Lesern mit den dem Joseph in den Mund gelegten Worten sagen wollte, sondern erst der Antitypos des Christusgeschehens, das heillose Kreuz, das doch das ganze Heil bedeutet, bringt die Wahrheit des Typos ans Licht. Die Frage aber, was in solchem Licht dann noch der Schatten zu bedeuten habe, ist nicht zu beantworten. Die Antwort etwa, daß die typologische Entsprechung und die zielgerichtete Erstreckung der Zeit von Typos zu Antitypos eine bloße Zufälligkeit der Christusoffenbarung ausschließen, ein Vorher und Nachher des Gotteshandelns zum Ausdruck bringen und damit vor dem Verlust der Geschichte bewahren, bleibt bei näherem Zusehen unbefriedigend. Denn als am Typos wesentlich gelten ja gerade nicht die – allerdings nicht geleugnete – tatsächliche Geschichte und konkrete Geschichtlichkeit, sondern der schattenhafte Verweischarakter von Ereignissen, Institutionen und Personen des Alten Testaments. Sodann bleibt die methodische Frage unbeantwortet, *wie* die Typologese als *Methode* angewandt werden soll: wie entdeckt und begründet man typologische Entsprechungen? Die mit Recht oft gerügte Äußerung Gerhard von Rads, daß über „die Handhabung dieser typologischen Deutung an den einzelnen Texten ... keine lehrgesetzliche Norm aufgestellt werden" könne und dürfe, sondern daß sie ohne hermeneutische Regulierung „in der Freiheit des Heiligen Geistes" geschehe (Typologische Auslegung des Alten Testaments, S. 288), ist keine extreme Ausnahme, sondern charakteristisch für ein hermeneutisches Prinzip, das, nicht kontrollierbar, nicht lehrbar, nicht lernbar, sich jeder wissenschaftlichen Kontrolle entzieht und darum im strengen Sinn kein hermeneutisches Prinzip mehr ist. Exegetische Erfahrung und umfangreiches historisches Wissen trugen bei von Rad selbst zur Besonnenheit bei; in den Händen weniger begabter Schüler wird der typologische Schlüssel zum Dietrich, mit dem alle Türen der Phantasie geöffnet werden können.

Der leidenschaftliche Protest Baumgärtels gegen dieses Verfahren war berechtigt: „... wie werden so manche Studenten und Pfarrer, die nicht von Rad heißen, in diesem dem eigenen Pneuma (besser: Verstand, bzw. auch Unverstand) so herrlich freie Bahn lassenden Geheimnis herumkramen! ... Ich glaube, daß diese Verkündigung: die Landgabe ist die Vorschattung des Christusgeschehens bzw. des in ihm verbürgten, ewigen Heils... schlichten Leuten unter der Kanzel sehr schön und sehr fromm dünken wird, weil sie so geheimnisvoll ist; geistig geschulten Hörern (auf die wir doch wohl nicht verzichten wollen!) wird dieser Satz die Verkündigung der Kirche verdächtig bzw. leer machen, aus demselben Grund: weil er so geheimnisvoll ist. Die einen haben zu wenig Intellekt, um diesem Satz – ohne jede Einsicht in das Gemeinte – nicht zu unterliegen; die anderen haben zu viel Intellekt, um diesen Satz nicht als für ihr Glaubensleben belanglos sogleich fallen zu lassen ... Das Land Palästina als vorgeschattetes evangelisches Heilsgut, das ist für den Glauben ein in dem ewigen Nebel eingehülltes Thule – er wird es nie finden!" (Verheißung, S. 124f.).

6. *Die Strukturanalogie der Testamente*

Versucht man nach der langen und zeitweise auch erbitterten Debatte um die Typologie, Verheißung-Erfüllung, die Heilsgeschichte und das Problem der Geschichte überhaupt ein Fazit zu ziehen, so wird folgendes festzuhalten sein. Historisch und religionshistorisch kann kein Zweifel daran aufkommen, daß eine historische Linie Altes und Neues Testament verbindet und daß diese Linie stärker und bedeutender als andere religionsgeschichtliche Zusammenhänge – zwischen Israel und seiner altorientalischen Umwelt; zwischen der Urgemeinde und Hellenismus und Gnosis – ist. Wenn dies neuerdings wieder stärker – etwa von Stuhlmacher und Gese – betont wird, so ist das zu begrüßen. Das Neue Testament kann tatsächlich ohne das Alte noch weniger recht verstanden werden, als man früher wohl annahm. In der Konsequenz verhängnisvoll wäre es aber, diese richtige historische Einsicht unmittelbar theologisch überhöhen zu wollen, wie es, jeder auf seine Weise, u.a. von Rad, Zimmerli, Pannenberg und neuerdings Gese versuchten, indem man sich historisch abzeichnende und historisch in etwa rekonstruierbare Entwicklungslinien einem Offenbarungsprozeß gleichsetzt. Wohl hat sich in neuer Weise und deutlicher noch als früher die Zusammengehörigkeit von Altem und Neuem Testament gezeigt und es fragt sich, wie dieser Zusammenhang zu deuten sei, wenn die Entwicklungslinie als solche nicht schon Offenbarung genannt werden darf und wenn das Wesen der Geschichte überhaupt nicht primär als – erst aus der Rückschau manchmal einigermaßen, aber gewiß nicht immer erkennbarer – Verlauf von Begebenheiten begriffen werden kann, sondern als konkretes Geschehen, Widerfahrnis, Erleiden, Erfahren, Entscheiden, Wagen, Gelingen, Verfehlen, Scheitern.

Ist die sich abzeichnende Linie, mit der der *also* geschichtlich existierende Mensch das Geschehen nachträglich ordnet, deshalb nur pure Konstruktion und ein sekundäres Reflexionsprodukt? Ist der Mensch ohne geschichtliche Ordnung und Zusammenhang nicht orientierungslos in der Gegenwart und ohne Rückhalt für die Zukunft? Angewandt auf das hermeneutische Problem des Alten Testaments: In welcher Hinsicht ist der sich historisch immer deutlicher zeigende Zusammenhang der Testamente theologisch relevant, wenn nicht eine Entwicklungs- oder Heilsgeschichte oder ein Offenbarungsprozeß oder Offenbarung als Prozeß – gleichviel welche und wieviele Prozesse und Entwicklungen sich auch immer historisch und überlieferungsgeschichtlich rekonstruieren lassen – als unmittelbar theologisches Thema in Betracht kommen können?

Hier ist, nachdem sich die Idee der Heilsgeschichte in ihren verschiedenartigen Ausprägungen und Abwandlungen von Irenäus bis Pannenberg, und nachdem sich das Alt und Neu verbindende Schema Weissagung (Verheißung) und Erfüllung als nicht mehr hantierbares, weil historisch widerlegtes Auslegungsprinzip herausgestellt haben, noch einmal auf die typologische Auslegung zurückzukommen. Die oben – insbesondere unter Berufung auf F. Baumgärtel – geübte Kritik soll nicht nachträglich abgeschwächt werden, es kann aber sein, daß ein besseres Verständnis von Typologie, als sie sich faktisch selbst verstand, das Wahrheitsmoment dieses hermeneutischen Ansatzes ins rechte Licht zu rücken vermag. Oben wurde die typologische Exegese im größeren Rahmen des Themas der Geschichte und Vorgeschichte zum Neuen Testament erörtert; in diese Thematik gehört die Behandlung auch hinein, da die moderne Wiederbelebung der Typologie, wie gezeigt wurde, mit der Entdeckung von Geschichte überhaupt und der Geschichte Israels als Vorgeschichte zum Christusgeschehen insbesondere zusammenhängt. Nun hat freilich, wie ebenfalls dargelegt wurde (s.o. S. 24f.), bereits Paulus Typologie geübt, und zwar nicht um damit die Schrift oder die von der Schrift bezeugte Geschichte zum heilsgeschichtlich-typischen Vorstadium zu erklären. Aus der Weise, wie Paulus an theologisch zentraler Stelle Abraham-Texte aufnimmt und interpretiert – Abraham als Glaubender, dem der Glaube zur Gerechtigkeit gerechnet wird (Röm. 4,3; Gal. 3,6) –, läßt sich unschwer ablesen, daß nicht eine heilsgeschichtliche Kontinuität „nacherzählt“, sondern vielmehr die faktisch-historische Kontinuität zwischen Abraham und den Juden als geistlich und theologisch *irrelevant* erwiesen werden soll (Röm. 4,13; Gal. 3,7; vgl. Röm. 9,7f.). Diese Textbehandlung ist freilich nicht typologisch. Sie lehrt aber, daß auch die paulinischen Typologien (s.o. S. 24f.) wie überhaupt sein Schriftverständnis nicht heils- oder lineargeschichtlich orientiert sind, wie Ph. Vielhauer (Paulus und das AT, 1969) und G. Klein (u.a. Bibel und Heilsgeschichte, 1971) nachgewiesen haben. Wenn Paulus etwa 1. Kor. 10,1ff. ausführt, daß das Geschehen der Wüstenwanderung Typos für die Gemeinde sei (10,6. 11), so ist hier nicht an die Typos und Antitypos verbindende *Geschichte* gedacht, sondern darauf wird das Gewicht gelegt, daß solches zum Typos und als Typos *für die Gemeinde geschrieben* wurde (1. Kor. 10,11; vgl. Gal. 3,7f., wo die Funktion der Schrift darin besteht, das Rechtfertigungsgeschehen zuvor gesehen zu haben.). Die *Schrift*, nicht die Geschichte ist das „Zuvor“!

Nicht zur Begründung von so etwas wie Heilsgeschichte und linearer Kontinuität dienen Paulus' typologische Interpretationen. Das hat schon E. Fuchs

1954 in seiner Hermeneutik dargelegt: „Was nötigt Paulus zur Typologie? Offenbar kann sich der Apostel mit dem heilsgeschichtlichen Denken ‚linearen' Stils nicht zufriedengeben. Ihm liegt alles an jenem Jetzt seines Auftretens, in welchem Gott ‚alle' gnädig zusammenschließen will (Röm. 11, 30–32). Gottes Gnadenwirkungen und Berufungen haben aber unwiderrufliche Gültigkeit (Röm. 11,29; 15,8f.). Paulus orientiert sich gerade als Heidenapostel an der Selbigkeit Gottes (Röm. 10,12f.; 3,29f.) und deshalb an der Einheit des Wortes Gottes (Röm. 3,2; 9,4) ... Paulus dachte die Selbigkeit in Anfang und Ende nicht gnostisch, als wäre sie die Selbigkeit eines metaphysischen Etwas im Menschen. Er dachte sie als diejenige Selbigkeit, in welcher der Mensch der Selbigkeit Gottes entspricht: als dem Gehorsam, der alles von Gottes Selbstgewißheit erwartet ..." (a.a.O., S. 198f.). So kann Typologie als eine Methode beschrieben werden, die „zwischen dem Alten und dem Neuen so differenziert, daß sie die Selbigkeit des Seins in der Zeit zur Vergleichsbasis wählt", während das Schema Verheißung oder Weissagung-Erfüllung den Versuch einer linearen Interpretation der Geschichte darstellt (a.a.O., S. 201).

Es ist erstaunlich, daß die Bemühungen um das hermeneutische Problem des Alten Testaments sich von solchen Einsichten nicht oder kaum haben anregen lassen; offenbar hat die langjährige Gewöhnung an lineares Geschichtsdenken als allein und allgemein gültiges Verstehen von Geschichte zu einer Betriebsblindheit geführt, welche die Nachbardisziplin der neutestamentlichen Wissenschaft nicht mehr wahrnehmen konnte.

Ohne erkennbaren Bezug auf Fuchsens Ausführungen hat allerdings H.D. Preuß (Das AT in der Verkündigung der Kirche, 1968) die Typologie neu zu bestimmen versucht. Nach einer kurzen Übersicht über die verschiedenen hermeneutischen Positionen von Vischer über Hirsch bis Baumgärtel und Hesse kommt Preuß zu der Schlußfolgerung, daß eigentlich nur die Möglichkeit der typologischen Auslegung verbleibe. Die hier (s.o. S. 176ff.) erörterten Bedenken gegen die Typologie werden freilich ernstgenommen. Darum wird vorgeschlagen, von *Existenztypologie* zu sprechen. Sie soll darum bemüht sein, die Strukturanalogien, analoge Situationen, geschichtliche Relationen zwischen Altem und Neuem Testament zu ermitteln. Sie kann solches entdecken, weil das Alte Testament „der Ort der Inkarnation", „die Sprache der Inkarnation und ihr notwendiges Interpretament" sei: „Das Alte Testament ist die Tradition, in die hinein Christus sich inkarniert" (a.a.O., S. 78). Der leider sehr kurze Aufsatz bringt in der Tat das relative Recht der Typologie ans Licht, und wenngleich auch hier der Bann des linear- und heilsgeschichtlichen Denkens noch nicht ganz gebrochen ist, so ist doch der skizzierte Ansatz, auch in seinem Verweis auf die Bedeutung der Sprache des Alten Testaments, ein echter Fortschritt hinüber in ein Neuland, das urbar zu machen sich lohnt (s.u. S. 195ff.).

7. *Zusammenfassung und Ausblick*

Das Alte Testament als Dokument der Vorgeschichte und als Geschichtsbuch – diese Formulierung umschreibt auf ihre Weise das hermeneutische Problem des Alten Testaments als des Alten. Daß dieses „alt" dem erwachten historischen Bewußtsein leicht als das „Zuvor“ auf der Zeitlinie erscheinen konnte, ist verständlich. Die sehr erheblich gewachsenen historischen Kenntnisse und der Einblick in große historische Räume und weite Epochen mußten es nahelegen, Geschichte überhaupt und primär von der Historie statt von der geschichtlichen Existenz her zu verstehen. Manche der geschichtstheologischen Entwürfe, besorgt um die Rückgewinnung und Wahrung der theologischen Bedeutung des Alten Testaments, bemühten sich, von solch historischem Geschichtsverständnis als von einer Selbstverständlichkeit ausgehend, darum zuerst und zumeist um „Geschichte“. Nur als Geschichtsbuch, durch geschichtlichen Zusammenhang mit dem Neuen Testament verbunden, schien das Alte Testament seine Bedeutung behalten zu können. Weissagung-Erfüllung, Heilsgeschichte, auch noch die an der heilsgeschichtlichen Steigerung orientierte Typologie sind nur je verschiedene und doch ähnliche Ausprägungen jenes geschichtstheologischen Denkens, das, selbst von Geschichte wie besessen, immer noch eine faszinierende Wirkung auf die Wissenschaft ausübt. Auf die Wissenschaft – denn in der Tat ist die Rekonstruktion der geschichtlichen Entwicklungen und Zusammenhänge ein den damit Befaßten fesselndes und begeisterndes Unternehmen, das unabdingbare Vorarbeit für eine sachgemäße, verstehende Interpretation der konkreten geschichtlichen Überlieferungen und so auch der alt- und neutestamentlichen Texte ist und bleibt. Daran, daß die Faszination für die Kirche und ihre Verkündigung und Unterweisung jedoch wesentlich geringer ist als für den historischen Wissenschaftler, besteht kein Zweifel. Der von Baumgärtel immer wieder gegen die Geschichtstheologie und ihre Typologie erhobene Einwand, daß sie „mich“ nicht treffe und existentiell bedeutungslos bleibe, und das von Preuß geäußerte Bedenken, so ausgelegte Texte – falls hier überhaupt Texte noch einen eigenen Skopos, Wert, Anspruch, Zuspruch haben dürfen – führten allenfalls zum Erlebnis „Aha – na und?“, treffen die verhängnisvolle hermeneutische Situation sehr genau. Die Historie entläßt ihre Jünger nicht, aber die von anderen als historischen Sorgen Umgetriebenen und in anderen als historischen Freuden Glücklichen – also die Hörer der Predigt und die christlich Unterwiesenen – haben das gute Recht, sich nicht für historische Abläufe und auch nicht für den traditionsgeschichtlichen Zusammenhang der Testamente interessieren zu dürfen. Hier zeigt sich aber nicht nur ein Vermittlungsproblem, sondern das hermeneutische Problem selbst: die auf die geschichtliche Linie gereihten, in den „Prozeß“ der Offenbarung eingebrachten und damit zu Phasen eines umgreifenden Ganzen eingestuften und eingeebneten konkreten Texte können nun, von diesem Standpunkt aus, nicht mehr in ihrer Konkretheit zur Sprache gebracht werden. Und der Mensch, der solche Sprache verstehen könnte, wird infolge dieser Reduzierung konkreter Geschichtlichkeit auf rekonstruierte und konstruierte, möglichst kontinuierliche Geschichtsabläufe und Offenbarungsprozesse in seiner eigenen konkreten, lebendigen, fleischlichen und geistigen geschichtlichen Existenz, die nur vom je neu und gegenwärtig empfangenen Brot und nicht von Brot allein, sondern auch von dem je neu und gegenwärtig vernommenen Wort, das des Fußes Leuchte ist, leben kann, im Stich gelassen. Es ist, wie wenn aus der strahlenden Musik einer Mozart-Symphonie eine musikhistorische Phase zwischen Haydn und Beethoven gemacht würde – interessant für den Musikhistoriker, aber sang- und klanglos für den Konzertbesucher.

Freilich, daß wer sich *so* in die Geschichte hineinbegibt, die konkreten Texte und auch den konkreten Hörer verliert, bedeutet nicht, daß umgekehrt die Geschichte verlieren muß, wer beim Text zu bleiben gedenkt. Das lehrt schon Paulus' Umgang mit dem Alten Testament. Das lehren auch die mancherlei Beiträge zum hermeneutischen Problem des Alten Testaments seitens der neutestamentlichen Wissenschaft und der allgemeinen Hermeneutik. Das zeigt auch der Ansatz zu einer Neufassung des Typologiebegriffes, wie er oben skizziert wurde. Die Einsicht in Strukturanalogien und Existenztypologien so wie in die Bedeutung der die Testamente verbindenden Sprache ist geeignet, weiterzuführen. Sie leitet auch über zu dem nächsten und letzten Abschnitt dieser hermeneutischen Überlegungen.

VII. Kapitel

Das Alte Testament als Teil des christlichen Kanons

1. *Das Neue Testament als Kriterium der kanonischen Geltung des Alten*

Nicht die Geschichte der Kanonbildung und des Zustandekommens des zweiteiligen Schriftenkanons soll hier verfolgt werden. Dazu sei auf die Einleitungen in das Alte Testament, auf die Monographie Die Entstehung der christlichen Bibel von H. Freiherr von Campenhausen (1968) und die Ausführungen des II. Kapitels hingewiesen. Auch soll hier nicht, wie es K. Schwarzwäller (Das Alte Testament in Christus, 1966) tun wollte, ein Standpunkt begründet werden, nach welchem angeblich das Alte Testament überhaupt nur als Teil des Kanons der christlichen Kirche, nämlich von Christus her recht verstanden werden könne, weil das Faktum, daß das Alte Testament Teil des christlichen Kanons ist, nicht mehr hinterfragt werden könne. Hier wird ja das Dogma zum Dogmatismus, und die Frage, *wie* denn die Testamente zusammenhängen und *wie* dieser Zusammenhang begründbar sei, wird verboten, statt beantwortet. Wohl kann man – mit A. Jepsen – sagen, daß jede wissenschaftliche Beschäftigung mit dem Alten Testament schon deshalb eine Beschäftigung mit dem christlichen Kanon ist, weil ja nur in der Relation zum *Neuen* Testament sinnvollerweise vom *Alten* Testament gesprochen werden kann (vgl. Wissenschaft vom Alten Testament, 1957, S. 231 f.). Das Judentum hat „Gesetz, Propheten, Schriften“ oder „Gesetz und Überlieferung“, aber im strengen Sinne kein „Altes Testament“, auch wenn die jüdische Wissenschaft gelegentlich diese Bezeichnung gebraucht. Die Vorgegebenheit und das nicht zu leugnende Faktum des zweiteiligen Kanons ist ernst zu nehmen und darf also nicht aus der Betrachtung und aus der wissenschaftlichen Untersuchung des Alten Testaments ausgeklammert werden. Aber Vorgegebenheit und Faktum bedeuten nicht den nicht mehr zu hinterfragenden Ausgangspunkt von Betrachtung und Untersuchung, vielmehr ist der kanonische Zusammenhang von Altem und Neuem Testament selbst das eigentliche hermeneutische Problem. Es lautet, noch einmal kurz gefaßt, ob dieser Zusammenhang, der *historisch* vorgegeben, weil in der Vergangenheit so geworden und gewachsen ist, auch *theologisch* zu rechtfertigen sei.

Es wurde oben der Versuch unternommen, die verschiedenen, alten und neuen Versuche, das Problem zu lösen, zu ordnen und kritisch zu überprüfen. Dabei stellte sich heraus, daß keiner der bisher referierten Ansätze zu einer einmütig befriedigenden Lösung führen konnte. Das ist nicht zuletzt dadurch bedingt, daß die bunte Vielgestaltigkeit der im christlichen Kanon zum Alten

Testament gewordenen Sammlung von israelitischen und jüdischen Schriften sich nicht auf einen Nenner bringen und nicht mit Hilfe eines hermeneutischen Generalbegriffs bewältigen läßt. Der einzige, wie man meinte, gelungene Versuch, das *ganze* Alte Testament christlich zu vereinnahmen, nämlich die Allegorese der alten Kirche, stellte sich als Scheinlösung heraus; sie ließ das Alte Testament sein eigenes Wort nicht mehr sagen, sondern unterlegte ihm einen anderen, christlichen Sinn. Diese Methode ist durch Reformation und historische Wissenschaft unmöglich und unerlaubt geworden. Die anderen, seither erprobten Ansätze konnten allenfalls zu *Teil*lösungen führen. Das Alte Testament als Gesetz und das Neue als Evangelium – diese Gegenüberstellung hat nur *teilweise* Berechtigung, nämlich mit Bezug auf diejenigen Stücke, die tatsächlich Gesetz und gesetzlich gemeint sind. Für all die Texte, die keineswegs gesetzlich sein wollen, sondern Gebet, Jubel, Klage, Erzählung, Gegenwartsdeutung, Trost, Verheißung, Drohung bringt jene Gegenüberstellung keine Lösung ein: in welcher Relation stehen sie zum Neuen Testament? Wohl schließt die Gegenüberstellung von Gesetz und Evangelium eine Dialektik ein, die als Kriterium für die Wertung alttestamentlicher Texte unaufgebbar ist. Da aber diese Dialektik auch *innerhalb* des Alten Testaments waltet, bietet sie noch *keine Begründung* für die Geltung des – *ganzen* – Alten Testaments als des ersten Teiles des christlichen Kanons, sondern kann erst kritisch angewandt werden, wenn die Geltung im Prinzip schon anerkannt ist.

Ähnliches ist auch mit Bezug auf das Verständnis des Alten Testaments als Dokument einer Fremdreligion zu sagen. Gewiß ist die Religion Israels nicht die christliche Religion; ohne Christus kein Christentum. Aber noch ganz davon abgesehen, daß auch die Urgemeinde und die alte Kirche, die den Kanon abgrenzte und bestätigte, keineswegs mit dem heutigen Kirchentum oder auch nur mit der heutigen Christenheit deckungsgleich sind und insofern – mit Bezug auf Weltbild, geschichtliche und soziale Situation – auch als Fremdreligion betrachtet werden könnten: so viele und so enge Verbindungen, Zusammenhänge, Analogien lassen das Christentum und seine heilige Schrift als aus Israel-Juda hervorgegangen erscheinen, daß schon von daher die Bezeichnung als Fremdreligion problematisch wird. Mit solcher Begründung das Alte Testament aus dem Kanon auszuscheiden, ist unmöglich und müßte auch, wie die Geschichte lehrt, zur Verkürzung des neutestamentlichen Kanons führen. Freilich, der unbestreitbare historische Zusammenhang, der solche Begründung der Ablehnung des Alten Testaments unmöglich macht, bedeutet, wie gesagt, auch noch keine positive Begründung der Geltung des Alten Testaments. Ist die Religion des Alten Testaments auch nicht als Fremdreligion zu betrachten, so ist sie immerhin vor-christlich und – ohne Christus – un-christlich.

Der zuletzt behandelte, in sich vielgestaltige Versuch, aus dieser Aporie herauszukommen, indem man das Alte Testament als Geschichtsbuch in Betracht zieht, will gleichsam aus der historischen und theologischen Not eine geschichtstheologische Tugend machen. Daß diese Tugend gar nicht so tugendsam ist und gemessen am neutestamentlichen Umgang mit dem Alten Testament zumindest eine Neuerung darstellt, wurde zu zeigen versucht.

Offenbar kann die Frage nach der Geltung des Alten Testaments als des ersten Teils des christlichen Kanons von jenen Ansätzen her keine befriedigende Antwort finden. Das wird verständlich, wenn man das mit „Geltung" Gemeinte durchdenkt. Gemeint kann – und darf! – nur sein, was *im Bereich der christlichen Kirche* Anspruch auf Gültigkeit hat. Geltung in diesem strengen Sinne ist also christliche Gültigkeit, geltend gemessen am Maßstab dessen, was als christlich gelten kann. Das bedeutet aber, daß über Geltung und Nichtgeltung nur vom Christlichen her, also auf Grund und anhand des Neuen Testaments geurteilt und entschieden werden kann. Von daher wird noch einmal deutlich, daß die Suche nach einer theologischen Mitte des Alten Testaments nicht nur aussichtslos ist, weil in einer so verschiedenartigen und vielgestaltigen Literatursammlung kaum eine Mitte zu erwarten ist, sondern weil – wenn hier wenigstens „theologisch" streng im Sinne des Christlich-Theologischen verstanden wird – eine solche Suche theologisch verfehlt ist, am falschen Ende, nämlich beim Alten statt beim Neuen Testament ansetzt, obwohl doch nur anhand eines christlichen Kriteriums entschieden werden kann, was christlich ist und als christlich Gültigkeit beanspruchen kann.

Aber auch dem möglichen Mißverständnis ist zu wehren, als sollte nun vom christlichen *Glauben* her über alttestamentliche Aussagen zu Gericht gesessen werden. Zwar kann man – mit F. Hesse – mit vollem Recht sagen: „Es ist eine unableitbare Glaubensentscheidung, wenn wir sagen: Im Alten Testament ... ergeht Gottes Wort an uns, genau so wie es im Neuen Testament ergeht. Es kann nicht Aufgabe der Theologie sein, diesen Satz zu begründen, oder, weil er nicht begründet zu werden vermag, zu verwerfen. Wir können nur konstatieren: Wer diese Glaubensaussage, diese positive Antwort auf die Frage nach der Geltung alttestamentlicher Texte nicht mitvollziehen kann, der ist eines anderen Glaubens" (Zur Frage der Wertung und Geltung alttestamentlicher Texte, 1959, S. 273). Dennoch darf diese richtige Bemerkung, die sich streng auf den Glauben an Gottes Wort im existentiellen Sinn persönlicher Glaubensentscheidung bezieht, nicht dazu verführen, das Urteil über die christliche Geltung dem Glauben oder gar dem Bereich subjektiven Ermessens zu überantworten. Ob die Praxis der Bannung von im heiligen Jahwekrieg gefangenen Feinden oder – weniger kraß, aber arg genug – ein Gebet um Rache wie Ps. 109 oder auch, da es nicht nur um ethische Wertung geht, das Vergeltungsdogma, wie es im chronistischen Geschichtswerk vorausgesetzt wird, mit dem christlichen Ethos der Bergpredigt bzw. mit der Lehre von der Rechtfertigung allein aus dem Glauben übereinstimmt, ist nicht eine Frage des Glaubens, die nur der Glaube zu beantworten vermag. Diese Unterschiede und Gegensätze kann auch der, der nicht glaubt, konstatieren und beobachten, und aus dieser Beobachtung vermögen der Christ, der Jude und der Atheist gleichermaßen die Folgerung der Unvereinbarkeit zu ziehen.

Mit diesem Kriterium des Christlichen wird in der Tat das Alte Testament, sofern es Dokument einer nichtchristlichen Religion ist, mit einem ihm fremden, nämlich christlichen Maßstab gemessen. Daß solches Messen und Werten unerläßlich ist, muß betont werden auch und insbesondere im Blick auf die häufig begegnende, scheinbar selbstverständliche Meinung, daß der Gott Jesu Christi und der Apostel der Gott des Alten Testaments war. Die Behauptung ist, trotz unzweifelbarer historischer Verzahnung von Israel und Kirche, nur scheinbar selbstverständlich richtig. Ist der Gott, der Josua und den Israeliten in blutigen Schlachten voranmarschiert, der die Feinde zu „bannen" befiehlt, der Gott Jesu Christi? Es hieße das Alte Testament auf ein einziges Gottesbild – etwa von Hos. 2,21 f.; 11,8–9; Jes. 66,13 und von anderen Stellen – festlegen, wollte man überhaupt von *dem* Gott des Alten Testaments sprechen. Dieser Gott hat viele Namen und so unterschiedliche Eigenschaften, daß die Rede von *dem* Gott des Alten Testaments in der Gefahr steht, zur Leerformel zu werden. Die Rede von dem Gott des Alten Testaments, der der Vater Jesu Christi sei, überspringt das hermeneutische Problem und setzt voraus, was erst noch begründet werden muß. Die Begründung kann, wie gesagt, nur vom Neuen Testament her erfolgen. Diesen Maßstab an das Alte Testament anlegen heißt nicht, das Alte Testament christlich auslegen. Christlich legte die Allegorese, legt auch Typologese aus. Was aber nicht christlich ist, kann auch nicht christlich ausgelegt werden; christliche Auslegung dessen, was nicht christlich ist, ist falsche Auslegung. Rechte Auslegung ist vielmehr bemüht, das Alte Testament sein eigenes Wort sagen zu lassen und es gegenwärtig zu interpretieren und zu verstehen. Ist die Aussage des konkreten Textes gegenwärtig interpretiert und verstanden, ist das Ziel der historisch-kritischen Auslegung erreicht. Die historisch-kritische Auslegung bekommt nicht dadurch christliche und theologische Qualität, daß dem Text nun auch noch allegorisch oder typologisch ein christlicher, geistlicher, höherer Sinn zugeschrieben wird oder daß sie zur pneumatischen Auslegung – was immer darunter zu verstehen sei – oder zur christlichen Meditation – wie immer diese verfahren mag – überleitet oder daß sie den interpretierten Text dem Dogmatiker zustellt, der über dessen Geltung – nach welchem Maßstab und mit welchen Mitteln auch immer – zu urteilen hätte. Vielmehr ist der historisch-kritische Ausleger darin *Theologe*, daß er den Text am Maßstab des Christlichen zu messen gelernt hat und imstande ist. Hier und nicht zuerst bei der gemeinsamen historischen Rekonstruktion kontinuierlicher Linien, die Altes und Neues Testament verbinden – so wichtig auch dieser Arbeitsgang ist – ist die alttestamentliche Wissenschaft theologisch auf die Hilfe der neutestamentlichen Disziplin angewiesen. Hier kann interdisziplinäre Arbeit theologisch fruchtbar sein.

Daß das Alte Testament Teil des christlichen Kanons ist, ist eine Tatsachenfeststellung. Wie es dazu kam, daß israelitische und jüdische Schriften zur Heiligen Schrift der christlichen Kirche wurden und werden konnten, untersucht und schildert die Kanongeschichte. Ob und inwiefern dieser Kanon heute kanonische Geltung beanspruchen kann, ist also Sache theologischer Wertung auf der Basis historischer Rekonstruktion und Interpretation.

Fällt vom Neuen Testament her das Urteil über Geltung oder Nichtgeltung alttestamentlicher Texte im christlichen Bereich, ist also das Neue Testament Maßstab für die Kanonizität des Alten und kann dieses Urteil nur je und je in Hinsicht auf konkrete Texte und ihre exegetisch zu erhebenden Aussagen gefällt werden, so ist damit zugleich gesagt, daß eine allgemeine und für alle Teile gleichermaßen gültige Entscheidung über die christliche Kanonizität des alttestamentlichen Kanonteiles nicht getroffen werden kann. Allein eine differenzierende Sicht, die nur von Fall zu Fall ein Urteil fällt und auch noch mit der Möglichkeit der Revision im Falle besserer historischer Einsicht und tieferen theologischen Verständnisses rechnen muß, entspricht der Uneinheitlichkeit, der Vielgestaltigkeit, dem Reichtum sowohl als auch der mehrdeutigen Ambivalenz der im Alten Testament gesammelten Schriften. Deren geistigen Gehalt, Frömmigkeit, Religion und theologische Konzeption herauszuarbeiten und darzustellen, ist Aufgabe einer Theologie des Alten Testaments, die es nicht schon darum verdient, *theologisch* genannt zu werden, wenn sie nicht nur historisch, sondern auch systematisch oder von einer wie auch immer bestimmten Mitte aus verfährt, sondern weil sie das Dargestellte im angegebenen Sinne kritisch prüft. Sie leistet auf diese Weise wichtige und unerläßliche Vorarbeit zu einer in der Tat wünschenswerten und dringend notwendigen gesamtbiblischen Theologie. Eine solche kann als christliche freilich nur vom Neuen Testament her entworfen werden.

2. *Schrift, Sprache, Monotheismus*

Daß das Alte Testament Teil des Kanons ist, ist, wie gesagt, eine schlichte Feststellung. Daß freilich von allem Anfang der christlichen Kirche an und bis in alle Zukunft sämtliche zum Alten Testament zusammengestellten Schriften gleichermaßen und ohne alle Abstufungen, Abstriche und Unterschiede im christlichen Bereich kanonisches Ansehen genossen und genießen werden, ist mit jener Feststellung mitnichten behauptet. Der Vielgestaltigkeit und Ambivalenz der im Alten Testament enthaltenen Schriften entspricht es vielmehr, daß sie im Neuen Testament immer schon nach dem strengen Auswahlprinzip des Christlichen herangezogen – bevorzugt werden das erste Buch Mose, die Psalmen und die Propheten – und alles andere als nach einem einheitlichen Schema interpretiert werden (s.o. S. 23ff.). Wenn also oben dargetan wurde, daß über die bloße Tatsachenfeststellung, daß das Alte Testament der erste Teil des Kanons ist, hinaus nur von Fall zu Fall und von Text zu Text gemäß dem jeweiligen exegetischen Befund über die christliche Geltung auf Grund von Prüfung und Wertung entschieden werden kann, so entspricht dieses Vorgehen im Prinzip der Art und Weise, wie schon im Neuen Testament mit dem Alten Testament umgegangen wird, auch wenn die damals üblichen Auslegungsmethoden im einzelnen heute so nicht mehr gehandhabt werden dürfen. In allen Fällen aber kommt hier die Schrift, gleichviel ob nach dem Schema Weissagung-Erfüllung oder typologisch oder allegorisch oder nach dem Literalsinn interpretiert oder auch nur in mehr oder weniger wörtlichen Anspielungen herangezogen, *als heilige Schrift* in Betracht. Das in die griechische Sprache der Ökumene übertragene Alte Testament liefert die Sprachmittel für die Verkündigung des Christusgeschehens, oder anders formuliert: die christliche Verkündigung schafft sich selbst eine neue Sprache, die der eschatologischen Neuheit des Christusgeschehens würdig ist, aber sie tut das, indem sie auf die Sprache des Alten Testaments zurückgreift. Dieser Rückgriff erfolgt notwendig: der geschichtlichen Kontingenz des Christusgeschehens, dem paradoxen Einfürallemal des in die Geschichte eingegangenen Eschaton, dem Wort, das Fleisch wurde, entspricht die Kontingenz dieser – und keiner anderen – unverwechselbaren Sprache des Anfangs. Darin, daß die Anfangsverkündigung von Jesus Christus diese Sprache aufgriff und in diese Sprache einging, liegt die Notwendigkeit und die Kanonizität alttestamentlicher *Texte* begründet. Ist das Christusereignis wesentlich ein *verkündigtes* und immer neu zu *verkündigendes* Geschehen, ist es also wesentlich auf Sprache angewiesen, und ist Sprache anderes und mehr als nur die verbale Hülle und eine beliebig auswechselbare Form für mitzuteilende Inhalte, so wird der wesentliche und sachliche Zusammenhang der neutestamentlichen Botschaft mit der Sprache des Alten Testaments einsichtig. Sprache ist als solche immer schon eine – allenfalls mittels einer Metasprache zu hinterfragende – Welt- und Daseinsauslegung. Das gilt erst recht und noch konkreter für eine Sprache, in der der Anspruch des „So spricht Jahwe“ und „Jahwe sprach zu ...“, ja, ins Griechische übersetzt: „So spricht der *Herr* und „der *Herr* sprach zu ...“ erhoben wurde und in der dieser Anspruch eines mehr als alle anderen Götter radikal transzendent geglaubten Gottes textlich und schriftlich fixiert worden war. In dieser Sprache artikuliert sich ein Daseins- und Weltverständnis, das trotz aller Abhängigkeiten, Querverbindungen und Analogien zu Kultur und Religion der Völker ringsum unverkennbar anders ist. Dieses Verständnis des Daseins ist aber das gleiche wie das des Neuen Testaments, das gleiche wie das christliche gegenüber dem griechischen, dem humanistischen oder idealistischen Daseinsverständnis. Es wurde von Bultmann folgendermaßen in klassischer Weise beschrieben: „*Der Mensch ist also hier in seiner Zeitlichkeit und Geschichtlichkeit gesehen.* Er wird, um sich zu verstehen, nicht auf das Allgemeine verwiesen, den Kosmos, um sich als dessen Glied zu erfassen, auf den Logos, um im Zeitlosen das eigentlich Seiende zu finden, sondern er wird in seine konkrete Geschichte gewiesen, in ihre Vergangenheit und Zukunft, in ihre Gegenwart, die in dem konkreten Miteinander der ‚Nächsten‘ ihm die Forderung des Augenblicks entgegenbringt. Er weiß sich also nicht in einen kosmischen Rhythmus eingegliedert, dessen Bewegung sich nach ewigen Gesetzen vollzieht und in dem alles Drängen, alles Ringen ewige Ruhe in Gott dem Herrn ist, so daß es die höchste Möglichkeit des Menschen wäre, in der theoria [Schau] dieses Gottes inne zu werden, sondern er weiß sich durch den göttlichen Willen an eine bestimmte Stelle des zeitlichen Geschehens gestellt, das für ihn die Möglichkeiten des Gerichtes und der Gnade hat, je nachdem er in gehorsamem Tun das tut, was Gott von ihm fordert. So ist das Verhältnis zu Gott nicht ein Sehen, sondern ein Hören, ein Gott-Fürchten und ihm Gehorchen, ein Glauben, d.h. nicht eine optimistische Weltanschauung, sondern ein Auf-sich-nehmen der Vergangenheit in Treue, ein vertrauendes Warten auf Gott gegenüber der Zukunft, treuer Gehorsam in der

Gegenwart" (a.a.O., S. 324). Auch wenn man den Willen und die Forderung Gottes etwas weniger einseitig betonen möchte, als es Bultmann, der ja letztlich das Alte Testament vom christlichen Standpunkt aus als Gesetz betrachtet wissen möchte (a.a.O., S. 333; u.s.o. S. 133f.), und mehr als er auch den primären *Heilswillen* Gottes hervorheben sollte, so wird hier doch eine im Grundsätzlichen angemessene Beschreibung alttestamentlicher Daseinshaltung gegeben.

Dieser Haltung des Menschen entspricht die Gottesvorstellung. Wenn etwa bei den mannigfachen Versuchen, eine Mitte des Alten Testaments zu bestimmen und zu beschreiben, auf die Herrschaft, das Herr-Sein, die Unverfügbarkeit, die Erhabenheit, die Einzigkeit, den Eifer Jahwes verwiesen wird, so wird damit, wenn auch nicht die Mitte des Alten Testaments, so doch wohl die zentrale Wesenseigenschaft Jahwes richtig angegeben. Spezifikum des Alten Testaments ist, so kann man auch sagen, der konsequente und radikale *Monotheismus*.

Monotheismus aber ist nur ein dürrer Begriff für konkreteste, lebendige Erfahrung, die das ganze Dasein prägt: Das Nebeneinander mehrerer Götter bedingt notwendigerweise eine Einschränkung ihrer Göttlichkeit: wo der eine waltet, ist kein Platz für andere. Polytheismus führt ebenso notwendig zu Geschichten von Göttern, die sich gegenseitig befehden, sich verbünden, sich versöhnen; diese Götter sind potenzierte Menschen, unter denen sich die Menschen als depotenzierte Götter vorkommen mögen. Jahwe aber ist, auch wenn Israel gelegentlich mythisch von ihm redet, all solchen Mythen feind. Er übernimmt keine Rolle im Mythos, stirbt nicht wie Baal, wenn die Natur erstirbt, um mit dem Erwachen von Natur und Fruchtbarkeit wieder aufzuerstehen. Er ist nicht Gott und zugleich auch ein Naturgeschehen, Gestalt und zugleich gestaltloser zyklischer Vorgang, Herr und doch auch abhängig von den recht vollzogenen Riten, die sein mythisches Leben darstellen und bewirken. Er steht – ganz anders – allem, was nicht er selbst ist, als Gott und Herr gegenüber, er ist, mit einem abstrakten Begriff, den Israel so nicht dachte – transzendent; er ist der Schöpfer alles dessen, was existiert, und als der Schöpfer der Herr. Sein Herr-Sein und Anderssein heißt darum „heilig, heilig, heilig". Als der Heilige ist er der Unnahbare. Wenn er dennoch naht, ist dies seine Herablassung, erschreckend oder beglückend oder beides in einem. Daß beides möglich und wirklich ist, liegt daran, daß es nicht gelingt. seinen Charakter ein für allemal so zu definieren, daß der Mensch mit ihm als mit einer berechenbaren Gegebenheit rechnen könnte. Einzelne Eigenschaften hat er mit Göttern gemeinsam, welche andere Völker und die Väter Israels in der Vorzeit verehrten; seine eigene Einmaligkeit aber ist, daß sonst Unvereinbares in seiner Person sich zu vereinen vermag: Wie der Obergott El ist er erhaben, gütig und fern; als Gott der Väter aber *erscheint* er, läßt er sich herab, wird er ein mitwandernder Gott, dessen Verheißungswort die ganze menschliche Existenz in Gegenwart – Landbesitz –, Zukunft – Nachkommenschaft – und in einem göttlich-menschlichen Bund umfaßt; als Jahwe greift er mit mächtiger Hand errettend und befreiend in die Geschichte ein, den Seinen einen Raum und eine Ordnung – tora – des Lebens zu geben.

Es ist in diesem Zusammenhang gleichgültig, ob und wie der Monotheismus des Alten Testaments sich erst in einer langen Geschichte herausgebildet hat und ob etwa das Alte Testament noch Stellen und Schichten enthält, die erst eine Entwicklung reflektieren, welche schließlich zum reinen Monotheismus geführt hat. Das ist hier deswegen ohne Belang, weil die Kirche nicht eine religionsgeschichtliche Entwicklung übernahm, sondern eine Sammlung von Schriften; für diese so gewordene Sammlung war der Monotheismus bereits eine Selbstverständlichkeit. So selbstverständlich war auch für die das Alte Testament anerkennende Gemeinde der hier eingeschärfte Monotheismus, daß der Christusglaube, der doch die Gottheit Christi behaupten konnte, nicht in den Polytheismus der Umwelt zurückzufallen in Gefahr stand, solange er das Alte Testament als Heilige Schrift beibehielt.

Beibehaltung der Schrift bedeutet Wahrung des Monotheismus und der Geschöpflichkeit von Welt und Mensch in der Auseinandersetzung mit dem polytheistischen Mythos und der mythologisierenden Spekulation der Gnosis, aber so auch noch in der Konfrontation mit gegenwärtiger Philosophie und Ideologie, die um der Herbeiführung der vollkommenen Zukunftsgesellschaft willen wieder, wie die Gnosis und Marcion, „die bleibende Personalunion des Schöpfergöttlichen mit dem Rettungsgöttlichen" (Ernst Bloch, Atheismus im Christentum, 1968, S. 62) aufgelöst sehen möchten. Nicht zuletzt durch die Verankerung der urchristlichen Botschaft im alttestamentlichen Monotheismus und im Schöpfungsglauben sperrt sich auch das Neue Testament gegen eine „Jesulogie", die Gott durch den Menschen Jesus ersetzen möchte (vgl. W. Schrage, Theologie und Christologie, 1976).

Man kann in der Tat mit H. Graß sagen: „Das Alte Testament ist das monotheistische Gewissen der Kirche. Es sperrt sich auch heute gegen einen Antitheismus, der Gott abschaffen, für tot erklären, und sich mit einem wie immer verstandenen Christus behelfen möchte, der schließlich zum bloßen Repräsentanten von Mitmenschlichkeit herabsinkt" (Chr. Glaubenslehre II, S. 97f.).

Dieser also konkrete Monotheismus und das mit ihm gesetzte – bildlose – Gottesbild sind zweifellos die Voraussetzung und Grundlage der christlichen Verkündigung. Nie werden die Erscheinung und das Auftreten Jesu und die nachösterliche Christusverkündigung in der alten Kirche als Korrektur oder Kritik dieser monotheistischen Gottesauffassung verstanden. Die im Neuen Testament auch geäußerte Kritik am Alten Testament und die hier gelegentlich auch spürbar werdende Distanz (s. o. S. 31f.) ändern doch nichts an der vorbehaltlosen Bejahung dieses Teils und dieses Aspekts des alttestamentlichen Erbes. Die Verkündigung des in Jesus Christus erschienenen Heils predigt dies Ereignis als Handeln des einen Gottes, den das Alte Testament meint, wenn und sofern es von dem freien Schöpfer und Herrn Israels und der Welt spricht. Das Christusereignis stellt *diesen* Gott des Alten Testaments nicht in Frage, es wird als sein eigenes, wahres, endgültiges Werk verkündigt. Als endgültige – eschatologische – Tat Gottes stellt es freilich alles andere Wirken desselben Gottes in den Schatten. Im Licht der Christusoffenbarung kann auch fragwürdig werden, ob alle im Alten Testament Gott zugeschriebenen Taten und Eigenschaften wirklich göttliches Handeln und göttliche Wesensart waren, oder ob sich menschliche Selbstbehauptung, Egoismus, Nationalismus und Beschränktheit, kurzum Menschlich-allzu-Menschliches als gottgewollt und von Gott getan zu rechtfertigen versuchten. Aber auch notwendige Kritik nach dem Kriterium des Christlichen und gemäß der Bergpredigt-Antithese: „Ihr habt gehört, daß zu den Alten gesagt ist; ich aber sage euch!" stellt gerade nicht den konkreten Monotheismus mitsamt seinen ebenso konkreten Implikationen, den das Alte Testament einschärft, in Frage. Die christliche Verkündigung verstand sich darum auch nie anders denn als Predigt vom Handeln des einen Gottes, außer dem kein Gott ist. Darum wurde das Alte Testament beibehalten, auch als die christliche Mission die Grenzen des Judentums längst überschritten hatte. Das israelitisch-jüdische Gesetz konnte seine Gültigkeit für Heidenchristen nicht länger behalten, aber auch noch die Abschaffung des Gesetzes bedeutete nicht die Abschaffung des Alten Testaments und erst recht nicht die Entthronung des von der Schrift bezeugten *einen* Gottes. Daß hierdurch die christliche Besonderheit – die Botschaft vom endzeitlichen Heil in Jesus Christus – sogar in den Hintergrund treten und die christliche Mission in der Heidenwelt als Verkündigung eines ethischen und vom jüdisch-gesetzlichen Beiwerk gereinigten Monotheismus verstanden und so desto leichter akzeptiert werden konnte, ist auch nicht zu übersehen. Seit die Apologeten des 2. Jahrhunderts den Monotheismus und den moralischen Charakter des Christentums hervorkehrten, hat es bis hin zum theologischen Liberalismus in der Moderne immer wieder Zeiten gegeben, da das Christentum vornehmlich als ethischer Monotheismus und theistische Moralphilosophie erschien und da Jesus als der prophetische Reformer des Judentums gelten konnte: das Christentum als Reformjudentum auf der Basis eines kritisch gereinigten Alten Testaments. Ja, man kann allen Ernstes fragen, ob nicht, fern von aller theologischen Theoriebildung und ebenso fern von Philosophie und Ideologie, für das populäre Verständnis das Christentum diesen Charakter hat: Glaube an den Herrgott und immer Treu und Redlichkeit üben! Aber auch noch solche vulgären Simplifizierungen und ideologischen Engführungen enthalten ein Wahrheitsmoment, das sie einseitig isolieren: dies Moment ist tatsächlich die unaufgebbare Verwurzelung alles Christlichen im ethischen Monotheismus in seiner nicht vom Alten Testament ablösbaren Konkretheit. Außer Jahwe ist kein Gott (Jes. 43,11; 44,6; 41,4; 48,12). Der Jahwename aber wurde bereits im mündlichen Vortrag der hellenistischen Synode durch „Kyrios" = „der Herr" ersetzt. „Der Herr" ist eine Bezeichnung, die viel eindeutiger als der längst nicht mehr in seinem ursprünglichen Gehalt verständliche Eigenname Jahwe das Herrsein, die Einzigkeit und die transzendente Verfügungsmacht Gottes zum Ausdruck zu bringen geeignet war.

Wie sehr das Alte und das Neue Testament verbunden und verzahnt sind, zeigt der Gebrauch von „Kyrios" im Neuen Testament: wo das Alte Testament zitiert wird, ist aus Jahwe der Kyrios geworden; das in den älteren Septuaginta-handschriften jüdischer Herkunft noch beibehaltene Tetragramm JHWH wird in christlichen Handschriften durch Kyrios ersetzt. Kyrios ist aber auch Jesus Christus (1.Kor. 12,3; Phil. 2,11), und ursprünglich auf Jahwe bezogene Aussagen gelten nunmehr von Jesus Christus: im Anschluß an Jes. 45,3, wo vom Herrsein Jahwes gesprochen wird, heißt es nun im Christushymnus von Phil. 2(2,10f.), daß alle Zungen bekennen sollen, daß Jesus Christus der Kyrios sei (vgl. auch Röm. 10,15; 1.Kor. 1,2; Apg. 2,36). Gott der Herr und sein endzeitlicher Heilbringer Jesus Christus als Herr gehören so eng zusammen, daß beide denselben Hoheitstitel tragen können (vgl. u.a. Mt. 11,25; Lk. 10,21; Mt. 9,38; 1.Tim. 6,15; Apg. 17,24 und hart neben Apg. 2,36: 2,39!), weil Gott der Herr dem Herrn Christus alle Macht auf Erden gegeben hat (Mt. 28,18; vgl. 1.Kor. 11,3; 15,28).

Das Neue Testament setzt aber nicht nur den Monotheismus des Alten Testaments voraus und verkündigt nicht nur das Christusgeschehen als Tat dieses einen Schöpfergottes und Herrn. Diese Verkündigung erwächst überhaupt aus – und ergeht überhaupt in – dem vom Alten Testament *sprachlich erschlossenen* weiten Raum von Schöpfung, Erde, Menschheit, Völker- und Israelgeschichte, von Segen und Fruchtbarkeit und Lebensweisheit, aber auch von Sehnsucht nach endlicher Vollendung nach Sünde und Fluch, Gottesferne und Verzweiflung, Verirrung und Verworfenheit. Alle diese „Themen", fast so zahlreich wie das menschliche Leben Aspekte und Facetten, Inhalte und Gestalten hat, setzt das Neue Testament bejahend, verneinend, zurechtbiegend, zurechtbringend voraus. Selbst konzentriert auf das eine, das not tut, auf den Christus und sein Heil, braucht es dies alles nicht immer ausdrücklich zur Sprache zu bringen. Es klingt im vom Alten Testament erschlossenen Sprachraum wie von selbst mit an. In der schon vorgegebenen Ausgelegtheit von Welt und Dasein durch die Sprache des Alten Testaments ergeht die Christusbotschaft; sie geht in eben diese sprachliche Ausgelegtheit ein: das *Wort* wurde – auch – *dieses Fleisch*.

Sowenig der Monotheismus und der Schöpfungsglaube vom Alten Testament ergänzend zum Christusglauben hinzukommen – ein Letztes (Eschaton), das der Ergänzung bedurfte, wäre ja ein Widerspruch in sich selbst –, so stellen auch die eben angedeuteten Themen nicht eine Ergänzung zum Neuen Testament dar, wie H. Graß meint, der sein mit dem hier vorgetragenen sehr verwandtes Verständnis des Verhältnisses der beiden Testamente als „Ergänzungshypothese" meint bezeichnen zu sollen (a.a.O., S. 99). Korrekter müßte man von *Implikations*hypothese sprechen, wie an anderer Stelle vorgeschlagen wurde (Gunneweg, Sola Scriptura, 1976, S. 9).

Das Neue Testament setzt also die Geltung des Alten im Grundsatz und sozusagen bis zum christlicherseits zu liefernden Beweis des Gegenteils in einzelnen Fällen voraus und *impliziert* damit das alttestamentliche Reden von dem einen Gott, dem Schöpfer, dem Sündenfall des Menschen, von Gottes Willen zur Erlösung und allen den unzähligen hierdurch mitgesetzten konkreten Einzelthemen.

Richtig schreibt H. Graß: „Welch eine Fülle von Haltungen und Schicksalen, von Menschen und Menschengruppen in den verschiedensten Situationen und Verhältnissen bietet das Alte Testament; wie geht es menschlich zu in diesem Buch. Da spielt Politisches und Soziales eine Rolle, bei den Propheten und anderswo, da gibt es Kriege, Siege, Niederlagen, Hunger, Verbannung, aber auch gute Zeiten; da begegnet uns das Auf und Ab einer dramatisch bewegten Geschichte, da geht es um das Zusammenleben in einem Volk und um die Frage der Gerechtigkeit; da spricht der Psalmist von der Vergänglichkeit (Ps. 90), Hiob klagt Gott an in seinem Leid, da klingt die Lebensweisheit und die Resignation aus den Sprüchen und dem Prediger. Und bei all dem ist Gott mit im Spiel, all das vollzieht sich coram Deo" (a.a.O., S. 98).

Man wird hinzufügen müssen: jene Geschichten, Gebete, Reflexionen, Jubel und Klage vor Gott (coram Deo) sind nicht Motive und Themen *neben* dem Christusgeschehen, die zur Christusverkündigung *zusätzlich* hinzukommen. Sie werden vielmehr im christlichen Bereich im Lichte der Christusoffenbarung „gesamtbiblisch" verstanden. So werden sie – ganz im Sinne von 1. Kor. 10, 11 – zu *Texten*, die menschliches Dasein in seiner unauslotbaren Tiefe – man versuche allein schon die Urgeschichte der ersten elf Kapitel erschöpfend zu interpretieren – und in seiner irdischen, essenden und trinkenden, liebenden, hassenden, sterbenden, diesseitigen und doch jenseitsbezogenen Wirklichkeit *unter Gott*, der Kyrios genannt wird, und nun *angesichts des Christus*, der Kyrios heißt, recht oder auch falsch auslegen und die Frage des Menschen recht oder auch falsch stellen, damit die endgültige Antwort des Evangeliums überhaupt einen konkreten Bezug habe und gehört werden könne.

Hier liegt das Wahrheitsmoment jener Lösung des hermeneutischen Problems des Alten Testaments, welche die *Vorstufen-* und Vorbereitungsfunktion des alttestamentlichen Zeugnisses betont. Hier liegt auch das Richtigkeitsmoment der Typologese: das Alte Testament legt Welt und Dasein des Menschen aus *vor* Christus, *vor* dem Endgültigen, *vor* dem Letzten, dem Eschaton. Dieses aber ist nur das, was es ist, in seinem Bezug zum Vorletzten, zum Diesseitigen, zu all dem, was ohne Christus unvollkommen, uneindeutig, ambivalent, ohne letzte und endgültige Antwort bliebe. Mit der Erscheinung Christi wird das Vorletzte aber nicht zur bloßen Vorstufe, die nur noch von noetischem Belang wäre, und verblaßt auch nicht zur bloßen Vorausschattung. Sondern – und hier liegt das Wahrheitsmoment jener Lösung, die das Alte Testament als *Gesetz* in seiner dialektischen Bezogenheit auf das Evangelium zu verstehen versucht – im Lichte des Letzten, des Christusereignisses, bekommt das Vorletzte seine helle Eindeutigkeit; es wird gewogen und geprüft, es wird transparent auf Scheitern und Sünde, die Christus kreuzigt, oder auf das letzte Heil, das im Alten Testament, wie der Christusname, noch nicht ausgesprochen, aber doch geahnt, erhofft, verheißen und eigentlich gemeint wird. Im Licht des Neuen werden Güter, die im Alten Testament als Heilsgaben Jahwes verstanden werden – Land, Nachkommenschaft, gutes Regiment, Feigenbaum und Weinstock, Gesundheit und Wohlergehen –, nicht einfach zu bloß diesseitigen, allenfalls als Vorausschattungen des wahren Heils noch gültigen Verengungen und Verfälschungen einer rein religiös zu fassenden „Grundverheißung", sondern sie bleiben, was sie immer schon waren: konkrete, diesseitige Lebensermöglichung in Gegenwart und Zukunft allein von Gott her, Schöpfung, Erhaltung, Segnung durch den Gott, „der auch seines eigenen Sohnes nicht verschont hat, sondern hat ihn für uns alle dahin gegeben. Wie sollte er nicht erst recht zugleich mit ihm uns *alles* schenken?" (Röm. 8, 32).

All diese Herrlichkeit der Erde wird auch nicht abgewertet, wenn sie unter das „als ob nicht“ (1.Kor. 7,29–31) gerückt wird; das „als ob“ ist ja nur möglich im Lichte des letzten Heils Jesu Christi, das unvergänglich ist. Statt abgewertet zu werden, werden die alttestamentlichen Heilsgüter in dieser ihrer neuen Relation zum Heil, das in Christus erschienen ist und geschenkt wird, überhaupt erst einsichtig als die Gaben Gottes, von dessen Liebe auch nicht das Aufhören jener vergänglichen Güter den Menschen zu trennen vermag (Röm. 8,38f.).

Noch in einer anderen Hinsicht rückt das Eschaton als das Letzte und Endgültige alle sonstigen Güter und Gaben als ein erst Vorletztes zurecht. Landbesitz, Nachkommenschaft, nationale Existenz und Gesetz bleiben das, was sie sind, sie werden nicht zu bloßen Präfigurationen und Vorausschattungen verdünnt und verflüchtigt, sie werden aber jetzt wieder in ihrem ursprünglichen Sinn erkennbar: als Ermöglichung von Leben, Erschließung von Zukunft und Gestalt heilvoller Ordnung in einem von Gott geschenkten Lebensraum, als Leben schlechthin vor Gott und von Gott her.

Dieses die ganze Existenz umspannende Heil wurde freilich zur Sprache gebracht im Vorstellungs- und Denkhorizont der Damaligen. Es bleibt darum nicht auf jenen Horizont und so auch nicht auf jenes Land, auf Nachkommenschaft und ein davidisches Königtum für immer und ewig angewiesen. Das wurde bereits inneralttestamentlich erkannt.

Als die Heilsgüter sich zu verdinglichen begannen, Erwählung in Erwähltheit umschlug und die Gewißheit des Mitseins Jahwes in die falsche Sicherheit eines verfügbaren Besitzes, verkündigte schon Israels große Gerichtsprophetie das Ende aller jener Heilssetzungen und ein neues Heil allenfalls jenseits dieses Gottesgerichtes (etwa Am. 3,2; 8,1–2; Hos. 1,9; 2,21f.). Und angesichts des tatsächlich geschehenen Zusammenbruchs der staatlichen und nationalen Existenz und alles dessen, was einst, als Heilsgut Jahwes geglaubt, Geborgenheit gegeben hatte, verkündigt ein Jeremia ein Heil Jahwes, das mitten im Unheil denen geschenkt wird, die die Katastrophe von Tempelzerstörung und Verbannung als gerechtes Gericht Gottes anerkennen und annehmen (Jer. 24; 29; 32; diese Texte im Grundbestand). Eine Theologie des Kreuzes (theologia crucis) bahnt sich an, wird aber nicht durchgehalten und von den Tradenten zur bloßen Heilsansage für dermaleinst verflacht. Gegen Ende des Exils verkündigt Deuterojesaja mit hymnischen Worten einen neuen Exodus, der so sehr jene frühere Rettungstat Jahwes in Ägypten und am Schilfmeer, ja alles Denkbare und Vorstellbare übertrifft, daß er geradezu zum Bild für göttliches Heil schlechthin wird, das in Worte zu fassen die menschliche Sprache nicht mehr fähig ist (vgl. Jes. 55,12: „Berge und Hügel sollen frohlocken, und alle Bäume auf dem Felde in die Hände klatschen“.).

Weitet sich bereits inneralttestamentlich der früher engere Horizont, wird schon hier das Heil entschränkt und der Versuch gewagt, es als im Diesseits jenseitig und als total andersartig zu denken und zur Sprache zu bringen, so rückt erst recht alles, was in Israel einst als Heilsgut verkündigt worden war, durch das Christusgeschehen in ein neues Licht: die Verkündigungssprache des Alten Testaments wird zur Sprache der christlichen Verkündigung.

3. *Die Sprache der Christusverkündigung*

In diesem Zusammenhang ist noch einmal auf die Typologie und auf das Schema Weissagung-Erfüllung zurückzukommen. Daß Typologie nicht unbedingt ein lineares Geschichtsdenken zur Voraussetzung haben muß, lehrten schon ein Blick auf Paulus' typologischen Umgang mit alttestamentlichen Texten und die sich darauf stützende Beschreibung typologischen Verstehens durch E. Fuchs (s. o. S. 179f.). Statt an die Idee des Geschichtsablaufs könnte Typologie, von keinem Geringeren als Paulus ermutigt, auch hieran anknüpfen. Typologie ist dann eine Methode (Typologese), welche Analogien (Typologien) aufspürt, und beruht darauf, daß es im Geschichtlichen solche Analogien gibt. Geschichtliches ist einmalig und kontingent, es wiederholt sich niemals. Dennoch ereignet sich Vergleichbares. Dies Vergleichbare nennt die herkömmliche Typologese Typos und Antitypos. Daß es der Typologese – einmal von ihrer Willkür und Entartung abgesehen – gelang, solche Entsprechungen zu entdecken, beruht auf der tatsächlichen Vergleichbarkeit – der Analogie – des geschichtlichen Lebens. Das Moment der Steigerung ist nicht allgemein aus einem Entwicklungs- und Wachstumsprozeß abzuleiten; es ist für eine so verstandene Typologese überhaupt nicht charakteristisch, sondern einzig bedingt dadurch, daß im spezifischen Verhältnis der Testamente der Antitypos ja das endgültige Endereignis Jesus Christus, also das Eschaton ist, das alles Vorherige, Gleichzeitige und Nachmalige in den Schatten stellt. Von hierher erklärt sich überhaupt das Aufkommen von Typologese im urchristlichen Bereich: Von Tod und Auferstehung Jesu Christi her gesehen, sagt die ererbte Schrift, deren Gültigkeit ja nicht aufgehoben ist, „Typisches". Dieses Typische wird aber nicht nur in den Schatten gestellt. Es wird auch vom Eschaton her ins rechte Licht gerückt. Wie über die Königsherrschaft Gottes nur in Gleichnissen, so kann über das Letzte – das Eschaton – nur in der Sprache des Vorletzten gesprochen werden. Darum verlieren die Typoi, nachdem der Antitypos erschienen ist, nicht ihr Gewicht – wie sie zu bloßen Schatten und Schemen verblassen, wenn der zeitliche Fortschritt über sie hinweggerollt ist –, sondern sie werden zur sprachlichen Ermöglichung eschatologischer Verkündigung.

Da wird etwa ein Text wie 1. Mose 12 ohne alle Umdeutung, Allegorese oder typologische Verflüchtigung zum Exempel dafür, was Glaube heißt und wie dem Glaubenden, der sich aus allem verfügbaren Besitz herausführen läßt, Gegenwart und Zukunft erschlossen werden; und das Land bleibt Land, Basis alles Lebens, Schoß, aus dem alles Wohlergehen hervorgeht; und die Nachkommenschaft bleibt was sie ist: Leben in alle Zukunft hinein; und dies alles von Gott her, und dies alles nicht als bloße Vorstufe vergangen, sondern gegenwärtig, als gegenwärtige Konkretheit des in Christus geschenkten Heils, das doch alle diese Konkretisierungen übertrifft, transzendiert und darum nicht auf sie angewiesen bleibt.

Da wird auch – anderes Beispiel – die Botschaft der großen Gerichtspropheten als typisch und darum als rechte Sprache christlicher Predigt verstanden: sie verkündigen auch der christlichen Gemeinde, daß das Ende gekommen sei – das Ende über Hochmut, Gottlosigkeit, Herzenshärtigkeit und Götzendienst, und daß nur dem, der dies Gericht an sich geschehen läßt, das Heil der das Leben erneuernden Vergebung zugesagt werde, daß erst am Nullpunkt menschlichen Scheiterns dem Demütigen Leben und Seligkeit geschenkt werden. Nun kann auch die immer schon die Grenzen des sprachlich Möglichen sprengende Sprache eines Deuterojesaja zur Predigt des Evangeliums des in Christus erschienenen Heils werden, die den Auszug aus Babel ansagt: aus dem, was Babel immer schon – typisch! – war, aus Sünde, Unheil und Gericht, und hin zum Zion, zum Ort der Begegnung mit dem lebendigen Gott des Heils, der doch an keinen Ort sich binden läßt.

So werden überhaupt alle – durchaus im wörtlichen Sinn interpretierten und verstandenen – Heilsorakel und „messianischen" Weissagungen zur rechten – oder auch mißverstehenden und nicht angemessenen – Ankündigung des letzten Heils, das allein es verdient, so bezeichnet zu werden, und des Heilands, außer dem kein Heil ist. Das Kerygma von diesem Heil ergeht aber immer nur in je und je situationsbezogener Konkretheit; das Alte Testament verhilft – in Auswahl – dem Kerygma zu seiner Konkretisierung, weil das Alte Testament die Tradition ist, „in die hinein Christus sich inkarniert" (H.D. Preuß, a.a.O., S. 78 u.s.o. S. 180f.).

Außer auf die also verstandene Typologie muß schließlich noch einmal auf den sogenannten Weissagungsbeweis eingegangen werden. Daß jener Umgang mit Texten heute nicht mehr möglich und gestattet ist, wurde hier und von vielen anderen zur Genüge deutlich gemacht. Es wurde oben jedoch bereits angedeutet (s.o. S. 176), daß mit dieser Feststellung noch nicht das letzte Wort gesagt ist. Das Anliegen, das sich in jenem Schriftgebrauch äußert, ist nicht allein dies, in der Auseinandersetzung mit dem Judentum den christlichen Anspruch auf die Schrift zu behaupten und zu begründen, indem man mit exegetischer Gewalt die Schrift den Christus weissagen läßt. Auch wenn solche Polemik für eine vordergründige Betrachtung der Sinn des sogenannten Weissagungsbeweises gewesen sein mag, so wäre er doch zu hinterfragen: was lag und liegt überhaupt an der *Schrift*, auf die sich doch gerade in der entscheidenden Hinsicht der christliche Glaube *nicht* stützen konnte und kann, weil sie ja Tod und Auferstehung Jesu Christi als Heilsereignis gerade *nicht* verkündigt? Immerhin kann auch schon urchristliche Verkündigung auf die alttestamentliche Sprache verzichten, wie selbst Paulus zeigt, der nur in vier Briefen (Röm., 1 u. 2.Kor. und Gal.) auf das Alte Testament zurückgreift, und auch der erste Johannesbrief kommt ja ohne das Alte Testament aus.

Der Umstand jedoch, daß, von Ausnahmen abgesehen, die Kirche das Alte Testament beibehielt und ihren Anspruch gegen das Judentum mit welchen exegetisch fragwürdigen Mitteln auch immer zu verteidigen versuchte, zeigt das eigene, genuine Interesse der Kirche an der Schrift, auch noch fern von allem Streit um die Schrift mit dem Judentum und auch noch, als diese Auseinandersetzung längst ihre Aktualität eingebüßt hatte. Dieses Interesse ist letztlich begründet in der geglaubten und verkündigten Selbigkeit Gottes:

gilt die Schrift nach wie vor als Zeugnis von dem *einen* Gott, dem *Schöpfer und Erlöser*, so mußte sie auch von dem Christusgeschehen Zeugnis ablegen, und darum mußte Christus die Schrift erfüllen. Und die Schrift legt dieses Christuszeugnis ab, indem sie die Sprache und mit der Sprache die sprachlich geformten *Inhalte* liefert, mit deren Hilfe das Christuszeugnis nunmehr formuliert wird. Eben darum wird der Christus aus einer Jungfrau geboren, er erblickt das Licht der Welt in Bethlehem und muß nach Ägypten fliehen, damit die Weissagung erfüllt werde, daß Gott seinen Sohn aus Ägypten gerufen habe (Mt. 1,23; 2,1; Lk. 2; Mt. 2,15.18; u. Jes. 7,14; Mi. 5,1; Hos. 11,1; Jer. 31,15). Er selbst verkündigt bei seiner Antrittspredigt in Nazareth, daß in ihm die Schrift sich erfüllt habe (Lk. 4,16–21). Zu seiner großen, grundlegenden Predigt besteigt er wie Mose, dessen Gesetz er erfüllt und überbietet, einen Berg (Mt. 5,1). Insbesondere ist dann bekanntlich die Leidensgeschichte Jesu mit Hilfe alttestamentlicher Zitate und Anspielungen gestaltet. Jesus zieht gemäß Sach. 9,9 in Jerusalem ein, gar auf zwei Reittieren reitend, weil es der Prophet so geweissagt haben soll. Judas verrät ihn um dreißig Silberlinge, weil solches Sach. 11,9f. geschrieben steht (Mt. 21,5; 25,15; 27,3–9). Ansonsten folgt die Darstellung dem Detail von Ps. 22. Sie will in der Tat dartun, daß und wie bis in Einzelheiten hinein die Schrift erfüllt wurde. Die Schrift hat geweissagt, und in Christus ist die Weissagung erfüllt worden.

Der Befund ist bekannt, die Einsicht in die Unmöglichkeit solchen Schriftgebrauchs heute einhellig, dessen eigentliche Intention bleibt so aber uninterpretiert. Ja, der wirkliche Befund ist mit obigen Feststellungen nicht einmal recht beschrieben. Es wird ja nicht eine *wirklich so geschehene Geschichte* mit Hilfe einer auf fragwürdige Weise interpretierten Schrift als Erfüllung der Schrift aufgewiesen. Vielmehr wird das Christusgeschehen überhaupt erst erzählerisch so *dargestellt*, daß es als Erfüllung der Schrift gelten kann: Die Darstellung läßt den Christus, der in Nazareth oder anderswo geboren war, als Davidssohn und Messias in Bethlehem aus einer Jungfrau geboren werden, nach Ägypten fliehen, wo er sich gewiß nie aufgehalten hat; läßt ihn auf zwei Lasttieren auf einmal reiten usw., *damit* sein Geschick sich als schriftgemäß erweise. Ist solcher „Weissagungsbeweis" heute nicht mehr nachvollziehbar, so ist eine Historiographie, die mit solchen Mitteln eine Vita Jesu darstellen will, noch viel weniger akzeptabel. Aber geht es hier denn überhaupt um Historiographie und eine Vita des historischen Jesus, wenn dessen Geschichte so schriftgemäß dargestellt wird? Diese Frage stellen, heißt sie beantworten. Hier wird zwar ein Leben Jesu geboten, aber in Gestalt einer Leben-Jesu-Darstellung ergeht Christusverkündigung, die darum auch nicht als historisch richtige Biographie, sondern als Christusverkündigung gelesen und verkündigt werden soll. Und diese Christusverkündigung ergeht in der Sprache, die das Alte Testament als das Zeugnis von dem einen und einzigen und selbigen Gott bereitstellte und in welche die Christusverkündigung des Neuen Testaments einging.

Ist sie aus dieser Sprache wieder ablösbar? Kann also der *sprachliche* Zusammenhang, „das den Glauben mit Abraham verbindende Kontinuum", das nicht zeit-, sondern worthaften Charakter hat (G. Klein, Bibel und Heilsgeschichte, S. 30), sich wieder auflösen? Ist also prinzipiell das Alte Testament doch kein unverzichtbarer christlicher Besitz und nicht notwendig Teil des christlichen Kanons?

Diese Frage ist zu verneinen. Zwar sind die Verkündigung und der Glaube nicht ein für allemal an eine Sprache gebunden – wie ja schon die Tatsache beweist, daß die alte Kirche das Alte Testament in einer Übersetzung las und kanonisierte! –; sie sind auch nicht festgelegt auf eine mit der Sprache immer schon mitgesetzte Ausgelegtheit von Welt und Dasein. Verkündigung und Glaube sind und bleiben aber – sola scriptura – gebunden an das Ursprungszeugnis des *Neuen* Testaments. Dies allerdings spricht – weitgehend – die Sprache der alten Schrift und setzt deren Geltung als Zeugnis von dem einen und selbigen Gott voraus. Darum würde die Verwerfung des Alten Testaments auch die neutestamentliche Botschaft nicht nur unverständlich machen, sondern in ihrem Gehalt verkürzen. Darum hat der Marcionitismus – der alte und auch die neueren Gestalten desselben – immer die Substanz des Christlichen selbst angetastet: der Christus des um Paulus bemühten Marcion ist sowenig der Christus, den der Apostel verkündigte, wie der arische Jesus eines germanisch gereinigten Christentums oder der sozial engagierte Stellvertreter eines toten Gottes in der Neuzeit.

Zwar darf die getätigte Praxis der Kirche nicht vorzeitig die Reflexion der hermeneutischen Theorie für beendet erklären. Wohl aber kann der Blick auf eine vorgestellte Praxis den nur noch rein theoretischen und akademischen Charakter einer sich in eitle Spekulation verdünnenden Reflexion enthüllen: Man stelle sich einmal eine vom Alten Testament gereinigte Kirche mit einem entsprechend gereinigten Neuen Testament, mit gereinigten Agenden und einem gereinigten Gesangbuch, ohne „Macht hoch die Tür", ohne Krippe zu Bethlehem, ohne die fälschlich hier eingedrungenen Ochsen und Esel, ohne die kanaanäisch-israelitischen Feste des Kirchenjahres in der kirchlichen Praxis vor! Ohne die Sprache des Alten Testaments würde der Kirche die Sprache überhaupt ausgehen und sie fände nun erst recht keine Worte mehr, das ihr aufgetragene Christuszeugnis zu verkünden.

Zu solcher Praxis nötigt aber gerade die kritische hermeneutische Theorie nicht. Im Gegenteil, sie will Mut machen, zusammen mit den neutestamentlichen Zeugen und eingedenk ihres christlichen Kriteriums, jedoch mit neuer, historisch und hermeneutisch haltbarer Begründung die alte Sprache des Alten Testaments zur Verkündigung von des einen Gottes Handeln in Jesus Christus neu zu übersetzen.

Abkürzungsverzeichnis

AHAW.PH	Abhandlungen der Heidelberger Akademie der Wissenschaften. Philosophisch-historische Klasse
ASGW.PH	Abhandlungen der Sächsischen Gesellschaft der Wissenschaften. Philosophisch-historische Klasse
AThANT	Abhandlungen zur Theologie des Alten und Neuen Testaments
AVTRW	Aufsätze und Vorträge zur Theologie und Religionswissenschaft
BEvTh	Beiträge zur Evangelischen Theologie
BFChTh	Beiträge zur Förderung der christlichen Theologie
BGBH	Beiträge zur Geschichte der biblischen Hermeneutik
BGLRK	Beiträge zur Geschichte und Lehre der Reformierten Kirche
BHTh	Beiträge zur historischen Theologie
BT (N)	Bibliothèque théologique. Neuchâtel
BWANT	Beiträge zur Wissenschaft vom Alten und Neuen Testament
BZAW	Beihefte zur Zeitschrift für die alttestamentliche Wissenschaft
BZ NF	Biblische Zeitschrift. Neue Folge
CB.OT	Coniectanea biblica. Old Testament Series
D	Deuteronomist
DtPfrBl	Deutsches Pfarrerblatt
E	Elohist
ELKZ	Evangelisch-lutherische Kirchenzeitung
ErF	Erlanger Forschungen
EThS	Erfurter theologische Schriften
EvTh	Evangelische Theologie
EZS	Evangelische Zeitstimmen
FGLP	Forschungen zur Geschichte und Lehre des Protestantismus
FRLANT	Forschungen zur Religion und Literatur des Alten Testaments
FS	Festschrift
GNT	Grundrisse zum Neuen Testament
GTB	van Gorcum's theologische bibliotheek
HNT	Handbuch zum Neuen Testament
HThS	Harvard Theological Studies
HUTh	Hermeneutische Untersuchungen zur Theologie
J	Jahwist
JAC	Jahrbuch für Antike und Christentum
JLCR	Jordan Lectures in Comparative Religion
KAI	Kanaanäische und aramäische Inschriften, hrsg. von H. Donner und W. Röllig, Wiesbaden 1962–1964. [2]1967–1969
KBANT	Kommentare und Beiträge zum Alten und Neuen Testament
KEK	Kritisch-exegetischer Kommentar über das Neue Testament
KIG	Kirche in ihrer Geschichte
KuD	Kerygma und Dogma
KuD.B	Kerygma und Dogma. Beiheft

KVR	Kleine Vandenhoeck-Reihe
LuJ	Luther-Jahrbuch
NStB	Neukirchener Studien-Bücher
NTSt	New Testament Studies
NZSTh	Neue Zeitschrift für systematische Theologie und Religionsphilosophie
OTS	Oudtestamentische Studiën
P	Priesterschrift
RGG	Religion in Geschichte und Gegenwart. Tübingen 1909–1913. ²1927–1932. ³1956–1965
RTAT	Religionsgeschichtliches Textbuch zum Alten Testament, hrsg. von W. Beyerlin. Göttingen 1975
SBM	Stuttgarter Biblische Monographien
SBS	Stuttgarter Bibelstudien
SBT	Studies in Biblical Theology
SKG.G	Schriften der Königsberger Gelehrten Gesellschaft. Geisteswissenschaftliche Klasse
SNT	Supplements to Novum Testamentum
StANT	Studien zum Alten und Neuen Testament
StGen	Studium Generale
SVT	Supplements to Vetus Testamentum
TB	Theologische Bücherei
TBT	Theologische Bibliothek Töpelmann
TEH	Theologische Existenz heute
TGI	Textbuch zur Geschichte Israels, hrsg. von K. Galling, Tübingen 1950. ²1968
THAT	Theologisches Handwörterbuch zum Alten Testament, hrsg. von E. Jenni und C. Westermann. München und Zürich 1971
ThLZ	Theologische Literaturzeitung
ThR	Theologische Rundschau
ThSt	Theologische Studien
ThWAT	Theologisches Wörterbuch zum Alten Testament
ThWiss	Theologische Wissenschaft
ThWNT	Theologisches Wörterbuch zum Neuen Testament
TKTG	Texte zur Kirchen- und Theologiegeschichte
TThS	Trierer Theologische Studien
TU	Texte und Untersuchungen zur Geschichte der altchristlichen Literatur
UTB	Uni-Taschenbücher
VF	Verkündigung und Forschung
VT	Vetus Testamentum
VoxTh	Vox Theologica
WdF	Wege der Forschung
WMANT	Wissenschaftliche Monographien zum Alten und Neuen Testament
WPKG	Wissenschaft und Praxis in Kirche und Gesellschaft
ZAW	Zeitschrift für die alttestamentliche Wissenschaft
ZKG	Zeitschrift für Kirchengeschichte
ZNW	Zeitschrift für die neutestamentliche Wissenschaft und die Kunde der älteren Kirche
ZSTh	Zeitschrift für systematische Theologie
ZThK	Zeitschrift für Theologie und Kirche
ZZ	Zwischen den Zeiten

Literaturverzeichnis

I. Kapitel: Vorbemerkungen: Das Alte Testament als hermeneutisches Problem

1. *Zur Methodologie der Exegese*

G. Adam, O. Kaiser, W. G. Kümmel, Einführung in die exegetischen Methoden, [5]1975; M. Barth, O. H. Steck, Exegese des Alten Testaments, Leitfaden der Methodik, [2]1971; R. Barthes, F. Bovon, F. J. Leenhardt, R. Martin-Achard, J. Starobinski, Analyse structurale et exégèse biblique, BT(N), 1971; G. Fohrer, H. W. Hoffmann, F. Huber, L. Markert, G. Wanke, Exegese des Alten Testaments. Einführung in die Methodik, UTB 267, 1973; K. Koch, Was ist Formgeschichte?, [3]1974; K. Lehmann, in: Einführung in die Methoden der biblischen Exegese, hrsg. von J. Schreiner, 1971, S. 62 ff.; W. Richter, Exegese als Literaturwissenschaft. Entwurf einer alttestamentlichen Literaturtheorie und Methodologie, 1971.

2. *Zur Hermeneutik*

E. Betti, Zur Grundlegung einer allgemeinen Auslegungslehre, 1954; O. F. Bollnow, Das Verstehen, 1949; R. Bultmann, Das Problem der Hermeneutik, in: ZThK 47, 1950, S. 47 ff. = Glauben und Verstehen II, 1952, S. 211 ff.; W. Dilthey, Die Entstehung der Hermeneutik, in: Ges. Schr. V, 1924, S. 317 ff.; ders., Erleben, Ausdruck und Verstehen, in: Ges. Schr. VII, [4]1965, S. 191 ff.; ders., Leben Schleiermachers, Bd. II, Aus dem Nachlaß hrsg. von M. Redeker, 1966; G. Ebeling, Art. Hermeneutik, in: RGG III[3], 1959, Sp. 242 ff.; ders., Die Bedeutung der historisch-kritischen Methode für die protestantische Theologie und Kirche, in: ZThK 47, 1950, S. 1 ff. = Wort und Glaube I, 1960, S. 1 ff.; E. Fuchs, Hermeneutik, [2]1958; ders., Marburger Hermeneutik, HUTh 9, 1968; H.-G. Gadamer, Wahrheit und Methode, [2]1965; M. Heidegger, Sein und Zeit, [11]1967, insbes. S. 148 ff., 372 ff.; O. Loretz, W. Strolz (Hrsg.), Die hermeneutische Frage in der Theologie, 1968; K. H. Miskotte, Zur biblischen Hermeneutik, ThSt 55, 1959; F. Mußner, Geschichte der Hermeneutik. Von Schleiermacher bis zur Gegenwart, in: Handbuch der Dogmengeschichte, I, 1970; F. E. D. Schleiermacher, Hermeneutik. Nach den Handschriften neu hrsg. u. eingeleitet von Heinz Kimmerle, AHAW.PH, 1959, 2; J. Wach, Das Verstehen. Grundzüge einer Geschichte der hermeneutischen Theorie im 19. Jahrhundert, 3 Bde., 1926–33, Nachdruck 1966.

3. *Zum hermeneutischen Problem und zur Geschichte des Alten Testaments in der Kirche*

L. Diestel, Geschichte des Alten Testaments in der christlichen Kirche, 1869; G. Gloege, Zur Geschichte des Schriftverständnisses, in: Verkündigung und Verantwortung. Theologische Traktate II, 1967, S. 263 ff. = E. Käsemann (Hrsg.), Das Neue Testament als Kanon, 1970, S.13ff.; E.G.Kraeling, The Old Testament since the Reformation, 1955; H.-J.Kraus, Geschichte der historisch-kritischen Erforschung des Alten Testaments, ²1969; ders., Die biblische Theologie. Ihre Geschichte und ihre Problematik, 1970; N.Lohfink, Das AT in historischer und christlicher Auslegung, 1966.

II. Kapitel: Das Alte Testament als Erbe

1. Zur Kanonbildung und zur Verwendung des Alten Testaments im Neuen Testament

W.Bauer, Das Johannesevangelium, HNT, ³1933, insbes. S.31; K.Berger, Die Gesetzesauslegung Jesu. Ihr historischer Hintergrund im Judentum und im Alten Testament, WMANT 40, 1972; J.Blank. Erwägungen zum Schriftverständnis des Paulus, in: Rechtfertigung. FS E.Käsemann, 1976, S.37ff.; G.Bornkamm, G.Barth, H.J.Held, Überlieferung und Auslegung im Matthäusevangelium, WMANT 1, 1960; H.Braun, Das AT im NT, in: ZThK 59, 1962, S.16ff.; R.Bultmann, Das Evangelium des Johannes, KEK, ¹⁴1956; ders., Jesus, 1926 (1958), Siebenstern-Taschenbuch Bd. 17, 1964; ders., Theologie des Neuen Testaments, ⁶1968, S.109–123; H.Freiherr von Campenhausen, Die Entstehung der christlichen Bibel, BHTh 39, 1968, insbes. S.1–122; H.Conzelmann, Die Mitte der Zeit. Studien zur Theologie des Lukas, BHTh 17, ⁵1964; ders., Geschichte des Urchristentums, GNT 5, 1971; D.Daube, The New Testament and Rabbinic Judaism, JLCR 2, 1956; W.D.Davies, Paul and Rabbinic Judaism, ²1955; Martin Dibelius, Die Formgeschichte des Evangeliums, 1919 (²1933); Chr. Dietzfelbinger, Paulus und das Alte Testament, TEH 95, 1961; ders., Heilsgeschichte bei Paulus?, TEH 126, 1965; J.W.Doeve, Jewish Hermeneutics in the Synoptic Gospels and Acts, GTB 24, 1954; ders., Christian Origins and Judaism, 1962; O.Eißfeldt, Einleitung in das Alte Testament, ³1964, S.757–777; E.E.Ellis, Paul's Use of the Old Testament, 1957; H.Flender, Heil und Geschichte in der Theologie des Lukas, BEvTh 41, 1965; L.Goppelt, Christentum und Judentum im ersten und zweiten Jahrhundert, BFChTh 2, 55, 1954; ders., Die apostolische und nachapostolische Zeit, KIG 1, ²1966; ders., Israel und die Kirche, heute und bei Paulus, in: Christologie und Ethik. Aufs. z. NT, 1968; E.Grässer, Die antijüdische Polemik im Johannesevangelium, NTSt 11, 1964/65, S.74ff.; R.H.Gundry, The Use of the O. T. in St. Matthew's Gospel, SNT 18, 1967; A.von Harnack, Marcion. Das Evangelium vom fremden Gott. Eine Monographie zur Geschichte der Grundlegung der katholischen Kirche, 1921; ders., Das AT in den paulinischen Briefen und in den paulinischen Gemeinden, 1929; Chr.Haufe, Die Stellung des Paulus zum Gesetz, in: ThLZ 91 1966, Sp.171ff.; F. Hesse, Das Alte Testament als Buch der Kirche, 1966, insbes. S.37–66; R.Hummel, Die Auseinandersetzung zwischen Kirche und Judentum im Matthäusevangelium, BEvTh 33, ²1966; F.Jacob, Principe canonique et formation de L'Ancien Testament, SVT 28, 1975, S.101ff.; A.Jepsen, Kanon und Text des Alten Testaments, in: ThLZ 74, 1949, Sp.65ff.; ders., Zur Kanongeschichte des Alten Testaments, in: ZAW 71, 1959, S.114ff.; O.Kaiser, Einleitung in das Alte Testament, ³1975, S.365–372; G. Klein, Lukas 1,1–4 als theologisches Programm, in: Zeit und Geschichte, FS R.Bultmann z. 80.Geb., 1964, S.193ff. = Rekonstruktion und Interpretation, Ges. Aufs. z. NT, 1969, S.237ff.; ders., Präliminarien zum Thema „Paulus und die Juden", in: Rechtfertigung, FS E.Käsemann, 1976, S.229ff.; W.G.Kümmel, Jesus und der jüdische Traditionsgedanke, in: Heilsgeschehen und Geschichte, Ges. Aufs. 1933–1964, 1965, S.15ff.; ders., Einleitung in das Neue Testament, 1973; J.C.H.Lebram, Aspekte der alttestamentlichen Kanonbildung, in: VT 18, 1968, S.173ff.; B.Lindars,

New Testament Apologetic. The Doctrinal Significance of the Old Testament Quotations, 1961; O. Michel, Paulus und seine Bibel, BFChTh 2, 18, 1929; S. Pancaro, The Law in the Fourth Gospel, SNT 42, 1975; M. Rese, Alttestamentliche Motive in der Christologie des Lukas, Diss. Bonn, 1965; J. A. Sanders, Torah and Canon, 1972; Jos. Schmid, Die alttestamentlichen Zitate bei Paulus und die Theorie vom sensus plenior, in: BZ NF 3, 1959, S. 161 ff.; H.-J. Schoeps, Theologie und Geschichte des Judenchristentums, 1949; ders., Paulus als rabbinischer Exeget, in: Ges. Aufs. 1950, S. 221 ff.; A. Suhl, Die Funktion der alttestamentlichen Zitate und Anspielungen im Markusevangelium, 1965; A. C. Sundberg, The Old Testament of the Early Church, HThS 20, 1964; R. V. G. Tasker, The Old Testament in the New Testament, ²1954; W. B. Tatum, The Epoch of Israel: Luke I–II and the Theological Plan of Luke-Acts, NTSt 13, 1966/67, S. 184 ff.; W. Trilling, Das wahre Israel – Studien zur Theologie des Matthäus, StANT 10, ³1964; Ph. Vielhauer, Paulus und das Alte Testament, in: Studien zur Geschichte und Theologie der Reformation, FS E. Bizer, 1969, S. 33 ff.

2. *Zur Verwendung des AT in der alten Kirche*

C. Andresen, Justin und der mittlere Platonismus, in: ZNW 44, 1952/53, S. 157 ff.; ders., Geschichte des Christentums I. Von den Anfängen bis zur Hochscholastik, ThWiss 6, 1975; A. Bengsch, Heilsgeschichte und Heilswissen. Eine Untersuchung zur Struktur und Entfaltung des theologischen Denkens im Werk „adversus haereses" des Hl. Irenäus von Lyon, EThS 3, 1957; G. N. Bonwetsch, Der Schriftbeweis für die Kirche aus den Heiden als das wahre Israel, 1908; W. Bousset, Jüdisch-christlicher Schulbetrieb in Alexandria und Rom, FRLANT 23, 1915; N. Brox, Offenbarung, Gnosis und gnostischer Mythos bei Irenäus von Lyon, 1966; H. Freiherr von Campenhausen, Kirchliches Amt und geistliche Vollmacht in den ersten drei Jahrhunderten, 1953 (²1963); ders., Das AT als Bibel der Kirche vom Ausgang des Christentums bis zur Entstehung des Neuen Testaments, in: Aus der Frühzeit des Christentums, 1963, S. 152 ff.; A. von Harnack, Die Mission und Ausbreitung des Christentums in den ersten drei Jahrhunderten, 2 Bde. ⁴1924; J. Hoh, Die Lehre des Heiligen Irenäus über das Neue Testament, 1919; K. Hruby, Juden und Judentum bei den Kirchenvätern, Schriften zur Judentumskunde 2, 1971; H. Karpp, Antijudaism, in: Viator 2, 1971, S. 355 ff.; W. Maurer, Kirche und Synagoge, Franz-Delitzsch-Vorlesungen, 1953; P. Prigent, Justin et l'Ancien Testament, 1964; B. Seeberg, Die Geschichtstheologie Justin des Märtyrers, in: ZKG 58, 1939, S. 1 ff.; M. Widmann, Irenäus und seine theologischen Väter, in: ZThK 54, 1957, S. 156 ff.

3. *Zur Typologie*

R. Bultmann, Ursprung und Sinn der Typologie als hermeneutischer Methode, in: ThLZ 75, 1950, Sp. 205 ff. = Exegetica, 1967, S. 369 ff.; J. Daniélou, Sacramentum Futuri. Etudes sur les origines de la typologie biblique. 1950; E. Fascher, Art. Typologie auslegungsgeschichtlich, in: RGG VI³, 1962, Sp. 1095 ff.; L. Goppelt, Typos. Die typologische Deutung des Alten Testaments im Neuen, BFChTh 2, 43, 1939; F. Hesse, Art. Typologie im AT, in: RGG VI³, 1962, Sp. 1094 f.; H. Nakagawa, Art. Typologie im NT, in: RGG VI³, 1962, Sp. 1095; Weitere Literatur zur typologischen Exegese in der Gegenwart siehe zu Kap. VI, 2.

4. *Zur Allegorese*

B. Baentsch, Art. Allegorische Auslegung, in: RGG I[1], 1909, Sp. 255 ff.; G. Chappuzeau, Die Exegese von Hohelied 1, 2a. b und 7 bei den Kirchenvätern von Hippolyt bis Bernhard. Ein Beitrag zum Verständnis von Allegorie und Analogie, in: JAC 18, 1975, S. 90 ff.; J. Christiansen, Die Technik der allegorischen Schriftauslegung bei Philo von Alexandrien, BGBH 7, 1969; E. von Dobschütz, Vom vierfachen Schriftsinn. Die Geschichte einer Theorie, in: Harnack-Ehrung, 1921, S. 1 ff.; L. Goppelt, Art. Allegorie im AT und NT, in: RGG I[3], 1957, Sp. 239 f.; H. Gunkel, Art. Allegorie im AT und Judentum, in: RGG I[1], 1909, Sp. 354 f.; W. Hagemann, Wort als Begegnung mit Christus, Die christozentrische Schriftauslegung des Kirchenvaters Hieronymus, TThS 23, 1970; R. P. Hanson, Allegory and Event. A Study of the Sources and Significance of Origen's Interpretation of Scripture, 1959; A. von Harnack, Der kirchengeschichtliche Ertrag der exegetischen Arbeiten des Origenes, TU 42, 3.4, 1918/19; E. Kuypers, Der Zeichen- und Wortbegriff im Denken Augustins, 1934.

III. Kapitel: Das Alte Testament im Licht der Reformation und im Feuer der historischen Kritik

1. *Zum reformatorischen Verständnis des ATs*

H. Bornkamm, Luther und das Alte Testament, 1948; J. A. Cramer, De heilige schrift bij Calvijn, 1926; ders., Calvijn en de heilige schrift, 1932; G. Ebeling, Evangelische Evangelienauslegung. Eine Untersuchung zu Luthers Hermeneutik, FGLP 10, 1, 1942; ders., Die Anfänge von Luthers Hermeneutik, in: ZThK 48, 1951, S. 178 ff.; ders., Die Bedeutung der historisch-kritischen Methode, vgl. zu I; K. Galling, Die Prophetenbilder der Lutherbibel im Zusammenhang mit Luthers Schriftverständnis, in: EvTh 6, 1946/47, S. 273 ff.; J. Hempel, Luther und das Alte Testament, 1935; V. Hentrich, Luther und das Alte Testament, in: LuJ 20, 1938, S. 93 ff.; G. Krause, Studien zu Luthers Auslegung der Kleinen Propheten, Diss. Zürich, 1960; W. Niesel, Die Theologie Calvins, 1938, insbes. S. 86 ff. u. 98 ff.; H. Østergaard-Nielsen, Scriptura sacra et viva vox. Eine Lutherstudie, FGLP 10, 10, 1957; Fr. K. Schumann, Gedanken Luthers zur Frage der Entmythologisierung, in: FS R. Bultmann, 1949, S. 208 ff.; H. Sick, Melanchthon als Ausleger des Alten Testaments, BGBH 2, 1959; O. Weber (Hrsg.), Calvins Auslegung der Heiligen Schrift, 1937; H. H. Wolf, Die Einheit des Bundes. Das Verhältnis von Altem und Neuem Testament bei Calvin, 1958 ([2]1959).

2. *Zur Forschungsgeschichte*

J. A. Bengel, Ordo temporum, 1741, dt. hrsg. v. C. F. Werner, 1853/54 ([5]1932); ders., Gnomon Novi Testamenti, 1742 ([8]1891); E. Busch, Der Beitrag und Ertrag der Föderaltheologie für ein geschichtliches Verständnis der Offenbarung, in: Oikonomia, FS O. Cullmann, 1967, S. 171 ff.; J. Coccejus, Summa doctrina de foedere Dei et testamento explicata, 1653; L. Diestel, s. o. I, 3, insbes. S. 555 ff.; O. Eißfeldt, Israelitisch-jüdische Religionsgeschichte und alttestamentliche Theologie, in: ZAW 44, 1926, S. 1 ff. = Kl. Schr. I, 1962, S. 105 ff.; H. Faulenbach, Weg und Ziel der Erkenntnis Christi. Eine Untersuchung zur Theologie des Johannes Coccejus, BGLRK 36, 1973; J. G. Herder, Vom Geist der ebräischen Poesie, 1782/3, hrsg. H. Hoffmann, 1890;

H.E. Heß, Theologie und Religion bei Johann Salomo Semler. Ein Beitrag zur Theologiegeschichte des 18. Jahrhunderts, Diss. Berlin 1974; E. Hirsch, Geschichte der neuern evangelischen Theologie, 5 Bde, [5]1975; H. Karpp, Das Alte Testament in der Geschichte der Kirche. Seine Geltung und seine Wirkung, 1939; E.G. Kraeling, The Old Testament since the Reformation, 1955; H.-J. Kraus, Geschichte der historisch-kritischen Erforschung des Alten Testaments, [2]1969; ders., Die biblische Theologie. Ihre Geschichte und Problematik, 1970; W.G. Kümmel, Das Neue Testament. Geschichte der Erforschung seiner Probleme, [2]1970; E. Ludwig, Schriftverständnis und Schriftauslegung bei J.A. Bengel, 1952; M. Noth, Geschichte Israels, 1950 ([7]1969); ders., Überlieferungsgeschichte des Pentateuch, 1948; L. Perlitt, Vatke und Wellhausen, BZAW 94, 1965; G.v. Rad, Das formgeschichtliche Problem des Hexateuchs, BWANT 4, 26, 1938; G. Schrenk, Gottesreich und Bund im älteren Protestantismus, vornehmlich bei Johannes Coccejus, 1923; J.S. Semler, Abhandlung von freier Untersuchung des Canon, hrsg. von H. Scheible = TKTG 5, 1967; R. Smend, W.M.L. de Wettes Arbeit am Alten und Neuen Testament, 1958; W. Vatke, Die biblische Theologie wissenschaftlich dargestellt, Bd 1, Die Religion des Alten Testaments nach den kanonischen Büchern entwickelt, 1835.

3. *Zur neuen Theologie des ATs*

F. Baumgärtel, Zur Frage der theologischen Deutung des Alten Testaments, in: ZSTh 15, 1930, S. 136ff.; ders., Erwägungen zur Darstellung der Theologie des Alten Testaments, in: ThLZ 76, 1951, Sp. 257ff.; ders., Verheißung. Zur Frage des evangelischen Verständnisses des Alten Testaments, 1952; ders., Das hermeneutische Problem des Alten Testaments, ThLZ 79, 1954, Sp. 199ff. = bei Westermann (Hrsg.), Probleme alttestamentlicher Hermeneutik, TB 11, 1960, S. 114ff.; ders., Gerhard von Rads „Theologie des Alten Testaments", in: ThLZ 86, 1961, Sp. 801ff.; 895ff.; ders., Das Offenbarungszeugnis des Alten Testaments in Lichte der religionsgeschichtlich-vergleichenden Forschung, in: ZThK 64, 1964, S. 393ff.; B.S. Childs, Biblical Theology in Crisis, 1970; H. Conzelmann, Fragen an Gerhard von Rad, in: EvTh 24, 1964, S. 113ff.; W. Eichrodt, Theologie des Alten Testaments, I–III, 1933ff.; O. Eißfeldt, Israelitisch-jüdische Religionsgeschichte und alttestamentliche Theologie, in: ZAW 44, 1926, S. 1ff. = Kl. Schr. I, 1962, S. 105ff.; G. Fohrer, Geschichte der israelitischen Religion, 1969; ders., Theologische Grundstrukturen des Alten Testaments, TBT 24, 1972; G.F. Hasel, Old Testament Theology: Basic Issues in the Current Debate, 1972; ders., The Problem of the Center of the O.T. Theology Debate, in: ZAW 86, 1974, S. 65ff.; F. Hesse, Die Erforschung der Geschichte Israels als theologische Aufgabe, in: KuD 4, 1958, S. 1ff.; ders., Zur Frage der Wertung und der Geltung alttestamentlicher Texte, in: FS F. Baumgärtel, ErF 10, 1959, S. 74ff. = bei Westermann, S. 266ff.; ders., Kerygma oder geschichtliche Wirklichkeit? Kritische Fragen zu Gerhard von Rads „Theologie des Alten Testaments I. Teil", in: ZThK 57, 1960, S. 17ff.; ders., Das Alte Testament als Buch der Kirche, 1966; ders., Bewährt sich eine „Theologie der Heilstatsachen" am Alten Testament, in: ZAW 81, 1969, S. 1ff.; M. Honecker, Zum Verständnis der Geschichte in Gerhard von Rads Theologie des Alten Testaments, in: EvTh 23, 1963, S. 143ff.; L. Köhler, Theologie des Alten Testaments, 1936 ([4]1966); K.H. Miskotte, Wenn die Götter schweigen. Vom Sinn des Alten Testaments, 1963; L. Perlitt, Bundestheologie im Alten Testament, WMANT 36, 1969; O. Procksch, Theologie des Alten Testaments, 1949/50; G.v. Rad, Theologie des Alten Testaments I, II, 1957ff.; ders., Offene Fragen im Umkreis einer Theologie des Alten Testaments, in ThLZ 88, 1963, Sp. 401 ff.; W. H. Schmidt, „Theologie des Alten Testaments" vor und nach Gerhard von Rad, in: VF 17, 1972, S. 1 ff. (hier weitere Literaturangaben); W. H. Schmidt, Alttestamentlicher Glaube in seiner Geschichte, NStB 6, 1975; E. Sellin, Alttestamentliche Theologie auf religionsgeschichtlicher Grundlage I, II, 1933 ff.; R. Smend, Die Mitte des Alten Testaments, ThSt 101, 1970; C. Steuernagel, Alttestamentliche Theologie und alttestamentliche Religionsgeschichte, in: FS K. Marti, BZAW 41, 1925, S. 266 ff.; W. Vischer, Das Christuszeugnis des Alten Testaments, I, 1934, II, 1942; Th. C. Vriezen, Theologie des Alten Testaments in Grundzügen, 1956 (³1960; niederländisch 1949, ⁴1974); C. Westermann (Hrsg.), Probleme alttestamentlicher Hermeneutik, TB 11, 1960; E. Würthwein, Vom Verstehen des ATs, in: FS G. Beer, 1935, S. 128 ff. = Wort und Existenz, Stud. z. AT, 1970, S. 9 ff.; ders., Zur Theologie des Alten Testaments, in: ThR 36, 1971, S. 185 ff. (hier weitere Literaturangaben); W. Zimmerli, Grundriß der alttestamentlichen Theologie, ThWiss 3, 1972; ders., Erwägungen zur Gestalt einer alttestamentlichen Theologie, in: ThLZ 98, 1973, Sp. 81 ff. = Stud. z. atl. Theol. und Prophetie, Ges. Aufs. II, TB 51, 1974, S. 27 ff.

IV. Kapitel: Das Alte Testament als Gesetz und Bundesurkunde

1. *Zum Kanonverständnis*

V. E. Hasler, Gesetz und Evangelium in der alten Kirche bis Origines, 1953; P. Katz, The Old Testament Canon in Palestine and Alexandria, in: ZNW 47, 1956, S. 191 ff.; J. L. Koole, Die Bibel des Ben-Sira, in: OTS 14, 1965, S. 374 ff.; J. C. H. Lebram, s. unter II, 1; M. Limbeck, Die Ordnung des Heils. Untersuchungen zum Gesetzesverständnis des Frühjudentums, KBANT 1971; A. C. Sundberg, s. zu II, 1.

2. *Zum Verständnis von Bund, Recht und Gesetz*

A. Alt, Die Ursprünge des israelitischen Rechts = Kl. Schr. I, 1953, S. 278 ff.; K. Baltzer, Das Bundesformular, WMANT 4, ²1964; K. Barth, Evangelium und Gesetz, TEH 32, 1935; F. Baumgärtel, s. zu III, 3; J. Begrich, BERIT. Ein Beitrag zur Erfassung einer alttestamentlichen Denkform, in: ZAW 60, 1944, S. 1 ff. = Ges. Stud. z. AT, TB 21, 1964, S. 55 f.; J. Behm, Art. DIATHEKE, in: ThWNT II, 1935, Sp. 106 ff.; H. Braun, s. o. II, 1; P. Buis, La nouvelle alliance, in: VT 18, 1968, S. 1 ff.; R. E. Clements, Prophecy and Covenant, SBT 43, 1965; W. Eichrodt, Bund und Gesetz, in: FS H.-W. Hertzberg, 1965, S. 30 ff.; G. Fohrer, Altes Testament – „Amphiktyonie" und „Bund"? in: ThLZ 91, 1966, Sp. 801 ff.; ders., Das sogen. apodiktisch formulierte Recht und der Dekalog, in: KuD 11, 1965, S. 49 ff. = Stud. z. atl. Theol. u. Gesch., BZAW 115, 1969, S. 120 ff.; E. Gerstenberger, Wesen und Herkunft des „apodiktischen" Rechts, WMANT 20, 1965; H. Gese, Psalm 50 und das alttestamentliche Gesetzesverständnis, in: Rechtfertigung, FS E. Käsemann, 1976, S. 57 ff.; J. Halbe, Das Privilegrecht Jahwes Ex 34, 16–26, FRLANT 114, 1975, insbes. S. 43 ff., 506 ff.; G. F. Hasel, s. o. III, 3; F. Hesse, „Gebot und Gesetz" und das Alte Testament, in: ELKZ 13, 1959, S. 117 ff.; ders., s. o. III, 3; E. Hirsch, Das Alte Testament und die Predigt des Evangeliums, 1936; Fr. Horst, Das Privilegrecht Jahwes, FRLANT 45, 1930 = Gottes Recht. Stud. z. Recht im AT, TB 12, 1961, S. 17 ff.; A. Jepsen, Berith. Ein Beitrag zur Theologie der Exilszeit, in: Verbannung und Heimkehr, FS W. Rudolph,

1961, S.161ff.; E.Kinder u. K.Haendler (Hrsg.), Gesetz und Evangelium, Beiträge zur gegenwärtigen theologischen Diskussion, WdF 142, 1968; H.-J.Kraus, Freude an Gottes Gesetz. Ein Beitrag zur Auslegung der Psalmen 1, 19B und 119, in: EvTh 1950/51, S.337ff.; E.Kutsch, Art. BERIT – Verpflichtung, in: THAT 1971, Sp.339ff.; ders., Verheißung und Gesetz. Untersuchungen zum sogen. „Bund“ im Alten Testament, BZAW 131, 1973; G.Liedke, Gestalt und Bezeichnung alttestamentlicher Rechtssätze, WMANT 39, 1971; D.J.McCarthy, Der Gottesbund im AT, SBS 13, 1966; M.Noth, Das System der zwölf Stämme Israels, BWANT 4, 1, 1930; ders., Die mit des Gesetzes Werken umgehen, die sind unter dem Fluch, in: In piam memoriam A.v.Bulmerincq, 1938, S.127ff. = Ges. Stud. z. AT, TB 6, 1960, S.155ff.; ders., Die Gesetze im Pentateuch, SKG.G 17, 2, 1940 = Ges. Stud. z. AT, TB 6, 1960, S.9ff.; ders., Das Amt des „Richters Israels“, in: FS A.Bertholet zum 80.Geb., 1950, S.404ff. = Ges. Stud. z. AT II, TB 39, 1969, S.71ff.; ders., Das alttestamentliche Bundesschließen im Lichte eines Mari-Textes, Ges. Stud. z. AT, TB 6, 1957, S.142ff.; R. Numelin, Intertribal Relations in Central and South Africa, Societas Scientiarum Fennica. Commentationes Humanorum Litterarum 32, 3, 1963; L.Perlitt, Bundestheologie im Alten Testament, WMANT 36, 1969; H.Graf Reventlow, Kultisches Recht im AT, in: ZThK 60, 1963, S.267ff.; A.A. van Ruler, Die christliche Kirche und das Alte Testament, BEvTh 23, 1955; R.Smend, Das Nein des Amos, in: EvTh 23, 1964, S.404ff.; ders., Zur Frage der altisraelitischen Amphiktyonie, in: EvTh 31, 1971, S.623ff.; J.J.Stamm, Jesus Christus und das Alte Testament, in: EvTh 16, 1956, S.395ff. = bei C.Westermann, S.181ff.; Th.C.Vriezen, Theokratie und Soteriologie, in: EvTh 16, 1956, S.395ff. = bei C.Westermann, S.192ff.; M.Weinfeld, Art. BERIT, in: ThWAT I, 1973, Sp.781ff. (hier weitere Literaturangaben); C.Westermann, Genesis 17 und die Bedeutung von berit, in: ThLZ 101, 1976, Sp.161ff.; E.Würthwein, Der Sinn des Gesetzes im AT, in: Wort und Existenz, Stud. z. AT, 1970, S.39ff.; W.Zimmerli, Das Gesetz im AT, in: ThLZ 85, 1960, Sp.481ff. = Gottes Offenbarung, Ges. Aufs., TB 19, 1963, S.249ff.; ders., Das Gesetz und die Propheten. Zum Verständnis des ATs, KVR 166–168, 1963; ders., Erwägungen zum „Bund“, in: Wort, Gebot, Glaube, FS W.Eichrodt, AThANT 59, 1970, S.171ff.

V.Kapitel: Das Alte Testament als Dokument einer Fremdreligion

F.Baumgärtel, S.o. III, 3; R.Bultmann, Die Bedeutung des Alten Testaments für den christlichen Glauben, in: Glaube und Verstehen I, 1933 ([6]1966), S.313ff.; ders., Weissagung und Erfüllung, in: ZThK 47, 1950, S.360ff. = Glaube und Verstehen II, 1952 ([4]1965), S.162ff.; ders., Die Bedeutung der alttestamentlich-jüdischen Tradition für das christliche Abendland, in: Welt ohne Haß, 1950, S.43ff. = a.a.O., S.236ff.; F.Delitzsch, Das babylonische Weltschöpfungsepos, ASGW.PH 17,2, 1896; ders., Babel und Bibel, 1902ff.; ders., Die große Täuschung, 1920/1921; H. Donner, Das Problem des Alten Testaments in der christlichen Theologie. Überlegungen zu Begriff und Geschichte der alttestamentlichen Einleitung, in: Beiträge zur Theorie des neuzeitlichen Christentums, hrsg. v. H.J.Birkner u. D.Rössler, W.Trillhaas zum 65. Geburtstag, 1968, S.37ff.; G.F.W. Hegel: Hegels Theologische Jugendschriften, hrsg. v. H. Nohl, 1907; V. Herntrich, Völkische Religion und Altes Testament, 1933; F. Hesse, s. o. III, 3; E. Hirsch, s. o. IV, 2; P. Jensen, Das Gilgamesch-Epos in der Weltliteratur, I, 1906; ders., Mose, Jesus, Paulus, 1909; ders., Gilgamesch-Epos, Judäische Nationalsagen, Ilias und Odyssee, 1924; A.Jeremias, Das Alte Testament im Lichte des alten Orients, ²1966; O. Keel, Feinde und Gottesleugner. Studien zum Image des Widersachers in den Individualpsalmen, SBM 7, 1969; F. X. Kugler, Im Bannkreis Babels, Panbabylonistische Konstruktionen und religionsgeschichtliche Tatsachen, 1910; E. Schader, Studien zur Kritik und Erklärung der biblischen Urgeschichte, Gen I–XI, 1863; ders., Die Keilinschriften und das Alte Testament, ³1901; F. E. D. Schleiermacher, Kurze Darstellung des theologischen Studiums, 1811 (²1832), hrsg. v. H. Scholz, 1910 (1961); ders., Über die Religion. Reden an die Gebildeten unter ihren Verächtern. Mit einem Nachwort v. C.H. Ratschow, 1969, Reclam Universal Bibliothek Nr. 8313–15; ders., Der christliche Glaube nach den Grundsätzen der ev. Kirche im Zusammenhang dargestellt, 1821/22 (²1830/31), hrsg. v. M. Redeker, 1960 (insbes. § 132); W. Vischer, s. o. III, 3; H. Winckler, Die babylonische Geisteskultur in ihren Beziehungen zur Kulturentwicklung der Menschheit, 1907.

VI. Kapitel: Das Alte Testament als Geschichtsbuch

1. Zum Problem der Geschichte und Heilsgeschichte

B. Albrektson, History and the Gods. An Essay on the Idea of Historical Events as Divine Manifestations in the Ancient Near East and in Israel, CB. OT 1, 1967; K. Barth, Kirchliche Dogmatik I, 2, Die Lehre vom Worte Gottes, 1945, S. 77ff.; J. Th. Beck, Einleitung in das System der christlichen Lehre oder propädeutische Entwicklung der christlichen Lehrwissenschaft, 1838 (²1870); E. Bloch, Tübinger Einleitung in die Philosophie I, II, Edition Suhrkamp 11. 58, 1963/64; R. Bultmann, Geschichte und Eschatologie, 1958; R. G. Collingwood, The Idea of History, 1949, dt.: Philosophie der Geschichte, 1955; O. Cullmann, Christus und die Zeit. Die urchristliche Zeit- und Geschichtsauffassung, 1946 (³1962); ders., Heil als Geschichte. Heilsgeschichtliche Existenz im Neuen Testament, 1965; Chr. Dietzfelbinger, Heilsgeschichte bei Paulus? TEH 126, 1965; G. Ebeling, Die Welt als Geschichte, 1960, in: Wort und Glaube I, 1960, S. 381ff.; J. Fangmeier, Heilsgeschichte? in: J. Fangmeier, M. Geiger, Geschichte und Zukunft, ThSt 87, 1967, S. 5ff.; E. Fuchs, Christus das Ende der Geschichte, in: Zur Frage nach dem historischen Jesus, 1960 (²1965), S. 79ff.; H. Gese, Psalm 22 und das NT, in: ZThK 65, 1968, S. 1ff. = Vom Sinai zum Zion. Atl. Beiträge zur biblischen Theologie, 1974, S. 180ff.; ders., Erwägungen zur Einheit biblischer Theologie, in: ZThK 67, 1970, S. 417ff. = a.a.O., S. 11ff.; ders., Anfang und Ende der Apokalyptik, dargestellt am Sacharjabuch, in: ZThK 70, 1973, S. 20ff. = a.a.O., S. 202ff.; H. G. Geyer, Zur Frage der Notwendigkeit des ATs, in: EvTh 25, 1965, S. 207ff.; F. Hesse, Die Erforschung der Geschichte Israels als theologische Aufgabe, in: KuD 4, 1958, S. 1ff.; ders., Bewährt sich eine „Theologie der Heilstatsachen“ am Alten Testament? Zum Verhältnis von Faktum und Deutung, in: ZAW 81, 1969, S. 1ff.; ders., Abschied von der Heilsgeschichte, ThSt 108, 1971; ders., Zur Profanität der Geschichte Israels, in: ZThK 71, 1974, S. 262ff.; J. C. K. von Hofmann, Weissagung und Erfüllung im Alten und im Neuen Testament, 1. Hälfte 1841, 2. Hälfte 1844; ders., Biblische Hermeneutik, hrsg. v. Hofmeister u. Volck, 1888; M. Honecker, Zum Verständnis der Geschichte in G. von Rads Theologie des ATs, in: EvTh 23, 1963, S. 143ff.; E. Käsemann, Rechtfertigung und Heilsgeschichte im Römerbrief, in: Paulinische Perspektiven, 1969, S. 108ff.; G. Klein, Röm 4 und die Idee der Heilsgeschichte, 1963, in: Rekonstruktion und Interpretation, Ges. Aufs. z. NT, 1969,

S. 170 ff.; ders., Theologie des Wortes Gottes und die Hypothese der Universalgeschichte, BEvTh 37, 1964; ders., Heil und Geschichte nach Römer IV, in: NTSt 13, 1966/67, S. 43 ff.; ders., Individualgeschichte und Weltgeschichte bei Paulus, 1964, in: Rekonstruktion und Interpretation. Ges. Aufs. z. NT, 1969, S. 180 ff.; ders., Bibel und Heilsgeschichte. Die Fragwürdigkeit einer Idee, in: ZNW 62, 1971, S. 1 ff.; R. Knierim, Offenbarung im Alten Testament, in: Probleme atl. Theol., FS G. v. Rad, 1971, S. 206 ff.; K. Koch, Ratlos vor der Apokalyptik, 1970; G. Krüger, Geschichte und Tradition, 1948; F. Lang, Christuszeugnis und Biblische Theologie, in: EvTh 29, 1969, S. 523 ff.; G. E. Lessing, Die Erziehung des Menschengeschlechts, 1780, in: G. E. Lessing, Ges. Werke, Bd. 8, hrsg. v. P. Rilla, 1968; K. Löwith, Meaning in History, 1949 = dt. Weltgeschichte und Heilsgeschehen, 1953; F. Mildenberger, Gottes Tat im Wort. Erwägungen zur alttestamentlichen Hermeneutik als Frage nach der Einheit der Testamente, 1964; J. Moltmann, Theologie der Hoffnung, 1964; W. Pannenberg (Hrsg.), Offenbarung als Geschichte, KuD. B 1, 1961; ders., Wissenschaftstheorie und Theologie, 1973; H. D. Preuß, Das Alte Testament in der Verkündigung der Kirche, DtPfrBl 68, 1968, S. 73 ff.; R. Rendtorff, Hermeneutik des Alten Testaments als Frage nach der Geschichte, in: ZThK 57, 1960, S. 27 ff.; ders., „Offenbarung" im Alten Testament, in: ThLZ 85, 1960, Sp. 833 ff.; ders., Die Offenbarungsvorstellungen im Alten Israel, in: W. Pannenberg (Hrsg.), Offenbarung als Geschichte, KuD. B 1, 1961, S. 21 ff.; ders., Geschichte und Wort im Alten Testament, in: EvTh 22, 1962, S. 621 ff.; ders., Geschichte und Überlieferung, in: FS G. von Rad, 1964, S. 81 ff.; K. Schwarzwäller, Das AT in Christus, ThSt 84, 1966; E. Stauffer, Theologie des Neuen Testaments, 1941; K. G. Steck, Die Idee der Heilsgeschichte – Hofmann – Schlatter – Cullmann, ThSt 56, 1956; P. Stuhlmacher, Neues Testament und Hermeneutik, in: ZThK 68, 1971, S. 121 ff. = Schriftauslegung auf dem Wege zur biblischen Theologie, 1975, S. 9 ff.; ders., Das Bekenntnis zur Auferweckung Jesu von den Toten und die Biblische Theologie, in: ZThK 70, 1973, S. 365 ff. = a.a.O., S. 128 ff.; ders., Historische Kritik und theologische Schriftauslegung, in: a.a.O., S. 59 ff.; Ph. Vielhauer, Paulus und das AT, in: Stud. z. Gesch. u. Theol. der Reformation, FS E. Bizer, 1969, S. 33 ff., insbes. 43 ff.; C. Westermann, Das Alte Testament und Jesus Christus, 1968; ders. (Hrsg.), Probleme alttestamentlicher Hermeneutik, TB 11, 1960; G. E. Wright, God who acts, 1952; W. Zimmerli, Das Wort des göttlichen Selbsterweises (Erweiswort), eine prophetische Gattung, in: Mélanges Bibliques rédigés en l'honneur de André Robert, 1957, S. 154 ff. = Gottes Offenbarung, Ges. Aufs., TB 19, 1963, S. 120 ff.; ders., „Offenbarung" im AT, in: EvTh 22, 1962, S. 15 ff.; ders., Verheißung und Erfüllung, in: EvTh 12, 1952/53, S. 34 ff. = bei Westermann, S. 69 ff.

2. *Zur Diskussion um die Typologie*

H. Braun, Das Alte Testament im Neuen Testament, in: ZThK 59, 1962, S. 16 ff.; R. Bultmann, Weissagung und Erfüllung, in: ZThK 47, 1950, S. 360 ff. = Glaube und Verstehen II, 1952 ([4]1965), S. 162 ff.; W. Eichrodt, Ist die typologische Exegese sachgemäße Exegese? in: ThLZ 11, 1956, Sp. 641 ff. = bei Westermann, S. 205 ff.; E. Fuchs, Hermeneutik, 1954; F. Michaeli, La „typologie" biblique, in: FV 50, 1952, S. 11 ff.; H. D. Preuß, Das Alte Testament in der Verkündigung der Kirche, in: DtPfrBl 68, 1968, S. 73 ff.; G. von Rad, Typologische Auslegung des Alten Testaments, in: EvTh 12, 1952/53, S. 17–33, Kurzfassung bei Westermann, S. 1 ff.; N. H. Ridderbos,

Typologie, in: VoxTh 1961, S.149ff.; Th.Schieder, Der Typus in der Geschichtswissenschaft, in: StGen 5, 1952, S.228ff.; R.Wittram, Das Interesse an der Geschichte, KVR 59–61, [3]1968, insbes. Kap.4: Vergleich, Analogie, Typus; H.W.Wolff, Zur Hermeneutik des Alten Testaments, in: EvTh 16, 1956, S.337ff. = bei C.Westermann, S.140ff.; ders., Das Geschichtsverständnis der alttestamentlichen Prophetie, in: EvTh 20, 1960, S.218ff. = bei Westermann, S.319ff.; weitere Lit. s.o. II, 3.

VII. Kapitel: Das Alte Testament als Teil des christlichen Kanons

J.Barr, Alt und Neu in der biblischen Überlieferung, 1967; F.Beißer, Irrwege und Wege der historisch-kritischen Bibelwissenschaft, in: NZSTh 15, 1973, S.192ff.; E.Bloch, Atheismus im Christentum, 1968; E.Brunner, Die Bedeutung des Alten Testaments für unseren Glauben, in: ZZ 8, 1930, S.30ff.; R.Bultmann, Die Bedeutung des Alten Testaments für den christlichen Glauben, in: Glaube und Verstehen I, 1933 ([6]1966), S.313ff.; H.Frh. von Campenhausen, Das Alte Testament als Buch der Kirche vom Ausgang des Urchristentums bis zur Entstehung des Neuen Testaments, in: Aus der Frühzeit des Christentums, 1963, S.152ff.; G.Ebeling, Die Bedeutung der historisch-kritischen Methode für die protestantische Theologie und Kirche, in: ZThK 47, 1950, S.1ff. = Wort und Glaube I, 1960, S.1ff.; ders., Was heißt biblische Theologie? in: Wort und Glaube I, 1960, S.69ff.; H.G.Geyer, Zur Frage nach der Notwendigkeit des Alten Testaments, in: EvTh 25, 1965, S.207ff.; H.Graß, Christliche Glaubenslehre II, ThWiss 12, 2, 1974, S.92ff.; A.H.J.Gunneweg, Über die Prädikabilität alttestamentlicher Texte, in: ZThK 65, 1968, S.389ff.; ders., Sola Scriptura, in: WPKG 65, 1976, S.2ff.; A.Jepsen, Kanon und Text des ATs, in: ThLZ 74, 1949, Sp.65ff.; ders., Wissenschaft vom Alten Testament, AVTRW 1, 1958, gekürzte Fassung bei Westermann, S.227ff.; W.Joest, Überlegungen zum Thema Theologie und Wissenschaft, in: KuD 19, 1973, S.150ff.; E.Käsemann, Vom theologischen Recht historisch-kritischer Exegese, in: ZThK 64, 1967, S.259ff.; ders. (Hrsg.), Das Neue Testament als Kanon. Dokumentation und kritische Analyse zur gegenwärtigen Diskussion, 1970; M.Kähler, Dogmatische Zeitfragen I. Zur Bibelfrage, 1907, insbes. S.126ff., S.266ff.; H.D.Preuß, Das Alte Testament in der Verkündigung der Kirche, in: DtPfrBl 68, 1968, S.73ff.; H.H.Rowley, The Relevance of the Bible, 1942; ders., The Rediscovery of the Old Testament, 1946; ders., The Authority of the Bible, 1949; ders., The Unity of the Bible, 1953; W.Schmithals, Über die Bedeutung der Exegese für Theologie und Kirche, in: W.Schmithals – J.Beckmann, Das Christuszeugnis in der heutigen Gesellschaft, EZS 53, 1970, S.43ff.; W.Schrage, Theologie und Christologie bei Paulus und Jesus auf dem Hintergrund der modernen Gottesfrage, in: EvTh 36, 1976, S.121ff.; K.Schwarzwäller, Das Alte Testament in Christus, ThSt 84, 1966, E.Würthwein, Vom Verstehen des ATs, in: FS G.Beer, 1935, S.128ff. = Wort und Existenz, Stud. z. AT, 1970, S.9ff.; s. auch III, 3; Weitere Literaturangaben mit Rezensionen bei: W.H.Schmidt, „Theologie des Alten Testaments“ vor und nach Gerhard von Rad, in: VF 17, 1972, S.1ff.; E.Würthwein, Zur Theologie des Alten Testaments, in: ThR 36, 1971, S.185ff.

Sachregister

Personenregister

Bibelstellenregister

In der Reihenfolge der Bücher im hebräischen Alten Testament